"十三五"职业教育国家规划教材

汽车整形与美容

（第 2 版）

主　编　吴兴敏　张　金　翟　静
副主编　高元伟　张丽丽　于家友

北京理工大学出版社
BEIJING INSTITUTE OF TECHNOLOGY PRESS

内 容 简 介

本书共设6个学习项目，分别是：车身损伤测量与校正、车身板件的修复、底处理、底漆的涂装、原子灰和中涂底漆的涂装、面漆的涂装。在上述6个项目下，共设置了19个学习任务，详细介绍了车身损伤的目测评估方法，车身损伤的测量原理、设备与方法，车身校正原理、设备与方法，车身钢制板件的整形方法，钢制车身零部件的焊接修复设备与方法，车身铝制板件的修复设备与方法，车身塑料件的修复设备与方法，车身结构件的更换方法，汽车涂装职业安全与健康内容，漆膜损伤的评估内容与方法，漆面表面预处理要求与方法，底漆的准备内容与方法，车身的准备内容与方法，底漆的喷涂设备与方法，原子灰的涂装方法，中涂漆的涂装方法，面漆的涂装方法与涂装缺陷修整。

本书为高等院校汽车相关专业教材，也可作为汽车售后服务行业培训教材以及从事汽车钣金修复、汽车涂装修复及汽车美容与护理工作的技术人员自学参考材料。

版权专有　侵权必究

图书在版编目（CIP）数据

汽车整形与美容／吴兴敏，张金，翟静主编．—2版．—北京：北京理工大学出版社，2019.11（2023.1重印）

ISBN 978－7－5682－7900－0

Ⅰ.①汽…　Ⅱ.①吴…　②张…　③翟…　Ⅲ.①汽车－车辆保养　Ⅳ.①U472

中国版本图书馆 CIP 数据核字（2019）第 252247 号

出版发行／北京理工大学出版社有限责任公司
社　　　址／北京市海淀区中关村南大街5号
邮　　编／100081
电　　　话／（010）68914775（总编室）
　　　　　　（010）82562903（教材售后服务热线）
　　　　　　（010）68944723（其他图书服务热线）
网　　　址／http：//www.bitpress.com.cn
经　　　销／全国各地新华书店
印　　　刷／三河市天利华印刷装订有限公司
开　　　本／787 毫米×1092 毫米　1/16
印　　　张／25　　　　　　　　　　　　　　　责任编辑／李慧智
字　　　数／566 千字　　　　　　　　　　　　文案编辑／李慧智
版　　　次／2019 年 11 月第 2 版　2023 年 1 月第 4 次印刷　责任校对／周瑞红
定　　　价／59.00 元　　　　　　　　　　　　责任印制／李志强

图书出现印装质量问题，请拨打售后服务热线，本社负责调换

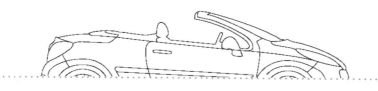

前 言
PREFACE

《汽车整形与美容》一书自2015年8月出版以来，由于采用了新颖的编写模式，理论知识的深度、知识与技能的融合方式适应职业教育对于突出技能培养的要求，配备了较为全面的教学素材而受到广大使用者的关注，被评为"十二五"职业教育国家规划教材。

虽然已出版的教材具备了项目引领、行动导向、任务驱动的特点及配备了相关的电子课件、习题库、技能学习工作单、试题库等立体化教学资源，但仍存在一些细节问题，如部分内容介绍还不够详细、引用案例陈旧、引用标准不够先进等。

为了更新技术、体现新的职业教育教学理念，突出产教结合、中高职衔接职业教育教学要求，吸纳最新的课程改革成果，完善课程教学资源，故决定对本书实施修订。

本次教材修订，组织了由中、高职学校教师，汽车维修企业汽车钣金和喷漆专家组成的权威级编写队伍，以达到教、学、用一体贯通的实用性目的，体现了"生产与教学紧密结合"的特点。

教材引用最新的国家与行业标准，紧密结合汽车钣金维修和汽车涂装修复的实际工作情况及前沿技术组织教材内容，理论知识深度浅显，实操技能叙述条理清晰，按任务分析、学习目标、相关知识学习、任务实施和技能考核的架构组织各学习任务。

根据汽车钣金维修、汽车涂装修复实际工作任务，本书共设6个学习项目，分别是：车身损伤测量与校正、车身板件的修复、底处理、底漆的涂装、原子灰和中涂底漆的涂装、面漆的涂装。在上述6个项目下，共设置了19个学习任务，详细介绍了车身损伤的目测评估方法，车身损伤的测量原理、设备与方法，车身校正原理、设备与方法，车身钢制板件的整形方法，钢制车身零部件的焊接修复设备与方法，车身铝制板件的修复设备与方法，车身塑料件的修复设备与方法，车身结构件的更换方法，汽车涂装职业安全与健康内容，漆膜损伤的评估内容与方法，漆膜表面预处理要求与方法，底漆的准备内容与方法，车身的准备内容与方法，底漆的喷涂设备与方法，原子灰的涂装方法，中涂漆的涂装方法，面漆的涂装方法与涂装缺陷修整。

汽车钣金修复及汽车涂装修复部分内容完全按照实际修复工艺程序而编写，体现了"基于工作过程"的教学理念。在每个项目中，按具体的工作内容分为若干个学习"任务"，符合任务驱动、行动导向教学模式的要求。"任务"是教材的主体，是基本实操技能的训练。每一个学习任务下设"任务分析""学习目标""相关知识学习""任务实施""技能考

"核"等模块。"任务分析"是对学习任务的引入;"学习目标"为相应学习任务的学习方向;"相关知识学习"为支撑"任务"所必需的理论基础;"任务实施"为每个"任务"的重点,详细说明相关的工作技能;"技能考核"介绍技能学习效果的考核内容、方法及要求。另外,在每个任务后,均附有大量的习题,供学生自我检验学习效果及教师对学生考核使用。对教材内容做上述整合后,为学生自学提供了方便,同时更有利于教师的讲授、辅导及考核,大大提高了本书的实用性。

为使读者在阅读本书时建立足够的涂膜色彩感觉,本书以二维码的形式引入了大量的彩色图片。考虑到目前汽车维修企业从事汽车车身修复工作的技师文化程度的差异,本书力求采用通俗易懂的语言描述,大量的专业术语采用了行业中通用的俗语,增强了本书作为维修技师参考学习资料的实用性。

本书已经完成了配套的 PPT 课件、课程标准、教学计划、教学设计、题库及答案、卷库、实训工单等教学资源,并计划逐步完成微课、教学用视频资料、名师教学录像资料及网络课程学习等教学资源。上述资源可登录网站(www.bitpress.com.cn)免费下载。

本书由辽宁省交通高等专科学校吴兴敏、翟静,辽宁农业职业技术学院张金主编。沈阳业乔瑞星汽车销售服务有限公司于家友、辽宁省交通高等专科学校高元伟、张丽丽任副主编。参加本书编写的人员还有:张成利、康爱芹、任佳君、马志宝、鞠峰、李培军、仲琳琳、崔波等。

在本书编写过程中,得到了 BASF(中国)培训中心张兴良先生的大力支持,在此表示衷心感谢。

由于作者水平有限,编写中难免有不妥与疏漏之处,请使用本书的广大读者提出宝贵意见。

编 者
2019 年 9 月·沈阳

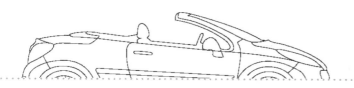

目 录

单元一　汽车钣金修理

项目一　车身损伤测量与校正 ……………………………………… 003
任务1-1　车身损伤的目测评估 ………………………………… 003
　　任务分析 …………………………………………………… 003
　　学习目标 …………………………………………………… 004
　　相关知识学习 ……………………………………………… 004
　　　一、汽车碰撞损伤的影响因素 ………………………… 004
　　　二、车身碰撞变形特点 ………………………………… 007
　　　三、车身覆盖件碰撞损伤类型 ………………………… 015
　　　四、汽车碰撞损伤诊断的基本步骤 …………………… 021
　　　五、目测确定碰撞损伤程度方法 ……………………… 022
　　任务实施 …………………………………………………… 023
　　　一、车身覆盖件损伤的检查 …………………………… 023
　　　二、目视检查车身内部的碰撞损伤 …………………… 027
　　技能考核 …………………………………………………… 028
　　　一、准备工作 …………………………………………… 028
　　　二、考核流程 …………………………………………… 029
任务1-2　车身损伤的测量 ……………………………………… 029
　　任务分析 …………………………………………………… 029
　　学习目标 …………………………………………………… 030
　　相关知识学习 ……………………………………………… 030
　　　一、车身测量的基准 …………………………………… 030
　　　二、车身测量的方法 …………………………………… 033
　　　三、车身损伤修理方案的确定 ………………………… 037
　　任务实施 …………………………………………………… 038
　　　一、用测距法测量车身尺寸 …………………………… 038
　　　二、车身三维数据图的识读 …………………………… 043
　　　三、用机械式车身校正台测量车身数据 ……………… 048
　　　四、用电子式车身校正台测量车身数据 ……………… 052
　　技能考核 …………………………………………………… 055
　　　一、准备工作 …………………………………………… 055

二、考核流程 ·············· 055

任务1-3　车身校正 ·············· 055
　　任务分析 ·············· 055
　　学习目标 ·············· 056
　　相关知识学习 ·············· 056
　　　一、车身校正设备及原理 ·············· 056
　　　二、牵引与支撑校正工艺的设计 ·············· 061
　　　三、液压校正工具的应用 ·············· 066
　　任务实施 ·············· 068
　　　一、准备工作 ·············· 068
　　　二、测量与校正 ·············· 071
　　技能考核 ·············· 079
　　　一、准备工作 ·············· 079
　　　二、考核流程 ·············· 079

项目二　车身板件修复 ·············· 081

任务2-1　车身钢制板件的整形 ·············· 081
　　任务分析 ·············· 081
　　学习目标 ·············· 081
　　相关知识学习 ·············· 082
　　　一、车身用钢板的种类 ·············· 082
　　　二、钢板损伤维修方法 ·············· 084
　　　三、钢板整形工具与设备 ·············· 088
　　任务实施 ·············· 098
　　　一、手锤与垫铁整形 ·············· 098
　　　二、用整形机整形 ·············· 102
　　　三、收缩整形 ·············· 103
　　　四、用强力拉拔组合工具整形 ·············· 107
　　　五、微钣金整形 ·············· 109
　　技能考核 ·············· 112
　　　一、准备工作 ·············· 112
　　　二、考核流程 ·············· 112

任务2-2　钢制车身零部件的焊接修复 ·············· 113
　　任务分析 ·············· 113
　　学习目标 ·············· 113
　　相关知识学习 ·············· 115
　　　一、CO_2气体保护焊的基本原理 ·············· 115
　　　二、焊接设备及材料 ·············· 115
　　任务实施 ·············· 119
　　　一、准备工作 ·············· 119

二、焊接操作 …………………………………………………………… 123
　技能考核 ……………………………………………………………………… 133
　　一、准备工作 …………………………………………………………… 133
　　二、考核流程 …………………………………………………………… 133
任务 2-3　车身铝制板件的修复 ………………………………………………… 134
　任务分析 ……………………………………………………………………… 134
　学习目标 ……………………………………………………………………… 134
　相关知识学习 ………………………………………………………………… 135
　　一、铝合金在车身中的应用 …………………………………………… 135
　　二、车身铝件的类型 …………………………………………………… 135
　　三、铝合金板件焊接原理 ……………………………………………… 136
　　四、铝质车身修复应具备的条件 ……………………………………… 139
　任务实施 ……………………………………………………………………… 140
　　一、铝合金板的整形 …………………………………………………… 140
　　二、铝合金板的焊接修复 ……………………………………………… 145
　技能考核 ……………………………………………………………………… 150
　　一、准备工作 …………………………………………………………… 150
　　二、考核流程 …………………………………………………………… 151
任务 2-4　车身塑料件的修理 …………………………………………………… 151
　任务分析 ……………………………………………………………………… 151
　学习目标 ……………………………………………………………………… 151
　相关知识学习 ………………………………………………………………… 152
　　一、常用工程塑料 ……………………………………………………… 152
　　二、黏合剂 ……………………………………………………………… 154
　　三、塑料部件维修原则 ………………………………………………… 156
　　四、塑料部件损伤常用的维修方法 …………………………………… 156
　任务实施 ……………………………………………………………………… 158
　　一、常用塑料的鉴别 …………………………………………………… 158
　　二、塑料部件粘接修理 ………………………………………………… 159
　　三、塑料件的焊接修理 ………………………………………………… 162
　技能考核 ……………………………………………………………………… 165
　　一、准备工作 …………………………………………………………… 165
　　二、考核流程 …………………………………………………………… 166
任务 2-5　车身结构件的更换 …………………………………………………… 166
　任务分析 ……………………………………………………………………… 166
　学习目标 ……………………………………………………………………… 167
　相关知识学习 ………………………………………………………………… 167
　　一、车身板件的更换要求 ……………………………………………… 167
　　二、车身板件分割工具及设备 ………………………………………… 168
　　三、结构性板件的拆卸方法 …………………………………………… 173

四、结构性板件的维修连接方式 …… 175
　　五、结构性构件分割注意事项 …… 177
　任务实施 …… 178
　　一、劳动安全与卫生 …… 178
　　二、后侧围板的更换 …… 178
　　三、前纵梁的更换 …… 180
　　四、门槛板的更换 …… 183
　　五、前立柱的更换 …… 185
　　六、中立柱的更换 …… 185
　　七、地板的更换 …… 187
　　八、铝合金结构件的更换 …… 187
　技能考核 …… 191
　　一、准备工作 …… 191
　　二、考核流程 …… 191

单元二　汽车漆膜修复

项目三　底处理 …… 195

任务3-1　职业健康与安全 …… 198
　任务分析 …… 198
　学习目标 …… 198
　相关知识学习 …… 198
　　一、涂装工作安全守则 …… 198
　　二、安全警告标识 …… 199
　　三、汽车涂装作业时可能对人体的伤害 …… 202
　　四、汽车涂装作业安全防护 …… 202
　　五、涂装安全生产 …… 207
　　六、急救与医护 …… 210
　任务实施 …… 210
　　一、防毒面罩的使用 …… 210
　　二、常遇特殊情况下的人员急救 …… 213
　技能考核 …… 216
　　一、准备工作 …… 216
　　二、考核流程 …… 216

任务3-2　漆膜损伤的评估 …… 216
　任务分析 …… 216
　学习目标 …… 217
　相关知识学习 …… 218
　　一、涂料的组成 …… 218
　　二、涂料的分类和命名 …… 220

三、汽车用涂料的品种 …………………………………………………… 226
　　四、涂料的成膜方式 ……………………………………………………… 227
　　五、涂层标准 ……………………………………………………………… 229
任务实施 ………………………………………………………………………… 234
　　一、漆膜损坏程度的评估 ………………………………………………… 234
　　二、不同结构涂层的鉴别 ………………………………………………… 235
　　三、不同类型漆膜的鉴别 ………………………………………………… 236
　　四、汽车是否经过漆膜修补的判定 ……………………………………… 238
技能考核 ………………………………………………………………………… 239
　　一、准备工作 ……………………………………………………………… 239
　　二、考核流程 ……………………………………………………………… 239

任务 3-3　表面预处理 ………………………………………………………… 239
任务分析 ………………………………………………………………………… 239
学习目标 ………………………………………………………………………… 240
相关知识学习 …………………………………………………………………… 240
　　一、不同程度漆膜损伤的处理要求 ……………………………………… 240
　　二、底处理用工具、设备及材料 ………………………………………… 241
任务实施 ………………………………………………………………………… 251
　　一、劳动保护与安全注意事项 …………………………………………… 251
　　二、手工打磨 ……………………………………………………………… 252
　　三、用干磨机打磨 ………………………………………………………… 256
　　四、钢板表面的除锈 ……………………………………………………… 260
　　五、无损伤板件的表面预处理 …………………………………………… 262
技能考核 ………………………………………………………………………… 264
　　一、准备工作 ……………………………………………………………… 264
　　二、考核流程 ……………………………………………………………… 264

项目四　底漆的涂装 ……………………………………………………………… 266
任务 4-1　底漆的准备 ………………………………………………………… 266
任务分析 ………………………………………………………………………… 266
学习目标 ………………………………………………………………………… 266
相关知识学习 …………………………………………………………………… 267
　　一、底漆的作用 …………………………………………………………… 267
　　二、底漆的种类 …………………………………………………………… 267
　　三、底漆的涂装方法 ……………………………………………………… 268
　　四、涂料调制工具 ………………………………………………………… 268
任务实施 ………………………………………………………………………… 270
　　一、涂料罐的开封与搅拌 ………………………………………………… 270
　　二、底漆的调制 …………………………………………………………… 273
技能考核 ………………………………………………………………………… 277

一、准备工作 …………………………………… 277
　　二、考核流程 …………………………………… 278
任务4-2　车身的准备 ……………………………… 278
　任务分析 …………………………………………… 278
　学习目标 …………………………………………… 278
　相关知识学习 ……………………………………… 279
　　一、遮盖材料 …………………………………… 279
　　二、擦拭纸 ……………………………………… 281
　　三、粘尘布 ……………………………………… 281
　　四、除油剂 ……………………………………… 282
　任务实施 …………………………………………… 283
　　一、劳动保护与安全注意事项 ………………… 283
　　二、遮盖 ………………………………………… 283
　　三、除尘与除油 ………………………………… 286
　技能考核 …………………………………………… 287
　　一、准备工作 …………………………………… 287
　　二、考核流程 …………………………………… 288
任务4-3　底漆的喷涂 ……………………………… 288
　任务分析 …………………………………………… 288
　学习目标 …………………………………………… 289
　相关知识学习 ……………………………………… 289
　　一、压缩空气喷涂系统 ………………………… 289
　　二、喷漆室 ……………………………………… 294
　　三、喷涂操作要领 ……………………………… 295
　　四、涂料的干燥方式 …………………………… 300
　技能学习 …………………………………………… 301
　　一、喷烤房的准备 ……………………………… 301
　　二、劳动安全与卫生 …………………………… 302
　　三、喷枪的检查与调整 ………………………… 302
　　四、底漆的喷涂 ………………………………… 305
　　五、底漆的干燥 ………………………………… 307
　　六、底漆的打磨 ………………………………… 308
　　七、喷枪的维护 ………………………………… 309
　技能考核 …………………………………………… 312
　　一、准备工作 …………………………………… 312
　　二、考核流程 …………………………………… 312

项目五　原子灰和中涂底漆的涂装 …………… 313

任务5-1　原子灰的涂装 …………………………… 313
　任务分析 …………………………………………… 313

学习目标 ············ 314
相关知识学习 ············ 314
　一、原子灰的作用与组成 ············ 314
　二、原子灰的种类 ············ 315
　三、原子灰的施工方法 ············ 316
　四、打磨指导材料 ············ 317
　五、原子灰的施涂工艺 ············ 319
任务实施 ············ 319
　一、刮原子灰 ············ 319
　二、原子灰的干燥 ············ 329
　三、手工干打磨原子灰 ············ 330
　四、用干磨机打磨原子灰 ············ 332
技能考核 ············ 333
　一、准备工作 ············ 333
　二、考核流程 ············ 334

任务5-2　中涂底漆的涂装 ············ 334
任务分析 ············ 334
学习目标 ············ 335
相关知识学习 ············ 335
　一、中涂底漆的作用 ············ 335
　二、中涂底漆的选择 ············ 337
　三、中涂底漆的涂装程序 ············ 339
任务实施 ············ 340
　一、劳动安全与卫生 ············ 340
　二、准备工作 ············ 340
　三、中涂底漆的喷涂 ············ 342
　四、中涂底漆的干燥 ············ 345
　五、中涂底漆喷涂效果检查 ············ 345
　六、中涂底漆涂层的打磨 ············ 346
　七、收尾工作 ············ 347
　八、中涂底漆施工质量检查 ············ 348
技能考核 ············ 348
　一、准备工作 ············ 348
　二、考核流程 ············ 348

项目六　面漆的涂装 ············ 350
任务6-1　面漆的整车（整板）喷涂 ············ 350
任务分析 ············ 350
学习目标 ············ 350
相关知识学习 ············ 351

  一、面漆喷涂的常用手法 … 351
  二、面漆的喷涂工艺程序 … 351
 任务实施 … 352
  一、准备工作 … 352
  二、素色面漆的整车（整板）喷涂 … 355
  三、金属色面漆的整车（整板）喷涂 … 358
 技能考核 … 362
  一、准备工作 … 362
  二、考核流程 … 362

任务6-2　面漆的局部修补过渡喷涂 … 363
 任务分析 … 363
 学习目标 … 363
 相关知识学习 … 364
  一、面漆局部修补过渡喷涂工艺 … 364
  二、面漆局部修补边界的选择 … 364
  三、面漆局部修补和过渡喷涂对底材处理要求 … 365
  四、驳口水 … 365
 任务实施 … 365
  一、准备工作 … 365
  二、素色漆的局部修补过渡喷涂 … 366
  三、金属漆的局部修补过渡喷涂 … 367
 技能考核 … 369
  一、准备工作 … 369
  二、考核流程 … 370

任务6-3　面漆涂装后的修整 … 370
 任务分析 … 370
 学习目标 … 371
 相关知识学习 … 371
  一、抛光工具与材料 … 371
  二、手工打蜡工具与材料 … 373
 任务实施 … 374
  一、劳动安全 … 374
  二、常见面漆喷涂缺陷的修整 … 374
  三、整车（整板）抛光 … 378
  四、打蜡 … 380
  五、部件的安装与清扫作业 … 382
 技能考核 … 382
  一、准备工作 … 382
  二、考核流程 … 382

参考文献 … 384

单元一

汽车钣金修理

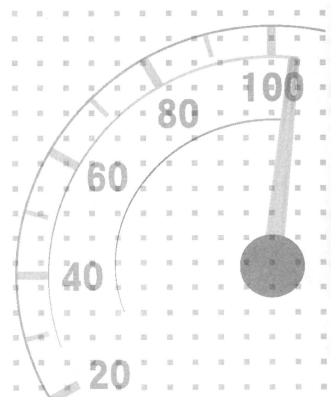

项目一
车身损伤测量与校正

任务 1-1　车身损伤的目测评估

任务分析

如图 1-1 所示，汽车碰撞损伤修复过程中通常需要对车身进行定位，校正车身的弯曲、扭转、偏斜等变形板件，更换严重损伤的板件，以及调整装配车身部件等。在按程序修复之前，先要对碰撞损坏的车辆进行全面、细致的损伤评估。

当损坏的汽车被送进车身修复车间时，有关修复的技术资料，如损伤情况评估、维修工艺和工作命令等文件也应一并送达车身维修人员手中。车身维修人员在按照这些书面指示进行工作时，也可能找到一些未被发现的损伤，或认为对某些损伤评估过低，这就需要对车身的损伤情况重新评估。根据损伤评估决定修复方法之后，在诊断结果的基础上，就可以对车身进行修复了。

要彻底修复好一辆事故损伤的汽车（如图 1-2 所示），就要对其碰撞受损情况做出全面、准确的诊断，找出受损的严重程度、范围及受损部件，依此制订修复计划。一个有经验的车身维修人员一定会把大量的精力用在损伤评估上，这是因为一旦在修复中发现新的损伤情况，修复的方法及工序必将随之改变，这会浪费大量的人力、物力和时间。因此说，彻底、精确的碰撞损伤诊断是高质量、高效率修复的基础。

在大多数情况下，在碰撞部位能够观察出结构损伤的迹象。用肉眼检查后，进行总体估测，从碰撞的位置估计汽车受碰撞力的大小及方向，判断碰

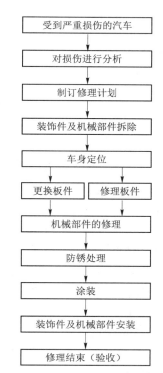

图 1-1　汽车碰撞损坏的主要修复步骤

撞如何扩散及可能造成的损伤。在估测中，先检查汽车上是否有扭转和弯曲变形，再设法确定出损伤的位置及各种损伤是否由同一碰撞引起的。

图 1-2　碰撞受损的车辆

1. 能够正确描述各类因素对碰撞损伤的影响。
2. 能够正确描述非承载式和承载式车身碰撞的变形特点。
3. 能够正确描述车身损伤的修复程序。
4. 能够正确描述车身损伤的诊断步骤。
5. 能够用目测法对车身外覆盖件损伤情况进行评估。
6. 能够用目测法对车身内部损伤情况进行评估。
7. 培养良好的安全、卫生习惯，环保意识及团队协作的职业素养。
8. 能够检查、记录和评价工作结果。

一、汽车碰撞损伤的影响因素

汽车碰撞时产生的碰撞力及受损程度，取决于事故发生时的状况。通过了解碰撞的过程，能够部分地确定出汽车损伤。定损评估人员可以从顾客那儿得到关于事故状况的信息。这种损伤评估的方法是极为必要的，它便于估算出修理的费用。因此，车身维修人员还应与定损人员做好交流。车身维修人员应当考虑以下因素对碰撞变形的影响：

① 被碰撞汽车的尺寸、构造、碰撞位置。
② 碰撞时汽车的车速。
③ 碰撞时的角度和方向。
④ 碰撞时汽车上乘客、货物的数量及位置。

一个优秀的车身维修人员在深入掌握事故信息后，通常能够分析确定碰撞引起损伤的真实原因。

1. 碰撞位置高低

当发生正面碰撞时,主要损伤的是汽车的前部。当碰撞点在汽车前端较高部位,如图 1-3 所示,就会引起车身壳体和车顶后移及后部下沉;当碰撞点在汽车前端下方,如图 1-4 所示,因车身惯性使汽车后部向上变形、车顶被迫上移,在车门的前上方与车顶板之间可能会形成一个极大的裂口。

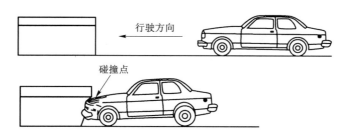

图 1-3 车身前部高点位置的碰撞

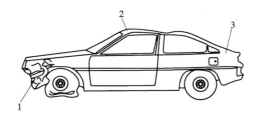

1—碰撞点;2—裂口;3—车身后部向上翘曲。
图 1-4 车身前部低点位置的碰撞

2. 碰撞物不同

两辆相同的车以相同的车速碰撞,当撞击对象不同时,损伤结果差异就很大。如图 1-5 所示,如果撞上墙壁,其碰撞面积较大,损伤程度就较轻;相反,撞上电线杆,因碰撞面积较小,其撞伤程度较严重,汽车保险杠、发动机罩、散热器及其固定框架等部件都严重变形,发动机也被后推,碰撞影响还会扩展到后部的悬架等部位。

(a) 与墙相撞;(b) 与柱相撞
图 1-5 碰撞不同物体的碰撞结果

3. 行驶方向

当横向行驶的汽车撞击纵向行驶汽车的侧面时（如图 1-6 所示），纵向行驶汽车的中部会产生弯曲变形，而横向行驶汽车除产生压缩变形还会被纵向行驶的汽车向前牵引，导致弯曲变形。

从此例看出，横向行驶的汽车虽然只有一次碰撞但损伤却发生在两个方向。另一方面，也可能经历两种碰撞而损伤却发生在一个方向上，在十字路口汽车碰撞中，这种情况常常见到。

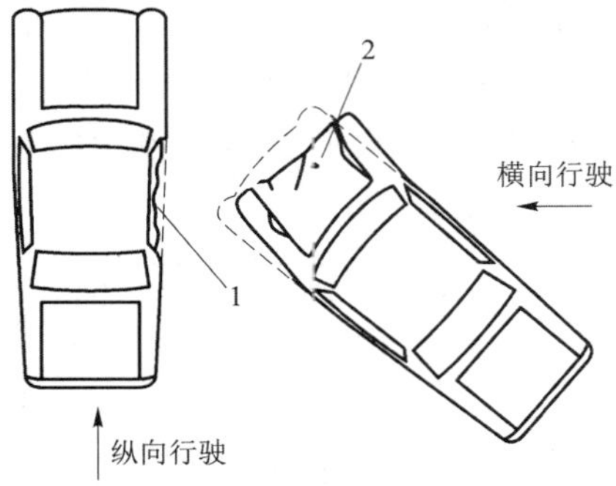

4. 碰撞力的方向

碰撞的损坏程度还取决于碰撞力与汽车质心相对应的方向。碰撞力的延长线不通过汽车的质心，一部分冲击力将形成使汽车绕着质心旋转的力矩，该力矩使汽车旋转，从而减少了冲击力对汽车零部件的损坏；碰撞力指向汽车的质心，汽车就不会旋转，大部分能量将被汽车零件所吸收，造成的损坏是非常严重的，如图 1-7 所示。

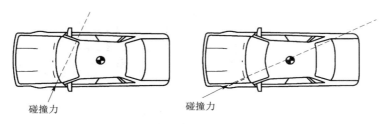

1—中部弯曲变形；2—前部压缩变形和弯曲变形
图 1-6　车辆侧部碰撞

图 1-7　碰撞力的方向对损伤程度的影响

5. 车辆类型

不同类型的车辆碰撞时，产生的损伤也不一样。由图 1-8 和图 1-9 可以看出，碰撞车辆质量越大，被碰撞车辆的变形和损伤也越大。

图 1-8　两辆普通轿车碰撞

图 1-9　一辆普通轿车和一辆 SUV 车碰撞

二、车身碰撞变形特点

1. 非承载式车身的碰撞变形特点

非承载式车身（也称为车架式车身）由车架及在其周围的可分解的部件组成，车身的前部和后部具有上弯的结构，碰撞时会变形，但可保持车架中部结构的完整。图1-10中圈出的部位为非承载式车身上较柔和的部位，主要用来缓冲碰撞冲击。车身与车架之间有橡胶垫间隔，橡胶垫能减缓从车架传至车身上的冲击。遇有强烈冲击时，橡胶垫上的螺栓可能会折弯，并导致车架与车身之间出现裂缝。碰撞时由于冲击的大小和方向不同，车架可能遭受损伤而车身没有。车架的中部较宽，可以抵挡从侧面的碰撞冲击，来保护乘客的安全。车架是否变形，可通过比较车门槛板与车架前后之间的空间尺寸，比较前翼子板与轮罩前后之间的空间尺寸，以及比较前保险杠上的后孔到前车架钢梁总成之间左右尺寸的大小来确定。

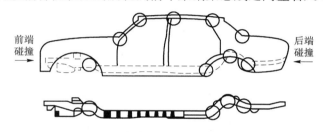

图1-10 非承载式车身碰撞变形部位

车身损伤的主要原因是碰撞。碰撞时由于碰撞力的大小和碰撞方位不同，引起的车身损伤情况也就不同。车架损伤的形式主要有以下五种类型：

（1）侧弯

侧弯也称为左右弯曲，是由侧面碰撞所引起的，造成车架发生侧向弯曲变形，如图1-11所示。侧弯通常出现在车辆某一侧的前部或后部，其结构识别特征是：某侧纵梁的内侧和对面那根纵梁的外侧出现褶皱凸痕。

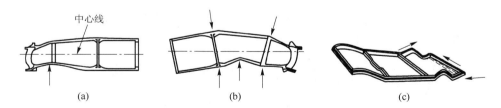

(a) 侧面前部受击，前面发生侧弯；(b) 严重时前后同时发生侧弯损坏；(c) 碰撞和侧弯都出现在后部

图1-11 侧弯损坏的不同类型

（2）上下弯曲

上下弯曲即车架某一段比正常位置低，如图1-12所示。上下弯曲通常是由前端或后端的正面碰撞引起的。

上下弯曲的明显特征是翼子板和车门之间出现不规则裂纹，裂纹形状为下宽上窄，车门可能被卡死。车架上可能产生许多微小的皱纹或扭结，油漆脱落。

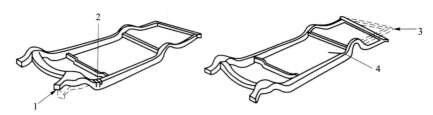

1，3—碰撞力；2—前部上下弯曲；4—后部上下弯曲。
图 1-12　上下弯曲

（3）挤压

挤压损坏造成车辆某一部分比正常尺寸短。挤压一般发生在发动机罩或行李舱上，如图 1-13 所示。

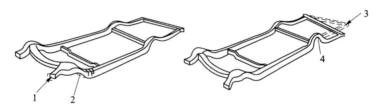

1，3—碰撞力；2，4—褶皱或断裂。
图 1-13　挤压损坏

挤压会造成翼子板、发动机罩、车架各梁出现皱痕、断裂和严重的扭曲变形，车轮处的车架或车身还可能上翘，使悬架弹簧座变形。

（4）菱形变形

当车辆前部（或后部）的任一侧角或偏心点受到撞击时，车架的一侧向后（或向前）移动，车架或车身歪斜成近似平行四边形的形状，这种变形称作菱形变形，如图 1-14 所示。菱形变形是整个车架的变形，可以明显看到发动机罩及行李舱盖发生错位；在接近后车轮罩的相互垂直的钢板上或在垂直钢板接头的顶部可能出现褶皱；在乘坐室及行李舱底板上也可能出现褶皱和弯曲。此外，菱形变形还会附加有许多断裂及弯曲的组合损伤，但菱形变形很少会发生在承载式车身上。

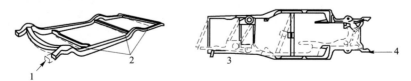

1，4—碰撞力；2，3—菱形变形。
图 1-14　菱形变形

（5）扭曲

扭曲是车架的一角上翘，而其对顶的角则下折，如图 1-15 所示。扭曲通常是由车头或者车尾碰撞在路边石阶或路中央隔离栏上造成的。

通过观察可能发现薄金属板表面没有明显的损伤，但实际的损伤往往隐藏在内部。如果发现车辆一个角上翘，悬架变形，则应考虑是否有扭曲损伤，检查其他角是否下折。

很多碰撞事故可能引起不止一种损伤，比如侧弯和下凹就可能同时发生。另外横梁也可能变形，特别是前部横梁，如在翻车事故中，由于发动机重量较大，滚翻时的离心力常把安装发动机的横梁拉弯。

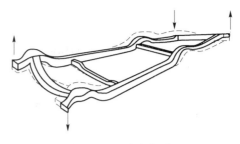

图1-15 车架扭曲

2. 承载式车身的碰撞变形特点

（1）车身吸能区

由薄钢板连接成的车身壳体，在碰撞中，能吸收大部分冲击能量。其中一部分碰撞能量被碰撞区域的部件通过变形吸收掉，另一部分能量会通过车身的刚性结构传递到远离碰撞的区域，这些被传递的振动波引起的损伤称为"二次损伤"。二次损伤会影响承载式车身的内部结构或与被撞击相反一侧的车身。

为了控制二次损伤变形，汽车在前部和后部设计了吸能区（抗挤压区域），如图1-16所示。前保险杠支撑、前纵梁、挡泥板、发动机罩、后保险杠支撑、后纵梁、挡泥板、行李舱盖等部位，都设计成波纹或进行结构强度上的局部弱化（如图1-17所示），在受到撞击时，它们就会按照预定的形式折曲，这样碰撞振动波在传送过程中就被大大减小直至消散。中部车身有很高的刚性，把前部（或后部）吸能区不能完全吸收而传过来的能量传递到车身的后部（或前部），引起远离碰撞点部件的变形，从而保证中部乘客室的结构完整及安全。这是现代汽车安全性设计的一个重要特点。

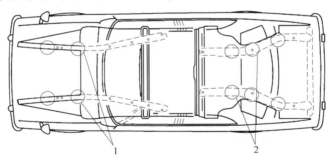

1—前部吸能区；2—后部吸能区。

图1-16 承载式车身的吸能区

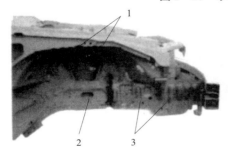 

1、3、4、5—波纹；2—局部强度弱化。

图1-17 前部车身的吸能区设计

在所有碰撞中，超过70%的碰撞发生在汽车的前部。在碰撞力比较小时，由前部的保险杠、保险杠支撑等变形来吸收能量。碰撞剧烈时，前面的纵梁等能很好地吸收能量，如图1-18所示。前纵梁作为前部最坚固的部件，不仅有承载前部其他部件和荷载的能力，在碰撞中它还作为主要吸能元件通过变形吸收碰撞能量。

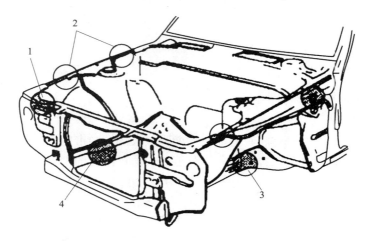

1—散热器框架吸能区；2—挡泥板吸能区；3，4—纵梁吸能区。

图1-18 承载式车身的前部吸能区

经过波纹加工的新型保险杠加强件用螺栓连接在纵梁上（如图1-19所示），在碰撞时可以充分吸收碰撞能量，并且在维修时可以迅速更换。

当碰撞发生在车身中部时，碰撞能量通过车门、门槛板、中柱等部件的变形来吸收。为了保证乘客室的完整及乘客的安全，在中部的区域如中柱、门槛板采用一些高强度钢板甚至超高强度钢板，在车门内部采用超高强度钢板制造加强防撞杆（板）来保护乘客安全，如图1-20所示。

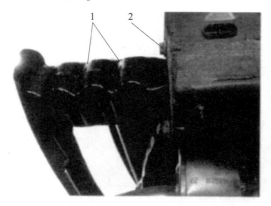

1—波纹加工吸能件；2—固定螺栓。

图1-19 新型保险杠加强吸能件

车门高强度钢防护杆（板）

图1-20 车门内的高强度钢防护杆（板）

如果吸能区在设计中没有很好地考虑吸能效果，或者修复后破坏了吸能区的结构，那么吸能区将不能很好地吸收碰撞能量，会造成中部乘客室严重变形，威胁乘客的安全。

（2）承载式车身碰撞时力的传递

① 承载式车身正面碰撞时的力传递路径（如图 1-21 所示）。正面碰撞时力通过保险杠传递到保险杠支架。固定在保险杠支架上的防撞元件继续将力传递到发动机支架内。前纵梁与弹簧支座共同作用的结果可有目的地实现变形吸能性能。即使车辆的碰撞接触面很小，碰撞力也能通过保险杠横连杆、侧面防撞梁、前围和前纵梁分散到车辆左右两侧。

同时，碰撞力通过发动机支架继续分散到底板总成，通过发动机至前隔板加强件传递到变速箱传动轴盖板，通过车轮传递到轮罩内车门槛加长件的变形吸能区以及 A 柱加强区域和侧框架，如图 1-22 所示。碰撞力还会通过弹簧支座和轮罩上的支架传递到侧框架。通过弹簧支座后的支架变形吸能区可以限制传递到 A 柱内的力，同时可以降低 A 柱附近车厢的负荷。

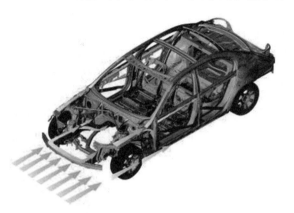

图 1-21　正面碰撞时的力传递路径

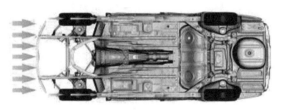

图 1-22　正面碰撞时底板上的力传递路径

图 1-21～图 1-25 彩图

② 承载式车身侧面碰撞时的力传递路径（如图 1-23 所示）。如果侧面碰撞时可移动障碍物撞到车辆上，那么碰撞力首先从侧面防撞保护件和车门锁传递到 A、B 和 C 柱。继续变形时侧面防撞保护件的安全钩会钩在 B 和 C 柱上。此外，车门内板也会支撑在车门槛上（通过结构上的重叠实现）。这样整个侧围即可非常牢固地连接在一起。这表示从这个阶段起，碰撞力通过整体式的侧框架结构作用在车厢上。

如果碰撞更严重，那么车门槛将相应的力通过座椅横梁传递至变速箱传动轴盖板的连接支架和变速箱支架以及底板的后部横

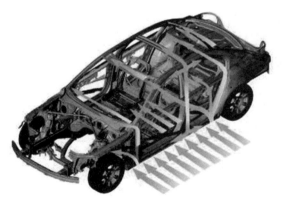

图 1-23　侧面碰撞时的力传递路径

梁，最后传递至车身的另一侧。与此同时，力也会通过车顶传向对侧。在不带活动天窗的车辆上，车顶弓形架的作用是将力传递至车辆另一侧。在带有活动天窗的车辆上，刚性很强的活动天窗框架可将力继续传递到对侧。如果 B 柱变形后挤压座椅，那么坚硬的座椅架会将

所出现的力通过变速箱传动轴盖板传递到车辆对侧。

③ 承载式车身尾部碰撞时的力传递路径（如图 1-24 所示）。发生尾部碰撞时，碰撞力通过保险杠支架及变形元件传递到车辆两侧。碰撞速度低于 15 km/h 时，这些元件作为变形吸能区可以用较低的维修费用更换。碰撞速度较高时各纵梁才会出现变形现象。通过后桥架梁和车轮，作用在车辆整个宽度上的负荷由后部底板和整个车门槛承受。在上部区域力主要由后部侧围吸收及传递。侧围将力传递至 C 柱和车顶，同时将一部分力通过车门向前传递。

车身尾部碰撞时底板上的力传递路径如图 1-25 所示。在侧框架和后桥架梁承受高负荷的区域安装了附加的加强件。其他碰撞力通过传动轴传递到发动机和变速箱上，以及废气装置和蓄电池上。此外，传动轴也是特殊的变形吸能区。铝合金传动轴由中间轴承的锥形法兰吸能，钢传动轴由反拉伸管吸能。由于后桥前的燃油箱位置比较有利，所以车尾碰撞时一般不会造成燃油系统损坏。

图 1-24　车身尾部碰撞时的力传递路径

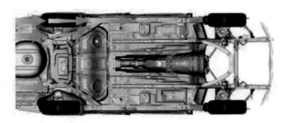
图 1-25　车身尾部碰撞时底板上的力传递路径

（3）承载式车身碰撞变形特点

① 前部碰撞变形。图 1-26 所示是一辆汽车发生前端碰撞时的变形情况。前端碰撞的冲击力取决于汽车的质量、速度、碰撞范围及碰撞物。碰撞程度比较轻时，保险杠会被向后推，前纵梁、保险杠支撑、前翼子板、散热器支座、散热器上支撑和机罩锁支撑等也会折曲。

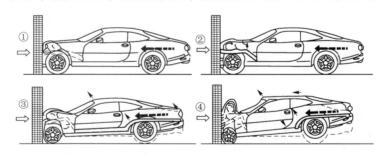
图 1-26　汽车前部碰撞变形过程

如果碰撞的程度剧烈，那么前翼子板就会弯曲而触到前车门，发动机罩铰链会向上弯曲至前围上盖板，前纵梁也会折弯到前悬架横梁上并使其弯曲。如果碰撞力量足够大，前挡泥板及前车身立柱（特别是前门铰链上部装置）将会弯曲，并使车门松垮掉下。另外，前纵梁会发生褶皱，前悬架构件、前围板和前车门也会弯曲。

如果从某一角度进行正面碰撞，前纵梁的连接点就会成为旋转中心。由于左面和右面的前侧构件是通过前横向构件连接在一起的，碰撞引起的冲击就会从碰撞点一侧传递至另一侧的前部构件并引起其变形,如图1-27所示。

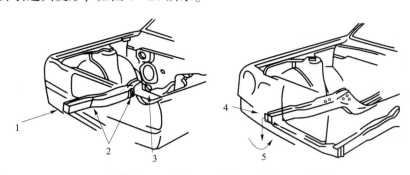

1,4—碰撞力;2—弯曲;3—开裂;5—侧向和垂直弯曲。

图1-27 前纵梁的弯曲及断裂效应

② 后部碰撞变形。汽车后部碰撞时其受损程度取决于碰撞面的面积、碰撞时的车速、碰撞物及汽车的质量等因素。

如果碰撞力小,后保险杠、后地板、行李舱盖及行李舱地板可能会变形。如果碰撞力大,相互垂直的钢板会弯曲,后顶盖顶板会塌陷至顶板底面。而对于四门汽车,车身中立柱也可能会弯曲。汽车后部碰撞力不同时受损情况如图1-28所示。

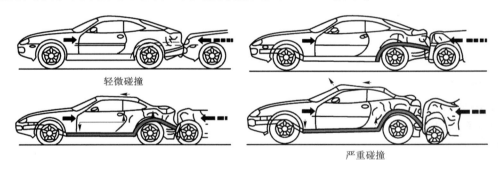

图1-28 汽车后部碰撞力不同时受损情况

在汽车的后部由于有吸能区,碰撞时一般只在车身后部发生变形,保护中部乘客室的完整和安全。

③ 中部碰撞变形。当发生侧面碰撞时,车门、前部构件、车身中立柱以及地板都会变形。如果中部侧面碰撞比较严重,车门、中柱、车门槛板、顶盖纵梁都会严重弯曲,甚至相反一侧的中柱和顶盖纵梁也朝碰撞相反方向变形。随着碰撞力的增大,车辆前部和后部会产生与碰撞相反方向的变形,整个车辆会变成弯曲的香蕉状,如图1-29所示。

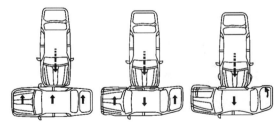

图1-29 汽车中部碰撞变形过程

前翼子板或后顶盖侧板受到垂直方向较大的碰撞时,振动波会传递到汽车相反一侧。当前翼子板的中心位置受到碰撞时,前轮会被推进去,振动波也会从前悬架横梁传至前纵梁。

这样，悬架元件就会损伤，前轮的中心线和基线也都会改变。发生侧向的碰撞时，转向装置的连杆及齿轮齿条的配合也将被损坏。

④ 顶部碰撞变形。当坠落物体砸到汽车顶部时，除车顶钢板受损外，车顶纵梁、横梁和车窗也可能同时被损伤。

在汽车发生翻滚时，车的顶部顶盖、立柱，车下部的悬架会严重损伤，悬架固定点的部件也会受到损伤，如图 1-30 所示。如果车身立柱和车顶钢板弯曲，那么相对另一侧的立柱同样也会损坏。由于汽车倾翻的形式不同，车身的前部及后部部件的损伤也不同。就这些情况而言，汽车损伤程度可通过车窗及车门的变形状况来确定。

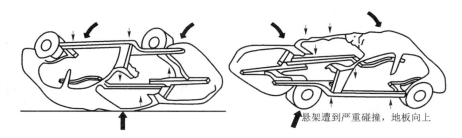

图 1-30 汽车翻滚碰撞

3. 承载式车身碰撞损伤的类型

承载式车身结构的碰撞损伤是按弯曲变形、断裂损伤、增宽变形和扭转变形的顺序进行的。

（1）弯曲

在碰撞的瞬间，由于汽车结构具有弹性，使碰撞冲击传递到较远距离的大部分区域，从而引起中部横向及垂直方向的弯曲变形。左右弯曲变形通常通过测量宽度或对角线；上下弯曲变形通常通过测量车身部件的高度是否超出配合公差来判别。与承载式车身结构的弯曲变形相似，这一变形可能仅发生在汽车的一侧，如图 1-31 所示。

（2）断裂

如图 1-32 所示，在碰撞过程中，碰撞点会产生显著的挤压，碰撞的能量被结构的折曲变形吸收，以保护乘坐室。而较远距离的部位则可能会褶皱、断裂或者松动。可以通过测量车身部件长度是否超出配合公差来判别是否产生断裂损伤。

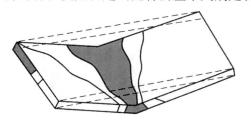

图 1-31 承载式车身的弯曲变形示意图

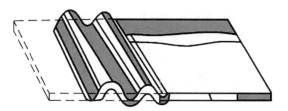

图 1-32 承载式车身的断裂变形示意图

（3）增宽

如图 1-33 所示，增宽变形与非承载式车身上的左右弯曲变形相似，可以通过测量车身高度和宽度是否超出配合公差来判别。对于性能良好的承载式车身来说，碰撞力会使侧面结构偏向外侧弯曲,同时纵梁和车门缝隙也将变形。

(4) 扭转

如图 1-34 所示,承载式车身的扭转变形与非承载式车身的相似,可以通过测量其高度和宽度是否超出配合公差进行判别。由于扭转变形是碰撞的最后结果,即使最初的碰撞直接作用在中心点上,但再次的冲击还是能够产生扭转力引起汽车结构的扭转变形。

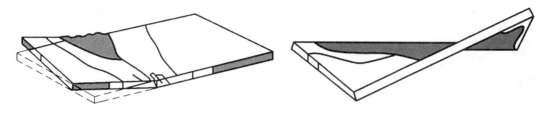

图 1-33　承载式车身的增宽变形示意图　　图 1-34　承载式车身的扭转变形示意图

除无菱形变形外,承载式车身和非承载式车身上的变形类型是极为相近的,但是承载式车身的损伤要复杂得多。承载式车身的修理与非承载式车身的修理步骤一样,采用"后进先出"的方法,首先校正最后发生的损伤,这是修复承载式车身的最佳方法。

三、车身覆盖件碰撞损伤类型

车身覆盖件的材料不同,其碰撞损伤形式会有所不同。由于铝合金件和塑料件的损伤形式与钢板件的损伤形式有很多类似之处,故下面仅以应用较多的钢板为例,说明车身覆盖件碰撞损伤的类型。

1. 钢板变形的类型

金属材料抵抗变形的能力可用它的三种性能来表示:弹性变形、塑性变形和加工硬化。

① 弹性变形。金属材料在外力的作用下,尺寸和形状发生改变,也就是说发生了变形。当外力消失后,金属材料可以恢复(回弹)到原来的尺寸和形状,亦即原来的变形消失了,这种变形就称为弹性变形。

② 塑性变形。当金属材料所受到的外力超出弹性极限,将产生永久变形,这种变形就是在外力消失后也不能消除,亦即金属材料不能恢复原来的形状。这种永久变形就称为塑性变形。

当汽车在碰撞过程中受到损坏时,由碰撞而产生的变形将保留下来,除非人为将这种变形除去。产生永久变形的部位周围都会产生弹性变形,当永久变形不消失,弹性变形也无法消除。在修理受到这种类型损坏的车身时,应首先修复永久变形,这样弹性变形也会随之消失,使车身恢复到原来的形状。

③ 加工硬化。加工硬化是达到塑性变形的上限时金属出现的一种现象。例如,将一钢板弯曲,在弯曲的部位出现弯折,这个部位的塑性变形非常大,迫使晶体组织完全离开了原来的位置,钢板变得非常硬,这种硬度增加的现象称为加工硬化,如图 1-35 所示。

在车身上未受任何损坏的钢板,都会因为在制造过程中的加工而存在某种程度的加工硬化。碰撞造成的弯曲只能使受到影响的部位产生更加严重的加工硬化。车身修理人员在校正受损坏的部位时，同样会加重该处加工硬化的程度。金属产生硬化而造成强度增加，但它却是钢板损坏的根源。

如图 1-36 所示，钢板在加工成翼子板之前相当柔软，冲压后被加工的部分变得很硬，仍保持平坦的部位则比较柔软。翼子板无阴影区为"柔软"部位，有阴影区为"硬化"部位。有阴影区（顶部和边缘）硬度高不容易损坏，而一旦变形损坏，也难以修复。钢板平坦的部位在修理过程中容易变形损坏，应采取正确的校正方法。由于汽车上的所有钢板都存在不同程度的加工硬化，所以在这些钢板受到损坏之前，就要知道哪些部位最硬或最软。

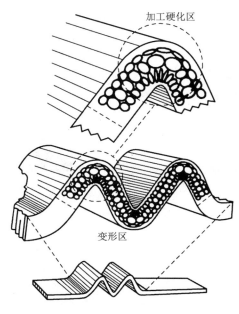

图 1-35　钢板内的加工硬化

汽车上的钢板构件在受到碰撞时，造成的折损会加重原来存在的加工硬化程度。在图 1-37 中弹性弯曲区，虽然发生了弯曲，但并没有折损，而只在加工硬化区发生了折损。修理时把折损区修理好后，弹性弯曲区自然会恢复原状。如果先修理弹性变形区，就会使该区域损坏。若对钢板不适当加工，造成过度的加工硬化，钢板将会更加难以修理。

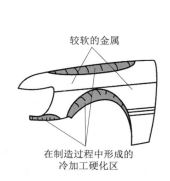

图 1-36　车身板件中的加工硬化部位

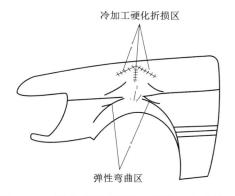

图 1-37　弯曲变形中的加工硬化区和弹性区

了解这些部位的变形情况对于确定正确的修理方法有着非常重要的作用，车身修理人员必须掌握这些金属特性。在修理过程中造成的损坏与碰撞对汽车造成的损坏几乎同样多，这是由于缺少这方面的知识和经验而造成的。在校正金属板的过程中，多少总要引起一些加工硬化，但一定要将它控制在最小范围内，不应造成损坏。

2. 车身钢板构件损伤的类型

钢板变形是指在力的作用下，由于其内部组织发生变化，而导致板件产生弯曲、翘曲和凸凹不平等缺陷。钢板损伤种类与作用力性质、撞击方向、先后次序及碰撞力大小有关，上述不同条件下的碰撞，会产生不同种类的损伤，如图 1-38 所示。钢板变形按影响力的不同可分为外力损伤和内应力损伤；按撞击力方向可归纳为正向撞击、纵向撞击和剐蹭损伤；按损坏的类型可分为直接损坏和间接损坏；根据钢板的折损可分为铰折折损和卷曲折损。

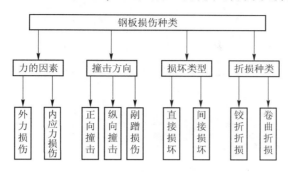

图 1-38　钢板损伤种类

（1）不同的力引起的损伤

对于因受外力所引起的变形（外力损伤），修复时主要针对变形部位采取校正措施，对于内应力所导致的变形（内应力损伤），则需要针对产生应力的部位而不是变形部位，采取措施以消除内应力，或者使其内部组织平衡以达到钢板平直的目的。车身外部钢板变形大多是受外力作用导致的，内应力引起变形的比例非常低。

（2）不同方向撞击导致的钢板损伤

撞击是指两个或两个以上的物体相互之间的机械作用。车辆在发生事故时，所受到的冲击力会来自很多方向，通常会遭受前部撞击、后部撞击、纵向撞击、翻车、高空坠物或托底事故等。在这一过程中，将会导致车身钢板发生变形，钢板会受到来自与其平面垂直或接近于垂直方向的冲击（正向撞击）、与其平面接近于直线的纵向撞击力（纵向撞击）和与其平面呈一定角度的剐蹭冲击（剐蹭损伤）。

在受到正向撞击时，钢板撞击部位通常会发生延伸、变薄，面积增大，修复时必须进行收缩作业，撞击严重时将导致构件整体尺寸缩短，如图 1-39 所示。

图 1-39　正向撞击导致钢板发生延展

纵向撞击将导致钢板出现折损或大面积隆起，与钢板连接的内层结构往往也会发生变形，钢板通常会发生压缩，整体尺寸缩短（如图 1-40 所示），如不能采取正确的修理方法将造成损伤进一步恶化。

剐蹭损伤是指钢板平面与撞击力夹角很小时产生的一种损伤，通常会伴有划伤、擦伤，与尖锐物体剐蹭时还会出现开裂现象。车辆在行驶中托底、翻车时由于惯性与地面的摩擦也会造成钢板产生剐蹭损伤，如图 1-41 所示。剐蹭事故严重时会造成钢板撕裂、变薄、磨穿等现象，通常采用更换的方法，不建议修复。

图1-40　纵向撞击导致钢板出现折损　　　图1-41　与地面摩擦造成钢板剐蹭损伤

（3）直接损坏和间接损坏（如图1-42所示）

① 直接损坏。直接损坏是指碰撞的物体与金属板直接接触而造成的损坏，也就是碰撞点部位的损坏。直接损坏通常以断裂、擦伤或划痕的形式出现，用眼睛即可看到。在所有的损坏中，直接损坏通常只占10%～15%。但是如果碰撞产生了一条很长的擦伤或折痕，它将在总损坏中占80%。

② 间接损坏。碰撞除产生直接损坏外还产生间接损坏，也就是说间接损坏是由直接损坏引起的。在实际中间接损坏占所有类型损坏的绝大多数（80%～90%）。所有非直接的损坏都可认为是间接损坏。

各种构件所受到的间接损坏基本相同，它会产生同样的弯曲、同样的压缩。而80%～90%的金属板都可采用同样的方法修理，只是由于受损坏部位的尺寸、硬度和位置的不同，所用的修理工具有所不同而已。

（4）钢板的折损

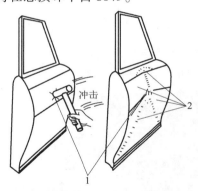

1—直接损坏；2—间接损坏。
图1-42　直接损坏和间接损坏

折损是钢板被弯曲到一定程度后，出现的一种塑性变形现象。钢板弯曲后不一定就会出现折损，只有弯曲到不能恢复原来的形状才能称之为折损，可以理解为日常工作中所说的"死褶"，它通常是以沟或槽的形式存在，根据其损坏形式可分为铰折折损和卷曲折损两种类型。

① 铰折折损。铰折折损是指钢板受到撞击力后，像铰链（合页）一样被弯曲，此时钢板的厚度几乎不会发生明显变化，这种折损在一些比较平坦的部位容易出现。对钢板铰折折损进行校正时，通常采取拉伸的方法以消除应力，单纯的反向校正很难保证整体尺寸恢复。铰折折损分为单纯铰折、凹陷铰折两种。

a. 单纯铰折。钢板沿着一条线均匀弯曲，金属上部受拉而产生拉伸变形，下部受压产生压缩变形，中间层不发生变形，如图1-43所示。

b. 凹陷铰折。箱型截面弯曲时，中心线没有强度，顶部凹陷，底部铰折，侧面产生折皱，此种类型的折损称为凹陷铰折，如图1-44所示。凹陷铰折常出现在结构梁、门槛板、风窗支柱、中立柱、车顶梁等构件的损坏中。

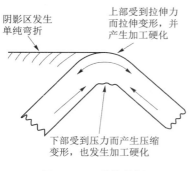

图1-43 单纯铰折

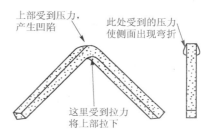

图1-44 凹陷铰折

② 卷曲折损。当钢板以一定的曲面（隆起）存在，受到撞击产生折损时，将会向内卷曲，这种折损称之为卷曲折损。卷曲折损将会造成钢板折损两侧隆起部位收缩，并在折损处形成箭头形状，折损方向与隆起处方向相反。对卷曲折损进行修复时，也应采取拉伸的方法，消除应力，并将收缩部位放开。卷曲折损分为凹陷卷曲和单纯卷曲两种。

a. 凹陷卷曲。当折损穿过金属板时，会使金属板的内部向外翻卷，使折损部位长度增加，这种变形叫凹陷卷曲，如图1-45所示。

b. 单纯卷曲。发生凹陷卷曲时，在凹陷部位旁发生的折损，与凹陷卷曲形成一个箭头形，如图1-46所示，此种类型的卷曲称为单纯卷曲。

图1-45 凹陷卷曲

图1-46 单纯卷曲

（5）板件损坏的拉伸区和压缩区

板件损伤后，一般用"压缩"和"拉伸"来形容金属受损以后的状况。这些状况也可用"高点"和"低点"来描述。在任何损坏发生以前，金属内部都已存在压缩和拉伸，所有的拱形都受到压缩。但这里的"压缩"并不是指发生损坏时产生的力，而指金属被挤压的部位受到一个新产生的压力的作用，该压力通过加工硬化被保留下来。如果该压力突然消失，金属将返回到它原来的形状。通常各种金属板的拱起程度会有所不同，拱形很高的金属板称为"高拱形"，而接近平坦的金属板称为"低拱形"。当低拱形的金属板受损时，金属被拉入损坏的中心部位。这个拉力使金属板低于它原来的高度，低于正常高度的损坏区称为拉伸区；相反，金属板上任何超出原高度的损坏区都称为压缩区。图1-47所示为一个受损部件截面上的拉伸区和压缩区。

判断金属板件产生的变化，应考虑金属板在受到损坏前压缩或拉伸的状况。校正时，先要确定受损部位受到的是拉伸还是压缩，然后才可确定修理的方法和使用的工具。不能用锤子敲打拉伸区，也不能用垫铁敲打压缩区的内侧，要根据压力的方向来决定需要施加的力，同样当损坏部位存在压缩区时，不能在此部位使用塑料填充剂。

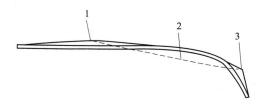

1，3—压缩区；2—拉伸区。

图1-47 受损部件截面上的拉伸区和压缩区

(6) 车身板件的拱起变形

汽车外部面板上的拱起类型有单曲拱形、复合拱形和双曲拱形三种。不同类型的拱形在受到外力时变形是不相同的。

① 单曲拱形的变形。单曲拱形的金属板，在纵向（金属板的长度方向）是平坦的，而在横向（金属板的宽度方向）是拱形的，如图1-48 (a) 所示。当向金属板拱形处顶端施加一个压力时，则在金属板的纵向方向受到拉伸，在金属板的横向方向受到压缩，如图1-48 (b)、图1-48 (c) 和图1-48 (d) 所示。

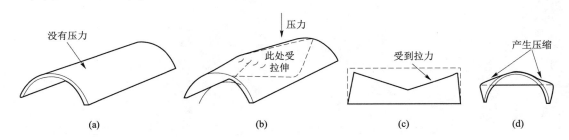

(a) 损坏前的金属板；(b) 损坏后的金属板；(c) 侧视图；(d) 正视图

图1-48 单曲拱形金属板受力后的变形

② 复合拱形的变形。所谓复合拱形就是平面与拱形的组合。图1-49所示就是复合拱形金属板受力后的变形图。板件压力的 (P) 方向是由上向下，几乎是垂直的。由于拱形处金属的强度比平面处大，抵抗压力能力强，所以凹陷卷曲 P 到 BC 段长度小于 P 到 BF 段。事实上，在受到损坏时，P 两边所受到的力相同，但是左侧金属损坏的面积较大。

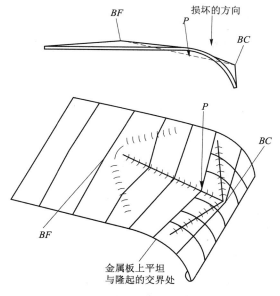

图 1-49 复合拱形金属板受力后的变形

③ 双曲拱形的变形。大多数金属板上的各种弯折都发生在一个方向上，而在另一个方向上保持平坦。但是，也有一些金属板在两个方向上都有拱形，这类拱形就是双曲拱形，如图 1-50 所示。

在拱形的表面上发生的弯曲折损会扩散到离它最近的平坦区，但在双曲拱形表面的金属板上，卷曲折损通常会从受碰撞处向各个方向传播，就像车轮上的辐条一样，而轮毂则相当于是最初的碰撞点。图 1-51 所示就是这种类型的金属板所受到的损坏。

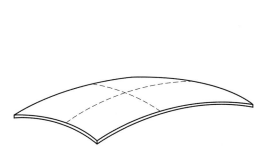

图 1-50 双曲拱形金属板

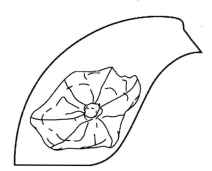

图 1-51 双曲拱形金属板的凹陷卷曲折损

四、汽车碰撞损伤诊断的基本步骤

汽车碰撞损伤的诊断一般步骤如图 1-52 示。
① 了解汽车车身构造的类型。
② 以目测确定碰撞的位置。

③ 以目测确定碰撞的方向及碰撞力的大小，并检查可能的损伤。

④ 确定损伤是否限制在车身范围内，是否还包括功能部件或元件（如车轮、悬架、发动机等）。

⑤ 沿着碰撞路线系统地检查部件的损伤，直到没有任何损伤痕迹的位置。

⑥ 测量汽车车身的主要尺寸，通过比较维修手册车身尺寸图表上的标定尺寸和实际汽车的尺寸来检查，简单的测量可以用一个轨道式量规或定心量规来比较车身上的尺寸。对于比较复杂的车身损坏，必须用三维测量系统检查悬架和整个车身的损坏情况。

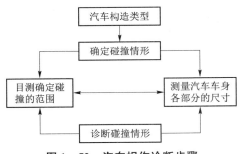

图 1-52　汽车损伤诊断步骤

五、目测确定碰撞损伤程度方法

承载式车身是由很多块钢板通过焊接、螺栓固定等方法组合而成的整体。车身外部是由前后保险杠、车门、前后翼子板、发动机舱盖、车顶和行李舱盖等10余块外观钣金件组成。通常情况下，当车身结构处发生损伤变形时，往往会影响到另一侧及相邻的外观钣金件的配合。车身结构部位的控制点和工艺孔在修复到原始尺寸时，车身外观钣金件的安装，一般只需要通过简单的调整，就可以达到装配要求。相反，如果车身结构部位没有修复到位，从车身外观钣金件的配合就可能反映出来。如果修复时采用了改孔或其他野蛮的操作方法，车辆在修复后则会留有故障隐患，而且其外观也会使人感觉不协调。

目测法就是凭借肉眼，通过观察车身外观钣金件的配合是否协调，车门、发动机舱盖与行李舱盖开关是否顺畅，钣金胶和油漆层是否开裂等，结合车辆受力时状况，对隐藏的可能发生变形的部位做出快速分析和诊断。目测法是一种抽象思维能力，即透过表面现象诊断出故障产生的本质。目测法在车辆变形损伤评估时，既可以作为一种检测方法，也可在事故车修复过程中作为一种辅助手段，对变形部位是否拉伸到位进行诊断和监控。当然，目测法的精度较低、误差较大，最终的结果还要靠工具测量来验证。

使用目测法的目的是发现一些无法直观判断的隐性损伤，例如钢板的变形扭曲或断裂。在进行目测评估时，应首先将车辆放置在较为平坦的水平面上，从多个方向和角度去观察车辆。然后仔细检查车辆的具体损伤部位，可通过观察车辆的高度，各钣金件的配合间隙是否均匀，轮廓线是否平齐，车门、行李舱盖与发动机舱盖的开关是否顺畅，钣金胶与漆层是否开裂等，判断相关构件及部位的隐藏损伤。

车辆损伤可分为直接损伤和间接损伤。直接损伤一般比较容易判断，而间接损伤则往往会隐藏在一些构件的内部，只有将外部遮挡的钣金件拆除后，才能发现具体的变形损伤部位。通常情况下，维修人员不可能对车身上的每个点都进行测量，也不会拆除过多的构件。虽然这样可以降低劳动强度和减少作业时间，但是这样将可能导致损伤评估的结果不准确，影响到最终的维修质量。如果此时能够合理地利用目测法，有针对性地对损伤部位进行预测与分析，找出损伤波及的范围，就可以有效避免上述情况的发生。如一辆后部受到撞击的车辆，发现该车前门与后门间隙已明显发生变化。经检查前门在开关时没有任何异常现象，与前翼子板、门框及下边梁等相关部位配合良好。根据这些目测检查结果，说明损伤仅波及中柱位置，前面的部位并没有因为撞击受到太大影响。通过采用目测法，在进行损伤检查时便可做到有的放矢，减少了工作量，节省了工作时间。

对于一些表面上看似不严重的受撞击车辆，往往也会造成结构部件的损伤，这点在损伤评估时经常会由于保险公司定损人员及钣金维修技师缺乏经验而被遗漏。如果钣金技师具备了目测评估的经验便可做出快速诊断，省去很多不必要的工时。例如一辆前部受到侧向撞击的车辆，保险公司经过检查后只对保险杠等损坏部件更换进行了赔付，没有进行纵梁校正。钣金技师在进行维修前经过仔细检查后发现该车发动机舱盖与左右翼子板的间隙已发生了变化，左前门与左前翼子板的间隙明显大于右前门与右前翼子板的间隙，打开后发现锁柱已发生了变形，无法锁紧发动机舱盖。综合这些观察到的现象进行分析，说明车辆前部已经整体向右发生了位置偏移，位移量经过测量确认即可。如果维修技师缺乏足够的目测评估知识和经验，只按照保险公司赔付的项目进行修理，那么该车的最终维修质量就很难保证了。

一、车身覆盖件损伤的检查

1. 劳动安全与卫生

穿戴好工作服、安全鞋、工作帽、棉质手套等，同时注意以下安全事项：

① 汽车进入车间后，首先要查看汽车上是否有破碎玻璃棱边及锯齿状金属。锯齿状的金属刃口要贴上胶带纸，但最好用砂轮机或锉刀将其磨平。

② 如有变速箱油或润滑油等泄漏，一定要将其擦净。

③ 车间照明应良好。如果功能件或机械部件损伤，需在举升机或校正台上进行细致的检查。

④ 拆除电气系统时，先要拆下蓄电池负极电缆，要断电源，以免突然点燃易燃气体，同时也保护电气系统。

⑤ 在车辆修理车间进行诊断修复时，还应注意相关的安全规范。

2. 目视检查

根据光照射钣金件的反射情况，评估损坏的程度及受影响的面积的大小，如图 1-53 所示。稍微改变人的眼睛相对于钣金件的位置，即可看到微小的变形和损伤。

目视检查车身损伤的内容主要有：观察车身有无划伤、锈蚀损伤，车身覆盖件有无凹坑和凸起变形等。

① 对于钣金外表破损形成锈蚀的部位，一般都会有红色或黄色的锈渍，观察起来很简单，如图 1-54 所示。需要注意的是有些锈蚀是从板材的底部开始的，尤其是经过车身修复的部位，从外表看不到锈渍，只是在钣金件表面有不规则的凸起。把凸起部分敲破就能看到板材的锈蚀情况。一般情况下已经在表面产生凸起的，基本上板材都已经被锈蚀穿了。修复锈蚀损伤时，必须要处理到金属板材，并做适当的防腐处理。

图 1-53　目视检查板件表面损伤

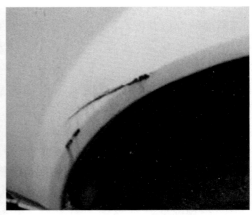
图 1-54　车身锈蚀

② 观察车身覆盖件的凹坑和凸起变形。根据光线照射到不同形状板件后反射的情况进行判别。观察时目光不要与板件垂直，而是有一定的角度，角度的大小根据光线来调整，以能看清板件表面情况为准。如果板件表面有变形，由于变形部位与良好部位反射光线不同，眼睛就会很容易地观察到变形的部位。找到损伤部位以后，要及时做好标记，以便于维修。

3. 触摸检查

如图 1-55 所示，戴上手套（最好为棉质），从各个方向触摸受损的区域，但不要用任何压力。做的时候要将注意力集中在手掌上的感觉，以感觉来评定不平度及漆膜损伤情况。为了能准确地找到受影响区域的不平整部分，手的移动范围要大，要包括没有被损坏的区域，而不是只触摸损坏的部分。此外，有些损坏的区域，手在向某个方向移动时，可能比向另一个方向移动时更易感觉到。

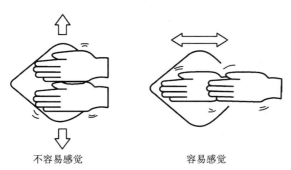
图 1-55　触摸法评估损坏程度

4. 样板检测

通过使用样板对车身面板的损伤部位进行检测。样板检测属于对比法测量的一种，适合于检测面板的形状与曲面。

目前，车身面板形状主要以流线型为主，棱角分明的形状设计越来越少。曲面是指加工成型后的面板具有一定程度的曲率。为了减少行驶时的风阻、车身式样及提高性能方面的考虑，汽车车身面板设计成各种各样的形状与曲面。这些各式各样的面板在图纸上全部标有缓和的曲线或者大小不同的曲面。这些曲面有的是出于车身式样设计上的考虑，而有的则是根据提高强度方面的考虑安排的。曲面的种类大致可以分为低曲面、高曲面、组合曲面和倒曲面。

在修复作业中，对于面板的曲面和形状经常会有拿捏不准的时候，这时就需要使用样板通过对比法来进行检测。目前专用样板较少，市场上可以见到的一种样板（如图1-56所示）是由若干个可以活动的塑料板组成，这些塑料板相互独立，在推动后可以保持位置不变（定位）以便于下一步的对比检测。使用时，将样板放在与受损部位相对应的另一侧，通过推动塑料板使之与钢板完全吻合，保持形状不变，以便取样，然后放在受损的部位，通过观察成型后的样板与钢板是否吻合（如图1-57所示）从而对比判断损伤部位的形状与曲面是否变形或修复到位。车身两侧同时受损时，可以从没有受损的型号相同的车辆面板上进行取样。

图1-56　面板检测专用样板

图1-57　利用专用样板检测

另一种方法是自制样板进行对比检测，自制样板适合于大批量维修某一种车型的专修厂、4S店。自制样板时，使用薄纸板，放在与受损部位相对应的另一侧，通过画线、裁剪，使之与面板的形状与曲面相吻合，然后通过观察裁剪好的样板与受损部位是否相吻合，从而判断面板是否修复到位。为经久耐用，可使用薄钢板复制出与该纸板形状一样的模子备用，这样在以后修复同一部位的面板损伤时，很容易通过模子找出原来的形状与曲面。

5. 零部件对比检测

对比检测就是将损伤件与新件对比，以判断损伤的类型和程度。对于受损的车身面板，能否修复到位，直接影响到相关零部件的安装及匹配。面板修复过程中，应将相关零部件安装上去，检查相关部位的配合情况，以便判断、检测修复的程度。在安装零部件时，不要错过任何细节及细微之处，尽管这一过程非常烦琐，有的反复拆装很多次，甚至在施涂原子灰后、喷涂面漆前还需要再次安装进行确认，但这样可以有效确保质量，避免返工。零部件对比前，应凭借经验及根据具体情况合理选择安装零部件，过多的安装将增加工作量或加快零部件的损坏。

6. 测量尺寸检测

测量是通过一定的方法或手段对面板的损伤程度、范围进行确定，以及对修复程度进行判断确认。常用方法有钢直尺检测、钢卷尺检测和龙门式机械测量尺检测。

① 用钢直尺检测。如图1-58所示，将一把钢直尺放在车身与损坏区域对称的没有被损坏的区域上，检查车身和直尺间的间隙；然后将钢直尺放在被损坏的车身钣金件上，评估被损坏的和未被损坏的车身板之间的间隙相差多少，来判断损伤的情况。

检测时，为确定损伤的程度，可用钢直尺配合钢卷尺进行测量，如图1-59所示。为确定钣金件表面损伤面积的大小也可用钢直尺测量损伤处的长、宽尺寸，并估算面积，如图1-60所示。

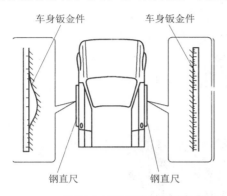

1-58 用钢直尺检测法评估损坏程度

图1-59 测量损伤程度

注意：实际评估时，通常是各种方法综合运用，以获得准确的评估结果。评估过程中，一定要随时做好记录，以便为后续的维修方案制定提供依据。

② 用钢卷尺测量。检测面板边缘、轮弧等部位的受损情况和修复程度时，在面板内部找出没有变形且两侧相对称的基准点，测量出没受损一侧基准点到面板边缘、轮弧等部位的数据（如图1-61所示），再测量出受损一侧基准点到面板边缘、轮弧等部位的数据，两组数据进行对比以检测面板的损坏情况或修复程度。

图1-60 测量损伤面积

图1-61 利用钢卷尺测量钢板边缘

图1-62 利用龙门式机械测量尺对称测量

③ 用龙门式机械测量尺检测。首先确定车辆基准点、零平面和中心线，将龙门式机械测量尺推动到适当位置，使用没受损一侧的探头测量出面板上部任意几点的三维数据（如图1-62所示），将受损一侧的探头按照这些数据进行设置，观察探头与受损部位的吻合情况，判断面板的损坏情况或修复程度。这种测量相对其他方法较为准确，但比较麻烦，工作量大，对于面板局部小面积损伤不宜采用此种方法。

❋ 二、目视检查车身内部的碰撞损伤

承载式车身的碰撞损伤可以用图 1-63 所示的圆锥图形法来进行分析。将目测撞击点作为圆锥体的顶点，圆锥体的中心线表示碰撞的方向，其高度和范围表示碰撞力穿过车身壳体扩散的区域。圆锥体顶点通常为主要的受损区域。

① 了解汽车整个碰撞过程，如碰撞部位、碰撞方向、碰撞时车速、碰撞的物体及碰撞次数等。

② 先找到最初遭受冲击的地方（也就是最初的损伤部位），可通过油漆的剥落程度及钣金的伤痕来判定。

③ 沿着冲击力传播的方向系统地检查各部件的损伤，包括车身附件以及车身以外的其他总成和部件，如车轮、悬架、发动机等。

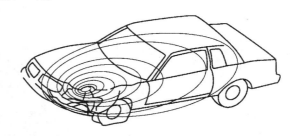

图 1-63　用圆锥图形法确定碰撞对承载式车身的影响

④ 检查汽车惯性损伤。当汽车受到碰撞时，一些质量大的部件（如发动机）的惯性会转化成巨大的作用力，使其向相反方向移动而发生冲击，产生损伤，这就需对固定件、周围部件及钢板进行检查。对于非承载式车身，车身安装在橡胶隔离垫上以减少冲击振动，但是剧烈的碰撞也会引起车身和车架的错位，破坏车身上的隔离件。

此外在碰撞中由于惯性的原因，仪表盘、转向盘、转向支柱和座椅靠背将受到损伤。行李舱中的行李也可能成为引起行李舱地板、行李舱盖和后顶侧板损伤的另一项原因。

⑤ 检查结构件上的吸能区。

a. 首先打开发动机罩，检查前纵梁、挡泥板等部位的变形情况。

b. 再检查后纵梁、后挡泥板等部位的变形情况。

c. 最后检查车身中部。在碰撞中要尽可能保证乘客室的结构完整，车门能够打开。

⑥ 用肉眼检查后，进行总体估测，从碰撞的位置估计汽车受碰撞力的大小及方向，判断碰撞如何扩散并造成损伤。

⑦ 确定出车身上所有损伤部件后，应对损坏部位进行分析，以确定损伤程度和类型。

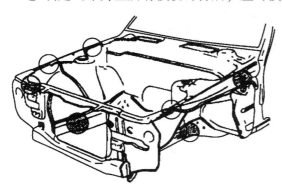

图 1-64　碰撞后应力集中部位的变形

⑧ 最后确定出车身上所有损伤的部件，以及它们之间的连接和装配关系。

目测评估损伤时应注意以下几点：

a. 要找出汽车损伤，必须沿着碰撞力扩散的路径，按顺序一处一处地进行检查，确认出变形情况。

b. 在估测中，先探查汽车上是否有扭转和弯曲变形，再设法确定出损伤的位置及各种损伤是否由同一碰撞引起的。

c. 检查时要着重注意车身结构中一些应力集中区域（如图 1-64 所示），这些部位是在车身设计中特别设置的。在碰撞冲击力的作用下，它们会按预先设定的方式变形，吸

收冲击能量,保持乘坐舱的形状,保护车内乘员的安全(被动安全)。

d. 关注车身上容易识别的损伤变形部位(如图 1-65 所示)。在碰撞中碰撞力穿过车身刚性大的部件传递,如车身前立柱(A柱)、车顶纵梁、地板纵梁等箱形截面梁,最终传递深入至车身部件内并损坏薄弱部件。因此,要找出汽车损伤,必须沿着碰撞力扩散的路径,按顺序一处一处地进行检查,确认出变形情况。检查中要特别仔细观察板件连接点有没有错位断裂,加固材料(如加固件、盖板、加强筋、连接板)上有没有裂缝,各板件的连接焊点有没有变形,油漆层、内涂层及保护层有没有裂缝和剥落,以及零件的棱角和边缘有没有异样等。这样,损伤部位就容易识别出来。

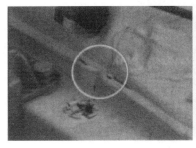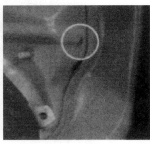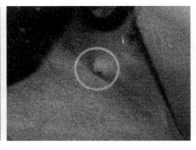

图 1-65 车身上容易识别的损伤变形部位

e. 关注车身上的车门、翼子板、发动机罩、行李舱盖、车灯之间的配合间隙。这些间隙都有一定的尺寸要求,通过观察和测量它们之间间隙的变化可以判定发生了哪些变形,如图 1-66 所示。

图 1-66 间隙的测量

一、准备工作

1. 考核设备、材料准备

在技能学习工位准备一辆有几处受损的车辆、检测样板、钢直尺、塞尺、钢卷尺、龙门式机械测量尺及游标卡尺等。

2. 学员劳动保护

穿戴好工作服、安全鞋、工作帽、棉质手套。

二、考核流程

1. 学员工作

两名学员为一小组，在充分学习本任务相关知识与技能的基础上，完成下列工作，并随时完成相应的工单（见本书配套教学资源"实训工单"中的"工单1–1"）。

① 车身覆盖件损伤的检查。
② 目视检查车身内部的碰撞损伤。
③ 5S工作。
④ 自我评价。

2. 指导教师工作

学员在进行上述操作过程中，指导教师进行下列工作：
① 向学员讲解安全注意事项，要求学员在实训工单中做记录。
② 观察、指导学员进行相关操作，及时制止可能发生危险的操作。
③ 实操结束后审阅学员完成的工单，并结合其操作情况（工作成果）给出评价。

任务1–2　车身损伤的测量

如图1–67所示，汽车车身测量是车身修理中不可缺少的一个重要环节，特别是现代轿车采用的承载式车身结构，发动机及底盘各总成都是直接或间接安装在车身上的。车身损伤如果修理得不彻底、不精确，势必对汽车使用时的安全性、稳定性、平顺性等造成影响。所以，精度是车身修理的首要问题，而精度的保证又是以对车身准确的测量为基础的。由此可见，测量在车身修理中占据着极其重要的地位，并且也是影响车身修理质量的关键。承载式车身修理中，允许误差通常不大于±3 mm，有时甚至更小。

图1–67　车身的测量

车身的测量往往贯穿车身修理作业的全过程，一般可分为作业前、作业中和竣工后三个阶段。作业前的测量，旨在判别车身损伤状态，把握变形程度的大小，并为确定修理方案提供可靠依据。修理作业过程中的测量，有助于对修复过程的质量进行有效的控制。竣工后的测量，为验收和质量评估提供可靠的数据。

1. 能够正确描述车身测量的控制点、基准面、中心面及零平面的定义与作用。
2. 能够正确描述测距法、三维坐标法的测量原理。
3. 能够正确描述车身维修方案应包含的主要内容。
4. 能够正确识读车身尺寸图。
5. 能够用测距法、三维坐标法进行车身尺寸的测量。
6. 能够根据实际测量的结果，给出车身损伤准确的评估。
7. 能够根据车身损伤的评估结果制定合理的维修方案。
8. 培养良好的安全、卫生习惯，环保意识及团队协作的职业素养。
9. 能够检查、记录和评价工作结果。

一、车身测量的基准

车身修理中对变形的测量，实际上就是对车身及其构件的形状与位置偏差的检测。选择测量基准又是形状与位置偏差检测中十分重要的内容。

正确的车身测量是车身修理的基础。掌握车身测量的点、线、面三个基本要素，又是高质量完成车身测量任务的关键。

1. 控制点

车身测量的控制点，用于检测车身损伤及变形的程度。

车身设计与制造中设有多个控制点，检测时可以测量车身上各个控制点之间的尺寸，如果测量值超出规定的极限尺寸时，就应对其进行校正，使之达到技术标准规定范围。

承载式车身的控制点如图1-68所示。控制点①通常是在前保险杠或前车身散热器支撑部位；控制点②在发动机舱的中部，相当于前悬架支承点；控制点③在车身中部，相当于后车门框部位；控制点④在车身后横梁或后悬架支承点。

对车身进行整体校正时，可根据上述控制点的分布，将车身分为前、中、后三部分，如图1-69所示。这种划分方法主

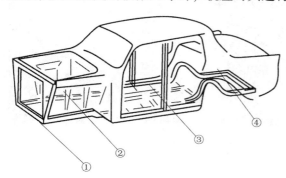

图1-68 承载式车身控制点的基本位置

要基于车身壳体的刚度等级和区别损伤程度,分析并利用好各控制点在车身测量基准中的作用和意义。

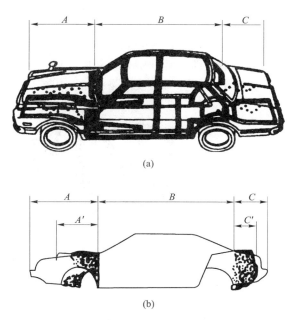

(a)车身壳体的强度等级;(b)车身受冲击时的变形情况
图1-69 车身按吸收能量强弱的分段

由于车身设计和制造是以这些控制点作为组焊和加工的定位基准,这些控制点是在生产工艺上留下来的基准孔,同样可以作为车身测量时的定位基准。此外,汽车各主要总成在车身上的装配连接部位,也必须作为控制点来对待。因为,这些装配孔的位置都有严格的尺寸要求,这对汽车各项技术性能的发挥有着十分重要的影响。例如:汽车前悬架支承点的位置正确与否,会直接影响前轮定位角和汽车的轴距尺寸;发动机支承点与车身控制点的相对位置,则会影响到发动机和传动系统的正确装配,如有偏差,会造成异响甚至零件损坏。

实际上,对控制点的测量就是对车身关键参数的检查与控制,并且这些参数又是有据可查的。一些车身测量设备就是根据控制点原则制成的,是目前车身修理中比较实用和流行的测量原则。

2. 基准面

基准面是与车底平行且距车底一定距离的平面。车身设计时,往往是先选定一水平基准面,如图1-70所示,车身上各对称平行点所形成的线或面与之平行。车身图纸上沿高度方向上所标注的尺寸,都是车身各部位与水平基准面间的距离,即基准面是所有高度尺寸的基准。在车身测量与修理中,同样可以利用基准面作为车身高度尺寸的测量基准。

在实际测量中,如果遇到要测量部位不

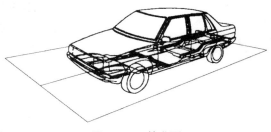

图1-70 基准面

便于使用量具直接测量时，可以根据数据传递方法，将基准平面上移或下移，这样不仅有利于测量仪器的使用，而且还可以获得更加准确的测量结果。

3. 中心面

如图 1-71 所示，利用一个假想的具有空间概念的直线和平面，能够将车身沿宽度方向截为对称的两半，则这一直线和平面即为基准中心线和中心面。车身上各点通常是沿中心面对称分布的，因此所有宽度方向上的尺寸参数及测量，都是以该中心线或中心面为基准的。

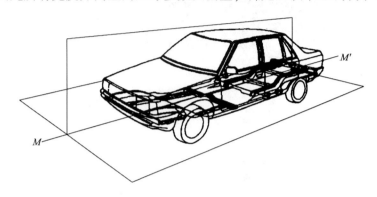

图 1-71　中心面

大多数车身都是对称设计的，但也要注意非对称部位的存在及其测量要求。选择带有补偿不对称性的中心量规，测量时先消除因不对称零件而造成的数据偏差后，再进行正常的测量。

4. 零平面

承载式车身是一个整体刚性框架，属于应力壳体式结构，整个车身都参与承载。对于一定荷载，车身会将其分散开来，分别作用于车身各个构件上。

根据车身应力壳体式结构的变形特点和损伤规律，测量时可以将车身前、中、后三部分和左右对称部分的界面，称为零平面，如图 1-72 所示。零平面的变形可以理解为最小。以车身中间段为例，当车辆发生碰撞事故时，损伤最轻的部位通常是车身中间段的对称中心，如果依此为基准测量，就可以得到可靠的检查与测量结果。

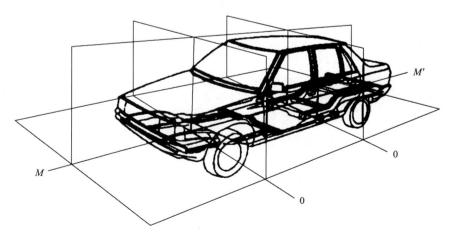

图 1-72　零平面

零平面是车身长度尺寸数据的标注基础,也是实际测量长度尺寸的参考基准。

二、车身测量的方法

对车身整体变形的测量,是依靠测量工具采集相关的技术数据,判定车身构件与基准之间的相对位置,并且以实际测得的状态参数为依据,进行数据的分析、比较,找出相对位置的变化规律,从而判明车身变形的具体状况。

车身测量方法根据使用工具和测量方式的不同,可分为测距法、定中规法和坐标法三种,其中定中规法目前在行业中已很少使用。

1. 测距法

测距法可以直接获得定向位置上点与点的距离,是最简单、实用的一种测量方法。它主要通过测距离体现车身构件之间的位置状态。

测距法使用的量具主要是钢卷尺和轨道式量规。钢卷尺的使用方法简便易行,但测量精度低、误差大,仅适用于那些精度要求不高的场合。对钢卷尺头部进行如图 1-73 处理后,可以提高测量精度。量点之间不在同一平面或其间有障碍时,就很难用钢卷尺测量两点间的直线距离。使用图 1-74 所示的轨道式量规,可以根据不同位置,将量脚探入测量点,应用起来非常方便、灵活。

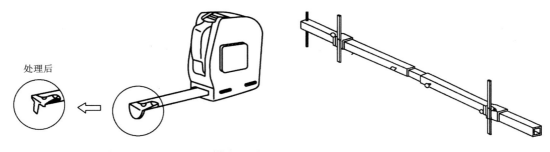

图 1-73 钢卷尺头部加工处理后可以提高测量精度　　图 1-74 轨道式量规

2. 三维坐标法

(1) 三维坐标法的测量原理

坐标法的测量原理是利用车身构件的对称性,用测量架采集被测点上 X、Y 和 Z 三个方向的数据,如图 1-75 所示,通过用一组平行于 XZ 平面的平行平面 α 截取被测件型面,交线即为所在面的曲线。同理,也可用平行于 YZ 平面的一组平行面 β 测得等距 X 间隔的各截面曲线。将两组测得的曲线组合,即可获得该构件曲面型线的坐标参数,圆滑连接便可形成该构件表面实样测绘图。对测量结果进行对比、分析,车身构件的外观形状误差便可体现出来。

(2) 三维坐标法的测量设备

① 机械式测量系统。坐标法适用于对车身壳体表面的测量,尤其是像轿车那样的多曲面外形,使用通用桥式测量架,就可以比较容易地实现这方面的测量。

桥式测量架由导轨、移动式测量柱、测量杆和测量针等组成。测量过程中,可以根据需要调整其与车身的相对位置。当测量针接触到车身表面时，就能够直接从导轨、立柱、测杆及测量针上读出所对应的测量值。

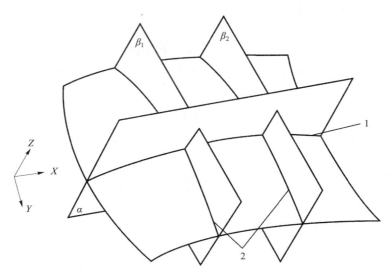

α—平行于 XZ 平面；$β_1$、$β_2$—平行于 YZ 平面；1—α 截面交线；2—β 截面交线。

图 1-75　坐标法的测量原理

通用测量系统如门式通用测量系统（如图 1-76 所示）、米桥式通用测量系统等，在现代车身修理中被广泛应用。通用测量系统不仅能够同时测量所有基准点，而且又能使一部分测量更容易，更精确。

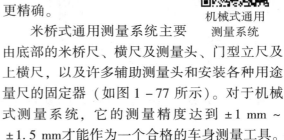
机械式通用测量系统

米桥式通用测量系统主要由底部的米桥尺、横尺及测量头、门型立尺及上横尺，以及许多辅助测量头和安装各种用途量尺的固定器（如图 1-77 所示）。对于机械式测量系统，它的测量精度达到 ±1 mm ~ ±1.5 mm 才能作为一个合格的车身测量工具。

在测量时，首先建立起车辆和测量系统的基准，在测量桥或测量架上安装好横尺，将测量头安装在横尺上，就可以同时测量受损车辆上的多个基准点。基准点找好以后，就可以利用安装在测量架上的测量头来测量车身上的各

图 1-76　门式通用测量系统

个测量点。根据每个车辆的标准数据，通过测量、对比数据的变化来判定车身部件是否变形，校正工作是否准确，或者新更换部件的定位是否正确。

在实际测量操作过程中，修理人员首先要用测量头来测量基准点。通过各基准点实际测量的数据与标准数据相比较，就能很快地确定各个基准点所处的位置是否变形，如果车身上的基准点的数据超过 3 mm 的公差，就必须对基准点先进行校正。

② 电子式测量系统。电子测量系统使用计算机和专门的电子传感器来迅速、便捷地测

量车身结构的损坏情况，性能好的电子测量系统能够在车身拉伸校正过程中给出实时的测量数据。

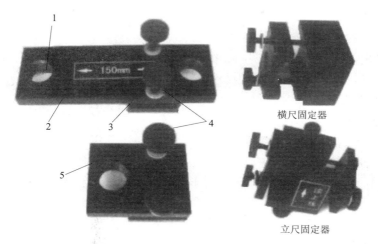

1—标尺筒固定孔；2—长垂直标尺固定器；3—下部固定板；4—紧固螺钉；5—短垂直标尺固定器。

图 1-77　各种测量固定器

在测量系统计算机的数据库中，储存了大量的不同厂家、不同年代的车身数据，这些标准车身数据图可以随时被调出。系统就可以自动地将实际的测量值与标准值进行比较，不用再去人工翻查印刷数据手册或记录测量值，它们都在计算机屏幕上显示出来了。

典型的车身三维尺寸检测系统结构，如图 1-78 所示。该系统包括多个视觉传感器、全局校准、现场控制、测量软件等几部分。每个视觉传感器都是一个测量单元，对应车身上的一个被测点，系统组建时，所有的传感器均已统一到基准坐标系下（即系统全局校准），传感器由系统中的计算机控制。测量时，每个传感器测量相应点的三维坐标，并转换到基准坐标系中，全部传感器给出车身上所有被测点的测量结果，完成系统测量任务。

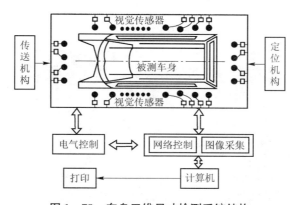

图 1-78　车身三维尺寸检测系统结构

车身电子测量系统主要有半机械半电子测量系统、半自动电子测量系统和全自动电子测量系统等几种类型。现代汽车维修企业大多使用全自动电子测量系统。

全自动电子测量系统包括激光测量系统和超声波测量系统两种。激光测量系统包括标靶、一个激光发射接收器和一台计算机,如图 1-79 所示。现代激光测量系统使用起来相对比较容易而且非常精确。它采用激光测量技术,由两个准分子激光发射器发射激光投射到标靶上,每个标靶上有不同的反射光栅,通过接收光栅反射的激光束测量出数据并传输给计算机,由计算机通过计算可以得到测量点的空间三维尺寸。

图 1-79 激光测量系统的标靶和激光发射接收器

激光系统提供直接且瞬时的尺寸读数。在拉伸和校正作业过程中,车辆的损伤区域和未损伤区域中的基准点都可被持续监测。

将车辆装到校正架上之后,在车辆的中部下面放置激光发射接收器,然后将激光发射接收器的电缆插到计算机上。调出被修车辆的车身数据尺寸图。车身数据尺寸图可能有一个或两个视图,一些图表还给出了发动机罩下面和车身上部的尺寸。

按照计算机的提示选择合适数字的标靶、标杆和磁性安装头,并安装到车辆上的测量点上。标靶和安装在测量孔上的磁性(或弹簧片)安装头通常存放在机柜里。磁性安装头(标靶座)将标靶固定在指定的位置或车辆的基准点上。弹簧片或可调节的安装头(标靶座)可以张大,便于安装在车身不同尺寸的孔上。

为了测量车身上部的各个点,要在悬架拱形座(挡泥板上冲压成形的减振器支座)上安装一个专用支架。在量针接触减振器拱形座上特定的点时,支架底部的标靶反射的激光就可以被激光发射接收器读取。

在车辆上安装好激光发射器和标靶之后,使用计算机对系统进行标定,然后再读取车辆的尺寸,通过一系列的计算机命令,测量系统就可以完成对结构损伤的精确测量。

超声波测量系统的测量精度可以达到 ±1 mm 以上,测量稳定、准确,可以瞬时测量,操作简便、高效。可以对车辆的预检、修理中测量和修理后检验等工作提供有效的帮助,现在也用在一些二手车辆交易中的车身检验工作。

超声波测量系统由超声波发射器、超声波接收器、控制柜(包括计算机,也称主机)及各种测量头组成,如图 1-80 所示。

超声波测量系统原理

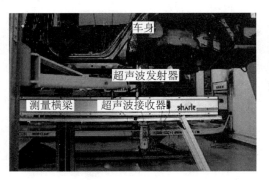

图 1-80 超声波测量系统

图 1-79、图 1-80 彩图

超声波发射器通过测量探头、加长杆以及测量探头转接器(如图 1-81 所示)等安装到车身测量点的测量孔或螺栓头上。超声波接收器装置在测量横梁上,如图 1-82 所示。超声波发射器发送超声波，由于声音是以等速传播的，超声波接收器可快速精确地测量声波在车辆上不同基准点之间传播所用的时间。计算机根据每个超声波接收器的接收情况自动计算出每个测量点的三维数据。

半机械半电子测量系统

半自动电子测量系统

专用测量系统

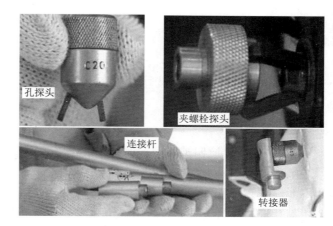

图1-81 超声波测量探头及转接器

图1-82 超声波接收横梁

三、车身损伤修理方案的确定

在对车身损伤准确判别的基础上，即可确定修理方案。其主要内容包括以下几方面：

① 确定需要拆卸的构件。在钣金修理过程中，有时需要拆下一些构件。某些构件拆下后修复更加方便，或是拆下需要更换的构件。

② 确定需要更换的构件。损坏的车身构件是更换还是修复，判断的基本原则是：损坏以弯曲变形（弹性变形）为主就进行修复；以折曲变形（塑性变形）为主就进行更换。但在实际工作中，需考虑的因素还很多，如损伤的车身构件是否有配件；构件的修复费用与新件价格的比对；损伤构件在车身上的装配关系和精确度，例如车门在车身上装配的精确度是比较高的，若车门损坏严重就应选择更换；车主的意愿；等等。

③ 制定钣金件修复的工作程序。这是修理方案中最为重要的一部分内容。具体的修复工作程序在制定时，要考虑作业者的能力和水平，以及可使用的工具和设备等情况，要结合实际，方便可行。

④ 确定车身修理后的检查方法。车身修理后，还要对车身结构进行测量，确保车身变形全部得以修复。此外，根据损伤程度和部位，必要时还需进行其他方面的检查，如前轮定位的检查，密封性检查，转向系、传动系和行驶系统性能的检测等。

一、用测距法测量车身尺寸

1. 劳动安全与卫生

进行车身尺寸测量时，应佩戴的劳动保护有工作服、工作帽、安全鞋、棉质手套等。同时注意以下事项：

① 拆卸零部件时，注意工具使用安全。

② 如需切割，采用气割法时，务必将贮气罐移开，防止气罐漏气引起爆炸；采用切割锯切割时一定注意使用安全。

③ 拆除电气系统时，先要卸下蓄电池负极电缆，切断电路，以免突然点燃易燃气体，同时也保护了电气系统。

④ 车间照明应良好。如果功能件或机械部件损伤，需在举升机或校正台上进行细致的检查。

⑤ 使用车身校正台时，应严格按其使用说明书规定操作。

⑥ 测量时注意车身的尖角、板件的毛刺，以防造成人体损伤。

2. 查找车身尺寸数据

车身上部尺寸通常为点对点的数据图，选择一个车身上部数据图后，首先概览全图，如图1-83所示。

图上主要显示上部车身的测量点包括发动机舱部位翼子板安装点、散热器框架安装点、减振器支座安装点和其他一些测量点，还有前后风窗的测量点，前后门测量点，前、中、后立柱铰链和门锁的测量点，行李舱的测量点等。

① 发动机舱尺寸的测量。找到主要部件的安装点数据和测量点。

② 前风窗的尺寸通过测量图中 A、B、C、D 四点的相互尺寸得到，A 和 B 是车顶板拐角，D 和 C 是发动机罩铰链的后螺栓孔。

③ 后风窗的尺寸通过测量图中 A、B、C、D 四点的相互尺寸得到，A 和 B 是车顶板拐角，C 和 D 是行李舱点焊裙边上一条焊接搭缝。

④ 前门的尺寸通过测量图中 A、B、C、D 四点的相互尺寸得到，A 点表示风窗立柱上的搭接标记，B 点表示立柱铰链表面，C 点表示中柱门锁栓上缘，D 点表示中柱门铰链固定螺栓中心。

⑤ 后门的尺寸通过测量图中 A、B 两点的尺寸得到，A 点表示后柱门锁栓上缘，B 点表示铰链与立柱交线。

⑥ 中柱的尺寸可以通过测量图中 A、B 两点的尺寸得到，A、B 点都表示中柱门锁固定螺栓中心。

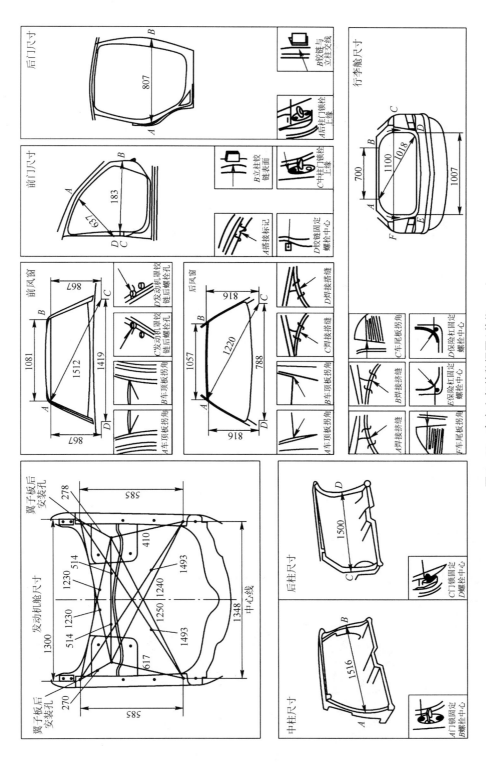

图 1-83 车身上部的数据图（单位：mm）

⑦ 后柱的尺寸可以通过测量图中 C、D 两点的尺寸得到，C、D 点都表示后柱门锁固定螺栓中心。

⑧ 行李舱的尺寸通过测量图中 A、B、C、D、E、F 6 点的相互尺寸得到，A、B 表示行李舱点焊裙边上一条焊接挤缝，C、F 表示行李舱后的车尾板拐角，D、E 表示保险杠上部的固定螺栓中心。

3. 孔中心距的测量

（1）使用钢卷尺测量

① 用钢卷尺测量孔的中心距时，可从孔的边缘起测量，以便于读数，如图 1-84（a）所示。

② 当两孔的直径相等并且孔本身没有变形时，才能以孔的边缘间距代替中心距，如图 1-84（b）所示。

③ 但当两孔的直径不同时，如图 1-84（c）所示，其中心距按如下方法计算：

$$A = B + (R - r) \text{ 或 } A = C - (R - r) \text{ 或 } A = (B + C)/2$$

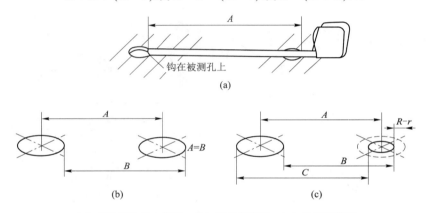

（a）在孔的边缘上测量；（b）孔径相等时；（c）孔径不等时

图 1-84　使用钢卷尺测量

（2）使用轨道式量规测量

① 根据实际测量点距离的大小，选择合适规格的量规。

② 根据测量孔的大小、形状选择合适的测量头。

③ 将测量头安装在测量横杠上，就可以进行尺寸测量了，如图 1-85 所示。

图 1-85 彩图

图 1-85　轨道式量规测量发动机舱尺寸

测量孔径大于测量头直径时,如图 1-86 所示,为了用轨道式量规进行精确测量,就需用边缘测量法。

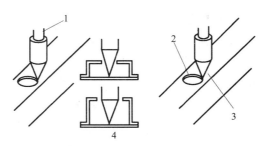

1—轨道式量规测量头;2—孔边缘;3—锥头;4—过大和过小的孔。

图 1-86　测量孔径大于测量头直径

当需测量的两孔直径相同时,要测量间距只要测出两个孔同侧边缘的距离,此数值就是中心的距离。如图 1-87 所示。

当两孔直径不同时,孔的中心距与同侧边缘距不再相等,如图 1-88 所示。此时要先测得两孔内缘间距,后测得两孔外缘间距,如图 1-89 所示,然后将两次测量结果相加再除以 2 即可。

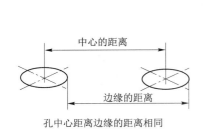

孔中心距离边缘的距离相同

图 1-87　同缘测量法

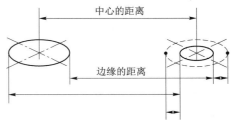

孔中心距离与边缘的距离不同

图 1-88　孔径不同时,孔中心距与同侧边缘中心距的关系

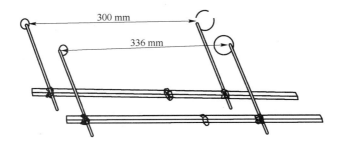

图 1-89　不同直径孔的测量

例如,如果测得其内缘间距为 300 mm,外缘间距为 336 mm,则孔中心距为 (300 + 336)/2 = 318 mm。

4. 车身上部尺寸的测量

① 根据汽车制造厂提供的车身尺寸数据图，找到车身上部最重要控制点的位置和尺寸规格。
② 使用卷尺或轨道式量规测量这些点之间的尺寸。
③ 对照标准数据，检验测量部分车身是否有变形。

注意：

a. 检验汽车前端尺寸时，轨道式量规测量的最佳位置是悬架及机械元件上的安装点。

b. 每一个尺寸应该对照另外的两个基准点进行检验，其中至少有一个基准点要进行对角线测量。

c. 通常，测量的尺寸越长，其精确度越高。例如，测量从车颈（前车身与中车身的交界处称为车颈）下端至发动机底座前部之间的尺寸要比测量车颈下端至另一侧车颈下端尺寸要精确，因为它是在汽车较大范围内测得的一个较长尺寸。

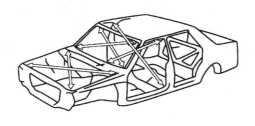

图 1-90 车身上的测量点

5. 用对比测量法判断车身变形情况

（1）对称部位的测量（如发动机舱、前后窗框、行李舱等处）

① 找到车身测量点，如图 1-90 所示。
② 利用卷尺或轨道式量规对角线测量。
③ 对比两次测量数值，判断车身的变形情况，如图 1-91 所示。

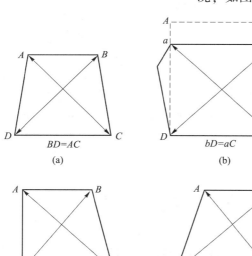

(a) 车身没有变形；(b) 车身两侧发生变形；(c) 车身向左或向右变形

图 1-91 对比测量法

点对点测量前部车身尺寸

点对点测量侧面车身尺寸

点对点测量后部车身尺寸

（2）不对称部位的对比测量

① 当损伤部位的尺寸不对称，比如左侧门框变形时，可以通过测量与右侧良好门框尺

寸进行对比，从而判断受损部位的变形情况。

② 如果两侧都发生变形，可以通过测量与受损车身尺寸一样的良好车身尺寸对比，来判断受损部位的变形情况。

（3）运用对比法时应注意的问题

由于对比法需要操作者根据情况量取有关数据，选择哪些测量点、数据链作为车身定位参数的依据标准，是一个值得研究的问题。对此，应遵循以下原则：

① 利用车身壳体或车架上已有的基准孔，找出所需的定位参数值。

② 以基础零件和主要总成在车身上的正确装配位置为依据。

③ 比照其他同类车型车身图中标示方法，来确定参数的测量方案。

对比法测量可靠性较差，要求应尽可能将测量误差限制在最小范围内，以防止因累计误差的增加而影响最终的修复质量。在操作时应注意以下几点：

a. 选择便于使用的测量工具（如测距尺）。

b. 不能以损伤的基准孔作为测量依据。

c. 参数值最好一次性测得，应尽量避免分段量取。

二、车身三维数据图的识读

各汽车公司的汽车都有车身数据，有些车身测量维修设备公司也通过测量来获得数据。不同的维修设备公司和厂家提供的数据格式可能不同，但要表达的基本内容是一致的，都要提供出车身主要结构件、板件（车门、发动机罩、行李舱盖、翼子板等）的安装位置，机械部件（发动机、悬架、转向系统等）的安装尺寸。以下介绍几种数据图，说明如何通过车身数据图来辨别车身上测量点的三维数据。

1. 车身底部数据图

车身底部数据图有以俯视图和侧视图表示的，也有只用俯视图表示的。

（1）以俯视图和侧视图表示的车身底部数据图

图 1-92 是汽车车身底部的尺寸图，图的上半部分是俯视图，下半部分是侧视图，用一条虚线隔开。图的左侧部分代表车身的前方，右侧部分代表车身的后方。要读取数据，首先要找到图中长、宽、高的三个基准。

① 宽度数据。在俯视图中间位置有一条贯穿左右的线，这条线就是中心面，又称为中心线，它把车身一分为二。在俯视图上的黑点表示车身上的测量点，一般的测量点是左右对称的。两个黑点之间的距离有数据显示，单位是 mm（有些数据图还会在括号内标出英制数据，单位是 in），每个测量点到中心线的宽度数据是图上标出的数据值的 1/2。

② 高度数据。在侧视图的下方有一条较粗的黑线，这条线就是车身高度的基准线（面）。

线的下方有从 A 至 R 的字母，表示车身测量点的名称，每个字母表示的测量点一般在俯视图上部显示两个左右对称的测量点。俯视图上每个点到高度基准线都有数据表示，这些数据就是测量点的高度值。

③ 长度数据。在高度基准线的字母 K 和 O 的下方各有一个小黑三角，表示 K 和 O 是长

度方向的零点。从 K 点向上有一条线延伸至俯视图，在虚线的下方位置可以看出汽车前部每个测量点到 K 点的长度数据。从 O 点向上有一条线延伸至俯视图，在虚线的下方位置可以看出汽车后部每个测量点到 O 点的长度数据。长度基准点有两个，K 点是车身前部测量点的长度基准，O 点是车身后部测量点的长度基准。

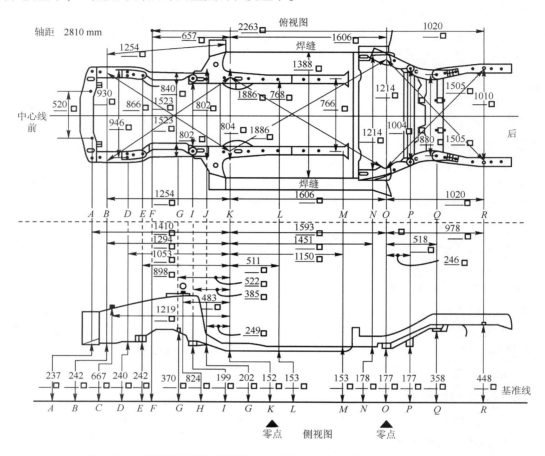

图 1-92　利用俯视图和侧视图来表达的车身底部数据图（单位：mm）

例如要找 A 点的长、宽、高的尺寸，首先要在图中找出 A 测量点在俯视图和侧视图上的表示位置，从俯视图中可以找出左右 A 点之间的距离是 520 mm，A 点至中心线的宽度值是前述距离的一半 260 mm。从侧视图的高度基准线可以找出 A 点的高度值为 237 mm。从 A 点和 K 点的向上延伸线可以找出长度值为 1 410 mm。

要使用这种数据图配合测量系统进行测量时，首先要把测量系统的宽度的基准调整到与车辆的宽度基准一致或平行，然后调整车辆的高度，让车辆的高度基准与测量系统的高度基准平行，长度基准就在车身下部的基准孔位置。找到基准后，可以使用各种测量头对车身进行三维测量了。

（2）只用俯视图表示的车身底部数据图

如图 1-93 所示，左侧为发动机舱数据图，右侧为车身底部数据图，同样要找到图中表示基准的长、宽、高三个基准。图的左侧部分代表车身的前方，右侧部分代表车身的后方。

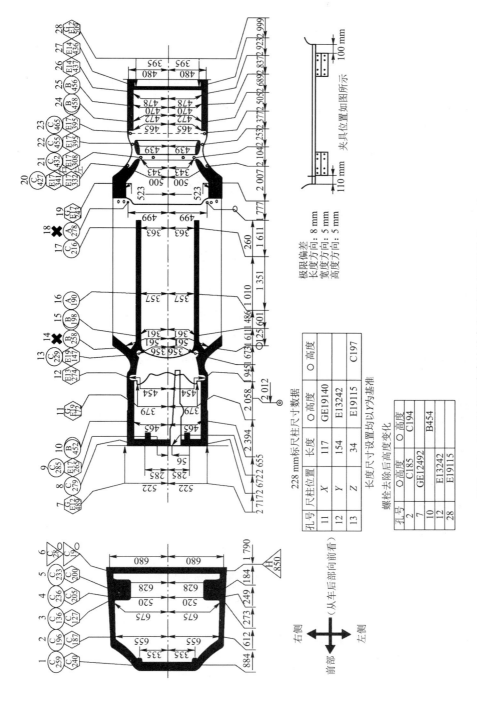

图 1-93 只用俯视图来表达的车身底部数据图（单位：mm）

① 宽度数据。在俯视图的中心部位有一条线把车身一分为二，这条线就是中心面。车身的测量点用 1~28 的数字表示，每个数字代表车身上左右两个测量点。分别通过每个测量点到中心面的数据，可以直接读出任一测量点的宽度数据。

② 高度数据。在数据图的上方有一排图标，有圆圈、六角形和三角形等，内部有 A、B、C 和 E 等字母和数字。圆圈表示测量点是一个孔，六角形表示测量点是一个螺栓，三角形表示测量部件的表面。A、B、C、E 等字母表示测量时所用测量头的型号。数字表示高度数值，有时同一个点有两个高度值，是因为在测量有螺栓时或拆掉螺栓后的高度是不同的。

③ 长度数据。在 14 和 18 测量点位置有两个黑色的 × 符号，表示这两点是长度方向的基准。在图中可以看出，以车身后部 18 号点为长度基准，得到汽车前部各个测量点的长度数值；以车身前部 14 号点为长度基准，得到汽车后部各个测量点的长度数值。

数据图左侧的发动机舱的宽度基准与车身俯视图的宽度基准相同，在发动机舱图下方的数字是表示 1 号~5 号点距离 6 号点的长度，而 6 号点为发动机舱新的长度基准，它距离 18 号点 1 790 mm。高度尺寸是从距离 18 号点 1 790 mm 的位置，再向上 850 mm 作为新的高度基准测量得到的发动机舱各测量点的高度数据。

例如要找 5 号点的长、宽、高数据，5 号点属于发动机舱的数据，它是用门型尺架测量的。首先找到 5 号点在车身上的位置，可以读出 5 号点的左右测量点分别到中心面（线）的宽度数据为 628 mm。5 号点的高度尺寸是从原基准面向上 850 mm 为新的基准测量的，在数字 5 的下方圆圈内有字母 C 和数字 233，六角形内有字母 C 和数字 200，表示用 C 型测量头测量时，5 号测量点是孔的高度为 233 mm，5 号测量点为螺栓时高度为 200 mm（5 号点距离原高度基准的高度尺寸是 850 mm – 233 mm = 617 mm 和 850 mm – 200 mm = 650 mm）。在发动机舱图的下方表示的是长度尺寸，5 号点的长度尺寸是 184 mm（5 号点距离新长度基准 6 号点 184 mm，而距离长度基准 18 号点是 1 790 mm + 184 mm = 1 974 mm）。

例如要找 10 点的长、宽、高数据，首先找到 10 点在车身上的位置，可以读出 10 点左右测量点分别到中心面（线）的宽度数据为 465 mm。在数字 10 的下方圆圈内有字母 B 和数字 452，表示用 B 型测量头测量 10 号圆孔时，高度数值是 452 mm。从 10 号点的延伸线可以找出距离 18 号点的长度数据值是 2 394 mm。

2. 车身上部三维数据图

车身上部数据图主要显示上部车身的测量点。包括发动机舱部位翼子板安装点、散热器框架安装点、减振器支座安装点和其他一些测量点，还有前后风窗的测量点，前后门测量点、前、中、后立柱铰链和门锁的测量点，行李舱的测量点等。

上部车身的这些测量点如发动机舱的测量点对车身的性能影响很大，其他的测量点数据对车身的外观尺寸调整非常重要。

有些数据图显示的是车身上部测量点的点对点之间的数据，另一些数据是显示每个车身上部测量点的三维数据值，如图 1–94 所示。

图 1–94 所示的车身数据图是车身上部的俯视图，包括发动机罩铰链位置、前后风窗、前后门、背门、角窗和前、中、后立柱的尺寸数据，它是通过给出上述不同测量点的三维数据表达的。图的左侧表示汽车前方。读图时要先找到图中表示基准的长、宽、高三个基准。

① 宽度基准。在俯视图的中心部位有一条线把车身一分为二，这条线就是中心面。车

身上的测量点用 1~17 的数字表示，每个数字代表车身上左右两个对称的测量点。通过每个测量点到中心面显示的数据可以直接读出宽度数据。

② 高度基准。在数据图的上方有一排图标，有六角形、正方形、三角形和菱形等，内部有 C、E、F、DS、GF、GC 等字母和数字。六角形表示测量点是一个螺栓，正方形表示测量部件的表面，数据图下部的三角形表示测量的基准位置的变化情况。C、E、F、DS 等字母表示测量时所用测量头的型号，G 表示要用 G 型测量头与其他测量头配合使用。数字表示高度数值。

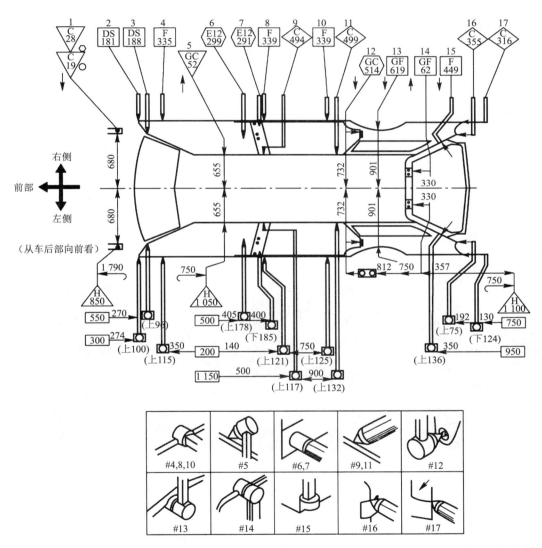

图 1-94　车身上部的三维数据

例如要找 1 号点的长、宽、高数据。首先找到 1 号点在车身上的位置，可以读出 1 号点左右到中心面（线）的宽度数据为 680 mm。在数字 1 的下方有两个倒三角标志，内有字母 C 和数字 28 和 19，表示用 C 型测量头测量 1 号螺栓时，高度数据值是 28 mm，用 C 型测量头测量 1 号圆孔时，高度数据值是 19 mm。在 1 号点的延伸线的下部有标有 1 790 的弯箭头和内部有 H 和 850 三角形标志，表示 1 号点的长度是图 1 – 93 中 18 点前方 1 790 mm。850 表示 1 点的高度尺寸是在此位置的高度基准向上 850 mm 为新的高度基准测得的。

三、用机械式车身校正台测量车身数据

车身测量

1. 测量前的准备工作

① 拆下可拆卸的损坏件，包括机械部件和车身覆盖件。

② 如果损坏非常严重，则对车辆的中部或基础部分先进行粗略的校正，然后将中部基准点的尺寸恢复标准数值。

③ 如果某些机械部件不需要拆除，对这些部件要进行必要的支撑。

2. 调整车辆基准与测量系统基准

（1）安置车辆

事故车被安置在车身校正仪上时，尽量要把车辆放置在平台的中部。调整四个主夹具的位置和钳口开合程度，使车身底部裙边完全落入主夹具的钳口中，先不要拧紧紧固螺栓，如图 1 – 95 所示。

（2）测量前基准点

① 把测量横尺放入车身底部，根据所要测量的基准点高度选择合适的测量头，如图 1 – 96 所示。

图 1 – 95、图 1 – 96 彩图

图 1 – 95　调整基准高度

图 1 – 96　选择测量头

② 将测量头安装到横尺上，如图 1 – 97 所示。

③ 移动横尺，并压缩两个测量头，使其对准基准孔，放松对测量头的压缩，使测量头的 A 锥落入基准孔内，如图 1 – 98 所示。此时，如果某一个测量头与基准孔不能对正，应松开主夹具与校正台的固定螺栓，稍微移动车身，直到测量头 A 锥落入基准孔。

④ 从左右两个测量头处读取高度数据、宽度数据和长度数据，如图 1 – 99 所示。

高度数据包括三部分，即 A 锥高度、测量头标尺数据和测量头底座高度。

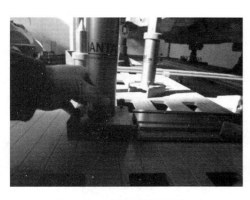

图 1-97 安装横尺及测量头

图 1-97 ~
图 1-102 彩图

图 1-98 调整横尺与测量头

A 锥通常设计有 6 格，如图 1-100 所示，每格为 5 mm，共 30 mm。从测量孔下平面观察外露部分有几格（有时需要估算），确定 A 锥高度，如图 1-101 所示。

图 1-99 读数

图 1-100 A 锥

测量头标尺数据从标尺上直接读取（从测量头锁紧帽上平面处读数），如图 1-102 所示。

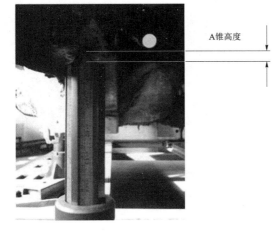

图 1-101 A 锥高度读取

图 1-102 读取标尺数据

测量头底座高度在底座上有标注，如图 1-103 所示。图中，左侧的"125 mm"表示底座高度（从底座上平面至测量平台上平面之间的高度）；右侧"30 mm"表示 A 锥总高度。

测量点（基准点）的总高度为：A 锥高度、测量头标尺数据和测量头底座高度的和。

横尺的 0 点在尺的中心，如图 1-104 所示。两个测量头所测点的宽度尺寸从测量底座上的观察窗口读取，计算左右两点宽度尺寸差值并记录，如图 1-105 所示。

图 1-104 ~
图 1-108 彩图

图 1-103 底座的上标注

图 1-104 横尺尺寸标注

长度数据在横尺座的观察窗口读取，如图 1-106 所示。将读取的数据与维修手册上给出的该点长度数据对比，计算差值，并做好记录。注意，车身维修手册上的长度零点有两个，车身上各点的长度尺寸分别以这两个长度零点为基准进行测量的。根据车辆的损坏情况，选择长度方向的基准点。如果汽车前部碰撞就选择后面的基准点作为长度基准点；如果汽车后部碰撞就选择前面的基准点作为长度基准点；如果汽车中部发生碰撞，就需要对车辆中部先进行整修，直到中部四个基准点有三个尺寸是准确的，然后按照前后损坏的情形选择前面或后面的基准点作为长度基准点。但实际的测量系统只有一个零点，通常位于校正台的后部，即在校正台上，长尺的零点位于最后部，如图 1-107 所示。所以在进行实测值与标准值差值计算时，一定要考虑标准数据的基准问题，需要时可能要对标准数据图上给出的长度数据进行计算。

图 1-105 读取宽度尺寸

图 1-106 长度数据读取

⑤ 调整高度。根据两个基准点的实测高度数据，调整对应的两个前主夹具其中之一，

如图 1-108 所示，使左右两个基准点的高度尺寸一致，并计算和记录此时的高度与维修手册上给出的标准高度差。

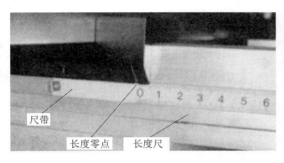

尺带
长度零点　长度尺

图 1-107　校正台的长尺的零点

图 1-108　高度调整

⑥ 将横尺移到车辆中后部下方（或在中后部再组装一组横尺），用同样的方法测量长、宽、高尺寸并记录。

⑦ 调整后部车身高度。方法与前部高度调整相同，但后部两个基准点高度除要相同外，高度数据与标准数据的差也应与前基准点与标准数据差值相同。

⑧ 调整车身横向位置（宽度）。根据后部两个基准点的实测宽度数据，计算左右差值。再与前部基准点的宽度差值对比，确定后部车身横向位置的调整方向和调整量，使前、后部的差值一致（包括数据大小和偏差方向）。调整时，松开后部两个主夹具与台面的紧固螺栓即可移动车身。

⑨ 上述调整均完成后，锁紧主夹具钳口螺栓和主夹具与台面的螺栓。

3. 测量

（1）安装测量尺

将底部测量横尺安装到校正台上，在底部横尺的两端安装测量高度的立尺，然后在立尺上安装测量车身上部尺寸的量规，以及测量车身侧面尺寸的刚性量规。门式车身测量系统组装完成后就可以进行车身尺寸的测量了，如图 1-109 所示。

（2）测量

① 根据车辆的损坏情况，确定要测量的点，在车身上找出要测量的点后，在图纸上找出相应的标准数据。根据数据图的提示，在机柜内选择正确的量杆和量头，安装在中心线杆（横尺）上，测量头与要测量的测量点配合。

② 车身底部测量点的测量。测量点的长度尺寸通过移动标尺固定座上的孔，去读取校正台上的长度尺数据。宽度数据从测量横尺上读出，从不同高度的量杆上读出高度数据。那么要测量的点的三维数据就出来了，与标准数据对比就可以知道数据的偏差。注意，对比时，一定要考虑之前计算与记录的差值（高度差、宽度差和长度差）。

例如，在进行车身高度（前后）调整时，所调得的四个基准点的高度比标准数据均高 50 mm，则之后的实测点的所有高度尺寸，均应减去 50 mm 后，再与标准数据对照，确定变形情况。

③ 侧面数据的测量。根据图纸的要求把立尺放置在底部测量横尺上。在立尺上安装刚

性量规的安装座,把刚性量规安装好,把标尺安装在刚性量规上,把标尺筒安装在长标尺上,然后再根据图纸要求选择合适的测量探头,对侧面测量点或测量面进行数据测量和对比测量,如图1-110所示。

图1-109～
图1-112 彩图

图1-109　组装完成的门式车身测量系统　　　　图1-110　侧面数据的测量

④ 上部尺寸的测量。根据图纸的要求把立尺放置在底部测量横尺上。调整上横尺高度的基准,把上横尺安装在两个立尺上,然后把刚性量规安装在上横尺上。在刚性量规上安装标尺座,选择合适的标尺筒、标尺柱和量头,然后安装在标尺座上就可以对上部发动机舱或行李舱等的尺寸进行测量了,如图1-111所示。

四、用电子式车身校正台测量车身数据

以红外线测量系统的操作为例。

1. 准备工作

① 安装车身。将车身装到校正平台上,调整高度,使车身底板基本与台面平行,并固定好。车身最好安装在校正平台的中部。

② 连接系统。在车辆的中部下面放置红外线发射接收器,然后将红外线发射接收器的电缆插到计算机上。如图1-112所示。

图1-111　上部尺寸的测量　　　　图1-112　连接红外线发射接收器

③ 启动计算机,进入车身测量界面。输入车型信息,调出被修车辆的车身数据尺寸图。

④ 选择测量基准。根据车辆的损坏情况来选择长度基准。若汽车前端发生碰撞则选择后面的基准点作为长度基准；若汽车的后端发生碰撞则选择前面的基准点作为长度基准；如果车身中部发生碰撞，则要对车身中部进行整修，直到车身中部四个基准点有三点的尺寸被恢复。

⑤ 按照计算机的提示选择合适数字的标靶，如图 1-113 所示。

⑥ 选择合适的磁性安装头，如图 1-114 所示。

图 1-113　选择标靶

图 1-114　选择磁性安装头

⑦ 将标靶安装到车辆上的测量点上，如图 1-115 所示（如果对车身结构不是很清楚，可参考计算机提供的测量点的实物参考图，如图 1-116 所示）。

图 1-115　红外线测量系统的标靶和
红外线发射接收器

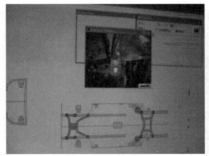
图 1-116　测量点的实物参考图

图 1-115～
图 1-116 彩图

注意：

a. 由于车身测量点大部分是左右对称的，在安装标靶的时候，习惯于将单号标靶安装在车身左侧的测量点上，将双号标靶安装在车身右侧的测量点上。

b. 在车辆上为了测量车身上部的各个点，要在悬架拱形座（挡泥板上冲压成形的减振器支座）上安装一个专用支架。在量针接触减振器拱形座上特定点时，支架底部的标靶反射的红外线就可以被红外线发射接收器读取。

2. 测量

安装好红外线发射接收器和标靶之后，使用计算机对系统进行标定，然后再读取车辆的尺寸，通过一系列的计算机命令，测量系统就可以完成对结构损伤的精确测量。

① 基准点的测量。计算机根据需要能自动地把基准点的测量数值显示出来，包括测量点的实际数值、标准数值和两者差值，如图 1-117 所示。

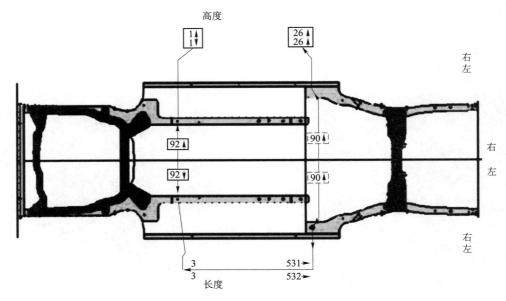

图 1-117 基准点的测量

② 其他点的测量。当基准点测量结果显示各基准点的误差小于 3 mm，即可认为该组基准点可用，即可进行其他点的测量。首先选择需要测量的点，根据提示选择合适探头。将测量探头安装到测量点上进行测量。同样也会把测量点的实际数值、标准数值和两者差值显示出来，如图 1-118 所示。如果基准点测量结果显示不合格，则应先修复车身中部（基准点），直到基准点尺寸合格为止。

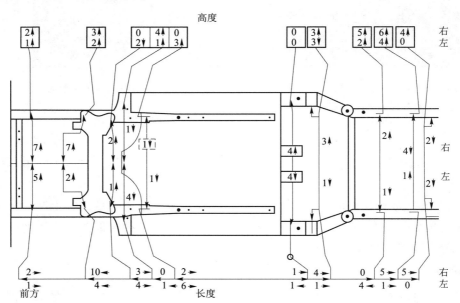

图 1-118 车身测量

③ 打印测量结果。车身测量完成后，可以将测量的数据进行存储及打印。

一、准备工作

1. 考核设备、材料准备

在技能学习工位准备一辆有几处受损的车辆、车身尺寸数据图、钢卷尺、轨道式量规、机械式车身校正台及其配套的测量工具、电子式车身校正台及配套测量工具/仪器。

2. 学员劳动保护

穿戴好工作服、安全鞋、工作帽、棉质手套。

二、考核流程

1. 学员工作

两名学员为一小组，在充分学习本任务相关知识与技能的基础上，完成下列工作，并同时完成相应的工单（见本书配套教学资源"实训工单"中的"工单1-2"）。

① 用测距法测量车身尺寸。
② 车身三维数据图的识读。
③ 用机械式车身校正台测量车身数据。
④ 用电子式车身校正台测量车身数据。
⑤ 5S 工作。
⑥ 自我评价。

2. 指导教师工作

学员在进行上述操作过程中，指导教师进行下列工作：
① 向学员讲解安全注意事项，要求学员在实训工单中做记录。
② 观察、指导学员进行相关操作，及时制止可能发生的危险操作。
③ 实操结束后审阅学员完成的工单，并结合其操作情况（工作成果）给出评价。

任务1-3　车身校正

如图1-119所示，车身中部受到严重撞击，车门变形很大，可以更换，门槛板、B立柱、C立柱和地板也有很严重的损坏，其中门槛板可以局部更换，B立柱、C立柱和地板通过拉伸的方法可以修复。虽然有些板件要更换，也不能提前拆掉，在车身整体校正之后才能拆掉要更换的板件。

图1-119　严重损坏的车身

车辆受到严重撞击后，车身的外覆盖件和结构件钢板都会发生变形。车身外覆盖件的损坏可以用锤子、垫铁和外形修复机来修理，但车身结构件的损坏修理仅仅使用这些工具是无法完成的。非承载式车身的车架和承载式车身的结构件是非常坚固和坚硬的，强度非常高，对于这些部件的整形，必须通过车身校正仪的巨大液压力量才能够进行修复操作。图1-1中所示的后车门受到严重撞击，车身损坏严重，这种情况该如何维修呢？如果采用拉伸修复，拉伸的方向如何确定？拉伸的顺序和操作方法是什么？这些将在本项目中详细介绍。

1. 能够正确描述车身校正的基本原理。
2. 能够正确描述常用车身校正设备的结构与工作原理。
3. 能够牢记车身校正时的安全与卫生注意事项。
4. 能够使用常用的校正设备进行车身不同类型损伤的校正操作。
5. 培养良好的安全、卫生习惯，环保意识及团队协作的职业素养。
6. 能够检查、记录和评价工作结果。

一、车身校正设备及原理

车身校正设备有地框式校正系统、L型简易校正仪和平台式车身校正台等。目前应用最多的是平台式车身校正台。

1. 平台式车身校正台结构

平台式车身校正台是一款通用型的车身校正设备（如图1-120所示），可以对各种类型、型号的车身进行有效校正。

平台式车身校正台形式有多种，但一般配有两个或多个塔柱进行拉伸校正。这种拉伸塔柱为车身修理人员提供了很大的自由度，可在绕车身的任何角度、任何高度和任何方向进行拉伸。其中很多平台式车身校正台有液压倾斜装置或整体液压升降装置，利用一个手动或电动拉车器，将车身拉或推到校正平台的一定位置上。

平台式车身校正台同时也配备有很好的通用测量系统，通过测量系统精确的测量，可指导拉伸校正工作准确、高效地进行。

平台式车身校正台主要由以下部分组成：

(1) 平台

平台（如图 1-121 所示）是车身修复的主要工作台，拉伸校正、测量、板件更换等工作都在平台上完成。

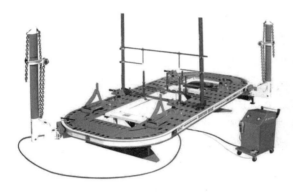 

图 1-120 平台式车身校正台　　　　图 1-121 校正平台

(2) 上车系统及平台升降系统

通过上车系统和平台升降系统可以把事故车放置在校正平台上。上车系统包括上车板、拖车器、车轮支架（如图 1-122 所示）、拉车器（牵引器）等。通过液压升降机构把平台升起到一定的工作高度（如图 1-123 所示）。平台的工作高度有固定式和可调式的，固定式的一般为倾斜式升降，高度在 500~600 mm；可调式的一般为整体式升降，高度一般为 300~1 000 mm。

 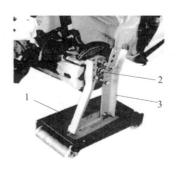

1—拖车器；2—车轮毂；3—车轮支架。

图 1-122 上车系统的上车板、拖车器和车轮支架

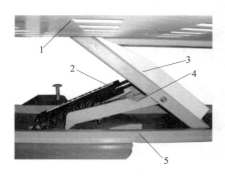 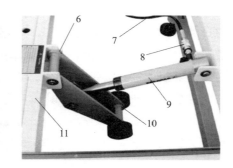

1、11—校正平台；2—液压油缸；3—起降支腿；4—锁紧机构；5—平台底座；
6—轮腿支座；7—油管；8—油管接头；9—油缸；10—升降轮腿。

图 1-123 倾斜式和整体式液压升降机构

（3）主夹具

如图 1-124 所示，维修前，固定在平台上的主夹具将车辆紧固在平台上，车辆、平台和主夹具成为一个刚性的整体，车辆在拉伸操作时不能移动。为满足不同车身下部固定位置的需要，主夹具结构有多种，双夹头夹具可以夹持比较宽的裙边部位，防止拉伸中损坏夹持部位，单夹头夹具的钳口很宽，能够夹持车架。对于一些特殊车辆的夹持部位有特殊的设计，如有些车没有普通车的电焊裙边，像奔驰或宝马车就需要专门的夹具来夹持。

图 1-124 不同形式的主夹具

（4）液压系统

车身拉伸校正工作是通过液压力的强大力量来把车身上的变形板件拉伸到位。校正台上的气动液压泵（如图 1-125 所示）或电动液压泵，通过油管把液压油输送到塔柱内部的油缸中，推动油缸的活塞移动。气动液压系统一般是分体控制的，而比较先进的电动液压系统一般是集中控制的，由一个或两个电动泵来控制所有的液压装置，这样效率更高，故障率更低，工作更平稳。

（5）塔柱拉伸系统（如图 1-126

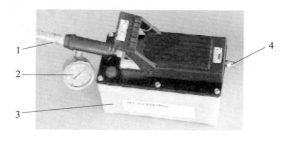

1—油管；2—液压油表；3—气动液压泵；4—气管接头。

图 1-125 气动液压泵

所示)

损坏板件的拉伸操作是通过塔柱实现的。塔柱内部有油缸,液压油推动油缸活塞,活塞推动塔柱的顶杆,顶杆伸出塔柱的同时拉动链条,在顶杆的后部由链条锁紧窝把链条锁住,通过导向环把拉力的方向改变成需要进行拉伸的方向。导向环通过摩擦力卡在塔柱上。

(6) 钣金工具

钣金工具包括各种对车身各部位拉伸的夹持工具,如图 1-127 所示。

图 1-126 塔柱拉伸系统

图 1-127 拉伸用的钣金工具

2. 车身校正的基本原理

校正(拉伸)车身时,有一个基本原则,即按与碰撞力相反的方向,在碰撞区施加拉伸力,如图 1-128 所示。当碰撞很小,损伤比较简单时,这种方法很有效。

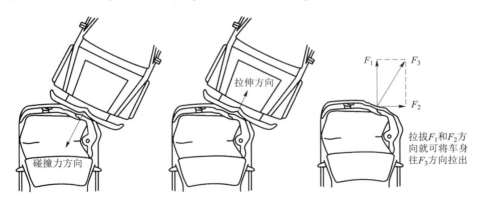

图 1-128 施加拉伸力的方向

但是当损伤区域有褶皱,或者发生了剧烈碰撞,构件变形就比较复杂,这时仍采用沿着一个方向拉伸就不能使车身恢复原状。这是因为变形复杂的构件,在拉伸恢复过程中,其强度和变形也随着改变,因此拉伸力的大小和方向就需要适时改变,把力仅仅施加在一个方向,就不能取得好的修复效果。从力的分解和合成(如图 1-129 所示)中可知,分力与合力构成平行四边形关系,在正方形 ABCD 中,X、Y 是分力,Z 是合力,就可得到 X + Y = Z 的关系式。同理,在矩形 AFHD 中,X + Y′ = Z′;在 EGCD 中,X′ + Y = Z″,也就是说,改变了分力的大小就改变了合力的大小和方向。(注:正方形、矩形是平行四边形的特例,X、Y、Z 等是矢量)。

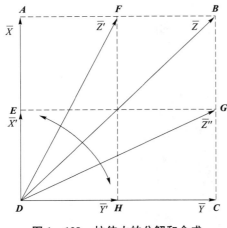

图 1 – 129 拉伸力的分解和合成

如果碰撞力较小,损伤比较简单,那么直接按照与碰撞力相反的方向施加拉力就可以了;如果损伤较严重,就需要调节拉力的方向了,如图 1 – 130(a)所示,拉伸力两侧的板件 A 和 B 部分变形程度不一样,A 部分变形较小,施加较小的拉力就可以恢复,B 部分变形较大,需要施加较大的拉力,如果坚持在与碰撞力相反的方向上施加拉力,如图 1 – 130(b)所示那样,就会出现图 1 – 130(c)的情况,A 部分已经拉直,B 部分还没有恢复,如果继续施加拉力,A 部分就会拉过了,这时,可以如图 1 – 130(c)所示调整拉伸力的方向,来减少施加在 A 部分的分力,增加 B 部分的分力。

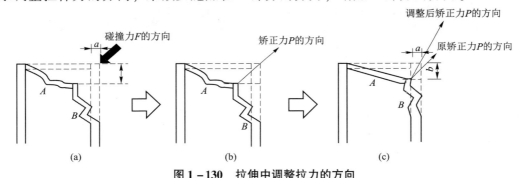

图 1 – 130 拉伸中调整拉力的方向

实践中会遇到车身受到侧向冲击的损伤,严重时可使车身整体弯曲。校正方法如图 1 – 131 所示的那样,要从三个方向进行牵引校正。

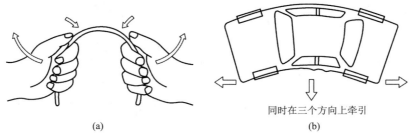

(a) 原理;(b) 校正方向

图 1 – 131 校正车身侧向整体变形的基本原理

事实上,由于车身构件多属于立体钢架式结构,这就决定了其碰撞时的受力状态多为空间力系。即作用在车身构件上的冲击力由于分解的结果,使力的作用线(即分力方向)不在同一平面内。尽管大多数场合，也可以将空间的受力简化为平面力系来对待，但总不如在详尽分析的基础上进行校正来得更好。这里并不需要对构件的受力做更专业化的分析，只需建立起关于空间力系的概念，就可以按基本方案校正各类复杂的变形。

当然，许多变形都很难通过一次校正来完成，而是需要不断修正力的大小和方向，有时甚至还要调整校正力的作用点。例如：校正如图 1-132 所示的严重弯折，由于受牵引条件的限制而不能按理想方向施加校正力时，也可以将牵引力分解成两个或两个以上的分力，通过辅助牵引同时对弯曲进行校正。于垂直和水平两个方向同时牵引纵梁，就比较容易使变形恢复到正常工作位置。

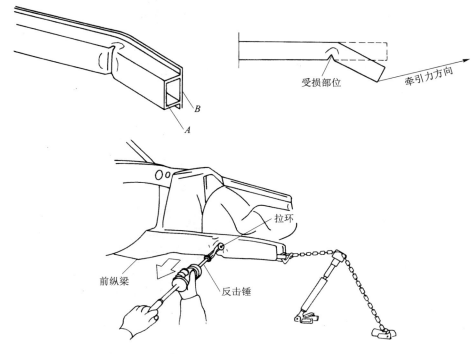

图 1-132　辅助牵引的应用

在设计车身整体变形的牵引与支撑作业程序时，一般应遵循如下几个原则：
① 先重后轻。即优先校正损伤最大的部位。
② 先强后弱。即同一部位的变形应先由强度大的构件开始校正。
③ 先中间后两边。即从中间部位开始操作。
④ 先长度后侧向。即长度和侧向两个方向同时存在变形时，优先校正车身长度方向的变形。
⑤ 先低后高。即由车身底部开始校正，而车身顶部位的变形则可以放到最后进行。

二、牵引与支撑校正工艺的设计

对于局部变形的校正，多使用外力的牵引或支撑来实现对骨架、横纵梁、翼子板、门槛等变形的校正。

1. 牵引法校正

如图 1-133 所示，选用合适的装卡定位装置与车身的变形部位固定后，就可以借助外力将变形校正过来。

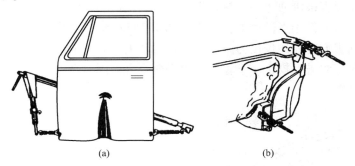

(a) 车门的牵引；(b) 车身的牵引
图 1-133 用牵引法校正车身变形

对于更严重的变形，可使用图 1-134 所示的移动式牵引设备进行校正。对车身一端的固定，可采用图 1-135 所示的夹持方式。

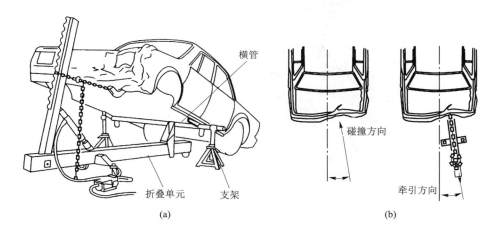

(a) 支撑方法；(b) 碰撞力与牵引力方向
图 1-134 用移动式牵引设备校正车身变形

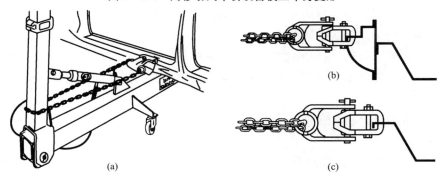

图 1-135 夹持方式应用实例

有时车身构件并非是向车内方向的挤压变形,而表现为向外弯曲的膨胀形式。对此,也需要运用牵引法加以校正,只不过是做反向牵引而已。有效的校正方法是,利用向内收缩功能的工具或设备,使外胀式变形得以向相反的方向收缩。当车身的变形发生在单边时,向内牵引收缩的固定方法也应有所变化,需要另选强度高的部位作为收缩牵引的基础,以防止车身的另一侧发生不应有的变形。

对于较大的车身构件,有时需要采用支架拉伸的方法进行牵引。如图1-136所示,由于受主梁高度的限制,牵引时需用支架将车身升起一定的高度,然后将牵引设备送入车身底部进行不同方向的牵引操作。

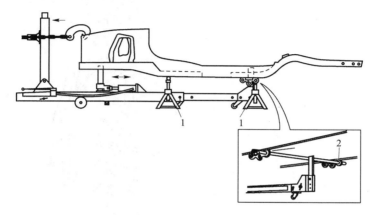

1—用专用支架将车身升起一定高度;2—在牵引设备端部附加固定装置。

图1-136 采用支架拉伸的方法进行牵引

图1-137为车身侧向牵引的操作实例。它是借助木块固定并使用牵引设备来校正局部变形的。

图1-138为前车身变形的牵引操作实例。它是借助焊上去的辅助钢板并使用牵引设备来校正变形的。

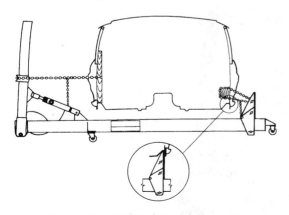

图1-137 牵引设备与木块配合使用

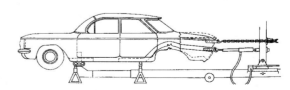

图1-138 牵引设备与辅助钢板配合使用

牵引法所施加的校正力则可以从零开始逐渐加大到所需的极限,可以从不同角度同时增大牵引力,这对校正综合变形更有利。牵引法适合校正大型构件的多方位变形,尤其是校正车身的整体变形。

在牵引法中，除了运用拉链并附以各种定位装置外，拉带式牵引法也有它的特殊用途和独到之处。如：当翼子板下边缘被向内挤压变形后，可通过牵引挂在翼子板边缘上的牵引拉带，使变形得到校正。当然，需要校正单边的变形时，拉带的另一端则应固定在其他强度较高的部位。运用拉带取代拉链牵引的好处在于，可避免铁链对车身外表面的刮伤。

2. 支撑法校正

车身构件的变形方向比较复杂。但是，由于受牵引方向的限制，牵引法比较适用于水平方向的校正。对于开口类框架式结构，如门框、窗框、发动机室、行李舱等的挤压变形，用支撑法校正就显得比较得心应手。支撑法利用可自由伸长的支撑杆的支撑力，将框架式构件的变形顶压至理想的位置，如图 1-139 所示。

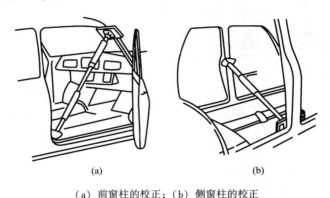

（a）前窗柱的校正；（b）侧窗柱的校正

图 1-139　支撑法校正车身变形

对于一些综合变形，往往是将支撑法和牵引法配合运用。如图 1-140 所示，翼子板的严重变形波及了窗柱，用支撑法直接校正窗柱的变形是不可能的；反之，仅用牵引法校正前部的变形也很难奏效。两种方法配合运用，就可以获得事半功倍的整修效果。

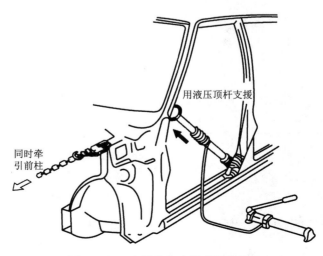

图 1-140　牵引法与支撑法配合校正

支撑法也适宜校正车身底部于垂直方向上的变形。如车架和承载式车身的车底纵梁产生拱曲时,将梁的两端于垂直方向固定后,用液压千斤顶支撑变形最大部位,弯曲就很容易得到校正。同理,对于上拱形弯曲也可以用支撑法校正,只要变换一下支撑位置即可。

图 1-141 所示为支撑法修复车顶变形的操作实例。对于车顶盖及其周围发生的凹陷变形,可以使用便携式液压工具并配以专用橡胶接头顶出,校正过程中使用钣金锤和钣金托模按预定要求(如虚线所示)进行整形即可。

支撑法这一校正方式,运用起来也比较灵活。一般分为液压式和机械式两种,其中液压式的使用性最好,也比较多见。与支撑工具配套的各种类型的支撑座,适用于车身上的不同部位。

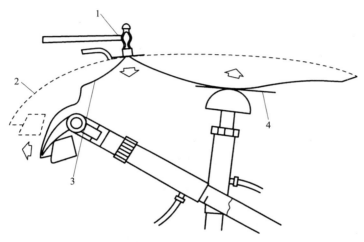

1—钣金锤;2—修复后的曲面;3—变形后的曲面;4—钣金托模。
图 1-141 车顶凹陷的支撑方法

3. 牵引力与支撑方向设计

如图 1-142 所示,不同的三角形支撑可获得不同方向的牵引力。此外,由牵引座、拉链和工作油缸构成的三角形相对固定时,则随着车身损伤部位的拉动而自动变换牵引力的方向。因此,操作时应特别注意其变化所带来的影响,必要时应根据需要调节三者之间的位置。

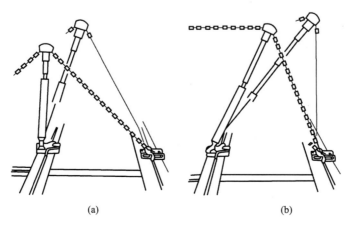

图 1-142 牵引力方向的变化

图 1-143 所示是一组三角形支撑的牵引方案。设计拉链长度、工作油缸行程和牵引座位置时，如果按图 1-143（a）所示的方案进行时，则随着工作油缸柱塞的伸长而逐渐达到直角，可以达到预期的最佳牵引量，如图 1-143（b）所示。否则应及时调整拉链的长度、牵引座的位置或者油缸的柱塞增加接杆长度。一定避免出现图 1-143（c）所示的情形，因为这种角度会使拉链超载而牵引力变小。正确的矢量型牵引如图 1-144 所示。

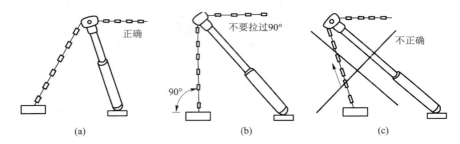

图 1-143　三角形的排列及其优劣分析

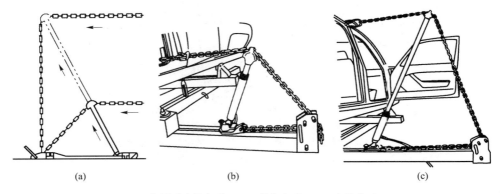

（a）矢量形式的牵引；（b）低位牵引；（c）高位牵引

图 1-144　正确的矢量型牵引示例

三、液压校正工具的应用

1. 液压校正工具的组成

液压式钣金校正设备在钣金维修中应用比较普遍。依靠液体压力所进行的能量转换，比其他方式所进行的能量转换来得方便、平缓、安全，而且利用液压传动的特点形成的省力机构，可以用较小的操纵力获得很大的校正力。

校正设备主要由施力装置、施力方向的控制装置、连接和支撑装置等组成，各装置之间通过图 1-145 所示的方法互相连接，并使校正力有效地作用于损伤的钣金件上，如图 1-146 所示。

2. 液压校正工具的操纵

在油泵操纵方法上，有手动式、脚踏式、风动式和电动式等区别。手动式液压工具主要由手动油泵、油管和工作油缸三部分组成。操纵（拉压）手柄可使油泵柱塞在油缸内往复移动，将储油缸中的液压油不断压出，并通过高压油管送入工作油缸。使用时应先将卸荷阀拧紧，否则油泵不能正常输出油压；用毕将卸荷阀松开，工作油缸中的液压油可在外力的作用下返回油箱。

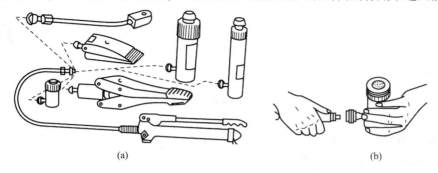

(a) 液压泵和工作油缸；(b) 快速接头

图 1-145　液压件的连接

钣金作业中广泛使用图 1-147 所示的踏板式液压油泵。与手动式相比，踏板式液压油泵有更加方便的操纵性，具有操纵方便、运动精确、反应迅速等优点。它可以使作业者在操纵油泵的同时，还能用双手从事与其相配合的其他作业，如图 1-148 所示。与手动式油泵不同的是，这种类型的油泵需要以压缩空气为动力，其结构可分为油、气复合式动力缸和控制阀两部分。其中，复合式动力缸可为工作油缸输入动力；空气控制阀受脚踏板的操纵，可以实现增压或卸荷两个控制功能。

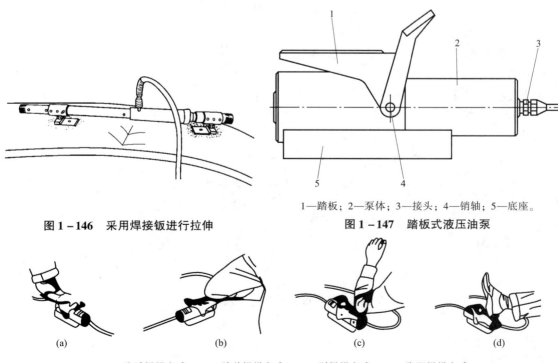

图 1-146　采用焊接钣进行拉伸

1—踏板；2—泵体；3—接头；4—销轴；5—底座。

图 1-147　踏板式液压油泵

(a) 脚踏操纵方式；(b) 膝盖操纵方式；(c) 肘操纵方式；(d) 脚跟操纵方式

图 1-148　踏板式液压油泵的操纵

一、准备工作

1. 劳动安全与卫生

使用校正仪时，不正确的操作可能对人员、车身和校正仪都造成损坏，因此要注意以下安全规则：

① 根据所用设备的说明书，正确地使用车身校正设备。

② 严禁非熟练人员或未经过正式训练的人员操作校正设备。

③ 车辆固定时要确保主夹具夹钳齿咬合得非常紧固，车辆被牢靠地固定在平台上。

④ 拉伸前汽车要装夹牢固，检查主夹具固定螺栓和钳口螺栓是否紧固牢靠。

⑤ 一定要用推荐型号与级别的拉伸链条和钣金工具进行操作。

⑥ 拉伸时钣金工具要在车身上紧固牢靠，链条必须稳固地与汽车和平台连接，以防在拉伸过程中脱落。避免将链条缠在尖锐器物上。

⑦ 向一边拉伸力量大时，一定要在相反一侧使用辅助拉伸（如图1-149所示），以防将汽车拉离校正台。如果汽车前部只有一个辅助固定，如图1-150（a）所示，会在拉伸过程中对车身产生一个偏转力矩，使车身扭转。而汽车前部使用两个辅助固定，如图1-150（b）所示，拉伸过程中就不会对车身产生偏转力矩了。

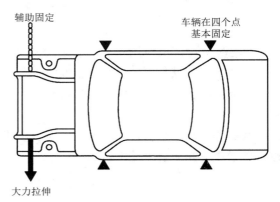

图1-149 拉伸时要有辅助拉伸

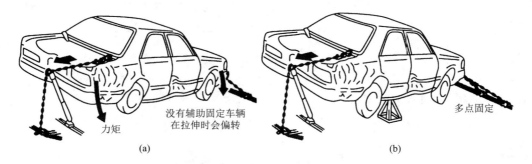

图1-150 辅助拉伸防止在拉伸中汽车偏转

⑧ 操作人员在汽车上面和汽车下面工作时，不要用千斤顶支撑汽车。

⑨ 严禁操作人员与链条或拉伸夹钳在一条直线上。因为当链条断裂、夹钳滑落、钢板撕断时，特别是在拉伸方向可能会造成直接的伤害事故。在车外进行拉伸校正时，人员在车

内工作是很危险的。

⑩ 用厚防护毯包住链条或用钢丝绳把链条、钣金工具固定在车身的牢固部件上（如图1-151所示），万一链条断裂，可防止工具、链条甩出对人员和其他物品产生损坏。

在拉伸时要把塔柱与平台的固定螺栓紧固牢靠，否则拉伸中塔柱滚轮移动装置会受力损坏，可能导致塔柱突然脱离平台造成人员和物品的损坏。

塔柱使用链条进行拉伸时，链条在顶杆的锁紧窝锁紧，链条不能有扭曲，所有链节都呈一条直线。导向环的固定手轮是在拉伸前固定导向环高度的，当拉伸开始后要松开手轮，手轮松开后，一旦链条断裂，导向环因自重向下滑，防止链条向左右甩出。

2. 拉伸操作中的车身防护

在进行拉伸校正之前，应对车身和一些部件进行保护，其事项如下：

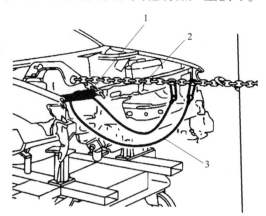

1—钢丝绳拴在牢固件上；2—链条；3—钢丝绳。
图1-151 拉伸中要有安全绳防护

① 拆卸或盖住内部部件（座位、仪表、车垫等）。

② 焊接时用隔热材料盖住玻璃、座位、仪表和车垫（特别在进行惰性气体保护焊焊接时，这种保护更为必要）。

③ 拆除车身外面的部件时，用棉布或保护带保护车身以防擦伤。

④ 如果油漆表面擦破，这部分必须修复好，因为防腐涂层的损坏可能造成锈蚀。

3. 其他准备工作

（1）损坏分析

根据碰撞的位置和碰撞力的方向检查车身。图1-152所示车辆的左前部受到与车身对角线方向平行碰撞力的损伤。它的左前部横梁、前挡泥板及左侧纵梁损坏严重需要进行更换。前保险杠总成、散热器框架、散热器、发动机罩、左前翼子板、前风窗玻璃灯损坏严重需要更换。

对于承载式车身来说，车辆前部受损，碰撞力有可能会传到车身的后部，会造成风窗立柱（如图1-153所示）、车顶框架等车身框架变形。在驾驶室内部也能看到左侧车门立柱内部内饰件错位的情况（如图1-154所示），说明该处立柱已经变形。

图1-152 左前部严重受损的汽车

（2）确定拉伸程序

通过碰撞位置可以分析出车身的左前方受到碰撞（如图1-155所示），散热器框架和前纵梁都受到严重损坏，前柱也向后变形，就需要按照与碰撞方向相反的方向对左侧纵梁和前柱进行牵拉（如图1-156所示），在前柱尺寸恢复后，再把需要更换的左前纵梁拆除。然后，再修理右侧挡泥板和纵梁。需要修理一侧的整个挡泥板或纵梁可能仅在右边或左边略有弯曲，在纵向方向没有变形。

图1-153 A柱产生褶皱

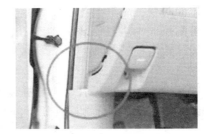

图1-154 仪表台下部错位

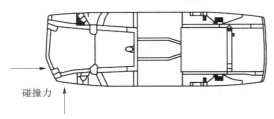

图1-155 确定损坏方向

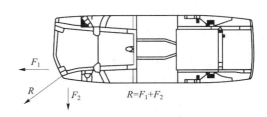

图1-156 确定拉伸方向

（3）拆卸妨碍工作的部件

在拉伸校正开始之前，应该拆去车上妨碍校正的部件，包括发动机舱的有些机械部件也要拆卸。首先拆卸变形严重的发动机罩和左前翼子板（如图1-157所示），以及大灯、保险杠、保险杠支撑，发动机舱左侧妨碍修复操作的机械部件也要拆卸。由于左侧前纵梁已经后移使车内地板隆起，对于仪表台、方向盘等也要进行拆卸，便于进行校正。减震器支座后移严重，造成左前轮卡死无法转动，需要将其拆卸更换上合适高度的支架（如图1-158所示），在支架下垫上移动拖车器，方便事故车辆上平台操作。

图1-157 拆卸变形严重的发动机罩

图1-158 安装代替车轮的支架

（4）事故车在平台上的定位

事故车上平台及在平台上的定位操作请参阅前述"用电子式车身校正台测量车身数据"

部分内容。

(5) 继续拆除妨碍测量和拉伸的零件

由于前横梁变形严重致使散热器等零件无法拆卸，需要对散热器框架进行预拉伸（如图1-159所示），有一定的操作空间后将散热器框架切除。可以用等离子切割枪切除散热器框架（如图1-160所示）和左纵梁前部损坏部位，然后将散热器拆卸下来，在把发动机的相关部件拆除。

图1-159 预拉伸散热器框架

图1-160 切除散热器框架

右侧散热器框架的拆除可以使用焊点钻钻除焊点，分离板件（如图1-161所示）。对于左侧纵梁和挡泥板要保留，因为需要通过拉伸这些部位来校正前立柱的变形，当把前立柱的变形拉伸校正好了以后，再将其切除更换新件。

二、测量与校正

1. 初步测量

图1-161 切除右侧散热器框架

首先对碰撞部位附近的车身形状进行简单的测量，比如通过对左前门框的测量可以知道（如图1-162所示），前立柱后移造成风窗立柱向上拱曲，门框变窄，所以车门无法关严。

图1-162 测量变形的车门框的宽和高

2. 初次校正

(1) 选择钣金工具

为了更好地对承载式车身进行拉伸修复，针对车身不同部位的变形修复设计了多种钣金工具（如图1-163所示），可以对车身进行有效的拉伸修复。图1-164给出了一些钣金工具的用法。

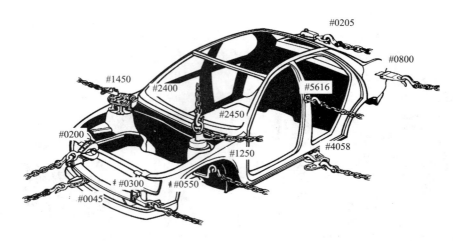

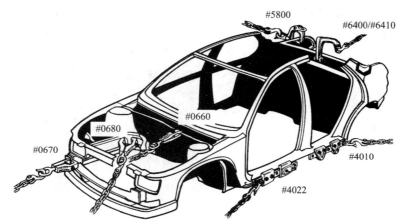

图1-163 车身上安装的各种钣金工具

图1-164 各种钣金工具的用法

图 1-164 各种钣金工具的用法（续）

在使用钣金工具时必须注意正确的使用方法，否则会损坏夹具和车身。在拉伸时必须使拉力方向的延长线通过夹齿的中间，否则夹钳有可能受扭转的力而脱开，还会对钳口夹持的部位造成进一步的损坏。在设计拉伸夹钳进行多点拉伸时，需要充分发挥想象力和创造力。图 1-165 给出了一些钣金工具的正确和错误用法。

在为拉伸校正做准备时，钣金工具不可能正好夹持在变形区域，如果遇到这种情况，可暂时在需要拉伸的部位焊一小块钢片，修复之后，再去掉钢片（如图 1-166、图 1-167 所示）。

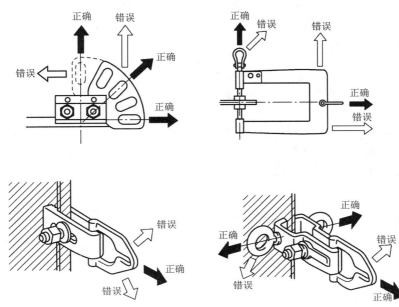

图 1-165 钣金工具的正确和错误用法

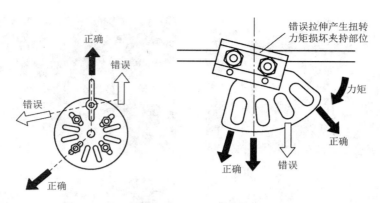

图 1-165 钣金工具正确和错误的用法（续）

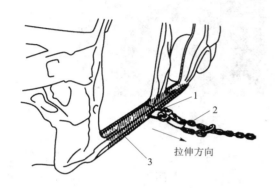

1—临时焊片；2—链条；3—车门槛板。

图 1-166 门槛板拉伸的临时焊片

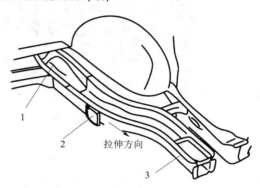

1—纵梁根部变形；2—临时焊片；3—纵梁。

图 1-167 前纵梁拉伸的临时焊片

（2）拉伸

选择好合适的钣金工具后，采用合适的方法将钣金工具与需拉伸件连接好，然后根据初步测量的结果对损坏的部位进行大致拉伸校正。通过拉伸前纵梁（如图 1-168 所示）使前立柱变形得到一定的恢复，达到车门能关闭的程度就可以了。接下来需要用三维电子车身测量系统对车身进行精确的测量。

3. 精确测量

按照测量系统的使用方法来对车身进行整车检查，对变形部件进行测量，还需要知道受损板件变形的方向和大小。将测量系统安装好，选择合适的车型和测量模式。因为车辆的

图 1-168 拉伸前纵梁

前部受到损伤，所以测量的基准点要选择后部右侧基准点 B，根据提示选择合适的测量探头 C30 和加长杆 E100，如图 1-169 所示。然后将探头、加长杆和传感器安装到测量点上，按同样的方法安装其他测量点的传感器。

因为承载式车身结构的前端有碰撞吸能区，在一定的碰撞损伤情况下，这些区域可以将碰撞的动能转化为变形的机械能，保证其他部位的完好。但是如果碰撞超过吸能区的能力范围，碰撞力就会通过地板纵梁、门槛纵梁、上部车身框架向车身后部传递，造成车身后部的

变形。所以在测量时，车身后部尺寸也要测量。通过测量知道事故车的变形主要集中在左前部，车身后部变形尺寸小于 3 mm，在准许的变形范围内，只要将车身左前部拉伸到规定尺寸就可以了。

4. 精确拉伸

拉伸前围和前柱时要用到未拆卸的前纵梁和挡泥板，因为碰撞严重，损坏扩散到车体前立柱，则车门就关不上。通过拉伸恢复前柱的标准尺寸，在拉伸的过程中要不断地测量。拉伸变形部位到

图 1-169　选定测量基准点

标准尺寸后稳定不动，对变形区域锤击（如图 1-170 所示）消除应力，使金属的弹性变形减小一些。然后释放拉力，再拉伸并维持拉力不变，锤击变形部位消除应力，再释放，进行测量，直到损伤部位的尺寸恢复到误差准许的范围内为止。

通过拉伸恢复前柱的尺寸以后就可以将前纵梁和挡泥板拆下。在分离前纵梁和前柱时，首先要将电焊部位的防腐蚀涂层清除掉（如图 1-171 所示），注意清除的面积要尽可能小，能清楚地看到电焊的轮廓就可以了。可以使用电钻将焊点切除，在切除焊点时注意不要损坏下层板件。

图 1-170　锤击变形部位，消除应力

图 1-171　分离纵梁与前立柱

通过测量发现前柱车门铰链处的尺寸误差较大，需要校正。用螺栓把拉伸工具固定在立柱铰链部位进行拉伸，如图 1-172 所示。把拉伸工具通过车身底部的孔固定在车身上（如图 1-173 所示），对前柱底部和前地板部位进行拉伸，拉伸中要不断地测量监控数据的变化。

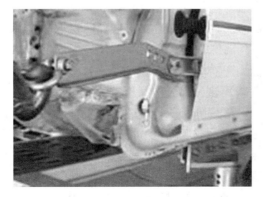

图 1-172　拉伸铰链部位

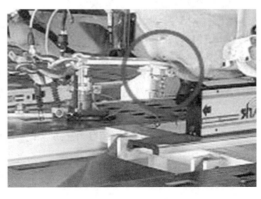

图 1-173　拉伸立柱下端

如果维修中简单地夹住挡泥板，对纵梁前缘进行拉伸，则不能修理好车身前柱或前围板的主要损坏。需要多点对损坏部位进行拉伸，如果拉伸效果不好，还可以一边拉伸一边用液压杆从里边推压，用夹具夹住前风窗立柱变形部位向下拉伸（如图 1-174 所示）。风窗立柱的校正要等到前立柱校正完成后进行。随着前立柱和风窗立柱尺寸的恢复，前门的安装尺寸也在变好，但是还需要调整风窗立柱和中柱（如图 1-175 所示），来达到良好的配合尺寸。

图 1-172～
图 1-175 彩图

图 1-174　液压杆推压

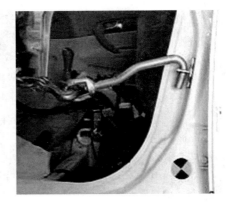

图 1-175　校正中柱

5. 消除应力

金属内部应力的消除通常采用锤击法（有时可配合适当的加热），如图 1-176 所示。外形修复到与原形接近的金属板，其晶体仍处于扭曲状态，形成新的扭曲区域。一般用可控制的加热（一般在 200 ℃ 以下）和锤击，晶体能被激活，重新松弛后恢复到原来状态。加热和外力使金属板恢复到原来的状态，减少了应力，使金属板尽可能地恢复平直，并且保持它原来的状态。

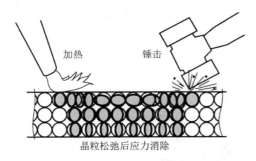

图 1-176　晶体变形的恢复

大多数应力消除是冷作用，不需要很多热量，假如需要加热，也要小心加热，并加以控制。对现代车身上的高强度钢板上的应力不能用加热的方式来消除。

加热通常会产生某种程度的氧化或一定量的氧化皮，还会产生脱碳作用。氧化皮损坏金属的表面光洁度，脱碳作用引起表面软化，严重影响疲劳寿命。氧化皮的量在很大程度上取决于加热的时间和温度。加热件背面氧化皮的厚度总是比暴露于火焰的正面要厚一些。火焰层直接接触表面由于有燃烧气体保护，不致氧化，但背面一旦达到适当的温度，就会氧化。同一部位每次重新加热，都会产生更多的氧化皮。

如果损坏部分需要加热，必须严格遵守汽车生产厂修理手册上的建议。例如，在整体式车身梁上加热时，应仅在梁的角上加热。加热后不能用水或压缩空气冷却加热区，必须让它自然冷却。快速冷却会使金属变硬，甚至变脆。监视加热的最好办法是用热蜡笔或热敏涂料。用热蜡笔在冷件上做标志，当达到一定的温度时，热蜡笔记号就会溶解。热蜡笔相当准确，比修理人员用眼观察颜色变化确定温度要精确得多，用热蜡笔产生的误差为 ±1%。

6. 安装更换部件

把变形的部位通过校正恢复尺寸后，就可以安装更换新的部件了。车身前立柱、前围板、前地板、风窗立柱和中柱校正好以后，就可以安装前纵梁、前挡泥板和散热器框架了。更换的部件可以是新部件，也可以是从其他车身上更换下来的良好部分（如图1-177所示），新部件按照原来的安装痕迹来安装。将前纵梁的延伸段在前立柱处定位（如图1-178所示），再把前纵梁和挡泥板组件与前围板和前立柱按安装痕迹初步定位。在更换的前纵梁的检测孔内安装测量传感器，测量尺寸误差，并进行适当的调整，调整好后用大力钳和螺栓将前纵梁和挡泥板组件固定。把散热器框架安装到前纵梁上，并对散热器框架进行测量，把尺寸调整到误差范围内，用螺钉固定。

图1-177 更换的前纵梁

图1-178 定位前纵梁

安装翼子板和发动机罩，要不断调整新安装板件安装缝隙，直到缝隙均匀，左右对称，如图1-179所示，并对其进行临时紧固。通过车身结构尺寸的测量，来检验结构件的校正是否到位。通过装配检验车身覆盖件是否安装到位。通过测量和外观检测调整好板件以后，就可以对更换的结构件进行焊接了。

焊接前要将发动机罩、翼子板、散热器框架拆掉，拆卸前用记号笔做好定位标记。测量前纵梁与挡泥板组件的尺寸，确定无误

图1-179 检查发动机罩和翼子板的装配

后进行焊接操作。前纵梁的焊接要采用二氧化碳保护焊焊接，如图1-180所示。散热器框架可以用电阻点焊焊接，也可以用二氧化碳保护焊进行塞焊连接。结构件焊接完成后，安装翼子板、发动机罩、前保险杠总成和前大灯等，车身维修竣工，如图1-181所示。

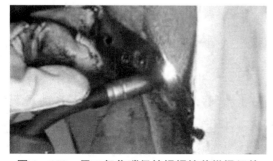

图1-180 用二氧化碳保护焊焊接前纵梁组件

图1-181 车身维修竣工后的车辆

7. 检查

修理（包括所有校正和焊接操作）完成以后，要对车辆进行最后的检查。在检查时，车身修理人员需要绕着汽车周围观察，看看是否有明显的校正错误。如果在车顶线和车门之间出现大的缝隙，就说明还有少量损坏存在。检查修理顺序，看每一项是否都做好了，如果在检查中发现问题，应马上将车固定起来，重新进行拉伸，不要等到更多的修理程序完成之后，又发现损坏，再来修理。检查时应该注意以下几点：检查车门与车门槛之间的空隙，应该是一条又直又窄的缝隙；检查整个车身上部所有部位总的平整情况；然后开、关车门，掀、关发动机罩盖和行李舱盖，看开关时是否感觉过紧。

8. 拉伸操作的注意事项

① 承载式车身的强度比较高，同时对热很敏感。不要试图一次拉伸就可以完成拉伸校正操作，而要通过一系列的反复拉伸操作：拉伸→保持平衡（消除应力）→再拉伸→再保持平衡（消除应力）。在这样一个循环往复的操作过程中，车身金属板可以有更多的时间恢复变形，有更多的时间使金属松弛（消除加工硬化的应力），有更多的时间测量检查和调整拉伸校正的进度。

在拉伸开始时，要慢慢地启动液压系统，仔细观察车身损坏部位的移动，看它的变形是否与需要的变形相吻合，是否在正确的方向上变形。如果不是，要检查原因，调整拉伸角度后再开始。在拉伸到出现一定变形后要停止并保持拉伸拉力，再用锤子不断锤击损伤区域以消除应力，卸载使之松弛，然后再次拉伸并放松应力。

② 车身的每个部件都有足够的强度来承受载荷，但在拉伸中钣金工具的夹持部位由于夹持的面积小，会在夹持部位产生非常大的压强，导致夹持部位的板件损坏或断裂。在对一个部位施加拉力比较大时应该多使用一些夹钳，将拉伸力分散到板件的更大区域。拉伸一个部位用两个夹钳时可以比用一个夹钳时增加一倍的拉力。

③ 车身部件的拉伸要从靠近车中心的部分向外进行，当靠近中部部件的控制点尺寸到位以后，可以用一个辅助固定夹来固定，再拉伸下一段没有完全恢复尺寸的部分。如果对已经拉伸校正好的部位不进行辅助固定，再拉伸下一段时可能影响已修复好的部分。

④ 在拉伸时要一边间歇地施加拉力，一边检查车身部件的运动，确定拉力在损坏部位是否有效。如果看不到任何效果，就要考虑改变拉伸的方向或拉伸的部位。

⑤ 对于靠近交叉部位的弯曲，如纵梁的弯曲，可以夹住弯曲内侧表面进行牵拉。拉力的方向应与通过零部件原始位置的方向相同。

⑥ 如果损坏部件一些部位的褶皱折叠得太紧，内部的加工硬化太严重，在拉伸时板件有被撕裂的危险。如果这些部件在吸能区的话就不能进行维修了，需要进行更换。在这些部件拉伸时需要对其加热放松应力。加热时要注意，只能在棱角处或两层板连接得较紧的地方加热。如果在车身纵梁或箱型截面部分加热，只能使其状态进一步恶化。加热只能作为消除金属应力的一种手段，而不能把它作为软化某一部分的方法。现代车身一般不推荐在高强度板件上用焊炬加热，但有时可以小心地用焊炬加热（温度在200 ℃以下）。

⑦ 防止过度拉伸。钢板可以被拉长，但不可通过推压使其缩短。任何损坏的钢板，在拉伸校正之后，超过了极限尺寸，就很难再收缩或被压缩了。过度拉伸唯一的修理方

法就是把损坏的板件更换,为防止产生过度拉伸而损坏承载式车身,在每一次的拉伸校正过程中,都要对损伤部位的校正进程进行测量、监控。产生过度拉伸的原因一般有以下两个:

a. 在修复中没有遵循"先里后外"的拉伸原则,导致修理程序的混乱,修理好的板件在其他变形板件进行修理时被影响了尺寸,使原先已经校正好的板件长度又被加大了,超过了原尺寸。

b. 在校正过程中没有经常地、精确地测量拉伸部位的尺寸,没有很好地控制拉伸的程度,这就可能导致过度拉伸(如图1-182所示)。

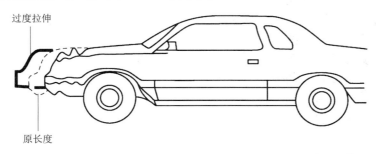

图 1-182　过度拉伸

一、准备工作

1. 考核设备、材料准备

在技能学习工位准备一辆有几处受损的车辆、车身尺寸数据图、汽车拆装工具套装、钢卷尺、轨道式量规、车身校正台及其配套的测量工具/钣金工具、手锤、焊点钻、气焊设备及其配套工具、二氧化碳保护焊设备及其配套工具。

2. 学员劳动保护

穿戴好工作服、安全鞋、工作帽、棉质手套。

二、考核流程

1. 学员工作

两名学员为一小组,在充分学习本任务相关知识与技能的基础上,完成下列工作,并同时完成相应的工单(见本书配套教学资源"实训工单"中的"工单1-3")。

① 车身防护。
② 确定拉伸程序。
③ 拆卸妨碍工作的部件。

④ 测量变形，校正、消除应力。
⑤ 5S 工作。
⑥ 自我评价。

2. 指导教师工作

学员在进行上述操作过程中，指导教师进行下列工作：

① 向学员讲解安全注意事项，要求学员在实训工单中做记录。
② 观察、指导学员进行相关操作，及时制止可能发生危险的操作。
③ 实操结束后审阅学员完成的工单，并结合其操作情况（工作成果）给出评价。

项目二
车身板件修复

任务 2-1　车身钢制板件的整形

任务分析

如图 2-1 所示，车门外板有一些变形，这些变形都不是很严重，可以维修。那么，应该采用什么方法维修呢？损坏的车身板件可以使用手锤和垫铁来整形，也可以使用整形机来整形，有时还会用到收缩工艺，有时还要用到不损伤漆面的整形方法，具体采用什么方法要根据车身板件损伤的类型，本任务将详细介绍变形的车身钢板的整形方法。

图 2-1　变形的车身板件

学习目标

1. 能够正确描述汽车车身常用钢板材料的种类。
2. 能够根据板件损坏的类型选择合理的维修方式。
3. 能够使用手锤和垫铁进行车身板件的整形。
4. 能够使用整形机修复变形的车身板件。

5. 能够利用收缩工艺对钢板变形进行校正。
6. 培养良好的安全、卫生习惯，环保意识及团队协作的职业素养。
7. 能够检查、记录和评价工作结果。

相关知识学习

一、车身用钢板的种类

1. 热轧钢板和冷轧钢板

车身结构中有两种类型的钢板，即热轧钢板和冷轧钢板。

热轧钢板是在800 ℃以上的高温下轧制的，它的厚度一般在1.6~8 mm之间，用于制造汽车上要求强度高的零部件，例如车身、横梁、车架、车身内部钢板、底盘零件、底盘大梁等。

冷轧钢板是由热轧钢板经过酸洗后冷轧变薄，并经过退火处理得到的（因为辊轧的关系，内部结构变硬，要实施退火处理使它软化）。由于冷轧钢板是在较低的温度下轧制的，它的厚度精度高，一般厚度为0.4~1.4 mm。冷轧钢的表面质量好，具有良好的可压缩性和焊接性能。大多数承载式车身都使用冷轧钢板来制作车身外板。在悬架周围、车身底部容易腐蚀的地方，采用经过表面处理的冷轧钢板作为防锈钢板。

2. 低碳钢板

在2000年以前的车身修理中遇到的钢板大多数是低碳钢制成的。低碳钢的含碳量低，比较软，所以便于加工，可以很安全地进行焊接、热收缩和冷加工等操作，它的强度不会受到严重影响。由于低碳钢容易变形，所以要用较厚的板件才能达到足够的强度，导致汽车质量增加。为了达到环保和节能的要求，汽车车身的质量既要轻又要有足够的强度，因此在承载式车身上越来越少采用低碳钢。但车身的外覆盖件从维修的角度考虑一般还会采用低碳钢来制造。

3. 高强度钢

高强度钢泛指强度高于低碳钢的各种类型的钢材，一般强度为200 N/mm^{2}以上。新设计的承载式车身通常比非承载式车身小，车身的前部要求能够承受比过去大得多的载荷，并能够更好地吸收碰撞能量，高强度钢正好可以解决这两方面的问题。

屈服极限从180 N/mm^{2}开始，高强度钢可以分为高强度钢、较高强度钢和超高强度钢。

高强度钢包括IF钢（无间隙原子钢，真空去碳处理，并加合金元素）、BH钢材（烘烤硬化钢，热处理时屈服极限可提高）、微合金钢和各向同性钢（加钛合金）。

较高强度钢包括双相钢（DP）、TRIP钢（相变诱导塑性钢）、特种钢和TWIP钢（孪晶诱导塑性钢）。

超高强度钢包括CP钢（复相钢）、MS钢（马氏体复相钢）和MnB钢（锰硼合金钢）。

高强度钢有时也被称为特种钢，其在车身上的应用情况如图2-2所示。从图中可以看出，高强度钢主要用来制作车身结构件。其中B柱的强度最高，其次是门槛和A柱，再次是前后纵梁和C柱。

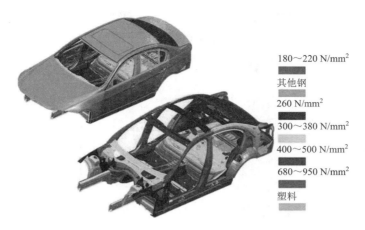

图 2-2 特种钢在车身上的应用

4. 特殊钢板

（1）防锈钢板

防锈钢板的表面有一层镀层，镀层的种类有镀锌、镀铝和镀锡。在这三种镀层中，镀锌和镀铝比钢板容易腐蚀，而镀锡防腐蚀能力则比钢板好。镀锌钢板对碱性环境的防腐蚀性能要好于酸性环境，一般用于车身钢板；而镀铝钢板对酸性环境的防腐蚀性能要好于碱性环境，一般用于排气管护板；镀锡钢板则用于燃油箱。

对防锈钢板的修理要注意尽量保护镀层的完整，在进行打磨、钣金处理或焊接等可能会破坏镀层的修理过程中，要尽量少地破坏镀层并要及时恢复镀层，否则镀层被破坏的钢板会很快被腐蚀。有镀锌层的钢板不容易进行涂装，现在修补用的涂料一般都是在防锈钢板上喷漆的，但是在防锈钢板上重新进行涂装的时候，还是需要注意，防止涂装后出现问题。

镀锌钢板的种类有以下几种：

① 电镀锌钢板。表面均匀，涂装性、焊接性好，但是镀层薄，防锈性差。

② 融解镀锌钢板。镀层厚、防锈性好，不过焊接性和涂装性差。

③ 镍锌合金电镀钢板。通过电镀锌和镍的合金，力求达到涂装性、加工性和防锈性集为一体的效果。

④ 合金化融解镀锌钢板。将融解镀锌钢板加热到 450~600 ℃，对镀层膜进行与铁的合金化处理。这样处理后，可提高焊接性、涂装性、防锈性。

车身用的镀锌钢板有单面镀锌和双面镀锌两种，如图 2-3 所示。双面镀锌钢板一般用在车身的下部板件，如车地板、挡泥板、发动机罩等部位，这些部位经常接触腐蚀物质，需要重点防护。单面镀锌一般用在不经常接触腐蚀物质的部件，如车身上部的板件。镀锌钢板上的单面镀锌根据锌镀层的不同，一般有单层镀锌和双层镀锌两种。

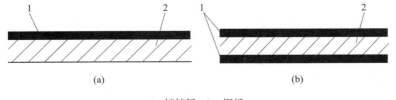

1—镀锌层；2—钢板。

图 2-3 镀锌钢板

(2) 不锈钢

不锈钢板是一种铬、镍合金碳钢，碳钢的含铬量大约为 12%，在车身上主要用于一些豪华车的外装饰部件。

(3) 夹层制振钢板

夹层制振钢板在其表面或中间覆有塑胶膜，如图 2-4 所示，以前应用钢板覆盖的塑胶膜较薄。而现在应用的覆盖塑胶膜较厚，吸收振动的效果更好一些。夹层制振钢板用在下隔板或后舱隔板。

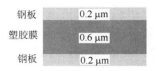

图 2-4 夹层制振钢板

二、钢板损伤维修方法

钢板受到外力后会出现撕裂、折损、隆起和凹陷等损伤形式，修复前应根据钢板的损伤程度、部位等情况制定出合理的维修方案，能否采用合理的修复工艺直接关系到最终质量。对于损坏比较严重的钢板，首先必须展开折损，释放钢板因外力导致的内应力，收缩延展的金属和对收缩区域进行拉伸，使损伤钢板尽可能恢复到原来的形状和轮廓，对于剩余的轻微凹陷再进行精细修整。车身钢板受到外力时也会出现一些轻微损伤，如冰雹砸伤、与尖锐物撞击的损伤。很多损伤看似单位面积不大，但加工硬化现象严重，加之部位特殊，不宜采用整形工艺进行修复。钢板损伤的维修方法主要有：钣金修整、填料填平和微钣金三种，如图 2-5 所示。

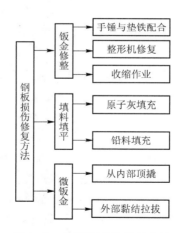

图 2-5 钢板损伤修复的方法

1. 钣金修整

钣金修整也称整形，有的地区也叫沙板，它是通过使用手工工具或车身修复整形设备，将变形损伤的钢板恢复到原来的形状。整形工艺包括手锤与垫铁配合整形、利用车身整形机整形及热收缩整形。

手锤与垫铁作业适合于车身单层或内部容易触及的钣金件修复，整形机作业适合于内部不容易触及的钣金件修复。手锤、垫铁作业和整形机作业的使用部位，见表2-1。

表2-1 手锤、垫铁作业和整形机作业的使用部位

维修作业方式	手锤、垫铁作业	整形机作业
使用损伤部位	内侧可触及部位	内侧不可触及部位
面板部位举例	车门中间部位 前翼子板 后翼子板后部 后围板 车顶中部 发动机罩和行李舱盖	前、后车门的边缘部位 前立柱、中立柱后立柱 后翼子板轮弧部位 车门槛板车顶边缘部位 发动机罩和行李舱盖的夹层

但这并不是一个固定的模式与规律，如对于面积较大的钣金件，虽然很多情况下内部可以触及，但由于损伤内部空间较小及受手臂长度所限（如图2-6所示），采用手锤与垫铁作业实施起来将非常困难。同样，一些不易触及内部的损伤由于变形量较大、凹陷较深，使用整形机作业根本无法修平，只能采取内侧钻孔、剥开咬合的双层边缘，或从内侧工艺孔伸进修平刀（撬板），通过与手锤配合将损伤修平的方式，甚至有时还需将内层整体或局部取下，待损伤部位修平后再安装或焊接到原来位置。所以，面板修复前应根据损伤部位、程度及范围，选择合理的作业方式，制定出相应的流程（如图2-7所示），能否正确选择修复方式直接关系到工作效率和维修质量。这两种作业方式各有优缺点（见表2-2），在维修过程中不是相互排斥，而是相辅相成，优势互补，必要时可同时或先后交替使用。如车辆前翼子板变形严重，可以使用手锤与垫铁配合进行粗校正，消除应力后再使用整形机对小的凹坑进行精细修整。

图2-6 手锤和垫铁作业受部位所限

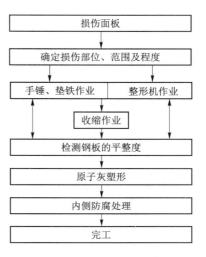

图2-7 面板损伤维修的作业流程

表 2-2 手锤、垫铁作业与整形机作业优缺点对比

维修方法	优点	缺点
手锤、垫铁作业	（1）操作方法简单、实用，对设备的依赖程度较小； （2）适合于各种损伤程度的面板修复； （3）敲击的同时可有效消除应力	（1）实敲作业时容易造成钢板延展； （2）控点不准； （3）损伤部位内侧需要较大的维修空间
整形机作业	（1）适合内部不可触及部位的修复，优化修复工艺； （2）可以不用或减少拆卸内侧相关零部件，减少工作量及劳动强度； （3）控点较准，对于较小凹陷部位也能准确地拉出	（1）损伤较重的凹陷容易拉出孔、洞； （2）对钢板有热影响； （3）不适合修复损伤严重的钢板

收缩作业是指面板损伤部位发生延展或无法支撑而产生鼓动时所采取的一种措施。严格来讲，它只是面板整形时的辅助措施，而不是必需措施，不是任何损伤修复过程中都需要进行收缩作业。

如图 2-8 所示，收缩作业按照作业温度可分为常温收缩和热收缩。

常温收缩分为打褶法收缩和收缩锤收缩。在虚敲作业中，使用垫铁顶住钢板较低的部位，手锤击打较高的部位，介于手锤和垫铁之间的晶粒将被压扁使钢板厚度增加，尺寸缩短，这本身就可对钢板起到收缩的作用。

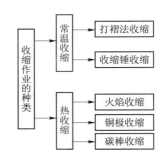

图 2-8 钢板收缩作业的种类

热收缩分为火焰收缩、铜极收缩和碳棒收缩，其中铜极收缩和碳棒收缩为电热收缩。在使用整形机焊接、铜极压凸起点的时候，由于热量的影响，也可以起到收缩的作用。

热收缩即所谓的收火，其原理是利用金属材料的热胀冷缩性能。将一根钢棒整体加热后，其长度会增大，冷却后又会回到原有长度，比如传统的飞轮盘齿轮安装就是利用这种原理。热收缩的原理见表 2-3。

表 2-3 热收缩原理

1. 当加热钢棒时，由于两端被限制住，钢棒内部会产生压缩压力	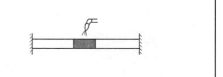

续表

2. 随着温度的不断升高。直至达到红热状态,红热部位会开始膨胀,压缩应力被不断释放	
3. 此时急速冷却加热部位,钢棒就会因为加热部位的膨胀而整体尺寸变短	

钢板在实敲作业过程中,内部晶粒将会变得狭长,钢板出现延展现象。使用电极头加热后,在周围冷却区域的压缩力影响下,晶粒将会纵向膨胀,从而达到收缩的目的(如图2-9所示)。

铜极收缩为电热收缩方式的一种,热影响小,操作简便。以单点方式收缩损伤部位,它所影响的范围较小,适用于延展较轻的小面积收缩,面积较大时,可以通过移动极头位置实现多点收缩。作业前,应准确判断出延展部位,并使用研磨机清除漆膜。

碳棒收缩为电热收缩方式的一种,也是以急热急冷的方式达到收缩目的,目前,电热收缩是延展钢板的主要收缩手段。与铜极收缩不同,碳棒收缩所影响的范围大、收缩效果也相对明显。

各种收缩方式的优缺点比较见表2-4。

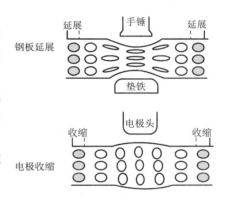

图2-9 铜极作业原理

表2-4 各种收缩方式的优缺点

收缩法种类	优点	缺点
打褶法收缩	收缩效果明显,钢板不受热影响	平整度较差
收缩锤收缩	钢板不受热影响	表面精度较差,只限于小的损伤部位
火焰收缩	收缩效果相对最好	对钢板热影响较大、热辐射大
铜极收缩	变形小,热影响小	只能做点收缩,对大面积的延展部位收缩效率低
碳棒收缩	收缩效率高,收缩效果明显,热影响相对较小	收缩部位留下划痕,表面变硬

综上所述，收缩并不是钢板修复时所必须进行的一项作业内容，特别是整形机作业，由于热量的副作用，很多情况下是不需要收缩的。热收缩时的冷却介质主要是使用蘸水的潮湿海绵或压缩空气，水冷却后的收缩效果相对较好，但由于会对钢板的材料产生一定影响，所以目前主要以压缩空气作为冷却介质。

2. 填料填平

填料填平是指使用某种材料作为填充物，将车身凹陷部位恢复原状，常用材料分为原子灰填平和铅料填平。它能够快速地修理车身的轻微凹陷，但前提条件是车身凹陷不能低于原始平面、轮廓太多，各企业、地区标准不一，通常是凹陷中心点不能低于原始平面或轮廓 3 mm，有些单位制定的标准仅为 1 mm。

原子灰填平作为钢板凹陷的一种修复方法，其优点是快速、容易打磨成型、表面细腻等，缺点是固化后没有韧性，容易开裂和脱落。主要因素有来自路面的冲击、飞石击打、暴晒、车门、发动机盖、行李舱盖长期开关时的振动、发动机盖下部发动机的自身热影响。

原子灰具有吸湿性，一旦暴露在潮湿的环境中，将会吸收空气中的水分，从而造成钢板腐蚀，降低原子灰与钢板的结合能力。涂敷原子灰前，损伤部位除做好底处理外，还应确保没有缝隙或孔洞。

铅料填平是以铅锡合金作为填料，针对一些小的"死坑"进行修复的一种方法，曾经是汽车生产厂家用作新车钢板局部发生轻微凹陷的补救措施，维修企业使用得较少。相对于使用原子灰作为填料，铅料具有更好的韧性和耐用性。用于钢板修复时，铅料填平适合于发生严重加工硬化、内部无法触及、拉拔无法奏效的直接变形凹陷部位。如前部撞击导致发动机罩后移，后侧尖锐边缘部位与前门立柱发生直接接触造成的凹陷。这种凹陷通常处于封闭式箱形截面上，内部有加强钢板，很难使用工具直接触及，钢板发生延展与加工硬化现象严重，使用修复机拉拔时，拉出效果不是非常明显，调大电流强行拉拔容易造成钢板出现孔洞，对这类损伤采用铅料填平是非常实用的方法。同样，采用铅料填平也不适宜面积较大、凹陷较深的部位，特别是发动机罩、车顶和行李舱盖等较大钣金件。高强度钢板上禁止使用铅料填平的方法，以避免受热影响导致材质发生改变。

3. 微钣金

微钣金也称免喷漆凹陷修复，是指利用气动或手动工具将一些比较轻微的钢板损伤恢复原状，通常适用于钢板出现的"软坑"及冰雹砸伤等凹陷，一般不会破坏原来的漆膜。它是利用钢板的塑形、弹性及杠杆原理，通过光线折射的视觉效果判断出凹陷的位置和程度，使用工具逐步将凹陷部位的应力释放，从而使凹陷复原。采用微钣金工艺的前提：损伤部位没有原子灰、漆膜没有破裂、不能靠近板件的边缘部位、没有死角。根据修复方式可以分为外部黏结拉拔和内部顶撬。

三、钢板整形工具与设备

车身钢板修复设备及工具种类繁多，能否正确采用，将直接关系到最终加工质量。

1. 手工整形工具

（1）球头锤

球头锤（如图 2-10 所示）用于校正弯曲的基础结构，修平厚度较大的钢板部件和用于车身锤和手顶铁作业之前粗成形的车身部件。一般球头锤的质量应在 250～500 g 之间，在车身修理中大量使用这种锤。

（2）橡胶锤、木锤

橡胶锤或木锤（如图 2-11 所示）用于柔和地锤击薄钢板，这样不会损坏喷漆表面。它经常与吸杯配合用于大面积的凹陷修复上。当用吸杯将凹陷拉上来时，用橡胶锤围绕着高起的点按圆周状轻打。

图 2-10　球头锤

带有橡胶端部的钢锤是另一种在车身修理中使用的锤子。此种锤兼有硬面和可更换橡胶头的软面，有时称为软面锤。它用于镀铬钢板件修理或其他精密部件的作业而不损伤其表面光洁度。

（3）轻铁锤

轻铁锤（如图 2-12 所示）是修复损坏的钣金件的第一阶段所必需的工具，它的重量是 1 000～2 000 g，并有一个短把柄，因此能在紧凑的地方使用。在修理时用铁锤敲打损坏的金属板使其大致回到原形，在更换金属板时则用于清理损坏的金属板。

图 2-11　橡胶锤和木锤

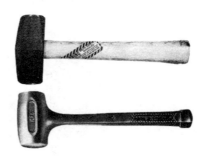

图 2-12　轻铁锤

（4）车身锤

车身锤是连续敲打钣金件以恢复其形状的基本工具。它有许多不同的设计，有方头、单头、圆头以及尖头的。每种形式都是为不同用途而设计的。

① 镐锤。镐锤（如图 2-13 所示）能修理许多小凹陷。其尖顶用于将凹陷从内部锤出，对中心进行柔和地轻打。其平顶端与顶铁配合作业可以去除高点和波纹。镐锤有多种形状和尺寸，有些有锐利的锥形尖，有些则具有钝的锥形尖。

使用镐锤时要小心，假如敲击力量过大，尖顶端可能戳穿汽车上的薄钢板。只能在修复小的凹陷处用镐锤。

② 冲击锤。大的凹陷需要使用冲击锤

1—宽嘴锤；2—镐锤；3—长点锤；4—点镐；5—宽嘴横锤；6—收缩横锤；7，9—收缩锤；8—长镐；10—宽面冲击锤；11—反向曲面锤；12—冲击短曲面横锤。

图 2-13　镐锤

（如图 2-14 所示）。冲击锤的顶角有圆的或方的，顶面的表面近似平的。这种锤顶面大，打击力散布在较大的面积上，用于凹陷板面初始的校正，或加工内部板和加强部位的板件。这些操作需要较大的力量而不要求光洁的表面。

修复变形大的凹陷表面，如后顶侧板上的反向曲面、变形的车头灯座、门等，需要使用轻冲击锤。这种锤的锤面一面是拱形的，另一而则是平的。曲面锤面使下凹的金属受冲击而不发生延伸。锤子的曲面外形必须小于金属板凹陷的外形，以避免延伸金属板。

图 2-14　冲击锤

③ 精修锤。在用冲击锤去除凹陷之后，用精修锤（如图 2-15 所示）加工以得到最后的外形。精修锤的锤面较冲击锤的锤面小，表面是拱形的，以使力量集中在高点或波峰的顶端。收缩锤是有锯齿面或交错缝槽面的精修锤，这种锤用来收缩那些被过度锤打而延伸的部位。

（5）垫铁

垫铁（如图 2-16 所示）的作用像一个铁砧，它通常顶在锤敲击金属板的背面，用锤和垫铁一起作业使拱起的部位下降，或使凹陷部位上升。

图 2-15　不同类型的精修锤

图 2-16　不同类型的垫铁

垫铁有高拱形、低拱形、凸缘等多种不同形状，每种形状用于特定的凹陷形式和车身面板外形。垫铁与面板外形的配合非常重要，假如在高拱形的面板上使用平面或低拱形的垫铁，结果将会增加凹陷。轨形垫铁也是一种常用的垫铁，它也有许多形状，如足尖式和足跟式垫铁用于在狭窄部位进行敲击，而其平面直角边则用以校正凸缘。

（6）匙形铁

匙形铁（如图 2-17 所示）是另一类车身修理工具，它当作锤或当作垫铁使用。有许多种形状和尺寸，可与不同的面板形状匹配，平直表面的匙形铁把敲打力分布在宽的接触面上，在褶皱和拱形部位特别有用。当面板背面空间有限时，匙形铁可当作垫铁用。匙形铁与锤一起作业，可降低拱形。内边匙形铁可撬起低凹处，或与锤一起敲击来拉起凹陷。冲击锉匙形铁则有锯齿状的表面，用来拍打拱形或里边的褶皱，使金属板回复到原来的形状。

（7）撬镐

撬镐（如图 2-18 所示）只用于撬起凹点，它们有不同的长度和形状，大多数有 U 形末端把手。如图 2-19 所示，撬镐可以用来升起门板或其他密闭的车身部件上的凹点。撬镐通常较惯性锤和拉杆好，因为它们不需要在钣金件上钻孔或焊接，不会损伤漆面。

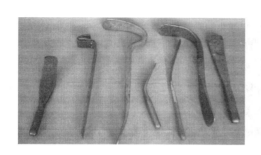

图 2-17 匙形铁

图 2-18 不同类型的撬镐

（8）冲头和錾子

在修理时经常要用到冲头和錾子（如图 2-20 所示）。中心冲用于部件拆卸之前对它们的定位打标记，作为钻孔冲击标点（标点可保持钻头不偏移）。铆钉冲的冲头为锥形，顶端是平的，用来顶出较小的铆钉、销钉和螺栓。销钉冲和铆钉冲相似，但是冲头不是锥形，这样它可以冲击出更小的铆钉或螺栓。长中心冲是一个长锥形冲头，用来在焊接车身面板或其他车身部件（如翼子板螺栓孔和保险杠）打定位孔。

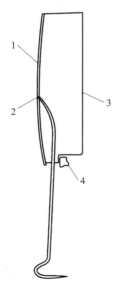

1—车门外板；2—凹陷；3—车门内板；4—密封条。

图 2-19 用撬镐修理车门板

图 2-20 冲头和錾子

錾子是有硬化刀口的钢棒,用于切断钢材,錾子有多种尺寸。冷錾用于分离咬死的螺母,切断生锈的螺栓和焊接点,以及分离车身和车架部件。

(9)划针

划针(如图2-21所示)看起来像一个锥子,但其钢柄较重,用来在金属板上划出要切割、钻孔或紧固的标志,可以用锤轻敲划针穿过较厚的金属板。当不需要特定尺寸的孔时,可以用划针在金属板上戳穿一个孔。划针需要保持锐利,才能在各项作业中有效而安全地使用。

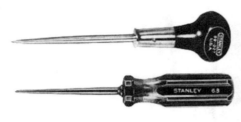

图2-21 划针

(10)金属剪切工具

金属剪切工具(如图2-22所示)用来修整面板。常用的几种金属剪切工具如下:

① 铁皮剪。铁皮剪是最通用的金属剪切工具,它可剪切出钢板的直线或曲线形状。

② 金属切割剪。金属切割剪用来切开硬金属,如不锈钢。这种剪的刀爪窄小可使其在所切金属之间移动。爪是锯齿形的,用来剪切坚韧金属。

③ 面板切割剪。面板切割剪是一种特殊的铁皮剪刀,用来切断车身钣金件。这种切割剪常在板上做直线或曲线的切割,来切除腐蚀或损坏的部位。它的切口清洁、准直,容易焊接。

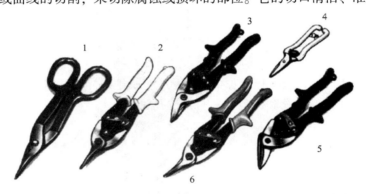

1—铁皮剪;2—直柄剪;3—右向剪;4—小型剪;5—航空剪;6—左向剪。

图2-22 金属剪切工具

(11)车身锉

车身锉(如图2-23所示)用于锉平大的表面。在对损伤部位进行修整后,用车身锉可以锉去高点而显露出需要再加以敲击的低点。操作时要注意,不要大力使用车身锉,否则可能会锉穿薄金属板。

车身锉的锉片安装在把柄上。把柄是一种带转动拉紧套筒的挠性把柄,转动拉紧套筒可以调整锉片的弯曲。挠性把柄可让锉的形状更好地配合金属板的外形。

图2-23 车身锉

固定式锉刀把柄适用于锉平面或轻度凸圆形状。

（12）凹陷拉出器和拉杆

修理板件时，如凹陷损伤在密封结构段，从内部使用最长的匙形铁也够不到，此时可以用如图 2-24 所示的凹陷拉出器或拉杆。

以前在进行拉出操作时，都要在褶皱部位钻或冲几个孔，安装好螺柱，拉出器钩住螺柱后用冲击锤在凹陷拉出器的金属杆上滑动并冲击把手。冲击锤轻打把手，慢慢拉起凹点。使用螺柱拉伸时在面板上产生的孔要用气焊或锡焊封起来，用车身填料简单修补这些孔，不能提供足够的锈蚀防护。这种方法已经不再使用。

图 2-24 凹陷拉出器

现在的凹陷拉出器和拉杆一般都配合外形修复机来使用，在车身的凹陷部位焊接一个焊钉或垫圈，然后用拉杆勾住焊钉或垫圈拉出凹陷。小的凹坑或褶皱可以用一根拉杆拉平，大的凹坑可以同时使用三个或四个拉杆拉平。车身锤与拉杆同时使用，当凹坑的低点拉上来的同时，其拱形部分可以用锤敲打下去，同时敲打和拉引使面板回复到原形，可以减少金属延伸。

（13）车身快速维修组合工具

车身快速维修组合工具由高性能的外形修复机、强力拉拔组合工具、棱线拉拔组合工具及省力拉拔组合工具等组成（如图 2-25 所示）。使用快速维修组合工具对车身外板进行维修，可以有效地提高维修质量和维修效率。

图 2-25 车身快速维修组合工具

① 高性能外形修复机（如图 2-26 所示），配备多种工具组合，可以完成焊接各种垫圈、OT 式拉圈、三角片、螺柱、蛇形线等各种介子，具有收火功能和单面点焊功能，焊接电流稳定，焊接时无大量火花出现，不会出现焊接不牢固或焊穿出现孔洞等缺陷。

② 强力拉拔组合工具（如图 2-27 所示），针对较强硬板件设计，采用简单的顶拉原理，配有多种支脚，可根据不同位置进行组合，方便拉拔。该组合工具可以任意调节拉拔幅度，具有锁止功能，方便同时进行其他动作，拉拔力量强，能基本满足车身外板的快速拉拔维修。

③ 棱线拉拔组合工具（如图 2-28 所示），采用简单的顶拉原理，配有多个支脚、横梁，可根据不同位置进行组合，方便拉拔。可以根据需要控制拉拔幅度，方便对车身腰线位置进行快速拉拔，并确保拉拔质量，拉拔力量强，能基本满足车身外板的快速拉拔维修。

④ 省力拉拔组合工具（如图 2-29 所示），采用简单的杠杆拉拔原理，配有支脚、拉钩及

横梁，可根据不同位置进行组合，方便拉拔，可以根据需要控制拉拔力量及幅度，对车身顶部等位置进行快速拉拔作业，拉拔力量强，能基本满足车身外板的快速拉拔维修。

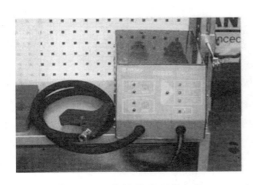

图 2-26　高性能外形修复机

图 2-27　强力拉拔组合工具

图 2-28　棱线拉拔组合工具

图 2-29　省力拉拔组合工具

⑤ 简易拉拔组合工具（如图 2-30 所示），采用力的相互作用原理，配有多种手拉钩，方便提拉车身焊接的垫片等介子，与钣金锤配合可更简单地对车身外板进行拉伸修复。

⑥ 辅助工具（如图 2-31 所示），包括钣金滑动拉锤、拉伸指针、垫片拉杆、拉伸垫片和碳棒。

图 2-30　简易拉拔组合工具

图 2-31　辅助工具

（14）吸盘

吸盘（如图2-32所示）是一种简单工具，它可以拉起浅的凹坑，但凹坑位置没有褶皱。作业时用吸杯附着在凹坑的中心并拉起，凹坑就能回复正常形状而不损伤油漆，也不需再做表面整修。有时凹陷拉出后，还需要用橡胶锤和顶铁来整平金属板，消除金属板上存在的弹性变形。

2. 电（气）动工具与设备

（1）车身外形修复机

在车身板件上不容易使用手工工具进行操作时，最好的工具是使用具有电流调整性能的外形修复机（如图2-33所示），它可以很轻松地把板件上的凹陷拉出来。外形修复机可以对焊接垫圈、焊钉、螺柱、星形焊片等进行拉伸操作，还可以使用铜触头和碳棒进行收缩操作。

图2-32　气动和手动吸盘

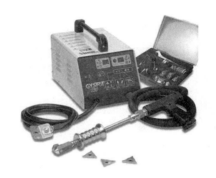

图2-33　外形修复机

外形修复机的电源是220 V，通过内部的变压器转换成10 V左右的直流电。主机上有两条输出电缆线，一条为焊枪电缆，另一条为搭铁电缆，在工作时两条电缆形成一个回路。把搭铁电缆连接到工件上，焊枪通过垫圈等介子把电流导通到金属板的某一部分上，由于电流达到3 500 A左右，垫圈接触金属板的部位产生巨大的电阻热，使温度能够熔化钢铁，熔化的垫圈就焊接到面板上了。

车身外形修复机也称为车身整形机、介子机，属于电阻焊接的一种，其工作原理是利用电极头上夹持的各种附件与钢板接触，通过大电流，使接触部位产生电阻热，以获取与需求相对应的各种功能。外形修复机常用功能包括垫片焊接、蛇形线焊接、与滑动锤安装一起的焊接极头焊接及收缩作业等。市场上的外形修复机种类较多，功能不一，采用外形修复机修复工艺前，应仔细阅读外形修复机使用说明书，严格按照流程规范进行钢板修复作业。

车身外形修复机焊接后向外拉拔原理，等同于手锤与垫铁作业时的虚敲作业。虚敲作业是将垫铁放置在钢板凹陷较低的内侧部位，外形修复机修复是将介子焊接在钢板凹陷较低的外侧部位，向外拉出，以取代从内侧向外压出的垫铁（如图2-34所示）。

（2）铆钉枪

在车身修理中经常用到铆钉枪，先在两片金属片上打孔，把铆钉插入孔中，然后用铆钉工具拉出，把金属板锁定在一起。对于各种钣金件更换如锈蚀孔修理，使用铆钉连接是最简易、费用最少的连接方法。在修理中要广泛地使用铆钉，不论是作为永久性的修理或是作为暂时的紧固件，如在将更换的板件焊接到指定位置前，用它做暂时的紧固件。车身上不同材料之间、铝合金或不能使用焊接的部位（如油箱附近），都要使用铆钉连接。最通用的铆钉枪（如图 2 – 35 所示）是 3 mm 和 6 mm 规格的。其他各种规格尺寸的铆钉枪适用于特种作业。

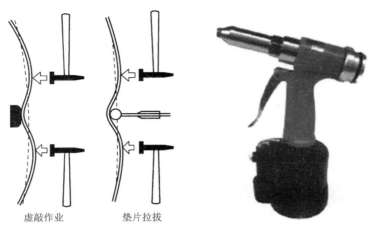

图 2 – 34　拉拔原理　　　　图 2 – 35　电动铆钉枪

重型铆钉枪，用来铆接难以铆接的地方和较厚的机械装配件，如风窗玻璃升降器。它包含有长手柄和长锥头以及整套的铆钉。

（3）微钣金工具

如果金属板件的损伤较小，可以使用不损伤漆面的修复方法，不但可以节省大量的时间和劳动，而且还可以避免重新喷漆所带来的配色问题。微钣金工具常用的有两种，黏结拉拔工具（如图 2 – 36 所示）和内部顶撬修复工具（如图 2 – 37 所示）。

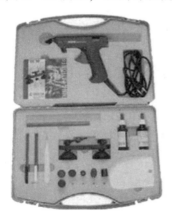

图 2 – 36　黏结拉拔工具　　　　图 2 – 37　内部顶撬修复工具

（4）气焊设备

气焊所用的设备及管路连接如图 2 – 38 所示。

① 焊炬。焊炬是将气瓶内流出的氧气和乙炔在焊炬体内以适当的比例混合并产火焰。焊炬有射吸式和等压式两种，常用的是射吸式，如图 2 – 39 所示。

② 乙炔瓶。乙炔瓶是存储溶解乙炔的钢瓶，外壳漆成白色，用红色写明"乙炔"字样和"火不可近"字样。瓶上配备减压器和回火安全器。

③ 氧气瓶。是存储氧气的一种高压钢瓶，外表漆成天蓝色，用黑漆标明"氧气"字样。瓶上也配有减压器。

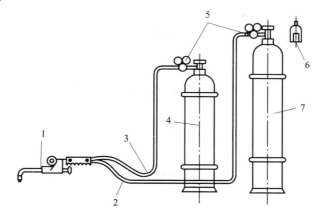

1—焊炬；2—氧气胶管（黑色）；3—乙炔胶管（红色）；
4—乙炔瓶；5—减压器；6—瓶帽；7—氧气瓶。

图 2-38 所焊设备及其管路连接

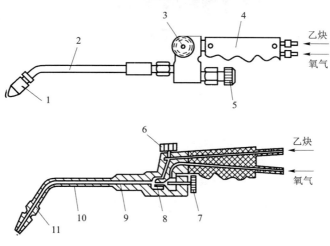

1,11—焊嘴；2,10—混合管；3,6—乙炔阀门；
4—手把；5,7—氧气阀门；8—喷嘴；9—射吸管。

图 2-39 焊炬

④ 氧乙炔火焰。氧乙炔的火焰由焰心、内焰、外焰组成，根据两种气体的比例不同，产生不同配比的火焰有着不同的用途。火焰有中性焰、碳化焰和氧化焰三种形式。

a. 中性焰（也称标准火），如图 2-40 所示。氧、乙炔比例为 1:1（按体积计算）。焰心呈尖锥形，色白而明亮，轮廓清楚。焰心温度较低，一般为 800～1 200 ℃。内焰呈蓝白色，内焰处在焰心前 2～4 mm 部位，燃烧最激烈，温度最高，可达 3 000～3 200 ℃，这个范围最适合焊接。外焰处在内焰的外部，与内焰没有明显的界线，颜色从淡紫色逐渐向橙黄色变化，温度只有 1 200～2 500 ℃。

中性焰在燃烧时生成的一氧化碳及氢气，能与金属中的氧作用使熔池中的氧化铁还原，适合于收缩加热。当用于焊接时，能够获得较高质量的焊缝。

b. 碳化焰（也称还原焰），如图 2-41 所示。碳化焰的氧气少于乙炔气的含量。焰心较长，呈蓝白色。内焰呈淡蓝色，它的长度与碳化焰内乙炔的含量有关。外焰带有橘红色。碳化焰三层火焰之间没有明显轮廓。碳化焰的最高温度为 2 700 ~ 3 000 ℃。

火焰中过剩的乙炔可分解为氢和碳，氢使钢产生白点，碳则熔化到金属中使焊件的含碳量提高。碳化焰不能用于焊接低碳钢及低合金钢，可用于焊接高碳钢、中高合金钢、铸铁、铝和铝合金等材料。

c. 氧化焰，如图 2-42 所示。氧气多于乙炔气的含量，整个火焰具有氧化性。焰心短而尖，内焰很短，几乎看不到，外焰呈蓝色，火焰挺直，燃烧时发出急剧的"嘶嘶"声。氧化焰的长度取决于氧气的压力和火焰中氧气的比例，氧气的比例越大，则整个火焰就越短，噪声也就越大。氧化焰的最高温度可达 3 100 ~ 3 400 ℃。

过多的氧和铁发生作用生成氧化铁，使钢的性质变坏、脆化，熔池的沸腾现象也比较严重。一般材料的焊接，绝不能采用氧化焰，但可用于焊接黄铜和锡青铜。气割时，通常使用氧化焰。

图 2-40 ~
图 2-42 彩图

图 2-40 中性焰

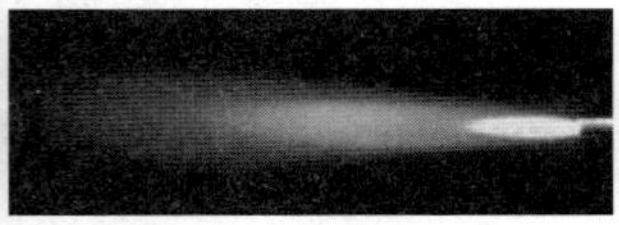

图 2-41 碳化焰

图 2-42 氧化焰

任务实施

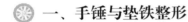
一、手锤与垫铁整形

1. 劳动安全与卫生

在进行板件整形时，必须注意以下安全与卫生事项：

① 操作前必须穿戴好工作服。

② 进行敲打操作时，要戴好耳塞等保护用品。

③ 小心锤头不要砸到手上。

④ 经常关注锤头是否松动。

⑤ 使用焊接设备、车身整形机等，一定要按设备使用说明书的要求进行。

手工校正工艺

手锤与垫铁整形是一项传统的手工工艺，需要一定的经验和技巧，不是一朝一夕能够全部掌握的。作业时需要一手持锤，另一只手握持垫铁或其他工具配合进行敲击整形，修理范围主要包括变形曲面整形和线形校正等。

2. 整形方法

（1）手锤的敲击方法

在车身修理中，经常用手锤敲打金属板，促使金属板表面回弹。这种使用手锤的方法和钉铁钉所用的铁锤方法是不同的。如果像钉铁钉那样使用铁锤，会给金属板造成更多的损坏。

校正金属板件的关键是应知道在什么部位、在什么时间、用多大的力敲打多少次。应该按如图 2-43 所示的方法握住铁锤，以下面的两个手指为支点，其他的手指（包括拇指）将铁锤向下推做垂直敲打。当锤子从金属表面上弹回时，可以绕着支点做轻微的旋转，用手腕发力（不是手臂发力）使锤做环状运动。每两次敲击点的间距为 9~12 mm，直到损坏处得到修复。如图 2-44 所示，在用钣金锤敲打到金属板上时，锤子的平面应该与金属板的平面一致，否则会对金属板产生损坏。

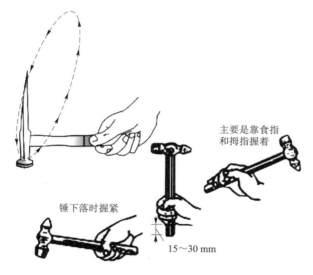

图 2-43 操作钣金锤的动作

铁锤的工作面必须与金属板的形状相配合，具有平坦锤面的铁锤适用于平坦的或低拱形的金属板表面；凸形工作面的敲击锤适用于敲打内侧的弧形金属面；重的敲击锤可用来进行大致的修整，但要保证敲击不能加重损坏的程度。

图 2-44 钣金锤的正确操作

精修锤用于最后的精整修复，精修锤比敲击锤轻，而且通常都带有锤头。精整修复时敲击的要领是快速轻敲，敲击时，锤子也应和金属表面垂直。用铁锤敲打金属表面的棱边将会加重金属的变形。

在敲击金属板以前，一定要清除掉金属板内外表面上的柏油、泥土、内涂层等，确保修理工具能够直接与金属相接触。

锤击法修复是车身面板常用的修复手段，根据作业方式可分为虚敲作业、实敲作业和弹性敲击。

① 虚敲。如图 2-45 所示，也称偏托法、错位法。作业时将垫铁顶在钢板内侧较低的部位，使用手锤敲击凹陷周围较高部位。由于锤击力的作用，高的部位被敲低，而低处则因为锤击的反作用力被提高。虚敲适合于面板损伤的初步校正，建议使用木锤或橡胶锤，尽量使垫铁和手锤的距离近一些，锤子离垫铁的距离越远，效果越不明显。作业时保持锤击力与垫铁贴紧力之间的平衡非常重要。

② 实敲。如图 2-46 所示，也称正托法、正位法。作业时将垫铁顶在凸起部位的内侧，然后使用手锤敲击凸起部位。由于手锤的冲击作用会使垫铁发生轻微回弹，手锤敲击的同时

垫铁也会同时击打板材，垫铁靠得越紧，凸起部位的修平效果越明显。实敲作业适合于通过虚敲修整较大凹陷后，对轻微的凹凸部位进行的精细修整。实敲作业容易造成金属延展，作业时尽量选择木锤与垫铁配合。

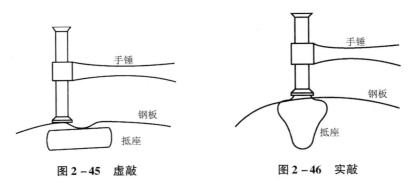

图 2-45　虚敲　　　　　　图 2-46　实敲

③ 弹性敲击。如图 2-47 所示，俗称"震一震"，是指通过手锤敲击隆起部位，内部不使用垫铁配合，以释放应力为目的的一种敲击方式，多数情况下需要在拉伸的同时进行。钢板变形导致金属内部晶粒结构改变，弹性敲击就是利用手锤敲击产生的震动及拉伸力的影响，使金属晶粒重新排序，达到释放应力的目的。作业时，锤击力不可过重，适可而止，不可将锤击力着实地施加于钢板。锤击时尽量选择木锤、橡胶锤，或在敲击时垫上木块，避免进一步造成钢板损坏。

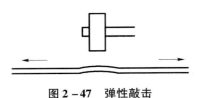

图 2-47　弹性敲击

（2）垫铁使用方法

垫铁的作用相当于铁砧，也可以看作是小型的工作台，通常由平面、弧面和棱角组成，形状各异，可以满足不同部位的需求，常用材料是工具钢，有的是木制或塑胶制成。垫铁的作用至关重要，需要与手锤进行紧密配合。通常它在钢板内侧的作用是支撑和垫平，有时也可以作为敲击工具向外击打较低的凹陷部位。垫铁的使用方法，可分为断贴法和紧贴法两种。

① 断贴法。如图 2-48 所示，锤子落点与垫铁的顶贴点不一定重合，钢板内侧垫铁不但起到铁砧的支撑作用，而且还可以当作敲击工具，挥动以产生冲击力。击打钢板较低的部位使之上升，所以垫铁与锤子击打时间不一定同步。此种方法适合于凹陷较深的部位修理，作业时，将垫铁紧压在塑性变形的内侧，并向外施加一个推力，锤击隆起部位，也可使用垫铁从内侧击打凹陷部位。击打时，外侧的手锤可以顶住隆起部位，起到类似垫铁的支撑作用，手锤也可以同时击打隆起部位。

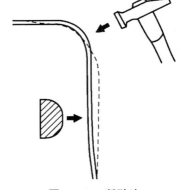

图 2-48　断贴法

② 紧贴法。如图 2-49 所示，锤子落点与垫铁的工作面一定重合，垫铁跟踪及时，确保锤子的落点与垫铁顶贴点一一对应。垫铁始终紧贴在钢板内侧，防止打空而破坏面板的平面度。此种方法适合于凸起部位的精加工作业，作业时注意手锤与垫铁的配合，确保垫铁跟踪及时，锤面落点准确。

(3) 手锤、垫铁配合作业要领

① 面板修复前，应检查锤面、垫铁及修平刀表面是否光滑，对有瑕疵的部位应进行修理。使用有伤痕的锤子和垫铁，将导致面板表面出现击痕。根据被修复的面板形状与曲面，合理选择锤子、垫铁的形状与弧度，不恰当的工具将造成钢板损坏加大（如图2-50所示）。

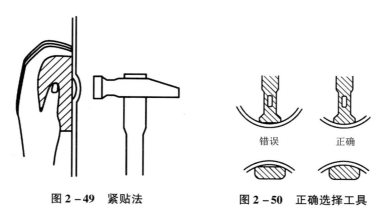

图2-49 紧贴法　　　　图2-50 正确选择工具

② 使用手锤时，应轻轻握住锤柄的后部，以下面两个手指为支点，用其他手指将铁锤向下推，采用腕挥的敲击手法，并充分利用手锤敲击后产生的回弹，借力再次敲击下去，以降低劳动强度。握持垫铁时，可采用半包围的握法，用拇指和小指撑住，其他三个手指紧紧握住垫铁，防止垫铁脱落，这样便于和钢板贴紧，并且能充分运用腕力向外侧顶住钢板。

③ 锤击时，锤子的平面应均匀地与钢板接触，如果锤击面的边缘接触钢板，则会在钢板上留下月牙形的凹痕。锤击落点要准，精细修整时应快速轻敲，过多的敲击次数和较大的锤击力量将造成钢板延展，为减少延展，可采用木锤、橡胶锤进行敲击作业。对车身冲压线的变形，可以在外部使用车身拉出器向外拉出，同时在内侧使用钝錾子向外敲击，不可用垫铁的棱角部位对面板曲面和冲压线进行实敲作业（如图2-51所示）。

④ 钢板内侧不易触及时，可使用修平刀替代垫铁（如图2-52所示），修平刀的作用广泛，用途取决于它的形状，某些类型的修平刀可以当作锤击工具，也可以利用杠杆原理使用修平刀进行面板修整，对于小的凹陷可以从车门排水孔、工艺孔等部位伸进撬镐进行修整。

 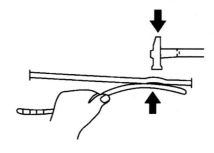

图2-51 不可使用垫铁棱角进行实敲作业　　　图2-52 使用手锤与修平刀的配合作业

二、用整形机整形

(1) 判定损伤范围

车身面板损伤部位及程度的判定,主要以目测、手感、钢板尺与尺规样板检测等几种方法为主。损伤部位确定后,应进行标注,以确认损伤区域。

机械校正和火焰校正工艺

(2) 磨除旧漆膜

磨除旧漆膜前,应佩戴好防护用品,如手套、口罩、护目镜、耳塞等。对单作用研磨机加注润滑油,使用 P60 砂纸正确安装至研磨机上,根据经验调整合适的转速,将研磨机倾斜一定角度,轻轻放于钢板损伤部位或预固定搭铁极头的部位(如图 2-53 所示),开启开关将旧漆膜磨除。对于褶痕较深无法触及时应先消除应力,逐渐展开后再去除油漆,不易触及或凹陷较深的部位也可使用皮带式打磨机、手持砂纸或尖锐工具轻轻去除油漆层。研磨后应确保旧漆膜及油污清理干净,避免焊接瞬间出现火花伤及钢板。

通常损伤部位修复后的面积,由于周围弹性损伤的恢复而小于判定的损伤范围,即漆膜磨除的面积小于损伤判定范围,但有时弹性部位的漆膜会由于钢板变形出现轻微开裂现象,所以有的厂家要求,漆膜磨除面积应大于损伤范围。

(3) 试焊

试焊是在不熟悉设备的情况下所必须进行的一项工作,其目的是通过调节整形机的电流与时间间隔参数,以获得最佳焊接效果。同等条件下,电流、时间间隔过大,将会造成焊接过度,对钢板产生热影响,钢板的背面出现过烧现象,拉拔后钢板的表面将会出现凹坑(如图 2-54 所示),影响钢板表面精度。反之,则焊接不牢,无法进行拉拔作业。试焊时,电流与时间间隔应从较小的参数逐渐加大进行调试,并应将二者尽量控制在较小的范围内为最佳。对某一品牌的整形机使用较为熟悉的情况下,每次焊接前,在某一范围内只进行简单的微调即可。对于较重损伤,电流与时间间隔的参数并不是一成不变的,特别是电流参数,通常在对棱线、转角部位、车门槛板等有足够强度的地方进行粗拉拔时,所需二者的参数略大,在修平作业时,二者的参数则相对较小,随着损伤的恢复,呈逐步递减的趋势。

图 2-53 磨除旧漆膜

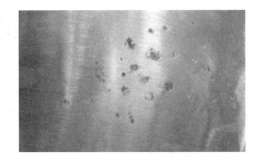

图 2-54 焊接过度拉拔后造成钢板表面出现凹坑

(4) 焊接

焊接时,应将搭铁极头和焊接极头处于同一钣金件上,二者距离通常不超过 50 cm。搭铁极头可通过专用工具、夹钳固定在损伤部位的周围或边缘部位(如图 2-55 所示)。将焊接极头上熔化物及时清理干净，无法使用时应进行更换，以免影响到焊接质量。焊接时，焊接垫片应与钢板轻轻接触，呈90°进行焊接，焊接加强筋部位时应按照与预拉拔的角度进行焊接。损伤程度、面积及部位决定焊接垫片的数量及距离，损伤部位的原有强度越高，损伤越重，焊接的垫片越多，距离越近。

图 2-55　使用大力钳及专用工具固定搭铁极头　　图 2-56 彩图

（5）拉拔

拉拔时，应根据损伤程度，注意控制力量的大小。力量太小，起不到应有的效果，力量较大往往会造成凸起点较高，对后期的修平造成一定的难度，强行拉拔甚至会造成钢板出现孔洞。拉拔效果不明显时，应重新考虑改变力的方向、焊接部位及拉拔方法。垫片整体式拉出时，可选用较粗的铁丝，围成圈后将两头焊接起来（如图 2-56 所示），以便将轴从此工具中穿过进行拉拔。中间轴的选用应根据经验确保达到强度要求，否则轴在拉伸力的影响下会产生弯曲，非常容易变形导致周围垫片脱落。

图 2-56　自制工具以方便进行拉拔

（6）垫片拆卸

使用一根杆穿过垫片孔或者使用手钳，通过扭转将垫片从钢板上取下。不要采取两边晃动的方法，否则钢板将会出现孔洞。

（7）磨除焊接痕迹与防腐

使用 P80 砂纸安装于研磨机上，磨除焊接后留下的痕迹，对钢板内侧进行防腐处理，完工。

三、收缩整形

钢板修复前，应进行损伤判断，注意观察哪些部位是压缩区，哪些部位是拉伸区，以便制定出施工方案。不可使用垫铁击打压缩区的内侧，更不可采取手锤在垫铁上的方法敲击拉伸区。这些拉伸区域虽然已经发生了延展，但只有在损伤部位修复到非常接近于原始平面时，才能确定钢板延展程度及具体位置。那些高于原始平面的隆起部位通常就是延展部位。钢板延展部位主要通过目测、手感、用手按动、钢板尺和样板等进行确定。

1. 打褶收缩

将垫铁放在延展边缘部位的内侧，采错位敲击方法，使延展区域产生一些"褶"（如图2-57所示），从而使其尺寸缩短，形状发生变化，达到收缩的目的，并增加刚性。打褶的部位稍低于原始平面，需要用填充剂进行填平。

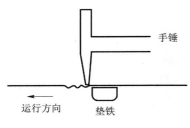

图2-57 打褶法收缩

在实际应用时，不是真正通过上述方法将延展部位进行打褶，而是根据经验，刻意不去将那些高点和低点进行精细整平，只要求这些高点和低点尽量控制在平整度要求的范围内即可。修复后的面板，特别是直接损伤部位（活坑除外），实际上是有若干个高点和低点组成，这些高点和低点通常有碰撞时的撞击、修复过程中的锤击、焊接拉拔等原因产生，相当于上述方法所产生的褶，使面板尺寸缩短，形状变化，可以起到收缩并增加钢板刚性的作用，如果采取正位法进行精细修整，钢板往往会发生延展。打褶法的使用相对较少，一般只针对面积较大或冲压线间距较宽的低曲面，这些部位延展程度较小时，采用加热法收缩由于很难控制收缩量的大小，往往会使情况更加恶化。

2. 收缩锤收缩

收缩锤收缩只针对钢板延展范围及程度较小时采用，收缩效果相对较差，同时对钢板表面的精度影响很大。作业时，使用锤面上带有锥形凸起的收缩锤（或收缩垫铁）和垫铁（或平锤）配合进行正位敲击，要领是慢速重敲，并尽可能减少锤击次数，敲击后钢板表面会留下与锤面形状相似的凸凹状锤痕。其原理有两个：一是利用重敲时，锤面（垫铁）花纹对钢板产生微小的挤压变形，利用这种挤压力，迫使延展部位内部比较疏松的晶粒重新紧密排列；二是收缩锤的锤面与锤体为橡胶弹性连接（如图2-58所示），由于内部结构设计的原因，在敲击时锤面会有一个扭动的动作（如图2-59所示），从而使钢板收缩。使用收缩锤或收缩垫铁时，与之配套的工具必须是非收缩型的，不得将收缩锤和收缩垫铁同时使用。

图2-58 收缩锤内部结构

图2-59 收缩锤面产生扭动

3. 火焰收缩

① 确定拉延区域的中心或最高点位置。

② 按金属板的厚度选择合适的氧-乙炔焊嘴（使用1号或2号焊嘴）。

③ 点火。首先分别将氧气和乙炔调节器调节到适当的压力。将乙炔调节阀打开约1/2圈，点火，进而继续开大乙炔阀使之出现红黄色火焰。缓慢打开氧气调节阀，使火焰变蓝直至获得清晰鲜明的亮白色焰心为止，得到中性焰，可用来焊接低碳钢。在中性焰的基础上进行调节，可分别获得碳化焰、氧化焰。

④ 缓慢加热收缩区最高点直到金属开始发红，然后缓慢地沿着圆周运动方向向外移动，如图2-60所示，直到整个受热部位都变成樱红色。

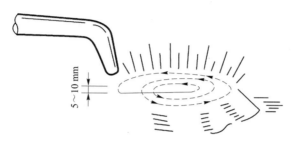

图2-60　焰炬的移动和距离

氧乙炔焊焊炬的调整操作

注意：加热点不要超过18 mm（约一个1元硬币大小）。焰炬应与金属保持得足够远，焰心到金属的距离应稳定控制在5~10 mm，以免金属过热或烧出孔。

⑤ 移开加热火焰，首先关闭乙炔调节阀，然后再关闭氧气调节阀使火焰熄灭。

⑥ 用修平锤快速地、准确地敲击拱起区域，使此点凹陷下来。

注意：在此过程中，不需用垫铁支撑金属，除非金属发生塌陷。如果需要支撑金属，只能将垫铁轻轻地放在金属的下面。绝不能重敲以免重新拉伸金属。

⑦ 完成上述粗略整形后，应用钣金垫铁或修平刀直接插入加热区域的下方，并施加轻微的压力顶住板件，然后按照图2-61所示的方法，在板件的上部用钣金锤敲平加热点区域及其周围褶皱和波峰。

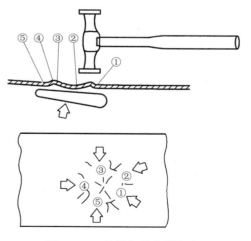

注意：

a. 锤击次序按图2-61中所标出的顺序号进行。

b. 落锤点在波峰处并且用快速并向着加热点中心区域滑动的敲击手法来敲打，锤击的力量不要过大。

c. 应该使用最少的锤击次数，因为在这个区域施加过多的锤击，会使金属变薄且使金属重新被拉延。

图2-61　敲平加热点的顺序

d. 在被加热的金属退去红色而变为黑色之前，应尽可能快地完成修复工作。

⑧ 一旦受热金属变成了黑色，应使用浸水的抹布或海绵来将其冷却。观察变形处收缩的程度，判断是否需要进一步地收缩。

注意：

a. 不要在加热点金属变成黑色之前就去冷却，否则金属会产生晶化并变硬，从而使最后的整形工作变得很困难，而且也有可能会导致金属的开裂。

b. 火焰法加热对同一点最好是一次性的，加热点的大小也应控制在一定范围内。加热温度一般应控制在 500 ℃ 以内，相当于钢板受热点变为樱红色。当构件的板料较厚且需要大面积收缩时，方可适当加热到 700~750 ℃，相当于钢板受热点变为黄色或浅黄色。但是由于高强度钢在车身上的广泛应用，给经验法判断火焰加热温度带来一定的困难，因为不同厂家生产的高强度钢板的加热的临界温度是不同的。如果能够查出金属材料的性能及其加热临界温度则可用热蜡笔更加精确地控制金属板的加热温度。使用时先按加热温度要求选择符合控制要求的热蜡笔，在金属板的加热区域画上标记。当使用火焰加热至热蜡笔上所标明的指定温度时，热蜡笔记号便会熔化，此时应立即停止加热。

⑨ 如果已经收缩过的点的周围金属还凸起，那么就应该对剩余的凸出点重复进行收缩操作，直到所有高出的点都被修理平整。这个过程被称为顺序收缩，一般用在修理受到拉延的大的平板件上。如图 2-62 所示，用焊炬加热，先让延伸区的最高点收缩，然后再让下一个最高点收缩，以此类推，直到整个部位都缩回到原来的位置。

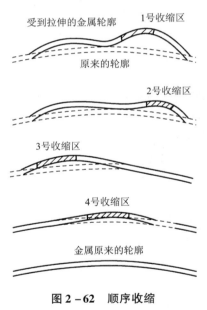

图 2-62 顺序收缩

注意：

a. 在进行顺序收缩操作时，加热点应尽可能地小而且分布广泛，以便在不同的加热点之间能留有足够多的坚硬的金属。因为收缩作业过程中所使用的热量会使金属板件有些变弱，应使加热点被充足的坚硬的金属分开。

b. 一般使用一系列轻微的收缩要比采用一次大的收缩效果好得多，因为在这个过程中金属仍然会保持其稳定性和张紧度，而且也能将热量积聚和金属的扭曲减到最低程度。

c. 如果热量积聚不能完全消除，可以采用阻止热量向损伤区域外扩散的办法。例如：用湿抹布包围受损金属区域阻止热量向未受损区域的金属扩散并吸收过多的热量，如图 2-63 所示。抹布会很快变干，在整个操作过程中必须保证抹布是湿的，尤其是当热量积聚非常严重的时候。

d. 如果在对剩余的拉延金属进行收缩时，已经收缩过的部分金属发生了凹陷，那么应该使用垫铁和修平锤对这部分金属重新进行修复。

e. 当对冠形区域金属进行校正和整形时，会遇到很多小的拉延区（比周围金属不高于 1.5 mm）。修整时加热点不用加热到变成樱红色，只需加热到蓝色，而且加热点要很小，根据金属拉延的数量以及板件的厚度保持其直径大约为 3~6 mm。然后，立即用修平锤将每个加热点敲下来，然后对其冷却。应该使用最快的速度进行敲击。

4. 铜极收缩（如图 2-64 所示）

① 将车身整形机的负极搭铁固定在损伤部位的附近，将铜极头安装于整形机正极。

② 将铜极对准延展部位,轻轻施加一个压力,使钢板轻微变形。
③ 按下开关,与极头接触的钢板会逐渐出现红热。
④ 使用压缩空气枪对加热部位进行冷却。

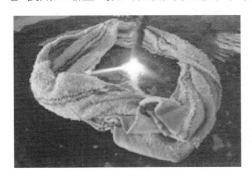

图 2-63 防止热量扩散

图 2-64 铜极收缩

5. 碳棒收缩

① 将车身整形机的负极搭铁固定在损伤部位的附近,将碳棒头安装于整形机正极。
② 将碳棒倾斜,轻轻接触钢板。
③ 启动开关加热。加热时应从外侧开始,沿螺旋方向直至中心,以连续方式收缩延展部位,螺旋线之间的距离、圈数及收缩面积视延展程度而定,没有统一的标准。
④ 松开开关,将碳棒从钢板移开,然后使用压缩空气进行冷缩。

对于面积较大的延展部位,碳棒收缩时的运行方向,应从外侧以螺旋方向直至中心部位,对于较窄较长的延展部位可以做直线或曲线运动,如图 2-65 所示。
⑤ 热收缩作业后,应将收缩痕迹使用研磨机磨除,并对内侧钢板进行防腐处理。

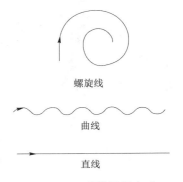

图 2-65 碳棒运行方式

四、用强力拉拔组合工具整形

在实际钣金维修工作中,经常碰到像车身门槛等强度较高的外板损坏(如图 2-66 所示),损坏变形区域强度较高,使用传统的介子机拉拔修复很困难,经常使用气体保护焊焊接铁片等,借助大梁校正仪等拉拔。对车身具有很严重的损坏,强力拉拔组合工具可以很好地解决这方面的问题。

① 对损坏门槛板进行分析,找出损伤区域凹陷最深的位置,使用打磨机局部打磨掉最深区域的漆膜(如图 2-67 所示)。
② 将车身整形修复机调整到焊接模式,然后调整焊接电流的大小,一般调整到数字显示 50 左右,根据焊接情况可在 40~60 调整,电流太大容易烧穿板件,形成孔洞;电流太小垫片焊接不牢固,拉伸中垫片容易脱落。焊接时间一般调整到数字显示为 3~5(如

图 2-68 所示）。

图 2-66 损伤的门槛板

图 2-67 打磨漆膜

③ 把搭铁固定在板件上，把垫片放入焊接电极中，轻轻按压在焊接部位，按动焊枪开关，把垫片焊接在板件上。依次在需要的位置焊接垫片，垫片间隔距离约 10 mm，成排的焊片在焊接时要注意拉孔成一条直线，方便拉杆的插入（如图 2-69 所示）。

图 2-68 ~
图 2-71 彩图

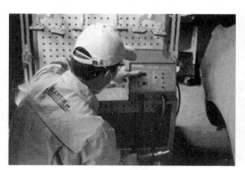

图 2-68 调整外形修复机的参数

图 2-69 焊接垫片

④ 焊接完毕后，选择长度合适的拉杆插入垫片的拉孔中（如图 2-70 所示）。

⑤ 从工具车上取下长度最短的强力拉伸组合工具，根据门槛位置选择适当高度的支腿，把支腿安装上去，调整螺杆的长度到合适的拉伸位置（如图 2-71 所示），把螺杆前面的拉钩安装在强力拉杆位置凹陷最深的位置，调整好支腿后，向内慢慢拉动把手，可反复拉伸几次。

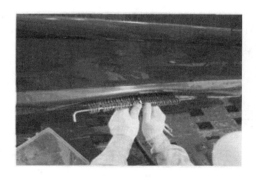

图 2-70 将拉杆插入垫片的拉孔中

图 2-71 调整螺杆的长度

⑥ 拉钩拉动拉杆把凹陷的板件逐步拉出（如图 2-72 所示），注意，每次拉出的高度不要超过 5 mm。当把手合拢后，强力拉伸工具处于锁止状态，这时要用钣金锤不断轻敲周边板件，释放板件变形位置的应力。

⑦ 松开把手，调整螺杆，使螺杆长度变短，然后再次向内拉动把手，让板件再次拉出，把手合拢后，再次使用钣金锤轻敲板件释放应力（如图 2-73 所示）。一般一个深度超过 10 mm 的板件凹陷变形需要 3 次以上的重复动作才能修复完毕。不能一次拉伸太多，否则会导致板件应力太大，导致拉伸困难或板件破裂。

图 2-72 拉出凹陷　　图 2-73 释放板件应力

图 2-72、图 2-73 彩图

五、微钣金整形

1. 外部黏结拉拔

① 根据损伤面积大小选择衬垫。

② 使用稀释剂清洁车身损伤表面和准备使用的衬垫，如图 2-74 所示。可以使用丙烯酸合成的稀释剂或磷酸稀释剂，不要使用清洁稀释剂。注意不要再次污染衬垫和板件变形表面，保证胶能够很好地进行黏合。

③ 用笔在需要拉拔的碰撞点做标记。这个点设置在变形最深的部分，然后按图 2-75 所示画四条线。

图 2-74 清洁损伤表面

④ 接通胶枪的电源，将胶棒插到枪里并等待 3~5 min，胶棒加热变成液体后才能使用。

⑤ 把胶均匀地涂到衬垫上，胶的施液量只要能填平凹陷部位即可，不能太多。

图 2-75 对变形区域进行标记

⑥ 将衬垫对准碰撞点中心粘好，只能轻轻下压固定，如图 2-76 所示。

注意：

a. 衬垫要准确地粘接在变形部位的中心。

b. 胶的表面不能超过碰撞变形部位的直径。

c. 胶的厚度必须填平变形的凹陷部位。一定厚度的胶可以依靠其弹性,参与凹痕拉拔的过程。

⑦ 等 2~3 min 以确保胶固化。如需要,使用吹风机或冷却液进行冷却。胶固化速度与环境温度有关,温度越高,固化越快。反之,则慢。

⑧ 安装好拉拔器,根据碰撞直径和工作表面的形状调节拉伸枪上的剪刀形基座。(在衬垫和基座间留出 2~3 mm 的自由空间)。在衬垫四周使用衬垫拉拔装置。在拉伸枪的控制杆上施加合适的压力。如果表面允许,围绕衬垫旋转拉伸枪,以分散拉拔力的作用。拉拔力必须垂直作用于工作表面,如图 2-77 所示。

图 2-76 黏结衬垫

图 2-77 拉拔凹陷

⑨ 一旦拉拔完成,用滴管在衬垫部位滴几滴药水,取下衬垫。

⑩ 在凹陷部位的胶块四周滴上药水,用塑料刮刀的边缘,取下胶块,如图 2-78 所示。

⑪ 使用同样的方法取下衬垫上的胶。

⑫ 对修复表面进行抛光处理后就得到完好的表面,如图 2-79 所示。

图 2-78 取下胶块

图 2-79 抛光后的损伤表面

2. 内部顶撬

① 用笔在车身外部板件微小凹痕部位做出标记(如图 2-80 所示)。

② 把灯光放在需要修复的部位旁边(如图 2-81 所示),通过灯光的照射可以仔细观察凹陷部位在修复过程中的变化,以便及时调整维修操作。

③ 对微小凹痕进行修复用的工具与常规钣金工具不同，由于修复时的力量要小、轻柔，所以工具也要小、精致。

图2-80 标出车身上的微小凹痕

图2-81 在维修部位安装照明灯有利于观察凹陷修复情况

图2-80、图2-81彩图

④ 把撬镐深入板件凹痕的背面（如图2-82所示），进行轻柔的顶压。在操作时用力要均匀、细小、轻柔，不要一次用力太大，防止产生大的变形，使修复失败。

⑤ 用微钣金锤轻敲凹陷部位，动作要轻柔，不要损伤漆面。

⑥ 当修复好的凹陷部位的漆膜表面有细微的磨损时，可用研磨膏进行研磨抛光（如图2-83所示）。

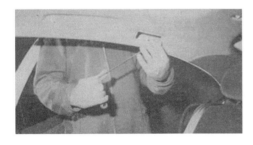
图2-82 把撬镐深入板件内部轻柔撬动凹陷部位

图2-83 对修复的部位进行抛光处理

⑦ 最终通过精细的修复可以得到与原先外观没有区别的效果（如图2-84所示）。

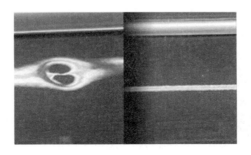
图2-84 凹陷部位和修复完毕的效果对比

技能考核

一、准备工作

1. 考核设备、材料准备

在技能学习工位准备受到各类损伤的车身板件、各类手锤与垫铁、车身整形机及其配套工具（介子片/铜极/碳棒等）、气焊设备及其配套工具、强力拉拔组合工具、微钣金整形工具等。

2. 学员劳动保护

穿戴好工作服、安全鞋、工作帽、棉质手套。

二、考核流程

1. 学员工作

两名学员为一小组，在充分学习本任务相关知识与技能的基础上，完成下列工作，并同时完成相应的工单（见本书配套教学资源"实训工单"中的"工单2-1"）。

① 手锤与垫铁整形。
② 用整形机整形。
③ 打褶收缩。
④ 收缩锤收缩。
⑤ 火焰收缩。
⑥ 铜极收缩。
⑦ 碳棒收缩。
⑧ 用强力拉拔组合工具整形。
⑨ 微钣金整形。
⑩ 5S 工作。
⑪ 自我评价。

2. 指导教师工作

学员在进行上述操作过程中，指导教师进行下列工作：
① 向学员讲解安全注意事项，要求学员在实训中单中做记录。
② 观察、指导学员进行相关操作，及时制止可能发生危险的操作。
③ 实操结束后审阅学员完成的工单，并结合其操作情况（工作成果）给出评价。

任务2-2 钢制车身零部件的焊接修复

图2-85所示的车辆发生侧翻事故。在侧翻过程中,强度较弱的车顶撞击地面,车身A柱严重损坏。经检验原A柱已无法简单修复,只能更换。

图2-85 事故车的损坏情况

更换时先进行相关部位的校正,如支柱损伤,可能涉及车身顶盖和车身底板等部位的变形。首先应使大面积部位的变形得以恢复,然后把损坏后的一段支柱用锯或等离子切割机粗切割下来,如图2-86所示,点焊点要用焊点钻去除。再次进行相关部位的校正,把相邻部位的变形修复到位,然后准确地切割到支柱更换焊接的位置,才能换接上一段尺寸和形状完全相同的支柱。更换的过程中需要使用CO_2气体保护焊进行焊接,将新支柱牢固地焊接到车身上,并保证焊接后的性能。

汽车后翼子板与车身连接为点焊连接,在更换时要应先切割新件至需要的形状,再用塞焊的方法来代替车身原有的电阻点焊,如图2-87所示。

本任务主要学习利用CO_2气体保护焊修理车身钢板件的裂缝、孔洞的操作方法及结构件更换时的焊接方法。

1. 能够正确描述CO_2气体保护焊设备和工具的构成及作用。
2. 能够准备CO_2气体保护操作的各种劳动保护及焊前准备。
3. 能够使用CO_2气体保护焊设备焊接钢板上的裂纹。
4. 能够使用CO_2气体保护焊设备焊接钢板上的孔洞。
5. 培养良好的安全、卫生习惯,环保意识及团队协作的职业素养。
6. 能够检查、记录和评价工作结果。

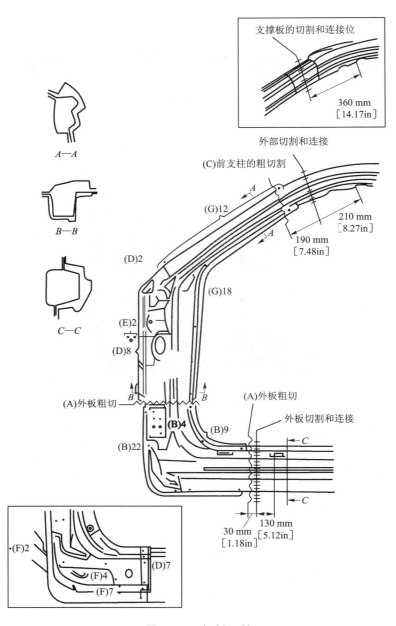

图 2-86 切割 A 柱

图 2-87 彩图

图 2-87 事故车后翼子板更换后的情况

一、CO_2气体保护焊的基本原理

气体保护焊的原理

CO_2气体保护电弧焊是利用CO_2作为保护气体的熔化极电弧焊方法,俗称"二保焊"。它采用CO_2气体作为保护介质,焊接时CO_2把电弧及熔池与空气机械地隔离开来,从而避免了有害气体成分的侵入,以获得质量良好的焊缝。

CO_2气体保护焊的原理如图2-88所示。保护气体CO_2从气瓶出来,经管路进入枪体,从喷嘴喷出,形成一个连续而稳定的CO_2保护气罩,笼罩着从喷嘴到焊件这一段空间,将此处的空气排走,从而保护气罩内的焊丝、熔滴、电弧、熔池和刚刚凝固而成的焊缝。

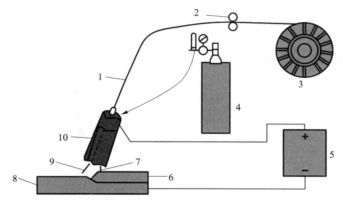

1—焊丝;2—送丝滚轮;3—焊丝圈轴;4—CO_2气瓶;5—焊机电源;
6—金属件;7—CO_2气;8—母材;9—电弧;10—喷嘴。

图2-88 CO_2气体保护焊的原理图

焊机的直流弧焊电源的正极输出端电缆线接在焊枪的导电嘴上,使焊丝末端成为电弧的正极。电源的负极输出端由地线电缆接在焊件上,熔池就成为电弧的负极。从电源的正极→电缆→导电嘴→焊丝→电弧正极→电弧→熔池(电弧负极)→母材→地线电缆→电源的负极,形成一个完整的闭合焊接电路。

焊接时,焊丝从送丝机中送丝辊轮挤压着送入导电嘴,带电之后向电弧输送,焊丝不断地被电弧熔化,又不断得到补充,从而使电弧长度保持相对稳定。焊丝不断地熔化成熔滴落入熔池,凝固形成焊缝。由于CO_2是具有氧化性的活性气体,与惰性气体和以惰性气体为基础的活性混合气体保护电弧焊相比,其熔滴过渡、冶金反应等方面表现出许多特点。

二、焊接设备及材料

1. 焊接设备

CO_2气体保护焊属于熔化极气体保护焊的一种,熔化极气体保护的设备主要由焊接电源、送丝系统、焊枪及行走系统（自动焊）、供气和冷却水系统、控制系统5个部分组成，如图2-89所示。

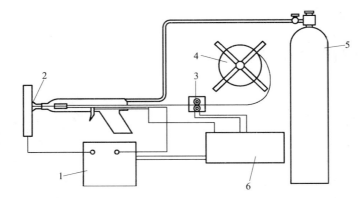

1—焊接电源；2—保护气体；3—送丝轮；4—送丝系统；5—气源；6—控制系统。

图2-89　熔化极气体保护焊焊接设备的组成

(1) 焊接电源

CO_2气体保护焊通常采用直流焊接电源，目前生产中使用较多的是弧焊整流器式直流电源。近年来，逆变式弧焊电源的发展也较快。焊接电源的额定功率取决于各种用途所要求的电流范围。熔化极气体保护焊所要求的电流通常在100~500 A之间，电源的负载持续率（也称"暂载率"）在60%~100%之间，空载电压在55~85 V之间。

(2) 送丝系统

送丝系统通常由送丝机（包括电动机、减速器、校直轮、送丝轮）、送丝软管、焊丝盘等组成。盘绕在焊丝盘上的焊丝经过校直轮和送丝轮送往焊枪。

(3) 焊枪及行走系统

熔化极气体保护焊的焊枪分为半自动焊枪（手握式）和自动焊焊枪（安装在机械装置上）。半自动焊焊枪通常有两种形式：鹅颈式和手枪式。鹅颈式焊枪适合于小直径焊丝，使用灵活方便，特别适合于紧凑部位、难以达到的拐角处和某些受限制区域的焊接，因此在车身维修焊接作业中，应用最广泛的是鹅颈式焊枪。

在焊枪内部装有导电嘴（紫铜或铬铜等）。焊枪还有一个向焊接区输送保护气体的通道和喷嘴。喷嘴和导电嘴根据需要都可方便地更换。此外，焊接电流通过导电嘴等部件时产生的电阻热和电弧辐射热一起，会使焊枪发热，故需要采取一定的措施冷却焊枪。冷却方式有空气冷却、内部循环水冷却或两种方式相结合。空气冷却焊枪在CO_2气体保护焊时，断续负载下一般可使用高达600 A的电流；在氩气或氦气保护焊时，通常只限于200 A电流。

(4) 供气和冷却水系统

供气系统通常由高压气瓶（气源）、减压阀、流量计和气阀组成。CO_2供气系统通常还需要安装预热器和干燥器，以吸收气体中的水分。熔化极活性气体保护焊还需要安装气体混合装置，先将气体混合均匀，然后再送入焊枪。

① 高压气瓶。无缝钢质高压气瓶采用高强度合金钢压制而成，是额定压强等于或大于8 MPa的气瓶，用于存储高压气体。在使用过程中，应注意轻拿轻放，并避免过热或过冷。

② 预热器。当打开CO_2钢瓶阀门时，瓶中的液态CO_2不断气化成CO_2气体，这一过程要

吸收大量的热量；另外，经减压后气体的体积会膨胀，也会使气体温度下降。为了防止 CO_2 气体中的水分在钢瓶出口处及减压表中结冰，使气路堵塞，在减压之前要将 CO_2 气体进行预热。这种预热气体的装置称为预热器。预热器应尽量装在钢瓶的出气口处。

预热器的结构比较简单，一般采用电热式，将套有绝缘瓷管的电阻丝绕在蛇形纯铜管的外围即可。预热器采用 36 V 交流电供电，功率在 100～150 W 之间。在开气瓶之前，应先将预热器通电加热一段时间。

③ 干燥器。为了最大限度地减少 CO_2 气体中的水分含量，供气系统中一般设有干燥器。如果 CO_2 纯度较高，能满足焊接生产的要求，亦可不设干燥器。

④ 减压阀。减压阀可以用来调节气体压力，也可以用来控制气体的流量。一般情况下，可采用较低压力的乙炔压力表（压力调节范围为 10～150 kPa）或带有流量计的医用减压阀。

⑤ 流量计。流量计用来标定和调节保护气体的流量大小。

⑥ 气阀。气阀是用来控制保护气体通断的元件。根据不同的要求，可采用机械气阀的通断或用电磁气阀开关控制系统来完成气体的准确通断。

目前，在使用中为了使气路简化，减小体积，降低成本，往往将预热器、减压器和流量计组合在一起。

冷却水系统一般由散热器、水泵和冷却水管及水压开关组成。散热器里的冷却水经水泵流经冷却水管，经水压开关后流入焊枪，然后经冷却水管再回流入散热器，形成冷却水循环。水压开关的作用是保证当冷却水未流经焊枪时，焊接系统不能启动焊接，以保护焊枪，避免由于未经冷却而烧坏焊枪。

（5）控制系统

控制系统由焊接参数控制系统和焊接过程程序控制系统组成。

焊接参数控制系统主要包括焊接电源输出调节系统、送丝速度调节系统、小车（或工作台）行走速度调节系统（自动焊）和气流量调节系统。它们的作用是在焊前或焊接过程中调节焊接电流或电压、送丝速度、焊接速度和气流量的大小。

焊接过程程序控制系统将焊接电源、送丝系统、焊枪及行走系统、供气和冷却水系统有机地组合在一起，构成一个完整的、自动控制的焊接设备系统。

2. 焊接材料

（1）CO_2 气体

用于焊接的 CO_2 气体，其纯度要求不低于 99.5%，通常 CO_2 是以液态装入钢瓶中，容量为 40 L 的标准钢瓶（气瓶外表漆为银灰色并写有黑色字样）可灌入 25 kg 的液态 CO_2，25 kg 的液态 CO_2 约占钢瓶容积的 80%，其余 20% 左右的空间充满气化的 CO_2。气瓶压力表上所指的压力就是这部分饱和压力。该压力大小与环境温度有关，所以正确估算瓶内 CO_2 气体存储量应采用称钢瓶质量的方法（1 kg 的液态 CO_2 可汽化为 509 L CO_2 气体）。当瓶中气压降到接近 980 kPa（约 10 个工程大气压）时，不允许再继续使用。

CO_2 气体的纯度对焊缝金属的致密性和塑性有很大的影响。影响焊缝质量的主要有害杂质是水分和氮气。CO_2中的氮气一般含量较小，主要危害是其中的水分。因此在焊缝质量要求较高的情况下，必须尽量降低CO_2气体中的含水量。

（2）焊丝

CO_2焊使用的焊丝成分通常应与母材的成分相近，它应具有良好的焊接工艺性，并能提供良好的接头性能，CO_2焊对焊丝的化学成分还有一些特殊要求。

表 2-5 所示为 CO_2 焊常用焊丝的牌号、化学成分及使用范围。其中 H08Mn2SiA 焊丝是目前 CO_2 焊中应用最广泛的一种焊丝。它有较好的工艺性能和力学性能以及抗热裂纹能力，适宜于焊接低碳钢和 $f_o \leq 500$ MPa 的低合金钢，以及焊后热处理强度 $f_D \leq 1\ 200$ MPa 的低合金高强度钢。

表 2-5 常用 CO_2 焊焊丝牌号、化学成分和使用范围

牌号	合金元素（w_{mc}）/%								用途
	C	Si	Mn	Cr	Ni	No	S	P	
H10MnSi	<0.14	0.60~0.90	0.8~1.10	<0.20	<0.30	—	0.030	0.040	焊接低碳钢、低合金钢
H08MnSi	<0.10	0.70~1.0	1.0~1.30	<0.20	<0.30	—	<0.030	<0.040	焊接低碳钢、低合金钢
H08MnSiA	<0.10	0.60~0.85	1.40~1.70	<0.02	<0.25		<0.030	<0.035	
H08Mn2SiA	<0.10	0.70~0.95	1.80~2.10	<0.02	<0.25		<0.030	<0.038	
H04Mn2SiTiA	<0.04	0.70~1.10	1.80~2.20	—	—	钛 0.2~0.40	0.025	0.025	焊接低合金、高强度钢
H04MnSiAlTiA	<0.01	0.01~0.80	1.40~1.80			钛 0.95~0.65	0.025	0.025	
H10MnSiMo	<0.14	0.70~1.10	0.90~1.20	<0.02	<0.30	铝 0.20~0.40 0.15~0.25	<0.030	<0.040	
H08Cr3Mn2MoA	<0.10	0.30~0.50	2.00~2.50	2.5~3.0		0.35~0.50	<0.030	<0.030	焊接贝氏体钢
H18CrMnSiA	0.15~0.22	0.90~1.10	0.80~1.10	0.80~1.10	<0.30	—	<0.025	<0.030	焊接高强度钢
H1Cr18Ni9	<0.14	0.50~1.0	1.0~2.0	18~20	8.0~10.0	—	<0.020	<0.030	焊接 H1Cr18Ni9Ti 薄板
H1Cr18Ni9Ti	<0.10	0.30~0.70	18~20	8.0~10.0	0.50~0.80	<0.020	<0.030		

从焊丝的发展情况看，很多新品种焊丝均降低了含碳量（0.03%~0.06%），且添加了钛、铝、锆等合金元素，以期进一步减少飞溅，提高抗气孔能力及焊缝的力学性能。另外，还开发了焊丝涂层技术，即在焊丝表面涂覆一层碱金属、碱土金属或稀土金属的化合物（如 $CaCO_3$、K_2CO_3、Na_2CO_3 等），以提高焊丝发射电子的能力及大大降低金属熔滴从粗滴向细滴过渡转变的临界电流，从而减少飞溅，改善焊缝成形。

一、准备工作

1. 劳动安全与卫生

操作前,学生必须牢记以下劳动安全事项:

① 工作时应穿好帆布工作服,戴好焊工手套,以防止飞溅灼伤。使用表面涂有氧化锌油漆的面罩,配用 9~12 号滤光镜片,各焊接工位要设置专用遮光屏。

② CO_2 焊焊接时,由于电流密度大,电弧温度高,弧光辐射比手工电弧焊时强得多,应特别注意加强安全防护,防止电光性眼炎及裸露皮肤灼伤。

③ 焊接前要提醒周围的人员,防止弧光误伤他人,刚焊好的焊件不能直接用手接触,要待工件冷却后再接触,防止烫伤。

④ CO_2 气体保护焊不仅产生烟雾和金属粉尘,而且还产生 CO、NO_2 等有害气体,应加强焊接场地通风,防止中毒。

⑤ 焊接接收后要立即切断电源。

⑥ 焊接完成后,要及时清理场地。

2. 其他准备工作

① 设备和工具准备。需要准备的设备与工具,参考表 2-6。

表 2-6 焊接设备与工具

名称	用途说明
CO_2 焊机	焊机主要包括电源控制箱、焊枪、送丝机构和供气装置。电源控制箱承担着提供引弧电流的任务;送丝机构将焊丝以适当的预定速度送至焊区;供气装置将气瓶压力经调节器减压并恒定后送给焊枪
皮带式研磨机	焊接前,研磨焊接接口部位的漆膜层;焊接后,用于焊接部位的修饰作业
焊接电缆	传导电流。选择截面积 50 mm²
通针	通堵塞的针嘴
敲渣锤和钢丝刷	清理焊缝表面、焊缝层间的焊渣及焊件上的铁锈、油污
夹具	在焊接钢板、梁件时,用于板件的临时固定
空气枪	吹除打磨粉尘、灰尘等杂质
遮盖毯	遮盖非焊接区域,防止飞溅烫伤汽车漆膜
锉刀	修整、打磨工具

② 磨除焊接部位漆膜、切割表面毛刺等。为了使焊接顺利进行,需用打磨机磨除焊接部位的漆膜、锈蚀等。在打磨过程中,注意不要打磨过度,以磨除漆膜为目的,不要过多打

磨钢板，造成钢板厚度减小，影响钢板力学性能。

③ 清除打磨粉尘等杂质。先用空气枪吹除粉尘等杂质，再用清洁的擦拭布蘸清洁剂擦拭被打磨表面，同时用另一块清洁的擦拭布立即将表面擦干。

④ 遮护。对焊接部位附近不需要焊接的表面进行遮护处理，防止焊接飞溅损伤非焊接表面。

3. 焊接工艺参数的选择

若钢板厚度相同，接头形式不同时，工艺参数应加以调整，搭接接头、T形接头时的电压、电流可稍提高一些。以下数据为平焊时适用的工艺参数，立焊、仰焊、横焊时，应适当调整。

（1）焊丝直径

短路过渡焊接主要采用细焊丝，特别是直径在 $\phi 0.6 \sim 1.2$ mm 范围内的焊丝。随着直径增大，飞溅颗粒和数量都相应增大。在实际应用中，焊丝直径最大用到 $\phi 1.6$ mm。直径大于 $\phi 1.6$ mm 的焊丝，如再采用短路过渡焊接飞溅将相当严重，所以生产上很少应用，焊丝直径的选择如表 2-7 所示。

表 2-7 焊丝直径选择

焊丝直径/mm	焊件厚度/mm	焊接位置
0.8	1~3	各种位置
1.0	1.5~6	
1.2	2~12	
1.6	6~25	
>1.6	中厚	平焊、平角焊

（2）焊丝伸出长度

由于短路过渡焊接所用的焊丝都比较细，因此在焊丝伸出长度上产生的电阻热便成为不可忽视的因素。焊丝伸出长度过大，焊丝容易发生过热而成段熔断；喷嘴至焊件距离增大，保护效果变差，飞溅严重，焊接过程不稳定。焊丝伸出长度过小，喷嘴至焊件距离减小，飞溅金属容易堵塞喷嘴。一般焊丝伸出长度为焊丝直径的 10 倍较为合适，通常在 $\phi 5 \sim 15$ mm 范围内。

（3）电弧电压

电弧电压的大小决定了电弧的长短和熔滴的过渡形式。实现短路过渡的条件之一是保持较短的电弧长度。就焊接参数而言，短路过渡的一个重要特征是低电压。为减少飞溅，保证焊接电弧的稳定性，CO_2 焊应选用直流反接。

如图 2-90 所示，在一定的焊丝直径及焊接电流（即送丝速度）下，电弧电压若过低，电弧引燃困难，焊接过程不稳定。电弧电压过高，则由短路过渡转变成大颗粒过渡，焊接过程也不稳定。只有电弧电压与焊接电流匹配得较合适时，才能获得稳定的焊接过程，并且飞溅小，焊缝成形好。

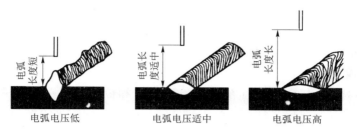

图 2 - 90 电弧电压对焊缝成形的影响

（4）焊接电流

在生产中选择焊接参数时，除了考虑飞溅大小外，还需考虑生产率等其他因素。所以，实际使用的焊接电流远比典型参数大。图 2 - 91 为四种直径焊丝适用的电流和电弧电压范围，在这个范围内焊接过程的稳定性和焊接质量均是良好的。具体调整时可参照表 2 - 8 给出的数据。

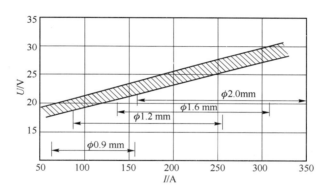

图 2 - 91 短路过渡焊接时适用的电流和电弧电压范围

表 2 - 8 焊接电流和电压

焊丝直径/mm	0.8	1.2	1.6
电弧电压/V	18	19	20
焊接电流/A	100 ~ 110	120 ~ 135	140 ~ 180

（5）气体流量

气体流量通常选用 5 ~ 15 L/min（粗焊丝可适量增加）。若焊接电流增大，焊接速度加快，焊丝伸出长度较大或在室外作业等情况下，气体流量应加大，以使保护气体有足够的挺度，加强保护效果。但气体流量也不宜过大，以免将外界空气卷入焊接区，降低保护效果。

（6）焊接速度

焊接速度过快，易产生咬边、未熔合等缺陷，且气体保护效果差，可能出现气孔；焊接速度过慢，则易产生烧穿，焊件变形增大，生产率降低。焊接速度应根据具体情况选择，一般为 400 ~ 520 mm/min。

（7）送丝速度

送丝速度较慢时，形成的焊接接头较平扁，焊接的反光亮度增强；送丝速度太快，焊丝不能充分熔化，并产生大量飞溅，焊接的反光为频闪弧光。

（8）焊丝位置

焊丝轴线相对于焊缝中心线（基准线）的角度和位置会影响焊道的形状和熔深。如图2-92所示，在焊缝纵向平面内，焊丝轴线与基准线垂线的夹角称为行走角。焊丝向前倾斜焊接时，称为前倾焊法；向后倾斜时称为后倾焊法。

在焊缝横面平面内，焊丝轴线与基准线垂线之间的夹角称为工作角。

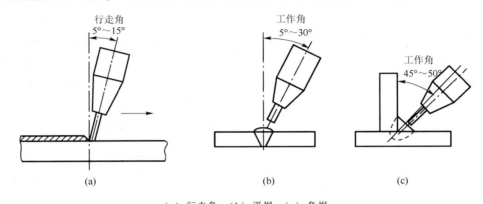

(a) 行走角；(b) 平焊；(c) 角焊

图2-92 焊丝的行走角与工作角

焊丝位置对焊缝成形的影响如图2-93所示。当其他条件不变，焊丝由垂直位置变为后倾焊法时，熔深增加，而焊道变窄且余高增大，电弧稳定，飞溅小。行走角为25°的后倾焊法常可获得最大的熔深。行走角一般为5°~15°，以便良好地控制焊接熔池。在横焊位置焊接角焊缝时，工作角一般为45°。

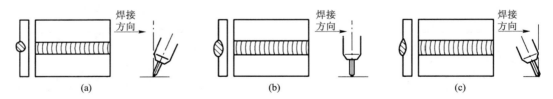

(a) 后倾焊（焊丝向后）；(b) 焊丝向前；(c) 前倾焊（焊丝向前）

图2-93 焊丝方位对焊缝形状的影响

（9）焊接方向

CO_2焊的操作方法按焊枪移动方向不同可分为左焊法和右焊法，如图2-94所示（右手持焊枪）。右焊法加热集中，热量可以充分利用，熔池保护效果好，而且由于电弧的吹力作用，熔池金属推向后方能够得到外形饱满的焊缝，但焊接时不便确定焊接方向，容易焊偏，尤其是对接接头。左焊法电弧对待焊处具有预热作用，能得到较大熔深，焊缝成形得到改善。左焊法观察熔池较困难，但可清楚地观察待焊部分，不易焊偏，所以CO_2焊一般都采用左焊法。

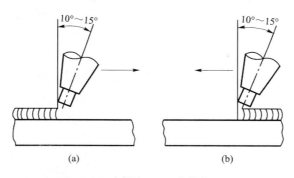

（a）右焊法；（b）左焊法

图 2-94 CO_2 焊的操作方法

（10）喷嘴与电极的检查

① 喷嘴。如果焊渣附着于喷嘴上，隔离气体将无法正常流动。为保证焊接质量，需清除焊渣，方法为：从焊枪上拆下喷嘴，刮除焊渣，吹除焊渣，安装喷嘴至焊枪，喷涂防焊渣剂于喷嘴上。

② 电极。如果焊渣附着于电极末端，则不能平顺地送丝，所以必须使用合适的工具清除焊渣。通常用锉刀清除焊渣，如图 2-95 所示。如果电极孔磨损，将无法形成稳定的电弧，为保证焊接质量，必须更换电极。

二、焊接操作

1. 对焊

（1）引弧及试焊

CO_2 气体保护焊一般采用接触短路法引弧，短路引弧法的原理如图 2-96 所示。引弧时首先送进焊丝，并逐渐接近母材。一旦与母材接触，电源将提供较大的短路电流，利用在 A 点附近的焊丝爆断，进行引弧。如果在 B 点爆断，则引弧失败。所以在 A 点爆断是引弧成功的必要条件。

引弧前应调节好焊丝的伸出长度，引弧时应注意焊丝和焊件不要接触太紧，使焊丝端头与焊件保持 2~3 mm 的距离。如果焊丝的末端形成较大圆珠时，将难以产生电弧，所以必须使用尖嘴钳将焊丝末端圆珠剪除，如图 2-97 所示。

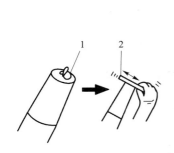

1—焊渣；2—锉刀。

图 2-95 清除焊渣

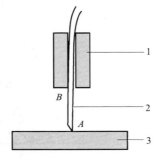

1—导电嘴；2—焊丝；3—工件。

图 2-96 短路引弧法

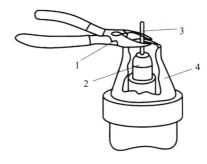

1—尖嘴钳；2—导电嘴；3—焊丝；4—喷嘴。

图 2-97 剪除焊丝末端圆珠

以同样材质和厚度的试板进行试焊，观察焊缝情况，确认焊接工艺参数是否正确，重复调整参数直至焊缝符合要求。

（2）板件定位

使用大力夹钳定位焊接板件。将工件接缝对准，对焊接板件实施定点焊接。实施定点焊接可使两片钢板先定位，并且可以减少主焊接产生的热变形。焊点间距是板厚的 15～30 倍，如图 2-98 所示。

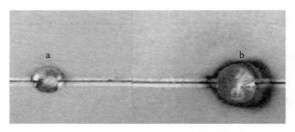

图 2-98 板件定位

（3）主焊接

定点焊接的焊珠将整个焊缝分成若干段，为防止焊接中产生的热变形，按分散热量的原则，以合理的顺序焊接每段焊缝，如图 2-99 所示。

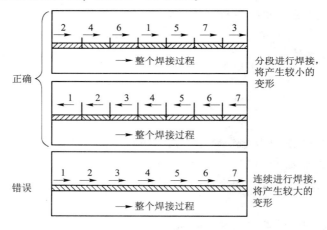

图 2-99 焊接顺序

采用直线移动运丝法焊接，防止焊枪晃动。在焊接每段焊缝时，对准定位焊点的末端，间断地按焊枪开关，以焊珠连接定位焊点，如图 2-100 所示。焊接薄钢板时，必须间断操作焊枪开关，如图 2-101 所示。

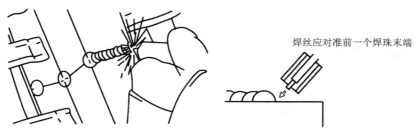

图 2-100 焊珠的连接

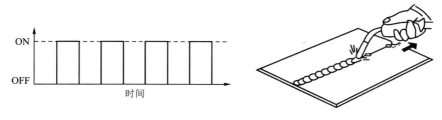

图 2-101 间断操作焊枪

① 焊道的起头。起头时焊件温度较低，所以起点处熔深较浅，可在引弧后将电弧稍微拉长，对起头处预热，然后再适当缩短电弧进行正式焊接，如图 2-102 所示。

② 运条。在正常焊接时，焊丝的运动可分为 3 种基本形式：沿焊丝中心线向熔池送进（简称"送丝"），沿焊接方向移动（简称"移动"）和焊丝的横向摆动（简称"摆动"），如图 2-103 所示。

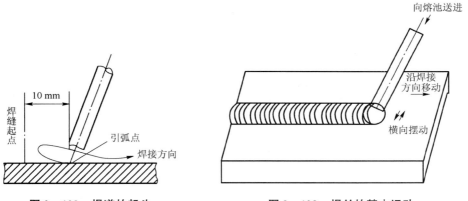

图 2-102 焊道的起头　　　　图 2-103 焊丝的基本运动

焊丝向熔池方向送进的目的是向熔池添加填充金属，也是为了在焊丝熔化后，继续保持一定的电弧长度。焊丝送进速度应与焊丝熔化速度相适应。

随着焊丝的不断熔化，逐渐形成一条焊道，若焊丝移动速度太慢，则焊道会过高、过宽，外形不整齐，焊接薄板时会发生烧穿现象；若焊丝移动速度太快，则焊丝与焊件熔化不均，焊道较窄，甚至产生未焊透等缺陷。

焊丝的横向摆动是为了对焊件输入足够的热量，利于熔渣上浮和气体逸出，并获得一定宽度的焊缝，其摆动范围根据焊件厚度、焊丝直径、坡口形式和焊道层次等确定。

焊丝的三个基本运动不能机械地分开，而应有机融合在一起。运条的关键是均匀平稳，只有这样，才能焊出外形美观的焊缝。

厚板对接焊时，为了获得较宽的焊缝，焊丝沿焊缝横向做有规律的摆动，根据摆动规律的不同，常有以下运条方法，如图 2-104 所示。

a. 直线形运条法。直线形运条法常用于 Y 形坡口的对接平焊和多层多道焊。

b. 直线往复运条法。这种运条法的特点是焊接速度快、焊缝窄、散热快，适用于薄板或接头间隙较大的多层焊第一层焊道。

c. 锯齿形运条法。焊接时，焊丝末端做锯齿形连续摆动和向前移动，并在两边稍停片刻，以防产生咬边，这种方法较易掌握，生产中应用较多。

d. 月牙形运条法。这种运条方法熔池存在时间长，易于熔渣上浮和气体析出，焊缝质量较高。

e. 正三角形运条法。这种方法一次能焊出较厚的焊缝断面，不易夹渣，生产率高，适用于开坡口的对接接头。

f. 斜三角形运条法。这种运条方法能够借助焊丝的摇动来控制熔化金属，促使焊缝成形良好，适用于 T 形接头的平焊和仰焊以及开有坡口的横焊。

g. 正圆圈形运条法。这种运条方法熔池存在时间长，温度高，便于熔渣上浮和气体析出，一般只用于较厚焊件的平焊。

h. 斜圆圈形运条法。这种运条方法有利于控制熔池金属不下淌，适用于 T 形接头的平焊和仰焊，对接接头的横焊。

i. "8"字形运条法。这种运条方法能保证焊缝边缘得到充分加热，熔化均匀，保证焊透，适用于带有坡口的厚板对接焊。

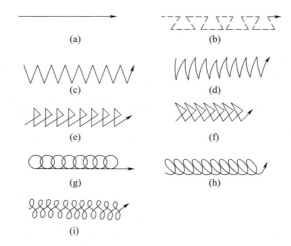

(a) 直线形；(b) 直线往复形；(c) 锯齿形；(d) 月牙形；(e) 正三角形；
(f) 斜三角形；(g) 正圆圈形；(h) 斜圆圈形；(i) "8"字形

图 2-104　运条方法

③ 焊道的连接。焊道连接一般有以下 4 种方式，如图 2-105 所示。

a. 尾头相接。尾头相接是以先焊焊道尾部接头的连接形式，这种接头形式应用最多。接头时在先焊焊道尾部前方约 10 mm 处引弧，弧长比正常焊接时稍长些（碱性焊丝不可拉长，否则易产生气孔），待金属开始熔化时，将焊丝移至弧坑前 2/3 处，填满弧坑后即可向前正常焊接，如图 2-106 所示。

b. 头头相接。头头相接是从先焊焊道起头处续焊接头的连接方式。这种接头形式要求先焊焊道的起头处要略低些，接头时从先焊焊道的起头略前处引弧，并稍微拉长电弧，将电弧拉到起头处，并覆盖其端头，待起头处焊平后再向焊道相反的方向移动，如图 2-107 所示。

c. 尾尾相接。尾尾相接就是后焊焊道从接口的另一端引弧，焊到前焊道的结尾处，焊接速度略慢些，以填满弧坑，然后以较快的焊接速度再向前焊一小段再熄弧，如图 2-108 所示。

d. 头尾相接。头尾相接是后焊焊道的结尾与先焊焊道的起头相连接，利用结尾时的高温重复熔化先焊焊道的起头处，将焊道焊平后快速收尾。

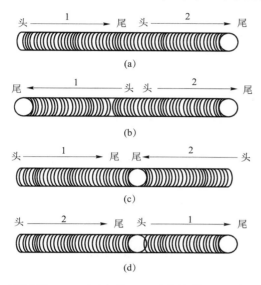

（a）尾头相接；（b）头头相接；（c）尾尾相接；（d）头尾相接

图 2-105 焊道的连接方式

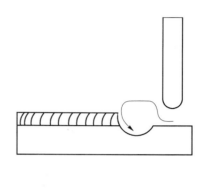

图 2-106 从先焊焊道末尾处接头的方法

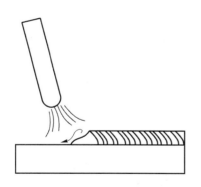

图 2-107 从先焊焊道起头处接头的方法

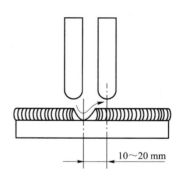

图 2-108 焊道接头的熄弧

(4) 焊道的收尾

焊道的收尾是指一条焊道结束时如何收弧。焊接时由于电弧吹力，使熔池呈凹坑状，如收尾时立即拉断电弧，则会产生一个低于焊道表面甚至焊件平面的弧坑，使收尾处强度降低，并容易产生应力集中而形成弧坑裂纹。因此收尾动作不仅是熄弧，还要填满弧坑。常用的收尾方法有三种：画圈收尾法、反复断弧收尾法和回焊收尾法。

① 画圈收尾法。焊丝移至焊道终点时，利用手腕动作使焊丝尾端做圆圈运动，直到填满弧坑后再拉断电弧，如图 2-109 所示。此法适用于厚板焊接，对于薄板则容

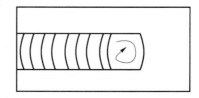

图 2-109 画圈收尾法

易烧穿。

② 反复断弧收尾法。焊丝移至焊道终点时，反复在弧坑处熄弧—引弧—熄弧多次，直至填满弧坑，如图 2-110 所示。此法适用于薄板和大电流焊接。

③ 回焊收尾法。焊丝移至焊道收尾处即停止，但不熄弧，适当改变焊丝角度，如图 2-111 所示，焊丝由位置 1 转到位置 2，填满弧坑后再转到位置 3，然后慢慢拉断电弧。

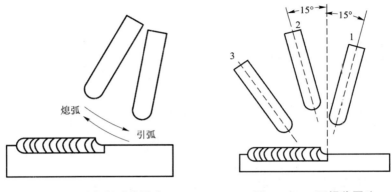

图 2-110　反复断弧收尾法　　　　图 2-111　回焊收尾法

（5）消除焊接应力

焊缝完成后，焊缝冷却的同时，对焊缝及周边区域进行锤击可减小焊接残余应力。锤击用的锤子质量一般为 0.5 kg 左右，锤的尖端带有 5 mm 左右的圆角，锤击时，应保持均匀、适度，避免锤击过度产生裂纹。

手工锤击校正薄板波浪变形的方法，如图 2-112 所示。图 2-112（a）表示薄板原始的变形情况。锤击时锤击部位不能是凸起的地方，这样结果只能朝反方向凸出，如图 2-112（b）所示。接着又要锤击反面，结果不仅不能矫平，反而要增加变形。正确的方法是锤击凸起部分四周的金属，使之产生塑性伸长，并沿半径方向由里向外锤击，如图 2-112（c）所示；或者沿着凸起部分四周逐渐向里锤击，如图 2-112（d）所示。

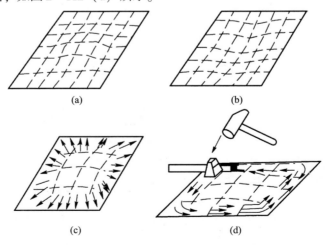

图 2-112　锤击法消除焊接应力

（6）焊接质量检查

在操作中使用 0.8 mm 焊丝，钢板厚度 1.0 mm，焊接质量检查参考如下标准：

① 钢板没有明显变形。
② 没有裂纹，没有孔洞，没有咬边。
③ 没有过多的飞溅。
④ 焊珠形状比较规则。
⑤ 焊缝完全填满。
⑥ 焊缝余高不超过 2 mm。
⑦ 焊珠宽度 6 mm 左右。
⑧ 没有烧穿。
⑨ 有明显熔深。

（7）焊后处理

① 研磨焊缝。使用研磨机研磨焊缝及焊珠周围区域至钢板表面高度为止，如图 2-113 所示。

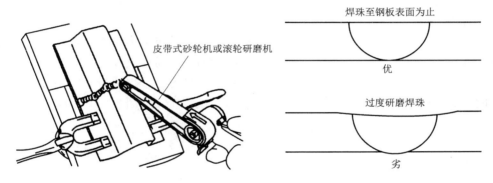

图 2-113　研磨焊缝

② 施涂防锈剂。在焊接过程中，焊接热量会损伤焊接钢板背面的防锈层，为保证钢板以后的使用性能，需在焊接部位的背面施涂防锈剂，见图 2-114。此程序也可在涂装作业后实施。

2. 搭焊

在车身修理中，搭焊一般用于代替原来存在的焊缝，或是外围板件和非结构性板件。与对接焊不同，这种焊接是将两块板件在搭接部边缘熔化焊接起来，但其工艺与对焊相似，可参考对焊操作的相关内容。

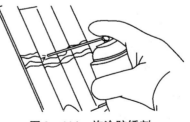

图 2-114　施涂防锈剂

（1）焊枪倾角

搭焊的焊缝为一种填角焊缝，焊条与焊接方向之间的角度一般取 75°～85°。焊接时，焊枪与下板表面之间的角度应随下板的厚度增加而增大，如图 2-115 所示。

（2）运条方式

当焊脚尺寸较小时，可用单层焊，采用直线形或斜圆形运条方法。焊接时采用短弧，防止产生焊偏及上板边缘咬边。当焊脚尺寸较大时，可用两层两道焊，焊第一层采用直线形运条法，必须将角顶焊透，以后各层采用斜圆形运条法，防止产生焊偏及咬边等现象。

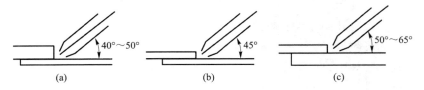

（a）上板比下板厚；（b）上板与下板一样厚；（c）上板比下板薄

图 2-115　焊枪角度

（3）定位焊接

对焊接板件实施定点焊接，如图 2-116 所示。实施定位焊接可使两片钢板先定位，并且可以减少主焊接产生的热变形。焊接时，将电弧引入下层的金属板，并使熔融金属溶液流入上层金属板的边缘。焊缝余高小于 4 mm，焊缝的起头和收弧处应圆滑，过渡不能太陡，防止焊缝接头时两端焊不透。定位焊缝长度 5 mm 左右，焊点间距 50 mm 左右。

（4）主焊接

定位焊将整个焊缝分成若干段，为防止热变形，主焊接时，不得连续完成，应分步按顺序进行，以防止焊接热量蓄积，影响焊接质量。平焊时，容易在上板边缘产生咬边，也容易产生焊偏，造成未焊透。所以，要掌握好焊接角度和运条方法，焊枪与下板表面的角度应偏向板厚的一侧，钢板比较薄，使用直线运条法进行单层焊接，如图 2-117 所示。

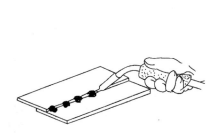

图 2-116　定点焊接

图 2-117　搭焊主焊接

（5）收尾

焊接结束后，关闭电源和气源。

3. 塞焊

塞焊是焊接的一种工艺方式，是指两板件相叠，其中一块开孔，然后在孔中焊接两板所形成的填满孔形的焊接方法，如图 2-118 所示。

在车身修复过程中，塞焊用来代替汽车制造时所用的电阻点焊。它的应用广泛，焊接后的接头具有足够的强度来承受

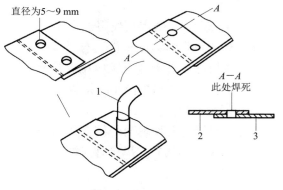

1—焊枪；2—上层钢板；3—下层钢板。

图 2-118　塞焊原理

各结构件的荷载。塞焊还可用于装饰件的外部板件和其他金属薄板上。

塞焊需要准备的设备与工具见表2-9。

表2-9 塞焊设备和工具

设备和工具名称	用途说明
CO_2气体保护焊机	主要设备
气动切割锯	用于切割钢板
气动钻	用于塞焊打孔
打孔器	用于塞焊打孔
皮带式打磨机	打磨焊接区域漆膜、铁锈、毛刺；打磨修整焊缝
夹具	夹紧定位钢板
划针	用于切割钢板划线
色笔	用于画线
直尺、卷尺	切制钢板时，用于测量尺寸，确定切割位置
遮盖毯	遮盖非焊接区域，避免非焊接区域的车身部件损伤

（1）钻孔

用电钻、气动钻或打孔器对上层钢板打孔，如图2-119所示。塞焊应完全按原有的点焊点的数量进行，钻出或冲出的孔尽量与原点焊熔核的直径相同，通常取5 mm。钻孔后应对孔的毛边进行适当的打磨处理。

（2）板件定位

① 把两块钢板叠加在一起并固定好它们的位置。注意毛边应向外，如果形成的毛边向内，在塞焊孔附近会形成间隙，影响塞焊的质量。

② 从孔中观察两块钢板之间是否有间隙。如果钢板间有间隙，则使用手锤和手顶铁修正钢板的变形，或使用大力夹钳夹紧孔口周围，以防止产生任何间隙。

（3）引弧及试焊

试焊的过程中，可以采用破坏性试验来检验焊接质量。其检测标准为：塞焊扭曲破坏后，下面工件上必须有直径不小于10 mm的孔。

（4）塞焊

① 将焊枪竖立起来，焊枪与板件的角度基本成90°，如图2-120所示。

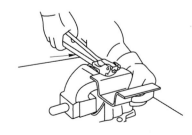

图2-119 打塞焊孔

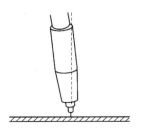

图2-120 焊枪竖立

② 调整好焊接姿势，保证能够斜向观察焊枪的末端，如图2-121所示。

③ 填满每个塞焊孔。平焊时候，将焊线对准孔的边缘，扳动焊枪开关，沿孔口周围缓慢移动焊枪，填满孔口，松开焊枪开关，如图2-122所示。立焊时，起点在1点钟位置，如图2-123所示。

图2-121　焊接姿势

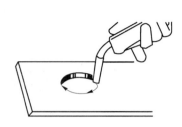
图2-122　平焊塞孔的方法

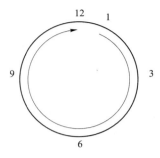
图2-123　立焊塞孔的方法

在进行塞焊时，应注意以下事项：

a. 一定要让焊接深入下面的金属板，在金属板背面有半球形隆起，表明有适当的焊接熔深。

b. 间断的塞焊会在金属表面上产生一层氧化物薄膜，从而形成气泡。如果发生这种情况，可用钢丝刷来清理氧化物薄膜。在进行一个孔的焊点塞焊时要求一次完成，避免二次焊接。

c. 塞焊过的部位应该自然冷却，然后才可以焊接相邻部位。不能用水或压缩空气对焊点周围进行强制冷却。让其缓慢、自然冷却，可以减少金属板的变形，并使金属板保持原有的强度。

d. 当使用塞焊将两个以上的金属板焊接在一起时，应在每一层金属板上冲一个孔（最下面的金属板除外）。每一层金属板的塞焊孔直径应小于上一层金属板塞焊孔的直径。采用塞焊法焊接不同厚度的金属板时，应将较薄的金属板放在上面，并在较薄的金属板上钻较大的孔，这样可以保证较厚的金属板能首先熔化。

④ 焊接结束后，关闭电源和气源。

（5）焊接质量检查

对于1.0 mm钢板，0.8 mm焊丝，5 mm塞焊孔，质量检查可参考如下标准：

① 没有裂纹。

② 孔完全填满。

③ 没有咬边。

④ 焊珠高度不超过2 mm。

⑤ 焊珠宽度8 mm。

⑥ 无烧穿。

⑦ 有明显熔深。

⑧ 熔深直径2.5~3.0 mm。

为了提高塞焊质量，应注意以下几个方面：
a. 调整适当的时间、电流、温度。
b. 把各工件紧密地固定在一起。
c. 使用的焊丝与被焊接的金属相容。
d. 底层金属应首先熔化。
e. 夹紧装置必须位于焊接位置的附近。

（6）焊后处理

研磨焊珠。利用皮带式砂轮机对焊珠进行研磨。焊珠研磨到与周围平齐为止，并根据需要做防锈处理。

一、准备工作

1. 考核设备、材料准备

在技能学习工位准备好 1 mm 厚的钢板片和二氧化碳气体保护焊设备及其配套工具。

2. 学员劳动保护

工作时应穿好帆布工作服，戴好焊工手套，以防止飞溅灼伤。使用表面涂有氧化锌油漆的面罩，配用 9～12 号滤光镜片，各焊接工位要设置专用遮光屏。

二、考核流程

1. 学员工作

两名学员为一小组，在充分学习本任务相关知识与技能的基础上，完成下列工作，并随时完成相应的工单（见本书配套教学资源"实训工单"中的"工单 2-2"）。

① 钢板对焊。
② 钢板搭焊。
③ 钢板塞焊。
④ 5S 工作。
⑤ 自我评价。

2. 指导教师工作

学员在进行上述操作过程中，指导教师进行下列工作：

① 向学员讲解安全注意事项，要求学员在实训工单中做记录。
② 观察、指导学员进行相关操作，及时制止可能发生危险的操作。
③ 实操结束后审阅学员完成的工单，并结合其操作情况（工作成果）给出评价。

任务 2-3　车身铝制板件的修复

铝合金可用来制造汽车上各种板件，例如车门板、翼子板、发动机罩等。因纯铝强度低，不能用于制作车身板件，所以上述板件均为铝合金制件，但行业中均称其为铝件，故以下叙述也简称为铝件。

在维修铝板的时候是否可以采用钢板的维修工具呢？与钢板相比，铝板的修理更需要小心。铝合金比钢软得多，而且当铝合金受到损坏后由于加工硬化的影响，更难以修复；它的熔点也较低，加热时容易变形；铝合金制的车身及车架构件的厚度通常是钢件的 1~2 倍。在修理铝板时，应该考虑到铝合金的这些特性。

对铝板进行钣金操作时，由于铝板的强度比较低，不能使用常规钢板的整形工具。一般使用橡胶锤、木锤或木垫铁维修表面，可以防止在校正中对铝板敲击过重产生过度拉伸，如图 2-124 所示。

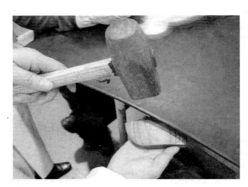

图 2-124　维修铝板

1. 能够正确描述铝合金的特点及其在车身中的应用。
2. 能够正确描述铝合金板和钢板在维修时的区别。
3. 能够正确使用铝合金板的专用维修设备。
4. 能够采用正确的方法校正变形的铝板件。
5. 培养良好的安全、卫生习惯，环保意识及团队协作的职业素养。
6. 能够检查、记录和评价工作结果。

相关知识学习

一、铝合金在车身中的应用

以前铝合金仅应用在汽车的发动机、轮毂等部位，但现在一些新型的车身上开始应用铝合金。最初铝合金只应用于车身外部装饰件，现在车身结构件也可以全部用铝合金来制造。例如奥迪 A6、别克 GL8、标致 307 和欧宝维特 C 等的发动机罩是用铝合金制造的；雷诺 Laguna Ⅱ 的发动机罩、车顶和车门板都用铝合金制造；奥迪 A2（如图 2-125 所示）、A8、捷豹的 XJ，以及宝马 5 系列用铝合金来制造车身结构件和外部板件。

图 2-125　奥迪 A2 全铝车身

铝合金材料主要分为硅铝合金（6 系铝合金）和铝镁合金（5 系铝合金）。5 系铝合金无法通过热处理工艺硬化；相反，6 系铝合金在按规定进行热处理时其强度几乎能增加一倍，在设计部件时可以利用这个特性，但是需要额外使用热处理炉且成本明显提高。在成形过程中某些应力状态下 5 系铝合金有形成滑移带的趋势，这一点妨碍了其在外部面板部件中使用。6 系铝合金没有这个缺点。如宝马 5 系列的减振器支座，是用铝镁合金制造的。

二、车身铝件的类型

车身中的铝件按生产工艺不同，可分为铸造件、冲压件、压铸件。车身板件大部分使用压铸件。

1. 压铸件

压铸件用来制造能够承载大载荷的部件，明显减轻质量但同时还具有高的强度。这些板件外形呈复杂的几何形状，通常是用真空压铸的方式生产，使它具有高强度。它还具有高的延展性，良好的焊接性能，较高的塑性，保证它在碰撞时有很高的安全性。这些压铸件的铝合金类型是铝硅、铝镁系列铝合金，合金中主要合金元素是镁、硅，有的加入铜等。

铝合金部件一般应用在碰撞吸能区域。除了能够承载正常的载荷外，在碰撞变形中还可以吸收大量的能量，保护后面的部件完整、不会变形。一般用来制造横梁、保险杠及其支撑件等。

2. 冲压件

冲压件有非常高的强度，它们能够加强车身的强度和刚性，使车身在剧烈的碰撞中能够保持结构的完整性。在车身的铝合金件上一般都标有铝合金的类型标识。

三、铝合金板件焊接原理

1. 铝合金的焊接特点

由于铝合金具有独特的物理化学性能,在焊接过程中会产生一系列的困难和问题,具体表现有以下几点:

(1) 超强的氧化能力

铝与氧的亲和力很大,在空气中极易与氧结合生成致密结实的 Al_2O_3 薄膜,厚度约 0.1 nm。Al_2O_3 的熔点高达 2 050 ℃,远远超过铝合金的熔点,而且密度大,约为铝的 1.4 倍。在焊接过程中,氧化铝薄膜会阻碍金属之间的良好结合,并易造成夹渣。而且氧化膜还会吸附水分,焊接时会促使焊缝生成气孔。因此,为保证焊接质量,焊前必须严格清理焊件表面的氧化物,并防止在焊接过程中再氧化。需要对熔化金属和处于高温下的金属进行有效的保护,这是铝及铝合金焊接的一个重要特点。

(2) 较大的热导系数和比热容

铝和铝合金的热导系数、比热容等都很大(约比钢大 1 倍多),在焊接过程中大量的热能被迅速传导到基本金属内部,因此焊接铝及铝合金比钢要消耗更多的热量。为获得高质量的焊接接头,必须采用能量集中、功率大的热源,有时需采用预热等工艺措施。

(3) 热裂纹倾向性大

铝及铝合金的线膨胀系数约为钢的 2 倍,凝固时的体积收缩率达 6.5% 左右,因此,焊接某些铝合金时,往往由于过大的内应力而在脆性温度区间内产生热裂纹,这是铝合金,尤其是高强铝合金焊接时最常见的严重缺陷之一。生产中常采用调整焊丝成分的方法防止裂纹的产生,如焊丝 SAlSi-5。采用合理的焊接工艺对于防止热裂纹的产生也是有利的和必要的。

(4) 容易形成气孔

焊接接头中的气孔是铝及铝合金焊接时易产生的另一个常见的缺陷,氢是熔焊时产生气孔的主要原因。铝及铝合金的液体熔池很容易吸收气体,高温下溶入的大量气体,在焊后冷却凝固过程中来不及析出,而聚集在焊缝中形成气孔。弧柱气氛中的水分,焊接材料及母材表面氧化膜吸附的水分都是焊缝气体中氢的主要来源,因此焊接前必须严格清理,并合理选择焊接工艺防止气孔的产生。

(5) 焊接热对基体金属有影响

焊接铝合金时,由于焊接热的影响,会使基体金属近缝区某些部位的力学性能变坏,对于冷作硬化的合金也是如此,使接头性能弱化,并且焊接热输入越大,性能降低的程度也愈严重。

(6) 无色泽变化。铝及铝合金从固态变成液态时,无明显的颜色变化,因此在焊接过程中给操作者带来不少困难。

2. 熔化极惰性气体保护焊的基本原理

熔化极惰性气体保护焊,是以连续送进的焊丝作为熔化电极,采用惰性气体作为保护气体的电弧焊方法,简称 MIG(Metal Inertia Gas)焊。在汽车钣金焊接维修作业中,熔化极惰性气体保护焊是最常用的方法之一,它主要应用于一些活性较强的金属的焊接,例如不锈钢、耐热合金、铜合金及铝合金等。

MIG 焊采用可熔化的焊丝与焊件之间的电弧作为热源来熔化焊丝与母材金属,并向焊接区输送保护气体(惰性气体),使电弧、熔化的焊丝、熔池及附近的母材金属免受周围空气的有害作用。连续送进的焊丝金属不断熔化并过渡到熔池,与熔化的母材金属融合形成焊缝金属,从而使工件相互连接起来,其原理如图 2 – 126 所示。

3. 熔化极惰性气体保护焊焊接设备、工具与材料

(1)焊接设备

MIG 焊设备与工具主要包括电源、控制系统、送丝系统、焊枪及行走系统(自动焊)、供气系统、水冷系统等,如图 2 – 127 所示。市场上所售的大多数焊机,是在二氧化碳气体保护焊机的基础上,将保护气体从二氧化碳变为氩气,并且大多数送丝方式采用双主动轮送丝,焊丝变为铝丝,所以设备及工具的使用可参考本书"CO_2 气体保护焊"部分的内容。用于铝板焊接的焊机在进行任何改装之前,请向焊接设备供应商咨询,并参考焊机操作手册。

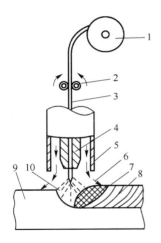

1—焊丝盘;2—送丝滚轮;3—焊丝;4—导电嘴;5—保护气体喷嘴;6—惰性气体;7—熔池;8—焊缝;9—母材;10—电弧。

图 2 – 126　熔化极惰性气体保护焊示意图

图 2 – 127 彩图

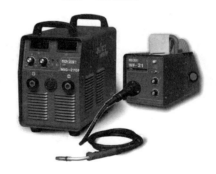

图 2 – 127　MIG 焊设备

(2)焊接材料

① 氩气。氩气是一种无色、无味的惰性气体,其分子量为 39.938,元素符号为 Ar,在标准状态下,其密度为 1.784 kg/m³ (约为空气的 1.4 倍),在空气中含有 0.932% 的氩。氩气的沸点为 – 185.7 ℃,介于氧、氮之间,是分馏液体空气制取氧气时的副产品。氩气都用瓶装供应,涂有灰色漆以示标记,并写有"氩气"字样。

氩气的密度比空气大,因而焊接时不易漂浮散失,在平焊和横向角焊缝位置施焊时,能有效地排除焊接区域的空气。氩气是一种惰性气体,焊接过程中不与液态和固态金属

发生化学冶金反应，因而使焊接冶金反应变得简单和容易控制，为获得高质量焊缝提供了良好的条件，因此特别适用于活泼金属的焊接。但是氩气不像还原性气体或氧化性气体那样有脱氧或去氢作用，所以对焊前的除油、去锈、去水等准备工作要求严格，否则会影响焊缝质量。

氩气的另一个特点是导热系数很小，加上是单原子气体，不消耗分解热，所以在氩气中燃烧的电弧热量损失较少。氩弧焊时，电弧一旦引燃，燃烧就很稳定，是各种保护气体中稳定性最好的一个，即使在低电压时也十分稳定，一般电弧电压仅 8~15 V。

② 氦气。同氩气一样，氦气也是一种惰性气体。氦气（He）很轻，其密度约为空气的 1/7。它是从天然气中分离而得到的。它以液态或压缩气体的形式供应。氦的电离能很高，所以焊接时引弧性能较差。和氩气相比，由于氦的电离能高，导热系数大，所以在相同的焊接电流和电弧长度下，氦气保护时的电弧电压比氩气要高得多。因此，氦气保护时的电弧温度和能量密度高，母材的热输入量较大，熔池的流动性较强，焊接效率较高，适用于大厚度和高导热性金属材料的焊接。

氦气比空气轻，因此为了维持适当的保护效果就必须采用大的气体流量。在平焊位置焊接时，其气体流量是氩气的 2~3 倍。氦气很适用于仰焊位置，因为氦气上浮能保持良好的保护效果，但纯氦价格昂贵，单独采用氦气保护，成本较高，因此应用很少。

③ 氩和氦混合气体。Ar 和 He 按一定的比例混合使用时，可获得兼有两者优点的混合气体。其优点是电弧燃烧稳定，温度高，焊丝金属熔化速度快，熔滴易呈现较稳定的轴向喷射过渡，熔池金属的流动性得到改善，焊缝成形好，焊缝的致密性高。这些优点对于焊接铝及其合金、铜及其合金等热敏感性强的高导热材料尤为重要。

图 2-128 为分别采用 Ar、He + Ar、He 三种保护气体焊接大厚度铝合金时的焊缝剖面形状示意图，可见纯 Ar 保护时的"指状"熔深，在混合气体保护下得到了改善。

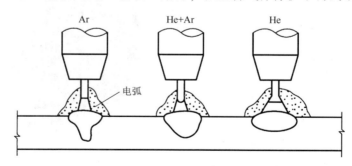

图 2-128　Ar、He + Ar、He 三种保护气的焊缝剖面形状

④ 焊丝。铝及铝合金焊丝用作铝合金惰性气体保护焊和气焊时的填充金属。GB/T10858—1989《铝及铝合金焊丝》规定，这类焊丝的型号以字母"S"表示焊丝，在"S"后面的化学元素符号表示焊丝的主要组成成分，其尾部数字表示同类焊丝的不同品种的编号，并用短横线"-"与前面化学元素符号分开。表 2-10 列出铝及铝合金焊丝的型号及其化学成分。

表 2-10 铝及铝合金焊丝

类别	型号	相当于统一牌号②	化学成分（质量分数）/%①										
			Si	Fe	Cu	Mn	Mg	Cr	Zn	Ti	V	Zr	Al	其他元素总和
纯铝	SAl-1	—	Fe+Si=1.0		0.05	0.05	—		0.10	0.05	—	—	≥99.0	0.15
	SAl-2	—	0.20	0.25	0.40	0.03	0.03	—	0.40	0.03	—	—	≥99.7	
	SAl-3	HS301	0.30	0.30	—	—	—	—	—	—	—	—	≥99.5	
铝镁	SAlMg-1	—	0.25	0.40	0.10	0.50~1.0	2.40~3.0	0.05~0.20	—	0.05~0.20	—	—	余量	0.15
	SAlMg-2	—	Fe+Si=0.45		0.05	0.01	3.10~3.90	0.15~0.35	0.20	0.50~0.15	—	—		
	SAlMg-3	—	0.04	0.04	0.10	0.50~1.0	4.30~5.20	0.50~0.25	0.25	0.15	—	—		
	SAlMg-5	HS331	0.40	0.40	—	0.20~0.60	4.70~5.70	—	—	0.05~0.20	—	—		
铝铜	SAlCu	—	0.20	0.30	5.8~6.8	0.20~0.40	0.02	—	0.10	0.10~0.205	0.05~0.15	0.10~0.25	余量	0.15
铝锰	SAlMn	HS321	0.60	0.70	—	1.0~1.6	—	—	—	—	—	—	余量	0.15
铝硅	SAlSi-1	HS321	4.5~6.0	0.80	0.30	0.05	0.05	—	0.10	0.20	—	—	余量	0.15
	SAlSi-2	—	11.0~13.0	0.80	0.30	0.15	0.10	—	0.20	—	—	—		

注：摘自 GB/T 10858—1989。
① 除规定外，单个数值表示最大值。
② 统一牌号是指《焊接材料产品样本》中规定的牌号，"HS"表示焊丝，首位数字"3"表示为铝及铝合金焊丝。

四、铝质车身修复应具备的条件

（1）维修技师应接受专门培训

铝质车身的修复与传统钢质车身修复有很大的区别。维修技师不仅对铝材的特性要非常了解，还要对铝质车身的修复工艺、连接方式与接口形式、黏合剂与铆接工具等性能了如指掌。实际操作过程中，维修技师要时刻牢记安全注意事项。

（2）需要独立的维修空间和防爆吸尘系统

铝质板材在打磨过程中会产生很多铝粉，吸入后不但对人体有害，而且在空气中易燃易爆，所以，在维修铝质车身时要设置独立的维修空间和防爆集尘、吸尘系统，以保证车身修复操作更加安全。

（3）带有定位夹具的大梁校正设备

车辆发生碰撞后，损伤部件经检查确认无法修复或修复后无法达到其原有性能时，就必须更换该部件。更换铝质部件时，其连接方式与钢质车身有很大区别。钢质车身的接缝处一般采用焊接方式，而铝质车身的连接处多采用粘接或粘接、铆接共用的连接方式。由于黏合剂固化时间长，如果不对更换部件进行定位，修复后的车身就很难恢复原技术尺寸。当校整架没有专用定位夹具时，使用辅助夹具或通用夹具固定是一种比较有效的方法。

（4）专用的维修设备和工具

在进行铝质车身修复时，具备带有定位夹具的校正架是远远不够的，还要有专用的气体保护焊机、铝整形机、强力铆钉枪、铆钉取出器等设备和工具。在修复过程中，一定注意工具要单独摆放，不能与修复钢质车身的工具放在一起。修复钢质车身的工具残留有钢铁碎屑，如用其修复铝质车身，钢铁碎屑会对铝造成腐蚀。

一、铝合金板的整形

1. 劳动安全与卫生

① 铝合金板（以下简称"铝板"）修复时，打磨飘起的铝粉对人体会造成伤害，作业应在独立的车间内完成，并正确佩戴防护用具。

② 铝板焊接前，应确认合金铝中没有金属元素镁或确保其含量在安全范围内，因为镁遇热会燃烧，一旦燃烧常规的方法无法扑灭。

③ 修复钢板、铝板的工具应分别摆放，不能混用。

2. 手锤与垫铁整形

作业时选用铝制手锤和垫铁，或采用木锤与垫铁作业，铝锤与木锤较软，敲击时不会造成柔软的铝板表面损伤。传统的手锤与垫铁，特别是表面不平或断裂产生的碎屑，将造成铝板表面损伤和腐蚀。

用手锤和垫铁配合进行铝板变形的平整作业操作与对钢板进行的操作相似，但因为铝合金材料的特殊性，操作时，应注意以下几点：

① 铝板的抗凹性较好，韧性较差。使用匙形铁从内部翘起铝板的某一点，受力点的周围会出现大面积的隆起，只有随着力量的增加并达到一定程度后，受力点外侧才会出现鼓包，这与钢板的特性有着较大区别，钢板稍微用力，受力点外侧将会出现鼓包。基于此，铝板修复应进行加热。

② 铝板的熔点较低，加热时没有火色，氧乙炔焊设备很难控制加热温度，可采用较为安全有效的热风枪（如图2-129所示）进行加热。

③ 使用热风枪加热时，应通过调节按钮调整加热温度，并使用120~160℃改变颜色的热敏笔、热敏纸控制铝板受热温度（如图2-130所示）。使用时，将上述热敏材料按

照使用说明,涂敷或贴在损伤部位边缘以外约 25 mm 的周围,对损伤部位进行均匀加热,当加热到热敏材料改变颜色时,停止加热,迅速进行校正作业。此时损伤中心部位的温度一般在 200~400 ℃ 之间,离铝板熔点还有较大的安全距离,也便于校正作业。

④ 加热位置、面积应与变形位置、面积相同,不能随意更改,也不能过大或过小。

图 2-129 加热用热风枪

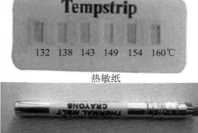
图 2-130 热敏纸和热敏笔

图 2-129、图 2-130 彩图

⑤ 敲平作业一般选择碾锤错位法,铝板的延展性较差,正位敲击法的修平效果不明显,不像钢板那样容易"流动",还会造成铝板表面的精度降低。

⑥ 敲击时,避免重敲,应多次轻敲。在垫铁不易触及内部损伤的情况下,可以采取两人合作的方式,一人使用匙形铁从内侧翘住或顶住凹陷部位,另一人开始加热,达到预定温度后,匙形铁从内部开始加力,同时从外侧敲击隆起部位,这样便于消除应力及修平作业。匙形铁与铝板的接触面积不应过小。无法确定匙形铁是否与凹陷内部正确接触时,可以从外侧使用铝锤轻轻敲击凹陷部位,同时从内部移动匙形铁的位置,通过发出的声音进行判断,位置正确时,声音较为清脆,反之则发闷。

3. 用整形机整形

与钢板修复流程相同,铝板修复前也应进行损伤判断,以确定具体部位及损伤程度,主要也是通过眼睛观察、触摸时的手感、钢板尺或样板等方法进行判断。

用铝整形机修复的步骤如下:

(1) 磨除油漆层

建议使用专用风动钢丝刷(如图 2-131 所示),以便将油漆层,特别是较深凹坑内不易触及的底漆层处理干净。使用研磨机研磨时,应调低转速,并采取间歇性打磨,防止高速旋转的砂轮烧穿铝板,及热量过度累积造成铝板变形,切勿使用打磨过钢板的钢丝刷或打磨盘。彻底地清除油漆层及油污非常重要,否则下一步焊接铝质螺纹钉时,由于接触不良出现打火现象,造成铝板击穿或表面出现凹坑。打磨时,只可以将油漆层和底漆层磨除,不可磨伤金属表层。如果修复工作中停滞的时间较长,裸露的铝板表面会迅速形成一层较薄的氧化膜,再次焊接时需要清除。

(2) 试焊

当铝板损伤从内部无法触及时,需要专用铝整形机(如图 2-132 所示)。相对于钢板修复,铝板修复前的试焊工作尤为重要,不正确的焊接参数将导致焊接强度差、铝板击穿或表面出现凹坑。试焊时,需要在同样材质及厚度的铝板上进行,根据不同品牌的整形机,按照使用说明书推荐的参数,对电压、电流、焊接时间等参数进行微调,直到获得良好的焊接效果为止。

图 2-131~
图 2-134 彩图

图 2-131　风动钢丝刷

图 2-132　专用铝整形机

铝的电阻约为钢板的 1/4~1/5,对铝焊接时的电流是钢铁焊接的 4~5 倍,但很难做到这么大的电流。铝整形机内部没有线圈变压器,里面有十几个大容量的电容,通过所有电容瞬间放电来焊接。

(3) 焊接

试焊工作完成后,焊接工作随即可以进行。

① 首先将铝质螺纹焊钉推进转换器,铝钉头部与转换器保持 1~2 mm 的距离,然后安装到焊枪上并进行紧固(如图 2-133 所示)。不要使用工具将铝钉用力砸进转换器,铝钉头部的尖头不能损坏(如图 2-134 所示),这个尖头与板件接触,接触面积小电阻大,产生电阻热大,容易焊接。如果铝焊钉没有尖头就不能用了,因为这么大的接触面积正常的焊接电流不能够焊接。所以铝焊钉是一次性的,不能重复使用。

图 2-133　把焊钉安装在焊枪上

图 2-134　铝修复用的专用铝焊钉

② 根据损伤面积、程度,合理制定出下一步所要进行的拉拔方式,在此基础上,正确选择铝钉焊接的位置及数量。

③ 将焊枪垂直于铝板进行焊接(如图 2-135 所示),然后将焊枪从铝钉上垂直拔出,

铝钉将牢固地焊接在铝板上（如图 2-136 所示）。

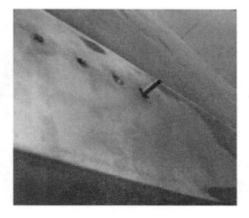

图 2-135~
图 2-138 彩图

图 2-135　焊接铝焊钉　　　　图 2-136　焊接后的铝焊钉

（4）拉拔

在进行拉拔前，要注意以下事项：

a. 由于铝板材质软、韧性差，拉拔时不能采用冲击力，而应施加缓和的校正力，即使采用缓和的校正力，也不宜过大，否则焊接部位将拉出孔洞或表面撕裂。所以铝板修复不能利用撞锤冲击拉拔，整形机也不具备带有焊接极头的拉拔锤焊接功能。

b. 钢板修复过程中，可以在拉拔凹陷的同时，敲击周围隆起部位以消除应力。此类方法用于铝板修复应当小心谨慎，仅限于面积较小、程度较轻的损伤，并且力量要轻。

c. 修复相对较重的损伤时，可以先将整个损伤部位大面积进行加热，达到温度后，使用铝锤或木锤，弹性敲击隆起部位，迫使凹陷部位升高，隆起部位下沉，借此达到消除应力的目的，随后再进行余下损伤的修复。

① 单点拉拔。

a. 准备好铝板拉拔时应使用专用的拉力器（如图 2-137 所示）及配套的附件。

b. 将拉拔环安装在铝钉上，拉拔环与拉拔器连接好后，即可以实施拉拔。如图 2-138 所示。

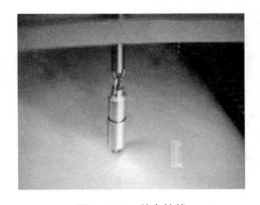

图 2-137　专用拉力器　　　　图 2-138　单点拉拔

② 拉拔环穿轴拉拔。

a. 将拉拔环安装到铝钉上（如图 2-139 所示）。

b. 在拉拔环中间穿上钢棒轴。将拉拔器的锚钩与轴挂好，如图 2-140 所示。

图 2-139　将拉拔环安装到铝钉上

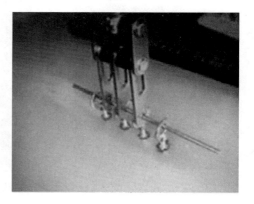

图 2-140　对凹陷进行拉伸修整

c. 调整拉拔器的支座位置。支点尽量放在外板的边缘、车身线或有足够强度的高隆起部位，必要时可在支点的下部放置胶垫或木块，以增大受力面积，防止铝板变形。

d. 准备就绪后，进行加热，当热敏材料改变颜色时，停止加热。

e. 将拉力器的把手向上抬起，利用杠杆原理进行拉拔，拉拔力应该垂直，不能使铝钉倾斜。根据损伤程度，适当控制拉拔力的大小，并通过铝锤或木锤轻轻敲击拉拔点的周围消除应力。

（5）去除铝钉

拉伸工作结束后，使用单边偏口钳将铝钉剪下（如图 2-141 所示），通过柔性锉或研磨机将铝钉剩余的部分修平（如图 2-142 所示），注意不能损伤到铝板。

图 2-141、
图 2-142 彩图

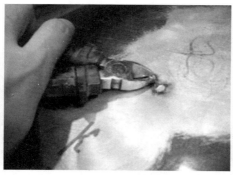

图 2-141　清除铝焊钉

图 2-142　打磨修平焊接部位

4. 收缩作业

使用碳棒对铝板的收缩效果较为明显，这需要钢板整形机配合完成，氧乙炔焰由于热量过于集中不建议使用。收缩时，将电流和焊接时间调整到尽量低的数值，避免铝板击穿或表面出现凹坑。收缩时应避免收缩过度，因为铝的延展性能非常差，一旦收缩过度，下一步的延展将很难有效进行。具体操作方法请参考钢板的收缩方法。

5. 填料填平

相对于钢板,铝板的修平效果要差一些,很多情况下,较小的凹坑需要使用填料进行填平。普通的原子灰很难保证使用寿命,铅性原子灰还会造成铝板防腐性能降低。铝粉作为金属元素,具有较高强度及韧性,其与专用胶水的混合物,非常适合对铝板凹坑进行填平。

① 使用钢丝刷,使整个待刮涂的区域变得粗糙,以增加填料的附着力。

② 使用除油布清洁。

③ 将铝粉与胶水按照约 3∶1 的比例混合搅拌均匀,刮涂于凹陷部位,一次无法成型时,可分几次刮涂,中间间隔约 15 min。

④ 待填料固化后,使用柔性锉初步修平,再使用研磨机进行精细研磨。

二、铝合金板的焊接修复

1. 准备工作

(1) 劳动安全与卫生

① 铝板修复时,打磨飘起的铝粉对人体会造成伤害,作业应在独立的车间内完成,并正确佩戴防护用具。

② 铝板焊接前,应确认合金铝中,没有金属元素镁或确保其含量在安全范围内,因为镁遇热会燃烧,一旦燃烧常规的方法无法扑灭。

③ 修复钢板、铝板的工具应分别摆放,不能混用。

④ 铝合金板 MIG 焊时弧光较强,所以焊接时焊工必须戴面罩、穿厚帆布工作服和戴焊工用皮手套,如图 2-143 所示。面罩上的护目镜片根据焊接电流来选择。

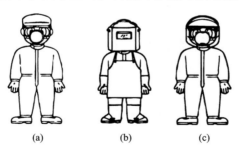

(a) 焊接前;(b) 焊接中;(c) 焊接后

图 2-143 铝板焊接过程使用的防护用品

⑤ 铝合金板 MIG 焊的紫外线极强,同时焊接过程中还能产生许多有害气体、金属粉尘和清洁剂的蒸气等有害物质。为此焊接作业处应当适当通风,但风速不得大于 0.5 m/s,以防破坏气体保护效果。

⑥ 焊接前要提醒周围的人员,防止弧光误伤他人,刚焊好的焊件不能直接用手接触,要待工件冷却后再接触,防止烫伤。

⑦ 焊接结束后要立即切断电源。

⑧ 焊接完成后，要及时清理场地。

(2) 其他准备工作

①设备和工具准备。焊接铝合金件需要准备的设备与工具，见表2-11。

表2-11 焊接铝合金件需要准备的设备与工具

名称	用途说明
MIG焊机	焊接主要设备。电源控制箱承担着提供引弧电流的任务；送丝机构将焊丝以适当的预定速度送至焊区；供气系统将气瓶压力经调节器减压并恒定后送给焊枪
铝用研磨机	焊接前，研磨焊接接口部位的漆膜层；焊接后，用于焊接部位的修饰作业
焊接电缆	传导电流。选择截面积50 mm^2
通针	通堵塞的针嘴
砂纸（不含铁质）和细钢丝刷	清理焊缝表面和焊缝层间的氧化膜
丙酮或四氯化碳等有机溶剂	清理油污
夹具	用于板件的临时固定
空气枪	吹除打磨粉尘、灰尘等杂质
遮盖毯	遮盖非焊接区域，防止飞溅烫伤汽车漆膜
铅笔	用于画线或标记

② 磨除焊接部位漆膜和氧化膜等杂质。焊接坡口及其附近的表面可用装有80号砂纸的打磨机除去周围的漆膜。在打磨过程中，注意不要打磨过度，以磨除漆膜为目的，尽量不要打磨到铝板。

当去除漆膜后的铝板暴露于空气中时，很快就会生成一层氧化膜。氧化膜密度高、硬度大。会阻止底材金属焊接在一起。另外，还易于导致铝板变形（特别是薄的铝板），从而增大修理范围。

③ 清除打磨粉尘及表面油污等。先用空气枪吹除粉尘等杂质，再用丙酮或四氯化碳等有机溶剂除去表面油污，两侧的清理范围不应小于50 mm。清洁工具应定期进行脱脂处理。清理好的焊件和焊丝不得有水迹、碱迹等污物。

④ 遮护。对焊接部位附近不需要焊接的表面进行遮护处理，防止焊接飞溅损伤非焊接表面。

2. 焊接操作

(1) 焊接工艺参数的选择

若铝板厚度相同，接头形式不同时，工艺参数应加以调整，搭接接头、T形接头时的电压、电流可稍提高一些。以下数据为平焊时适用的工艺参数，立焊、仰焊、横焊时，应适当调整。

根据焊接工件材料牌号，选用相同焊丝材料牌号进行焊接，可以获得优良的焊接质量。

1~2 mm 薄板的对接、搭接、角接及卷边接头等，可以采用短路过渡焊。采用带有拉丝式送丝装置的焊枪，焊丝直径为 0.8~1.0 mm。其接头形式及焊接工艺见表 2-12，其他的工艺参数可参考 CO_2 气体保护焊。

表 2-12　铝合金短路过渡焊接的焊接工艺

板厚/mm	接头形式	焊接次数	焊接位置	焊丝直径/mm	焊接电流/A	电弧电压/V	焊接速度/(cm·min⁻¹)	送丝速度/(cm·min⁻¹)	氩气流量/(L·min⁻¹)
2	0~0.5 mm	1	全	0.8	70~85	14~15	40~60	—	15
		1	平	1.2	110~120	17~18	120~140	590~620	15~18
1	0~2 mm	1	全	0.8	40	14~15	50	—	14
2		1	全	0.8	70 80~90	14~15 17~18	30~40 80~90	— 950~1 050	10 14

(2) 安装焊丝盘

安装好焊丝盘，如图 2-144 所示，并装上各种接头。

惰性气体保护焊的焊接位置

惰性气体保护焊焊接参数的调整

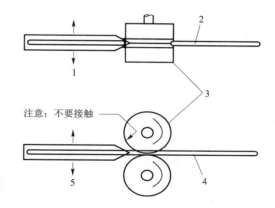

1—左右对准；2，4—焊丝；3—送丝辊；5—上下对准。

图 2-144　安装好焊丝盘

(3) 焊接施工

铝及其合金的焊接通常使用惰性气体保护焊，因铝及其合金的特性，其施工要求有其特殊性。在进行铝车身修复前，应查看相关资料以确认板材的成分，并严格按照厂家的要求进行修复操作，不该焊接的部位绝不能进行焊接。

① 引弧及试焊。MIG 焊一般采用接触短路法引弧。引弧时首先送进焊丝，并逐渐接近母材。一旦与母材接触，电源将提供较大的短路电流，产生电弧。如果开始焊接前焊丝头部黏附有焊接材料，则会导致电弧生成不良。应将焊丝端部切至一个合适的长度（通常是焊丝直径的 10 倍）。

以同样材质和厚度的试板进行试焊，如图 2-145 所示。进行钢质车身焊接时，电压和送丝速度调整到正常值，焊接部位会发出平稳清脆的"吱吱"声，而铝材焊接时会发出平稳沉闷的"嗡嗡"声。焊后观察焊缝的成形情况，如图 2-146 所示，再进行适当调整。

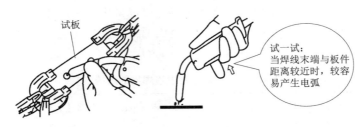

图 2 – 145 试焊

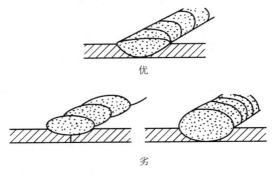

图 2 – 146 焊缝的成形情况

② 板件定位。使用大力夹钳定位焊接板件。将工件接缝对准，对焊接板件实施定点焊接。实施定点焊接可使两片铝板先定位，并且可以减少主焊接产生的热变形。焊点间距是板厚的 15～30 倍，如图 2 – 147 所示。

③ 主焊接。

a. 焊枪与焊接部位应接近垂直，稳定地支撑焊枪，电弧对准目标中心点，将焊枪喷嘴末端靠近板件，如图 2 – 148 所示。

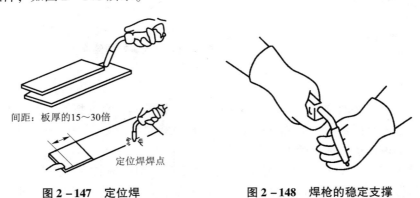

图 2 – 147 定位焊　　　　图 2 – 148 焊枪的稳定支撑

b. 使焊枪开关置于"ON"，将焊线末端接触板件以产生电弧。

c. 对准定点焊接的末端，如图 2 – 149 所示。重复地将开关置于"ON"和"OFF"，使用焊枪时间歇性地打开和关闭（间歇操作），以防止出现热蓄积，以及减少焊接烧穿表面的可能，如图 2 – 150 所示。

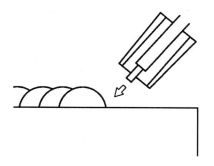

图 2-149　对准定点焊接的末端

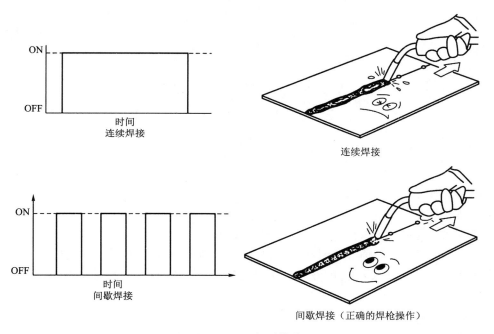

图 2-150　间歇操作

d. 以稳定的姿势移动，防止焊枪晃动。焊枪向前移动，保持大约 10°～15°角，如图 2-151 所示。焊接速度参照表 2-13。这样做是为了不使空气与保护气体混合，从而获得稳定的电弧。

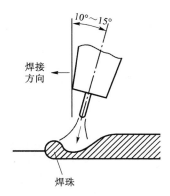

图 2-151　焊枪的角度

表 2-13 焊接速度与焊件厚度的关系

焊件厚度/mm	焊接速度/(cm·min^{-1})	焊件厚度/mm	焊接速度/(cm·min^{-1})
0.8	105.0~115.0	1.2	90.0~100.0
>0.8	100.0	1.5	80.0~85.0

e. 最终以焊缝连接定位焊接的点，如图 2-152 所示。

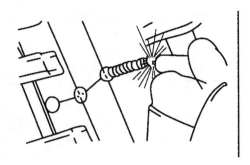

铝板的焊接

图 2-152 连接每一个焊点

④ 焊接结束后，关闭电源和气源。

（4）焊接质量检查

以肉眼观察为主，观察焊缝外观，评估焊接的完整性。有条件的也可以使用超声波探伤检验。超声波可以检验任何焊件材料、任何部位的缺陷，并且能较灵敏地发现缺陷位置，但对缺陷的性质、形状和大小较难确定，所以超声波探伤常与射线检验（如 X 射线）配合使用。

（5）焊后处理

用研磨机研磨去除焊珠和焊珠周围的区域。注意不要过度研磨，否则可能会减弱铝板的强度。

一、准备工作

1. 考核设备、材料准备

在技能学习工位准备好有裂纹的车身铝合金板、手锤与垫铁、车身整形机及其配套工具、钢丝刷、除油布、除油剂、铝粉、胶水、柔性锉、研磨机、MIG 焊设备及其配套工具。

2. 学员劳动保护

工作时应穿好帆布工作服，戴好焊工手套及防尘口罩。使用表面涂有氧化锌油漆的面罩，配用 9~12 号滤光镜片，各焊接工位要设置专用遮光屏。

二、考核流程

1. 学员工作

两名学员为一小组,在充分学习本任务相关知识与技能的基础上,完成下列工作,并随时完成相应的工单(见本书配套教学资源"实训工单"中的"工单2-3")。

① 用手锤与垫铁进行铝合金板整形。
② 用整形机进行铝合金板整形。
③ 铝合金板收缩作业。
④ 铝合金板填料填平。
⑤ 铝合金板的焊接修复。
⑥ 5S 工作。
⑦ 自我评价。

2. 指导教师工作

学员在进行上述操作过程中,指导教师进行下列工作:
① 向学员讲解安全注意事项,要求学员在实训工单中做记录。
② 观察、指导学员进行相关操作,及时制止可能发生危险的操作。
③ 实操结束后审阅学员完成的工单,并结合其操作情况(工作成果)给出评价。

任务2-4 车身塑料件的修理

随着科技的发展和节能减污的时代要求,汽车上应用的塑料件越来越多,例如保险杠、车灯罩、翼子板喇叭口、保险杠左右弧形接板、翼子板、挡泥板、格栅开口板、防飞石护板、仪表板、装饰板、燃油管、车门面板、后侧围板和发动机部件等(如图2-153所示)。因此,塑料件的维修技术是车身维修人员必须掌握的。

塑料件常用的维修方法有热塑成形、焊接和黏结等,本任务中将详细讲述这几种维修方法以及各维修方法的适用条件。

图2-153 车身上应用的部分塑料件

1. 能够正确描述塑料的种类、特点及在汽车上的应用。

2. 能够正确描述塑料部件的维修原则。
3. 能够辨别塑料的种类。
4. 能够正确选择塑料件的维修方式。
5. 能够使用黏结的方法修理塑料件。
6. 能够使用焊接的方法修理塑料件。
7. 培养良好的安全、卫生习惯，环保意识及团队协作的职业素养。
8. 能够检查、记录和评价工作结果。

一、常用工程塑料

工程塑料主要指综合性能（包括力学性能、耐热性、耐寒性、耐蚀性和绝缘性能等）良好的各种塑料。它们是制造工程结构用零部件、工业容器和设备等的一类新型结构材料。由于工程塑料的高强度、高弹性模量和高的耐热性，使其具有很好的经济效益。因此，工程塑料的发展相当快，在工业上的应用也十分广泛。

常用的工程塑料分为热塑性工程塑料和热固性工程塑料两类。

1. 热塑性工程塑料

热塑性工程塑料在成型前即处于高分子状态。加热时，材料会软化并熔融，可塑造成型，冷却后即成型并保持既得形状。而且，这个过程具有重复性。这类塑料的优点是加工成型简单，具有较高的力学性能。缺点是耐热性和刚性比较差。

在工业生产中，热塑性塑料在数量上占绝对优势，大约占总塑料产量的80%。常用的热塑性塑料有以下几种：

① 聚乙烯（PE）、聚丙烯（PP）塑料。它们均属于聚烯烃塑料，具有相对密度小、耐溶剂性和耐水性好、介电常数小、电绝缘性高等特点，是目前最重要的通用塑料，其产量历年来居世界塑料工业之首位。

② 聚氯乙烯（PVC）塑料。有硬质和软质之分。前者强度、硬度高，耐蚀、耐油、耐水性好，阻燃性好，常用于制造塑料管、塑料板；后者强度、硬度低，耐蚀性较差，易老化，但气密性好，多用于制造薄膜、软管等。

③ 聚四氟乙烯（PTFE）。属于氟塑料，被誉为"塑料王"，具有非常优良的耐高低温性能，可长期在-180~240℃之间使用，并具有极高的耐蚀性，任何强酸、强碱、强氧化剂都对它不起作用。其摩擦因数极低，是优良的减摩、自润滑材料。这种材料常用于制造各种机械的减摩密封圈、化工耐蚀零件、活塞环、轴承及医疗代用血管、人工心脏等。

④ 聚甲基丙烯酸甲酯（PMMA）。俗称有机玻璃。分为透明、半透明或有色、无色等品种。有机玻璃的强度、韧性与硬质聚氯乙烯差不多，透光率可达92%，可耐稀酸、碱，不易老化，但表面硬度低，易擦伤，较脆。有机玻璃广泛用于航空、汽车、仪表、光学等工业中，多用于制造有一定透明度要求的零件，如可用来制作风窗玻璃、舷窗、透明管道、仪器仪表护罩、外壳等。

⑤ ABS 塑料。具有良好的耐热、耐蚀性和一定的表面硬度，较高的刚性，良好的加工工艺性能和着色性。ABS 在塑料中的品种牌号最多，可分为一般用品种、耐热品种、电镀用品种和透明品种等。与其他塑料相比，ABS 具有良好的综合力学性能，刚性好，耐寒性强，加工性能好，表面光洁，制品表面还可以电镀。因此，ABS 塑料的用途很广，可用来制造轴承、齿轮、叶片、叶轮、设备外壳、管道、容器和仪器仪表零件等，在汽车上发挥着其他材料不可替代的作用。

此外，还有聚苯乙烯（PS）、聚酰胺（PA，尼龙）、聚甲醛（POM）、聚碳酸酯（PC）等工程塑料。近年开发的氟塑料、PSF 塑料等的性能明显提高，如优良的耐蚀性、耐热性、绝缘性和耐磨性等，是性能较好的高级工程塑料。

常用热塑性塑料在汽车车身上的应用见表 2-14。

表 2-14 常用热塑性塑料在汽车上的应用

塑料种类	在汽车上的应用情况
聚丙烯（PP）	保险杠、车轮罩盖板、侧饰板
聚乙烯（PE）	燃油箱、清洗液储液罐
聚氯乙烯（PVC）	底部防腐层、车内饰板

热塑性塑料可以粘接或热整形，因此理论上可进行维修。但是实际上有些厂家不允许对所有热塑性塑料进行维修。例如，不允许维修由聚乙烯（PE）制成的塑料容器。但是由聚丙烯（PP）制成的保险杠和门槛饰板情况不同，这些部件可以进行维修。另外，因热塑性塑料加热后易熔化，理论上可以进行焊接修理。

2. 热固性塑料

热固性塑料是把分子量 1000 以下的一次性树脂加热融化，浇入模中加热，使一次性树脂连接而成高分子树脂的成型品。其特点是初加热时软化，可塑造成型，但固化后再加热时将不再软化，也不溶于溶剂。这类塑料有酚醛、环氧、氨基、不饱和聚酯等。它们具有耐热性高，受压不易变形等优点。缺点是力学性能不好，但可加入填料来提高其强度。常用的热固性塑料有以下几种：

① 酚醛塑料（PE）。酚醛塑料是由酚类和醛类材料在酸或碱催化剂的作用下经合成反应，制成酚醛树脂，再根据不同性能要求加入各种添加剂而制得的塑料。常用的酚醛树脂是由苯酚和甲醛为原料制成，其性质根据制备工艺的不同，有热塑性和热固性两类。热固性酚醛塑料通常以压塑粉（俗称"胶木粉"）为填料制成，经压制而成的电器开关、插座、灯头等，不仅绝缘性好，而且有较好的耐热性、较高的硬度、刚性和一定的强度；以纸片、棉布、玻璃布等为填料制成的层压酚醛塑料，具有强度高、耐冲击性好以及耐磨性优良等特点，常用以制造受力要求较高的机械零件，如仪表齿轮、轴承、汽车制动片、内燃机曲轴带轮等。

② 氨基塑料（UF）。氨基塑料是以氨基化合物（如尿素或三聚氰胺）与甲醛缩聚反应制成氨基树脂，然后加入添加剂而制成氨基塑料，其中最常用的是脲醛塑料。用脲醛塑料压塑粉压制的各种制品，有较高的表面硬度，颜色鲜艳且有光泽，又有良好的绝缘性，俗称

"电玉"。常见的制品有仪表外壳、电话机外壳、开关、插座等。

③ 环氧塑料（EP）。环氧塑料是由环氧树脂加入固化剂（如乙二胺、顺丁烯二酸酐）后形成的热固性塑料。一般以铸型的方式成型。它的强度高、韧性好，并具有良好的化学稳定性、绝缘性及耐热耐寒性，长期使用温度为 -80~150℃，成型工艺性好，但具有某些毒性。环氧塑料可制作塑料模具、船体、电子零部件等。

④ 片状模塑料（SMC）。SMC是一种带有二维玻璃纤维增强结构的扁平状反应性树脂。SMC部件的耐热温度达到200℃，因此能够进行上线前喷漆。SMC由UP+30%玻璃纤维构成。

常用热固性塑料在汽车上的应用见表2-15。

表2-15 常用热固性塑料在汽车上的应用

塑料种类	在汽车上的应用情况
聚氨酯（PU）	密封剂、能量吸收装置
环氧树脂（EP）	点火线圈、印制电路板
聚酯树脂（UP）	黏合剂
玻璃纤维增强塑料	行李舱盖、侧围、折叠式车顶盖

3. 弹性体

大多车辆也使用弹性体材料。弹性体是一种形状稳定、但具有弹性变形特性的塑料，例如车门密封件。

弹性体塑料在汽车上的应用见表2-16。

表2-16 弹性体塑料在汽车上的应用

塑料种类	在汽车上的应用情况
聚氨酯（PU）	坐垫、车顶内衬，仪表板填充物
硅（SI）	发动机罩和盖板、安全带、安全气囊
聚酯（PET）	织物、盖板、安全带、安全气囊

热固性塑料只能进行粘接修复。

二、黏合剂

黏合剂，也称胶粘剂，又称黏结剂，它是将两种材料粘接在一起，或填补零件裂纹、空洞等缺陷的材料。黏合剂具有较高的粘接强度和良好的耐水、耐油、耐腐蚀、电绝缘等性能，用它来修复零件具有工艺简单、连接可靠、成本低、不会引起零件变形和内部组织发生变化等优点，因此在汽车维修中得到广泛应用，准确认知这些黏合剂的性质和作用，才能有效进行相关修复工作。

汽车修理用的黏合剂主要有以下几种：

1. 环氧树脂黏合剂

环氧树脂黏合剂是一种有机黏合剂，它的用途很广，适合粘接各种金属材料和非金属材料。环氧树脂黏合剂以环氧树脂及固化剂为主，再加入增韧剂、稀释剂、填料和促进剂等配制而成。环氧树脂黏合剂通常装于塑料管内，如图2-154所示。

2. 酚醛树脂黏合剂

酚醛树脂黏合剂也是一种有机黏合剂，它的基本成分是酚醛树脂（如图2-155所示）。酚醛树脂黏合剂具有较高的粘接强度，耐热性好，在200 ℃以下可长期工作，但其脆性大，不耐冲击。

酚醛树脂黏合剂可以单独使用，也可以与其他树脂或橡胶混合使用。它与环氧树脂混合使用时，其用量为环氧树脂的30%～40%，且要加增韧剂和填料。为了加速固化，可加入5%～6%的乙二胺，这样既改善了耐热性，又提高了韧性。

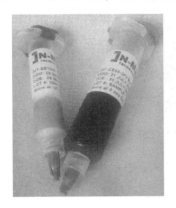

图2-154 环氧树脂黏合剂

图2-155 酚醛树脂

图2-154、图2-155彩图

3. 氧化铜黏合剂

氧化铜黏合剂是一种无机黏合剂，它具有良好的耐热性（在600 ℃高温下不软化）和耐油、耐酸性，固化前溶于水而固化后不溶于水等特点，但其脆性大、不耐冲击且耐碱性差。

氧化铜黏合剂由氧化铜粉、无水磷酸和氢氧化铝调和而成，其中氢氧化铝用于进行无水处理，氧化铜与磷酸反应生成磷酸铜，吸水后形成结晶水化物而固化，而且磷酸铜与钢铁表面接触粘接时，铁元素与铜元素会发生置换反应，因而提高其粘接强度。

氧化铜黏合剂在固化后，体积略有膨胀。因此，它特别适用于管件套接或槽接，也可用于填补裂缝、堵漏和黏合零件，如粘补发动机气缸上平面、气阀室附近处的裂纹以及粘接硬质合金刀头等。

氧化铜黏合剂在行业内常被称为无机胶，使用时需将两个组分（如图2-156所示）均匀混合后使用。

4. 502胶水

现代汽车修复常用502胶水。502胶水是以α-氰基丙烯酸乙酯为主，加入增黏剂、稳定剂、增韧剂、阻聚剂等，通过先进生产工艺合成的单组分瞬间固化黏合剂。

502胶水多用于多孔性及吸收性材质之间粘接，用于钢铁、有色金属、橡胶、皮革、塑料、陶瓷、木材、有色金属、非金属陶瓷、玻璃及柔性材料橡胶制品、皮鞋、软、硬塑胶等自身或相互间的黏合，但对聚乙烯、聚丙烯、聚四氟乙烯等难粘材料，其表面需经过特殊处理，方能粘接。

502胶水通常装于塑料小瓶内，如图2-157所示。

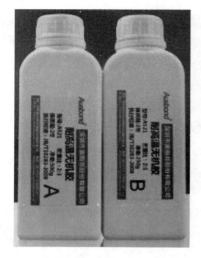

图2-156　无机胶

图2-157　502胶水

三、塑料部件维修原则

虽然可以对大量损坏的塑料部件进行维修，但通常应更换这些部件。做出这项决定的原因是，所用维修方法和每次维修的成本核算常常不可预见。但是，无论对于事故车辆维修还是二手车修复来说，塑料部件维修都是成本较低的备选方案。塑料部件的损坏通常分为三种损伤类型：轻度损坏、中度损坏和严重损坏。

轻度和中度损坏通常仅指表面损伤，鉴定损伤情况时通常无须拆卸部件。严重损坏时，大多数情况下不仅部件表面损坏，位于其后的变形元件（聚苯乙烯泡沫塑料、铝合金托架）也可能已损坏。确定整个损伤范围时需要拆卸相关部件。严重变形或变形元件损坏时建议不要进行维修，此时应更换部件。就是说，只有造成轻度和中度损坏时才能维修塑料部件。其中包括车身面板刮痕、裂缝、穿孔，但位于其后的结构部件未损坏。

对待"更换或维修"这个问题还要考虑维修成本与维修时间。不包括喷漆的维修费用不应超过新部件成本的50%时，可以进行维修（无法提供或短期内无法提供新部件时例外）。

四、塑料部件损伤常用的维修方法

1. 热塑成形

这种方法仅适用于热塑性塑料，适于维修凹痕。裂缝、穿孔或刮痕无法用这种方法进行维修。由于这种方法迅速、简单、干净且成本低廉,因此通常采用。

使用这种方法时,通过加热使塑料软化,然后将有凹痕的塑料件通过按压等方法恢复原状,如图2-158所示。

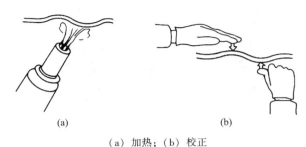

(a)加热;(b)校正

图2-158 通过加热来维修塑料件

2. 焊接

塑料部件焊接问题较大,并非所有类型的塑料都能进行焊接,因此需要识别塑料种类,但不一定都能识别出来。此外,穿孔维修难度也很大,因此很少采用这种方法。

塑料焊接主是采用热空气焊接法。焊接时一般都用热空气塑料焊接焊炬(热吹风机,如图2-159所示),热空气塑料焊接焊炬是采用一个陶瓷或不锈钢电热元件来产生热风,热风的温度为230~340℃,热风通过喷嘴吹到焊件及条上,加热塑料接缝,使其软化,同时将加热的塑料棒压入接缝即可。在焊接过程中塑料的焊接收缩量较金属大,所以在焊接下料时应多留焊接余量。

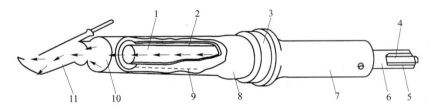

1—加热元件;2—加热腔;3—固定螺母;4—电缆;5—压缩空气或惰性气体;6—空气管;
7—把手;8—外套管;9—内套管;10—热空气;11—焊嘴。

图2-159 典型的热空气塑料焊接焊炬

热空气塑料焊接焊炬配有不同种类的焊嘴,其应用范围不同。定位焊焊嘴用于断裂板件的定位焊,这种焊接在必要时可以容易地拉开,以便重新定位;圆形焊嘴用于充填小的孔眼或形成短焊缝,以及用于难以靠近部位的焊接和尖角部位的焊接;快速焊焊嘴用于直而长接缝的焊接,这种焊嘴可以夹持焊条,可以对焊条预热,并将焊条喂到焊道处,因而可进行快速焊接。

3. 粘接

这种方法最适于作为维修解决方案。带有底漆的黏合剂适用于所有塑料部件。因此无须识别塑料种类。粘接方法也适用于修理穿孔、刮痕和裂缝。这种维修解决方案因强度较高而很受欢迎,且具有很好的喷漆附着性。

进行塑料件粘接维修量,需使用塑料件维修套件。塑料维修套件包括以下产品:塑料黏合剂、塑料底漆、清洁剂和稀释剂、涂敷枪、网状加强织物、加固条，如图 2 – 160 所示。此外，维修塑料部件时还需要一个红外线灯。借助这个红外线灯将维修部位加热 15 min，以便为后继处理（喷漆）做好准备。

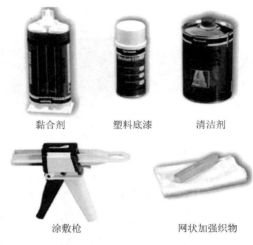

图 2 – 160　塑料件维修套件

① 塑料黏合剂。塑料黏合剂以双组分聚氨酯为基础制成。其优点是适用于车辆上的所有塑料类型。因此无须花时间识别塑料类型。这种黏合剂具有很好的研磨特性，能够附着在所有车漆上。部分使用的双筒可重复使用。

② 塑料底漆。塑料底漆以合成树脂为基础制成。它适用于车辆上的所有塑料和车漆类型。底漆的风干时间非常短，大约 10 min。通过喷嘴进行操作可达最佳处理结果。底漆为填料和喷漆提供了附着基础。

③ 清洁剂和稀释剂。清洁剂和稀释剂的风干时间非常短而且具有突出的清洁作用。

④ 涂敷枪。涂敷枪用于涂敷塑料黏合剂。

⑤ 网状加强织物。网状加强织物用于维修穿孔和裂缝，可加固维修部位。除网状加强织物外，在裂缝端部处还使用加固条。这样可以最佳固定维修部位并提高所维修塑料部件的扭转刚度。加固条已经过电镀锌处理，因此不会形成腐蚀。

一、常用塑料的鉴别

1. 劳动安全与卫生

① 工作时不能吃东西、喝水或吸烟。

② 避免黏合剂接触到眼睛和皮肤，因为黏合剂对眼睛、呼吸器官和皮肤有刺激作用。对异氰酸酯过敏的人应避免接触这类产品。如果黏合剂接触到眼睛、皮肤时，应立即用流水冲洗。

汽车用塑料件的种类及鉴别方法

③ 只有在通风不足的情况下才需要呼吸防护装置。

④ 黏合剂弄脏衣服时，应脱去衣服，必要时去看皮肤科医生。

2. 塑料种类的鉴别

① 查找塑料件的标识。采用 ISO 识别码确认。在正规的塑料件制造厂生产的塑料件上（一般在背面），用 ISO 国际鉴别符号标识塑料件的品种。

② 手册查找法。无 ISO 标识时，可找车身维修手册，手册中可列出专用塑料的品种，手册资料要与车相符。

③ 焊接确认法。一般塑料焊条有 6 种左右，每种焊条均有标识塑料品种。用试焊法，凡能与塑料件相焊接的那种焊条的塑料，就是该查找塑料件的品种。

④ 浮力试验。在部件的背面切一片塑料，确认该部件上没有油漆、脱模剂或任何其他涂料，将这一小片塑料放进一杯水中。沉入水底的多为硬质或重塑料，漂浮在水面的多为软质或轻塑料。

注意：对于硬质或重塑料，喷涂一般的塑料底漆即可；而对于软质或轻塑料，则需要喷涂 2K 型塑料底漆。有些轻塑料件甚至不能喷涂汽车用漆，所以最好是查看汽车使用维修手册来确定。

汽车涂料制商也针对不同的塑料的特点，生产出各类专用漆，如 PP 塑料专用底漆、PO 塑料底漆等。如果能够鉴别出塑料的种类，选择相对应的专用底漆，就不会有问题了。

⑤ 燃烧试验。在允许明火燃烧处，在塑料件上取下一小块，确认该部件上没有油漆、脱模剂或任何其他涂料，用镊子夹住在火上燃烧，观看火焰状态而确定塑料品种。例如 PVC，受热易熔，且火焰呈绿或青绿色，有盐酸气味；聚烯烃类燃烧时，火焰没有明显烟雾，且有蜡样气味；醋酸纤维塑料，燃烧后有醋酸酸味；ABS 燃烧时，随即产生黑色烟雾。但是，对于复合材料制造的塑料件，此法不能确定。

通常燃烧时随即产生黑色烟雾，一般可以用普通塑料底漆；假如燃烧时发出轻的白烟，则需要用 2K 型塑料底漆或专用底漆。

⑥ 特殊简易鉴别法

a. 用手敲击保险杠内侧，PU 塑料发出较微弱的声音，PP 塑料则发出较清脆的声音。

b. 用白粉笔写在塑料件内侧，PU 塑料上的字迹 30s 后不掉色，PP 塑料件上的字迹 30s 后可擦掉。

c. 用砂纸打磨塑料件内侧，PU 塑料没有粉末，PP 塑料有粉末。

二、塑料部件粘接修理

① 清洁损坏部件。用高压清洗器清除大面积污物，随后用大量清水冲洗塑料部件并进行干燥处理。最后用清洁剂和稀释剂对部件进行彻底处理，如图 2-161 所示。必须遵守 5 min 的风干时间。

② 对塑料部件进行预处理。用一个砂带研磨机将维修部位边缘正面磨削成楔形，如图 2-162 所示。用粒度为 P120 的砂纸可达到最佳效果。如果损伤部件有一个裂缝，那么必须在裂缝端部钻孔，最好钻出直径大约 6 mm 的孔，这样可以避免裂缝继续扩大。这

个孔也应磨削成楔形，如图 2-163 所示。

图 2-161　用稀释剂进行处理

图 2-162　磨削维修部位

图 2-161 ~
图 2-165 彩图

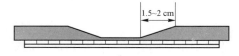

图 2-163　楔形磨削面

③ 处理待维修部位的两侧。背面与正面同样要进行打磨处理，如图 2-164 所示。此外还要清除研磨粉尘。

④ 喷涂底漆。在涂敷底漆之前，必须用清洁剂和稀释剂对维修部位两侧重新进行处理。此时也必须遵守 5 min 的风干时间。之后才能在两侧喷涂一层底漆，如图 2-165 所示。在室温条件下，底漆的风干时间大约为 10 min。

图 2-164　使维修部位粗糙化

图 2-165　喷涂底漆

⑤ 粘接。底漆风干后，可以开始进行粘接处理。建议在裂缝端部处粘接加固条，这样可明显加固薄弱部位。开始在损伤部位背面涂敷黏合剂，如图 2-166 所示。大约 10 min 后可对黏合剂进行处理。

建议固定前在所粘接的加固条上放一层聚乙烯膜，以免粘住或弄脏夹紧钳。此外还应使加固条弯曲，以使更多黏合剂进入加固条和塑料部件之间，从而进一步加固裂缝部位。随后根据损伤部位大小裁减一块网状加强织物，将其放入黏合剂中，使黏合剂完全渗入整块织物。用一把塑料刮刀或刷子将黏合剂涂敷在网状加强织物上。必须用黏合剂完全覆盖住维修部位。如图 2-167 所示。

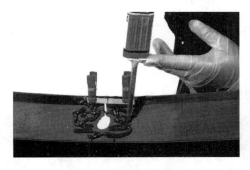
图 2-166 黏合剂、加固条处理

图 2-167 粘接网状加强织物

⑥ 烘干。开始对维修部位正面进行粘接之前，必须先等经过处理的背面硬化。为此可使用一个红外线灯，以 60~70 ℃照射维修部位大约 15 min，如图 2-168 所示。

⑦ 在维修部位的正面涂敷黏合剂。将黏合剂涂敷在正面时尽量不要渗入空气，用刮刀从维修部位中部向外刮平，如图 2-169 所示。在此过程中，应始终涂敷过量的黏合剂，以确保研磨时能够重新恢复塑料部件原来的形状。此外，涂敷时还要确保喷嘴尖始终在黏合剂内。

图 2-168 使维修部位背面硬化

图 2-169 涂敷黏合剂（正面）

随后必须使黏合剂硬化。为此再次用红外线灯以 60~70 ℃对维修部位干燥处理约 15 min，如图 2-170 所示，使其在室温条件下冷却下来。

图 2-170 用红外线灯进行硬化处理（正面）

图 2-166~
图 2-170 彩图

⑧ 磨掉过量的黏合剂（正面）。要确保磨削出维修部件的原有形状。开始操作时使用P120砂纸，随后使用粒度越来越小的砂纸，如图2-171所示。用粒度P240的砂纸精磨后，用清洗液仔细清洁维修部件。

在维修部件上喷漆之前，必须在维修部位上喷涂薄薄的一层底漆。大约10 min的风干时间后，可涂敷用于车身涂装的底漆，如图2-172所示。

图2-171、
图2-172 彩图

图2-171 磨掉黏合剂

图2-172 在维修部位涂敷底漆（正面）

三、塑料件的焊接修理

1. 热空气焊机的准备

① 逆时针方向拧松控制手柄，使调压阀关闭，以免因压力突然增高而损坏压力表。

② 将调压阀接到压缩空气或惰性气体的供气路上，使用压缩空气时应把调压阀调到管线的标准压力1.4 MPa左右，如果用的是惰性气体，则需要使用减压阀。

③ 接通气源，其初始压力取决于加热元件的功率。

④ 将焊机接到指定的交流电源上。

在指定的工作气压下预热焊炬。必须保持从预热升温到冷却降温整个过程中焊枪都有气流通过，以免加热零件烧坏和焊炬受损。

⑤ 选用适当的喷嘴，并用钳子把它插接到焊炬上，以免手触到发烫的套筒。

⑥ 喷嘴装好后，将因背压的作用而使温度稍有升高，经过2~3 min，喷嘴即可达到所需的工作温度。

⑦ 用温度计检测距喷嘴热风出口6 mm处的温度，对于热塑性塑料，该处温度应为230~340 ℃。焊机说明书中一般都配有焊接温度选择图表。

⑧ 如果上述部位温度对于焊接材料来说太高，则可把压缩空气的压力稍稍调高，直到温度下降；如果温度对具体的应用来说太低，则可稍稍降低压缩空气的压力，直到温度升高。在调整压缩空气的压力时，应保持1~3 min，使温度在新的设定条件下达到稳定状态。

⑨ 压缩空气的压力过大不会损坏焊炬及其加热元件，但压力过低则加热元件会过热，因此，在调低压缩空气压力时，切不要调得低到把手处的套筒固定螺母热到烫手的程度，固定螺母烫手，则说明出现了过热。

⑩ 气路内滤网堵塞或电压不稳也能引起过冷或过热，应加以注意。

如果套筒端部的螺纹太紧，应当用优质、耐高温的油脂清理，以免螺纹卡死。

焊完后，应先切断电源，待几分钟之后或到套筒冷却到可以触摸之后再切断气源。

2. 焊缝形式和焊接连接方式的选择

焊缝形式通常有两种，即 V 形和 X 形，如图 2 – 173 所示，X 形可用于厚度较大的焊接，此外，缝的角度大些，强度也可提高。塑料板打坡口与金属相同，焊接前多要用槽刀打 60°左右的坡口。

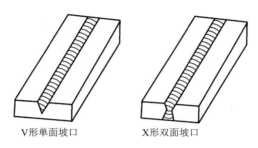

图 2 – 173　焊缝的两种形式

焊接处的连接方式大致有四种，如图 2 – 174 所示，比较而言以第一种连接方式得到的焊缝强度最高。

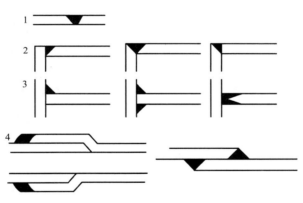

1—平对接；2—角接；3—T 形角接；4—搭接。

图 2 – 174　焊接的四种连接方式

3. 接缝的定位焊

① 用夹钳或铝质车身胶带对焊口进行定位固定。
② 用焊枪喷嘴将断口两侧熔化而在断口底部形成定位焊点。
③ 喷嘴要压紧，确保喷嘴接触到焊口的两边，而且要匀速、稳定地移动。
④ 在进行定位焊时不要用焊条。用喷嘴头在断口底部将两板同时熔化很窄的一条，熔化后两板即焊接到一起。
⑤ 必要时还可断开进行定位调整，然后再焊上。

4. V 形坡口焊接

① 开完坡口后，将焊条端部切成 60°角左右的切口。

② 操作过程中，焊嘴离焊缝 12～13 mm，焊炬倾角为 30°，焊条垂直于塑料板。塑料焊接时的平均速度应保持在 150～200 mm/min。在整个焊接过程中，焊条上的压力应保持一致，如图 2－175 所示。

③ 焊条与塑料板同时被加热到发光并带有黏性，则焊条便会粘住板片，此时必须维持焊条与塑料的正确温度，切不可过高。若温度过高会引起焊缝褶皱，变为棕色，而降低焊接强度。

④ 为保证焊条与塑料板适当的焊接温度，焊炬的操作可按图 2－176 所示方法上下垂直运动。以使塑料板焊缝处得到更多的热量，并均匀受热。

⑤ 当焊条与板缘受热熔化，都略带亮光，将焊条略施压力，就会伸入焊缝。

⑥ 继续加热，焊条与焊缝材料互熔结为一体。

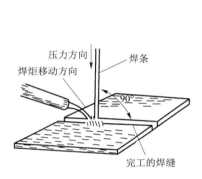 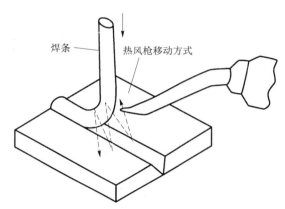

图 2－175　焊炬在焊缝上运动　　　　图 2－176　焊炬在焊缝上垂直运动

⑦ 如果焊条落入焊缝后堆成一团，或焊条在焊接过程中拉断，则焊缝强度必然降低。因此焊接速度和焊条的熔化应配合协调。

⑧ 当需要另接一根焊条时，在焊条尚未太短而不够把持之前即停止焊接。随后在焊条和塑料板接触点快速切断。新焊条也切成 60°角，保持接合处平滑过渡。

⑨ 结束焊接时，宜迅速加热焊条和塑料板片的接触区域，停止焊条移动，拿开焊炬，并继续保持对焊条的保持压力直到焊缝冷却后切断焊条。

⑩ 焊缝处理。焊缝可用砂纸打平，对于大面积焊缝则可使用砂轮机磨平。

a. 在打磨之前，应先用刀子把多余的塑料刮掉。

b. 打磨时应注意不要引起过热，以免塑料变形，为了加快打磨速度而又不致损坏焊缝，可以定时加水进行冷却。

c. 粗磨后应目测检查焊缝是否有缺陷，焊缝不应有气眼和裂纹，受到弯曲也不应该产生任何裂纹。

d. 粗磨后，应进行精磨，先用 P240 砂纸，再用 P320 砂纸对焊缝进行精磨，可以用带式或用回转式磨光机，需要时再用手工打磨。

e. 如果需要重新进行表面处理，则应按塑料表面处理方法进行。

5. 快速焊接

高速塑料焊炬的握持方法与匕首的握法相似，软管在手腕的外侧，如图 2－177 所示。

焊接开始时，焊炬喷嘴应在起点上方距焊件 80 mm 远，以免热风影响焊件。

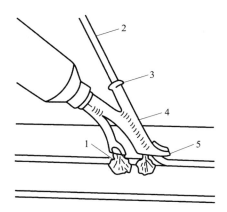

1—预热喷嘴；2—焊条；3—焊条导管；4—预热管；5—加压掌。
图 2-177 塑料的快速焊接

将焊条截成 60°角的偏口后插进焊炬的焊条预热管内，然后立即将加压掌压到焊件上的起焊部位，并使焊炬与焊件表面垂直，再将焊条插到底，使之在焊缝起点顶住母材。有必要时，可将焊炬略微抬起而使焊条压到加压掌下。用左手轻压焊条，而加压掌处的压力只能是焊炬本身的重力，别再施加压力。慢慢向身边移动焊炬，开始焊接。

在焊接初始的 30~50 mm，需轻轻向下推压焊条进入预热管。焊接正确开始之后，则应将焊炬倾角调至 45°，这时焊条就能自动滑入而无须推压。移动焊炬时应随时注意观察焊缝的质量。

由于高速焊炬的预热孔位于加压掌的前方，所以焊炬倾角决定了预热孔距焊件表面的距离以及焊件的预热量，从而决定了焊接速度。

焊接结束时，如果焊条尚未用完，则应将焊炬调整到超过垂直位置，然后用加压掌将焊条切断，也可以将焊炬拉起来离开剩余的焊条。用加压掌切断焊条后，应将剩下的焊条立即从预热管内取出。否则，焊条会被烧焦、熔化，堵塞预热管。然后，必须用插入新焊条的办法来清理预热管。

一、准备工作

1. 考核设备、材料准备

在技能学习工位准备好有裂纹/变形/孔洞缺损等损伤的车身塑料板件（包括玻璃钢件）、塑料焊设备及其配套工具/材料、塑料粘接修理工具组件、砂带研磨机、手电钻、干磨机及其配套的砂纸、红外线烤灯、割刀等。

2. 学员劳动保护

工作时应穿好帆布工作服，戴好棉手套及防尘口罩。

二、考核流程

1. 学员工作

两名学员为一小组，在充分学习本任务相关知识与技能的基础上，完成下列工作，并同时完成相应的工单（见本书配套教学资源"实训工单"中的"工单 2-4"）。

① 常用塑料的鉴别。
② 塑料部件粘接修理。
③ 塑料件的焊接修理。
④ 5S 工作。
⑤ 自我评价。

2. 指导教师工作

学员在进行上述操作过程中，指导教师进行下列工作：

① 向学员讲解安全注意事项，要求学员在实训工单中做记录。
② 观察、指导学员进行相关操作，及时制止可能发生危险的操作。
③ 实操结束后审阅学员完成的工单，并结合其操作情况（工作成果）给出评价。

任务 2-5　车身结构件的更换

如图 2-178 所示的汽车，中部车身损坏严重，这种情况首先要通过拉伸校正，使车身整体形状尺寸恢复，然后维修受损的相关板件。车身中柱下部以及和门槛板连接部位的板件，由于损坏非常严重，无法进行维修，只能采取更换的方法维修。

图 2-178　严重撞伤的车身

需要注意的是，确认要更换的板件也不可以在拉伸校正结束之前拆下，否则会影响拉伸校正工作的进行。

1. 能够正确描述车身外部板件的更换要求。
2. 能够正确描述各类型车身板件分割工具及设备的用途。
3. 能够正确描述车身结构性板件的拆卸方法。
4. 能够正确描述车身结构性板件的维修连接方式。
5. 能够正确进行车身焊接连接的外板的更换。
6. 能够正确进行钢质车身结构件的插入件对接焊、平错对接焊。
7. 能够使用车身校正台进行更换件的配装。
8. 能够正确进行铝合金结构件的更换。
9. 培养良好的安全、卫生习惯，环保意识及团队协作的职业素养。
10. 能够检查、记录和评价工作结果。

一、车身板件的更换要求

1. 车身外部板件的更换要求

车身上一些外覆盖件受到损坏，可以对其进行钣金加工处理来消除金属板上的凸起、凹坑和褶皱。对于一些损坏严重、锈蚀严重的板件，无法修复，只能进行更换。当板件发生以下损坏时就需要进行更换：

① 碰撞损坏的门和后顶侧板。碰撞造成翘曲，在边缘和车身外表有严重的加工硬化现象，如图 2-179 所示。

图 2-179　车身碰撞损坏严重的板件

② 在后侧围板处碰撞损坏严重，需要进行局部切割除去损坏部件，如图 2-180 所示。
③ 车身侧围板经常发生损坏，需要切割后更换新的板件。图 2-181 显示了车身侧面损坏后可以切割的位置。
④ 对于严重的腐蚀损坏，更换板件通常是唯一的补救方法。将生锈的金属板切割下来，在原来的位置焊接上新的局部板件。对于经常受到锈蚀的部位，局部地更换板件是常用的方法。

⑤ 一些板件已经破损，无法修复，需要进行局部更换。

图 2-180　后侧围板损坏

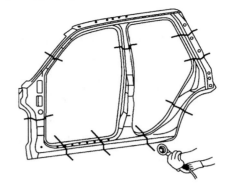

图 2-181　侧围结构件损坏可以切割的部位

车身是用机械紧固和焊接两种方法将车身板件连接在一起的。装饰性的板件，例如汽车的翼子板、后顶侧板和发动机罩，用螺栓或铰链、铆钉等方法与之相连。保险杠等部件通常也是用螺栓连接到框架上。更换这些板件时，只要拆卸紧固件即可。

2. 车身结构性板件的更换要求

在整体式车身结构（如图 2-182 所示）中，所有的结构性板件（从散热器支架到后端板）都焊接在一起，构成一个整体框架。结构性板件包括散热器支架、挡泥板、地板、车门槛板、发动机室的纵梁、上部加强件、后纵梁、内部的护板槽、行李舱地板等。

图 2-182　整体式车身结构

结构性板件是车身其他零部件和外部板件的安装基础。因此，结构性板件更换后定位的精确性，决定了所有外形的配合和悬架装置的准确性。焊接以前的新板件不能草率地用垫片进行调整，结构性板件必须精确地定位后才能进行焊接操作。

在修理结构性板件时，如果需要切割或分割板件，应完全遵照制造厂的建议。有些制造厂不允许反复分割结构板件，有些制造厂只有在遵循它们的正确工艺规程时才同意分割。所有制造厂家都强调：不要割断可能降低乘客安全性的吸收区域、降低汽车性能的区域或者影响关键尺寸的地方。

对于高强度钢板，例如保险杠加强件和车门防撞梁，这些板件受损后必须更换。在任何条件下，都不能用加热来校直高强度钢板。

二、车身板件分割工具及设备

1. 常用车身板件分割工具

在修理厂大量应用气动工具进行车身板件的分割，因为电动工具质量大、体积大，应用比较少；而气动工具质量轻、体积小，可减轻工人劳动强度。气动工具一般采用调速机

（调整控制机构）控制，可使工具更为安全。

① 气动磨削工具。如图 2-183 所示，主要用于金属磨削、切割，油漆层的去除，研磨原子灰等工作。

② 气动切割锯。车身维修中常用的是往复式切割锯，如图 2-184 所示，用于金属（钢板、铝板）结构件、外部面板的分割。

图 2-183　气动磨削工具　　　　　图 2-184　气动切割锯

③ 气动錾子。如图 2-185 所示，气动錾子能用于快速进行粗切割作业，节省大量时间；还能破开咬死的减振器螺母，以及去除焊接溅出物和破碎焊点。

④ 焊点钻。如图 2-186 所示，焊点钻可以进行车身电阻点焊焊点的去除分离。有进度限位装置，保证在分离板件的同时不会损伤下层板。

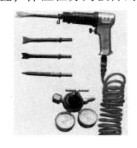 

图 2-185　气动錾子　　　　图 2-186　焊点钻　　　　图 2-183～图 2-188 彩图

在板件中钻掉许多焊点可能是很慢的，使用自身具有夹紧装置的焊点钻进行工作就容易些，手的压力迫使特殊的圆形钻头进入焊点，而且钻头有行程限制，在钻透第一层板后不会损伤下面的板件，如图 2-187 所示。

⑤ 打孔器。打孔器有气动和手动之分，如图 2-188 所示，用于车身板件塞焊时在新板件上打孔的操作。

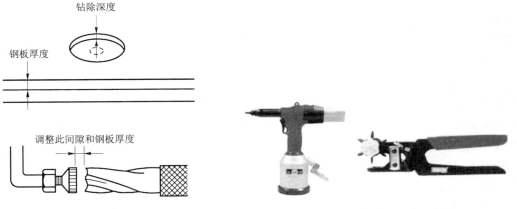

图 2-187　调整间隙和钢板厚度　　　　图 2-188　气动和手动打孔器

⑥ 折边机。用于车身板件搭接接缝的折边或车门等内外板的折边成形，如图 2-189 所示。

⑦ 气动剪。如图 2-190 所示，气动剪可用于切断、修整和剪切外形，或剪切塑料、白铁皮、铝和其他金属板（包括各种规格的轧制钢板）。

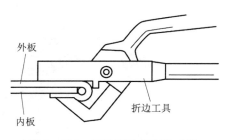

图 2-189　手动折边机操作方法　　　　　图 2-190　气动剪

⑧ 气动除锈器。如图 2-191 所示，气动除锈器用于清除金属板上的锈迹。

⑨ 气动锉。如图 2-192 所示，气动锉用于快速清理车身板件上尖锐的毛刺等工作。

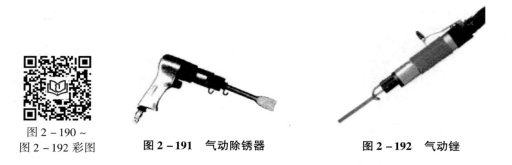

图 2-190 ~ 图 2-192 彩图　　　　图 2-191　气动除锈器　　　　图 2-192　气动锉

2. 等离子切割机

（1）等离子切割的工作特点

在现代汽车中，大量应用高强度钢和超高强度钢，这类钢材的硬度、强度非常大，用于切割锯时切割效率不高，而使用氧乙炔切割会产生大量的热，从而破坏金属内部的结构。

等离子切割机是用等离子弧来切割金属的。等离子弧是一种压缩电弧，是通过磁收缩方式获得的，弧柱电流本身产生的磁场对弧柱有压缩作用（磁收缩效应）。电流密度越大，磁收缩作用越强。由于弧柱断面被压缩得很小，因而能量集中（能量密度可达 $10^5 \sim 10^6 \mathrm{W/cm^2}$），温度高（弧柱中心温度近 20 000 ~ 30 000 ℃），焰流速度大（可达到 300 m/s 以上）。

等离子弧柱的温度高，远远超过所有金属和非金属的熔点，瞬间能加热和熔化被切割的金属却不会使金属板过热，并借助内部或外部的高速气流吹走熔化的材料，直到等离子气流束穿透金属板而形成切割口。因此等离子弧切割过程不是依靠氧化反应，而是靠熔化来切割材料。所以等离子切割比氧切割方法使用范围大得多，能够切割绝大部分金属和非金属材料。

（2）等离子切割机的组成

等离子切割机主要由主机、搭铁线和切割枪（也称为"切割炬"）组成，如图 2-

193 所示，其控制装置一般都很简单。专门用于切割较薄金属的切割机只需有关闭/接通开关和一个待用指示灯，当切割机具备切割条件时，该指示灯显示。较复杂的等离子切割设备还包括一个安装在内部的空气压缩机、可调节的输出控制装置，以及机载的冷却剂和其他装置。等离子切割电弧一般采用陡降外特性的直流电源，切割用电源的输出空载电压一般大于 150 V。根据采用不同电流等级和工作气体而选定空载电压，电流等级越大，选用的切割电源空载电压就越高，等离子切割机的开路电压有时能很高（250 ~ 300 V），所以割炬和内部接线的绝缘很重要。

有些切割机上还装有一个可供操作人员改变电流状态的开关，当切割裸露的金属或带油漆的金属时，通过此开关可选择不同的电流。切割带有油漆或生锈的金属时，最好用连续的高频电弧切入不导电的金属表层，然后继续用这种电弧切割；而切割裸露的金属时，只需高频电弧作为触发电弧，当切割枪开始切割后，用直流电弧使切割继续进行下去。

切割汽车车身零部件的切割枪是小型、便于操作的，能在零部件比较密集的部位工作。切割枪上的两个关键部件是喷嘴（导电嘴）和电极，如图 2 - 194 所示，是等离子切割机中的易损件。喷嘴和电极的损坏都将影响切割的质量，它们在每次切割中都略有损耗，而且如果压缩空气中有水分，或切割过厚的材料，或操作者水平太低都将使它们过早地损坏。

1—主机；2—搭铁；3—切割枪。

图 2 - 193 等离子切割机

1—切割枪；2—电极；3—导电嘴；4—护套。

图 2 - 194 等离子切割枪

电极又称为"嵌条"，用金属套管将它固定在所需要的位置上。电极通常由锆和钨制成，这两种金属的硬度高、使用寿命长。在切割厚度超过 5 mm 的钢板时，钨电极适用于除空气以外的其他气体，例如氩气、氮气或氦气，不过在碰撞修理中很少用这几种气体。现在车身修理中用的电极一般是锆电极。

等离子切割机由机内或机外空气压缩机供应压缩空气，也可以采用压缩空气气瓶供气。空气要求干燥、清洁，为了减少污染，在气路上应安装过滤器。空气压力一般应为 0.3 ~ 5 MPa，气压过高或过低都将降低切割质量、损坏电极或喷嘴，并降低切割机的切割能力。

（3）等离子切割机的操作过程

① 将等离子切割机连接到一个清洁、干燥的压缩空气源上，切割机和压缩空气连接处的最大输送管压力为 0.3 ~ 0.5 MPa。

② 将切割枪和搭铁的电线连接到切割机上。将切割机电源插头插到符合规定的电源上，然后将搭铁夹钳连接到汽车的一个清洁表面，连接处应尽量靠近切割部位。

③ 在等离子弧被触发之前，应先将切割喷嘴与工件上一个导电部分相接触。（必须进行这项操作，以符合安全流程的要求。一旦等离子弧被触发以后，切割机将很容易切入涂有油漆的表面）。

④ 拿起等离子切割枪，使切割喷嘴与工件表面垂直，向下推动切割枪，这将迫使切割喷嘴向下移动，直到与电极相接触。这时，等离子弧被触发，然后，立即停止推动等离子切割枪，让切割喷嘴返回到原来的位置。当等离子弧被触发后，不需要切割喷嘴与工件保持接触。不过，两者保持接触会使切割更容易进行。当切割喷嘴与工件保持接触时，施加在等离子切割枪上向下的力非常小，只需要将它轻轻地拉到工件的表面上。注意切割枪的电极和喷嘴非常容易损坏，如果出现如图 2-195 和图 2-196 所示的情况，应及时更新。

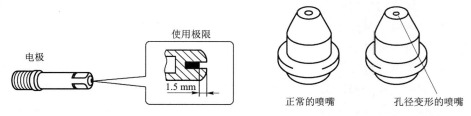

图 2-195　等离子切割枪的电极　　　图 2-196　等离子切割枪的喷嘴

⑤ 开始在金属板需要切割的部位移动切割枪，切割的速度由金属的厚度决定。如果移动切割枪过快，将不能切透工件；如果切割枪移动太慢，将会有太多的热量传入工件，而且还可能熄灭等离子弧，如图 2-197 所示。

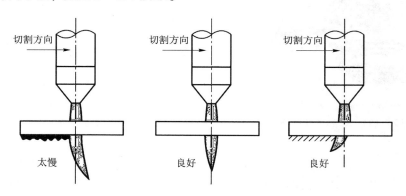

图 2-197　等离子切割枪的速度与切割火焰

（4）使用等离子切割机的注意事项

① 当切割厚度在 3 mm 以上时，最好使等离子切割枪与工件成 45°角，直到等离子焰切入金属板，等离子焰不能反射到喷嘴上。如果在切割较厚的材料时，等离子切割枪与工件保持垂直，火花将被射回到气体喷嘴中，这时融化的金属可能会附着到气体喷嘴上，会堵塞各气孔并极大地缩短气体喷嘴的寿命。

② 切割枪的冷却对延长电极和喷嘴的寿命非常重要。完成一次切割后，在开始下一次切割前，应关闭切割枪开关，让空气连续几秒流过割炬，以防止喷嘴和电极过热。

③ 在进行长距离的直线切割时，使用一个金属的靠尺会更加方便。只需将靠尺夹到工

件上即可。

④ 对于需要切割形状复杂的地方，可用薄木板做一个样板，让喷嘴沿着样板进行切割。

⑤ 切割厚度 6 mm 以上的材料时，最好先从材料的边缘开始切割。

⑥ 修理锈蚀的部分时，可将新的金属材料放在锈蚀部位的上面，然后切割补上去的金属，同时也将生锈的部分切除掉。在后侧板上进行连接时，也可采用这种方法。

⑦ 在切割过程中，从切割电弧中喷出的火花会损坏油漆的表面，火花还会在玻璃上留下凹点，可用一个焊接防护套来保护这些表面。

三、结构性板件的拆卸方法

1. 车身点焊焊点的分离

车身结构性板件在制造厂用点焊连接在一起，拆卸板件主要是把电阻点焊的焊点分离，可以用焊点钻等工具钻去焊点、用等离子焊枪切除焊点、錾去焊点或用高速磨削砂轮磨去焊点。拆卸电阻点焊板件的方法由焊点的数目、配合的排列以及焊接的操作方法来决定。当一些点焊区域有若干层金属薄板时，拆卸的工具由焊接的位置和板件的布置来决定。

（1）确定电阻点焊焊点的位置

为了找到电阻点焊焊点的位置，通常要去除涂层、保护层或其他覆盖物。可用氧乙炔或氧丙烷焰烧焦涂层，并用钢丝刷将它刷掉（氧丙烷的火焰温度比氧乙炔火焰温度低些，金属所受的热应力也小些）。最好用粗钢丝砂轮、砂轮机或刷子来磨掉涂层。

在清除涂层以后，焊点的位置仍不能看清的区域，在两块板件之间用錾子錾开，如图 2 - 198 所示，这样可使焊点轮廓线显现。

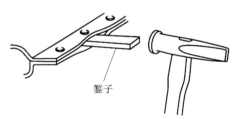

图 2 - 198 用錾子确定焊点位置

（2）分离电阻点焊焊点的方式

① 钻头分离。确定焊点的位置以后，使用钻头、点焊切割器等工具来钻掉焊点。可以使用两种形式的切割器：一种是钻入式的，如图 2 - 199（a）所示；另一种是孔锯式的，如图 2 - 199（b）所示。无论用哪一种形式的切割器，在切割时都不要切割下面的板件，并且一定要准确地切掉焊点，以避免产生过大的孔。

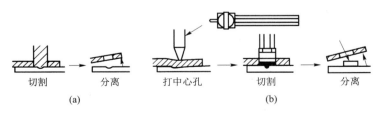

(a) 钻入式切割器钻除焊点；(b) 孔锯式切割器钻除焊点

图 2 - 199 钻头分离焊点

② 等离子切割分离。等离子切割枪可以很快地除去焊点。使用等离子切割枪，可以同时在各种厚度的金属中吹洞来清除焊点。但是使用等离子切割不能保证下层板件的完整。

③ 磨削分离。用高速砂轮也可分离点焊的板件，如图2-200所示。用钻头不能够钻除的焊点，或更换板件的塞焊点（来自早先的修理）太大，钻头不能钻掉时，可以采用这种方法。操作时只需要磨削掉上层板，而不要破坏下层板，如图2-201所示。

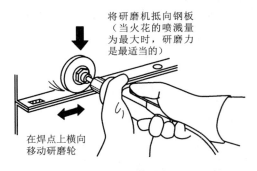
图2-200 高速砂轮磨削清除焊点

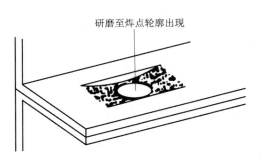
图2-201 高速砂轮磨削的效果

钻除、等离子吹除或磨掉焊点以后，在两块板件之间打入錾子可以分离它们，但不要切伤或弄弯未受损伤的板件。

2. 分离连续焊缝

在一些汽车的局部板件连接中，板件是用惰性气体保护焊的连续焊连接的。由于焊缝长，因此要用砂轮或高速砂轮机来分离板件，如图2-202所示。要割透焊缝而不割进或割透板件。握紧砂轮以45°角进入搭接焊缝，磨透焊缝以后，用锤子和錾子来分离板件。

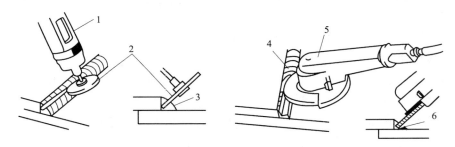
1—滚轮式研磨机；2—切割研磨片；3、6—焊缝；4—连续焊缝；5—圆盘研磨机。
图2-202 砂轮切割机分离焊缝

3. 分离钎焊区域

钎焊用于外覆盖板边缘处或车顶与车身立柱的连接处。通常是用氧乙炔焊枪或氧丙烷焊枪熔化钎焊的金属来分离钎焊区域。在用电弧钎焊的区域，电弧钎焊金属熔化的温度比普通钎焊的高些，而熔化钎焊金属会导致下面板件的损坏，因此，通常采用磨削分离电弧钎焊的方法。普通钎焊与电弧钎焊可以通过钎焊层金属的颜色来识别，普通钎焊区域是黄铜色的，而电弧钎焊的区域是淡紫铜色的。

① 用氧乙炔焊枪使油漆软化，用钢丝刷或刮刀将油漆除掉。然后加热钎焊焊料，直到

它开始熔化呈糊状,再快速地将它刷掉,如图2-203所示。注意不要使周围的金属薄板过热。

② 用一字螺丝刀或錾子錾入两块板件之间(如图2-204所示),将板件分离。保持板件的分离状态,直到钎焊金属冷却并硬化。在所有其他焊接部分分离以后,分离钎焊区域是比较容易的。

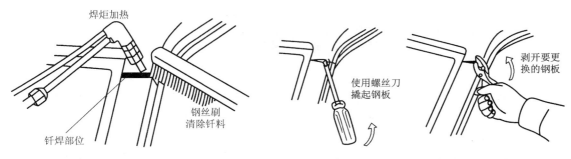

图2-203 用钢丝刷清除铜焊　　　　图2-204 撬起、分离钎焊的钢板

③ 如果除去油漆以后,确定连接是电弧钎焊,可采用高速砂轮机,用砂轮切除钎焊,如图2-205所示。如果更换上面的板件,不要切透它下面的板件。磨透钎焊接头以后,用錾子和锤子分离板件。

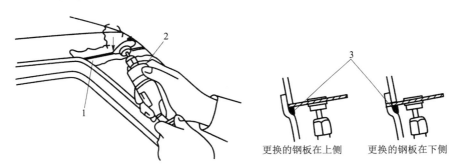

1—钎焊焊缝;2—滚轮研磨机;3—钎焊位置。

图2-205 使用高速切割砂轮来分离钎焊区

四、结构性板件的维修连接方式

整体式车身部件一般在接缝处进行更换。但当有许多必须分离的接缝在车辆未受损伤的区域时,如果全部更换费用太高,就需要进行局部切割更换。如对梁、立柱和车门槛板进行部分更换,可使修理费用降低。分割结构件,同时要保持防撞吸能区的完整,使修理区域的强度像撞击以前一样,再遭碰撞时还具有吸收碰撞的能力。

在分割时要考虑车辆的特殊设计,例如防撞吸能区、内部的加强件、制造时的接缝位置,以及理想的分割区域。当分割高强度钢和超高强度钢时,在确认分割将不危害车辆结构的完整性时才能实施。

经常需要分割和更换的结构性板件主要包括车门槛板、后顶侧板、地板、前纵梁、后纵梁、行李舱地板、B立柱以及A立柱，如图2-206所示。

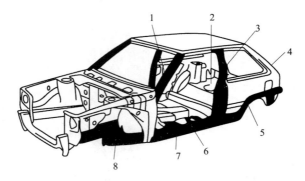

1—A立柱；2—行李舱地板；3—B立柱；4—后侧围板；5—后纵梁；6—客舱地板；7—车门槛板；8—前纵梁。
图2-206 经常需要分割和更换的车身结构板件

在承载式车身结构件中，有两种基本类型（如图2-207所示）：一种是封闭截面构件，例如车门槛板、立柱和车身梁；另一种是开式的或单层搭接连接的组合部件，例如地板和行李舱地板。封闭截面构件是要求最高的构件，因为它们在车身结构中承载主要的荷载，而且相同截面大小的强度，要比其他部件截面的强度大得多。

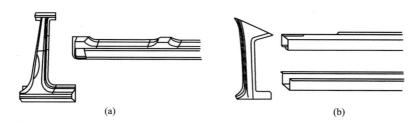

（a）封闭截面；（b）开式截面
图2-207 车身板封闭的截面

结构性构件的基本连接形式主要有有插入件的连接、没有插入件的连接及搭接三种形式。

1. 有插入件的连接方式（如图2-208所示）

主要用于封闭截面构件，例如车门槛板、A立柱以及车身梁。插入物使这些构件容易装配和正确地对中连接，并且使焊接过程比较容易。

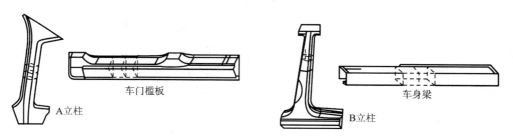

图2-208 有插入件的连接方式

2. 没有插入件的连接方式

没有插入件的连接，通常又称为偏置对接。这种类型的焊接连接用于 A 立柱、B 立柱及前梁，如图 2-209 所示。

3. 搭接方式

搭接用于后梁、地板、行李舱地板及 B 立柱，如图 2-210 所示。

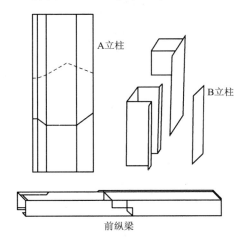

图 2-209 没有插入件的偏置对接方式

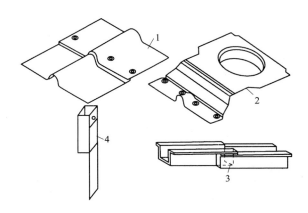

1—客舱地板；2—行李舱地板；3—后纵梁；4—B 立柱。

图 2-210 搭接方式

根据被分割构件的形状和结构，可采用组合的连接类型。例如，分割立柱，可能要求在外件上用偏置对接连接，而在内件上用搭接连接。

五、结构性构件分割注意事项

① 分割时有些部位要避开，如要避开构件中一些"孔"。

② 不要切穿任何内部加强件，如金属的双层构件。如果不小心切穿了内部加强件的封闭截面，则不可能使该部位恢复事故发生前的强度。

③ 还应避开支承点，如悬架支承点，座椅安全带在地板中的固定点，以及肩带 D 环的固定点。例如当切割 B 立柱时，应环绕着 D 环面做偏心切割，以避免影响固定点的加固。

④ 有些结构件设计有防撞吸能区或褶皱点，这是为了在撞击时吸收冲击能量。尤其是前梁和后梁上更是如此，所有的前梁和后梁都有防撞吸能区，通过它们的外观可辨认这些防撞吸能区。有些是以回旋状或波状的表面形式，有些是凹痕或陷窝形式，另外一些是孔或缝的形式。这样做是有意设计的，使梁在碰撞时首先在这些部位变形。防撞挤压区设在前悬架的前面和后悬架的后面。

在维修中需要对前纵梁进行切割时，一定要避开前纵梁防撞挤压区，要按照维修手册中指定的位置进行切割，否则就会改变设计的安全目的。如果一根梁遭受到较大的损坏，这根梁通常将在防撞挤压区被压弯。因此，其位置通常是容易确定的。在中等损坏的场合，其冲击能量不可能把整个防撞挤压区压缩，因此要注意观察可能出现损伤的其他区域。图 2-211 所示为前纵梁设计的切割参考孔示例。

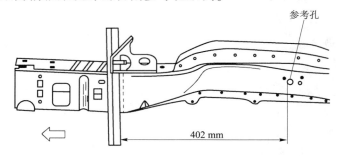

图 2-211 前纵梁设计的切割参考孔

一、劳动安全与卫生

① 必须穿戴好工作服。
② 进行板件切割和焊接操作时，必须佩戴护目镜。
③ 使用切割机、焊机等设备时严格按其说明书要求的操作规范进行。

二、后侧围板的更换

① 焊点的清除。使用焊点钻来钻除焊点，如图 2-212 所示。注意针对不同的部位选择合适的工具钻头直径。
② C 立柱的切割。如图 2-213 所示，用样板规在 C 立柱外板画出切割线，在切割线上进行切割。对铜焊部位加热，分离钎焊区。

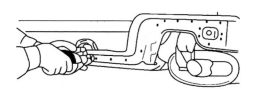

图 2-212 焊点的清除

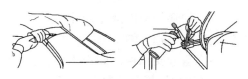

图 2-213 钎焊的切割与分离

③ 车身结合部位的整理。用研磨机磨平焊点部位的多余金属，使金属平整。用钢丝刷去除黏着物，如图 2-214 所示。对焊接面板件进行整修，涂抹点焊防锈底漆，如图 2-215 所示。
④ 新板件的切割准备。用塑胶样板规划切割线，使用气动锯在切割线上进行切割，如图 2-216 所示。注意防止钢板变形。
⑤ 暂时安装后侧围板。用大力钳夹在若干点

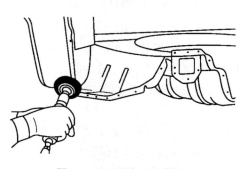

图 2-214 用钢丝刷清洁

将它固定，要保证板件的末端和边缘的匹配。

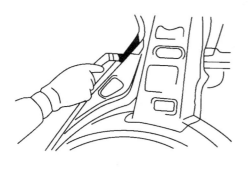

图 2 – 215　涂抹点焊防锈底漆

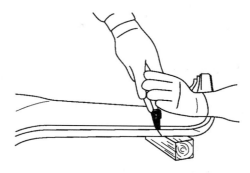

图 2 – 216　切割新板件多余部分

⑥ 如图 2 – 217 所示，仔细调节新板件与周围板件的配合。调节板件以便与车门和车身轮廓彼此匹配。然后将行李舱盖安装在正确位置上，并调节间隙和水平差。要进一步确定后窗孔的对角尺寸，若有差别，适当地进行校正，使后窗玻璃与窗孔相吻合。

⑦ 将新板件装配车身上以后，可以钻些小孔，用自攻丝螺钉将它固定（如图 2 – 218 所示）。注意：如果用虎钳夹固定，将不能检验配合的正确性。

调整车身轮廓线和板件的搭接处，使其与后围板及后部窗口框架相匹配。安装尾部组合灯，并使板件与灯组件配合。当每个部分的间隙、车身轮廓线和水平偏差都已经调整好时，用肉眼检查整体的扭曲和弯曲。

图 2 – 217　后侧围板间隙的安装调整

图 2 – 218　临时固定新板件

⑧ 切割搭接的板件。板件正确定位以后，在分割区域进行切割，如图 2 – 219 所示。切割时要精确，如果切割后出现间隙或板件搭接，将给下一步的焊接造成困难。

可以用以下的基本方法完成切割搭接：如果搭接区域大，两块板件可以同时进行切割；如果搭接区域小，可以用画线笔在搭接板件的端部画一条直线，沿着所画的直线用手动锯或切割砂轮切去位于连接区域的搭接部分。此时板件应整齐地配合在一起，只能有小的间隙或者没有间隙。

在切割好搭接部分以后，进一步加工以前，要将更换的板件移开，从里面的板件上清除所有的碎屑和异物。

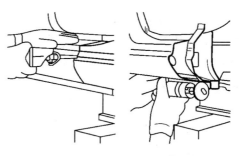

图 2 – 219　切割新板件的搭接部分

围绕后侧围板的内周边涂上密封剂，并且再次用自攻丝螺钉安装板件和其他零件。再一次检查配合情况。

⑨ 焊接前准备。在新零件上用不同记号来辨别是要进行塞焊还是点焊,先将实施点焊部位的底漆磨除,对塞焊部位根据板件厚度选择钻头来钻取塞焊所需要的塞孔。确保新板件与车身的结合面吻合间隙很好,在焊接处涂抹点焊防锈底漆。

⑩ 焊接新板件。一旦新板件的尺寸和位置确定以后,就将它焊接就位,如图 2-220 所示。要采用分段焊接防止热变形和应力。

焊接接头的处理。对表面的焊缝进行研磨,直到平滑。在没有底漆的部位实施清洁及去脂工作,喷涂底层漆。

调整装配间隙。先调整行李舱盖的前后方向间隙,再调整行李舱盖的左右方向间隙,最后调整行李舱的高度,如图 2-221 所示。

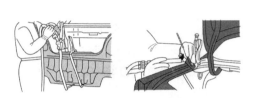
图 2-220 新板件电阻点焊和钎焊

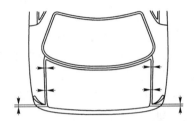
图 2-221 调整装配间隙

三、前纵梁的更换

① 拆除旧的板件。使用点焊钻钻除所有焊点,如图 2-222 所示,然后用錾子检查所有焊点的钻除情况,但不能施力于錾子上以免使钢板裂开。

② 车身准备。要磨平钻除焊点时或剥离钢板所产生的毛刺,如图 2-223 所示,注意不要把钢板磨薄。把要进行焊接的部位清理干净,露出新的金属,如图 2-224 所示。

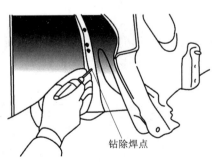
图 2-222 钻除焊点

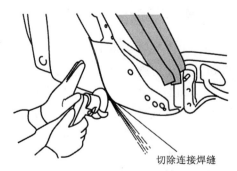
图 2-223 焊点连接部位清理毛刺

③ 清洁车身结合面。用钢丝刷刷除钢板焊接部位周围的车身密封胶及底层漆。在清洁和去蜡后,在钢板焊接的结合面涂抹点焊防锈底漆,如图 2-225 所示。

④ 新钢板焊点位置定位。在点焊或塞焊的位置做上不同的记号,如图 2-226 所示,以便于辨认,并在新的钢板上做记号(点焊焊点数要比原焊点数多出 30%,先决定两端的位

置，再分配其余的焊点数）。如果用塞焊则先要在新板件上钻孔，如图 2-227 所示，钻孔的大小可参考维修手册，如果没有要求，结构性板件上钻直径 8 mm 的孔，外板件可钻直径 5 mm 的孔，塞焊的焊点数可以和原焊点数一样。

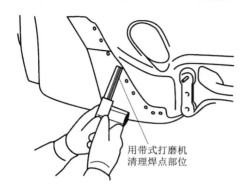

图 2-224　清洁电阻点焊部位露出新金属

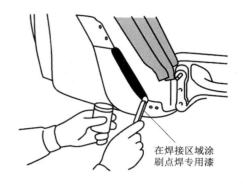

图 2-225　涂抹点焊防锈底漆

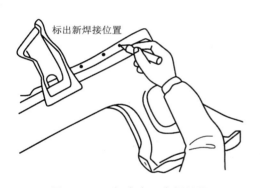

图 2-226　标出电阻点焊位置

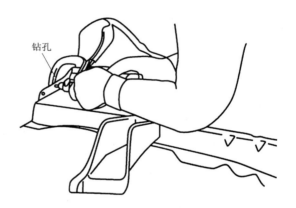

图 2-227　塞焊操作要提前钻孔

⑤ 磨除实施点焊焊接部位的底漆，在磨除底漆的后表面上涂抹点焊专用底漆。

⑥ 将前挡泥板和纵梁的装配标记对准，并用虎钳将它们夹紧。没有参考标记的零件，新板件应安装在旧板件的相同位置上，如图 2-228 所示。

⑦ 暂时安装车身前横梁。用锤子和木块依次轻轻地敲击板件，使它按需要的方向移动，直至彼此相配，同时要用测量工具来确定安装部件的尺寸位置。

⑧ 假如测量尺寸与参考值相符，通过二氧化碳保护焊点焊几个点，将板件暂时固定。

⑨ 依照标准孔或旧零件的装配痕迹来暂时固定安装散热器框架，如图 2-229 所示。

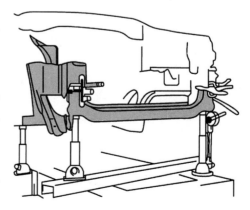

图 2-228　新板件安装在旧板件的相同位置上

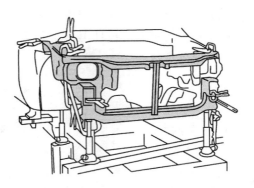

图 2-229 安装散热器框架

⑩ 调整尺寸。首先进行测量,来确定悬架上支座及前翼子板隔板前后端安装点的定位情况,检查零件与前照灯左右尺寸的差异,按照汽车维修手册给出的标准尺寸图(如图 2-230 所示)确定各尺寸是否符合要求,视需要调整到符合标准要求。

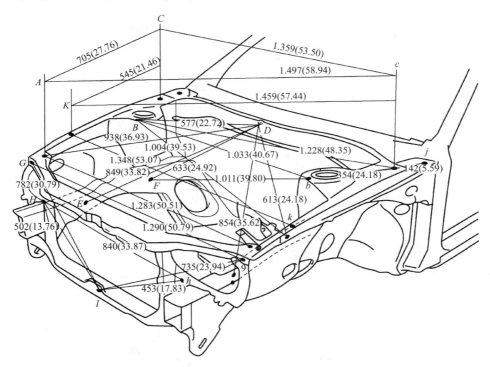

图 2-230 车身的标准尺寸数据 [单位:mm(in)]

检查左右翼子板隔板上端的高度,通过测量调整到允许误差范围内。

组装车身覆盖件并检查装配间隙,如图 2-231 所示,以判定装配间隙是否调整到标准范围内。

在焊接以前,要再一次核实所有的尺寸,尺寸不准确就不能进行焊接操作。

焊接新钢板时应从强度较高的部位开始焊接,焊接的两个板件要结合良好没有缝隙,焊接时要采用分段焊接以减小焊接应力与变形。焊接后拆除焊接夹钳，并重新测量。

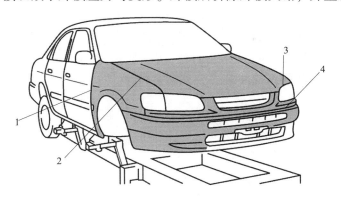

1—车门与翼子板的间隙；2—翼子板与发动机罩的间隙；
3—发动机罩与前照灯的间隙；4—翼子板、前照灯与保险杠的间隙。

图 2-231　检查外覆盖件的装配间隙

在有些部位能明显看到的焊点必须研磨至与板件平齐，而要喷涂底层漆的部位只要稍微研磨修饰即可。钢板清洁及去油脂后在焊接部位或裸钢板上喷涂防锈底漆（如图 2-232 所示）。

在完成涂装后进行车身部件装配。先调整发动机罩的前后方向，再调整发动机罩和翼子板之间的间隙，然后调整发动机罩高度，最后调整车门与翼子板的车身线高度和曲率。

四、门槛板的更换

整体式车身的门槛板设计有二层板或三层板，如图 2-233 所示。不管是哪一种，门槛板都可能有加强件。加强件可以是间断的，也可以是连续的。根据损坏的情况，门槛板可以和中立柱一起更换，或者单独更换。

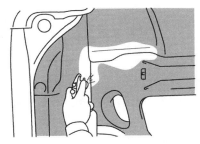

图 2-232　喷涂底漆

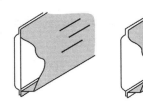

图 2-233　门槛板断面

切割或修理门槛板时，一种是纵向切割用插入件对接，另一种可以切割门槛板的外板，用搭接的方法装上修理件。当安装一个重复使用的带有中立柱的门槛板时，应采用插入件对接法，如图 2-234 所示。

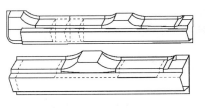

图 2-234　采用插入件对接方式修理门槛板

从修理件上的多余部分或损坏件的端部切割下来一块或多块材料,制作插入件,长度为15~30 mm。用塞焊将插入件固定在适当的位置,如图2-235所示。

只有在安装门槛板或其一部分时,才采用搭接工艺。进行搭接的一种方法是在前门的开口处进行切割,并经过测量,证明可以搭接。切割时,为了避免切割到中立柱下面的任何加强件,应避开中立柱的基础50 mm以上,如图2-236所示。

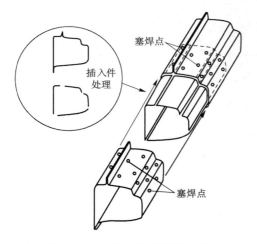

图2-235 插入件的固定方式

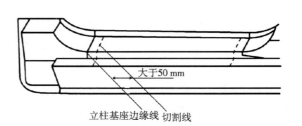

图2-236 不要切割中立柱下面的加强件

门槛板的切割与焊接操作过程如下:

① 环绕着中立柱和后立柱的基础切割,在每一个立柱的周围留下搭接区域,如图2-237所示。

② 切好新的门槛外板,使之搭接在立柱基础的周围,同时,门槛外板的原件也仍然固定在汽车上。

③ 在夹紧的凸缘上,采用塞焊代替出厂的电阻点焊进行连接,如图2-238所示。

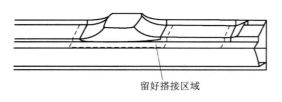

图2-237 中、后立柱切割

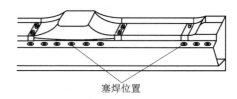

图2-238 塞焊代替电阻点焊

④ 采用与电阻点焊近似的等间距,围绕中立柱和后立柱进行塞焊搭接,如图2-239所示。

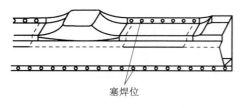

图2-239 塞焊搭接

⑤ 然后在搭接段中边缘实施断续的缝焊,每边缝焊总长度约占总长的30%,即搭接边的每40 mm长度大约有12 mm焊缝,如图2-240所示。

⑥ 在门开口的搭接区域进行塞焊焊接,并环绕着边缘搭接实施缝焊焊接,如图2-241所示。

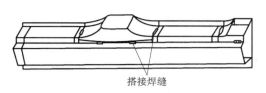

图 2-240　间断的搭接焊缝

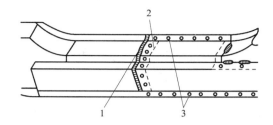

1—搭接焊缝；2—搭接部分；3—塞焊。

图 2-241　搭接区域的塞焊和搭接焊

五、前立柱的更换

前立柱是由两件或三件板组成，在上端或下端或上下两端都有加固件。因此前立柱应在中间区域切割，避免割掉任何加固件，如图 2-242 所示。

对前立柱切割，可用插入件对接，或者用没有插入件的偏置对接。用插入件对接时，如图 2-243 所示，插入件长度应为 100～150 mm。

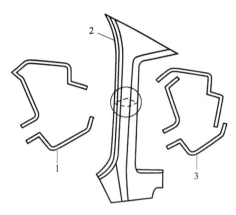

1—两件板组成；2—前立柱；3—三件板组成。

图 2-242　前立柱构件结构

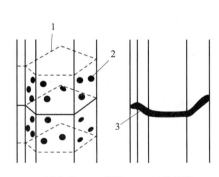

1—插入件；2—塞焊；3—对接焊缝。

图 2-243　前立柱的插入件对接

进行偏置对接时，如图 2-244 所示，内件的切割位置与外件不同，形成偏置。内外件两切割线间距不得小于 50 mm。将截面对接在一起并将它们的四周连续焊接。

六、中立柱的更换

对于中立柱的分割，可以采用两种类型的对接：插入件对接（如图 2-245 所示）、偏置和对接相结合（如图 2-246 所示）。大部分中立柱都有加强件。对中立柱，仅在它的外件使用槽形插入件。D 环固定点加强件是焊到内件上

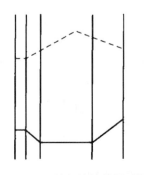

图 2-244　前立柱的偏置对接

的，因此无法使用插入件。

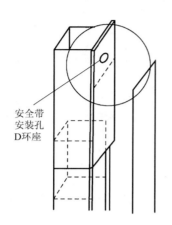

图 2-245 中立柱内板的插入件连接

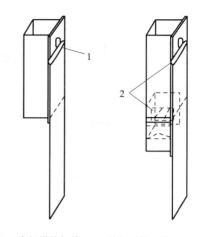

1—内板搭接焊接；2—外板对接焊接和塞焊。

图 2-246 中立柱的偏置对接

采用偏置对接时，首先在原有的内板上搭接新的内板，而不要将它们对接在一起，并且焊好搭接边缘。然后用点焊把插入件焊接就位，并且用连续对接焊环绕着外板封闭连接。

通常，当安装新件或者当加工分离的内件和外件时，要经常地采用偏置连接和搭接的组合，如图 2-247 所示。操作步骤如下：

① 在外件上，在 D 环固定点加强件之上进行对接切割。
② 在内件上，在 D 环固定点加强件之下进行重叠切割。
③ 首先安装内件，用新的板件搭接在原有板件上。
④ 焊接搭接边缘。
⑤ 将外件安放就位，在边缘上进行塞焊，并且在对接处用连续焊缝封闭截面，如图 2-248 所示。

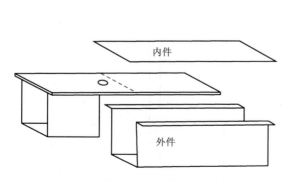

图 2-247 偏置连接和搭接的组合结构

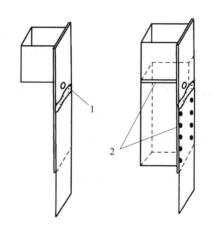

1—内板搭接焊接；2—外板对接焊和塞焊。

图 2-248 中立柱的偏置和搭接的组合更换

七、地板的更换

切割地板时，不要切穿任何加强件，例如座椅安全带的固定装置。要注意使后部地板搭接在前板上，使汽车下部地板的边缘总是指向后方。这样，从前向后运动的道路飞溅物会从底部边缘流出而不会迎面撞击，如图 2-249 所示。地板搭接板件的分割、连接时要注意以下几点：

① 用搭接焊连接所有的地板。
② 在搭接部位进行塞焊搭接（如图 2-250 所示）。
③ 用弹性捻缝材料堵塞上边和向前的边。
④ 在下边，用连续焊缝搭接焊重叠的边。
⑤ 用底漆、薄层保护层以及外涂层覆盖搭接焊缝，如图 2-251 所示。

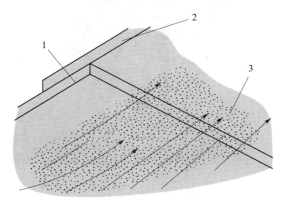

1—前地板；2—后地板；3—气流。
图 2-249　地板的搭接边缘不要迎风

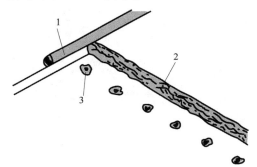

1—车身捻缝；2—搭接焊；3—塞焊。
图 2-250　塞焊搭接

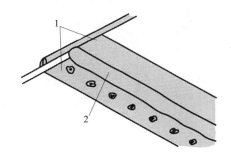

1—底漆；2—薄层保护层。
图 2-251　焊缝的密封

八、铝合金结构件的更换

如图 2-252 所示，汽车前部碰撞使前纵梁前端和前翼子板固定梁前部受损，即要局部更换。由于这两个件均为铝合金材料，通常采用的更换方法为胶粘铆接，更换的步骤如下：

（1）拆卸妨碍工作的零件

在图 2-252 所示的状态，为方便切割前纵梁和翼子板固定梁，需要将翼子板前支柱拆离前纵梁。此处的连接为冲压铆钉连接，需要用拉拔的方式拆开连接。

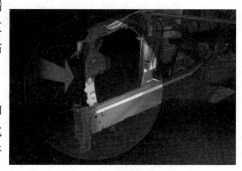

图 2-252　受损伤的铝合金结构件

① 磨去原铆钉表面的油漆层，露出完整的铆钉头表面。
② 用焊钉枪在原铆钉表面焊接专用焊钉，如图 2 – 253 所示。

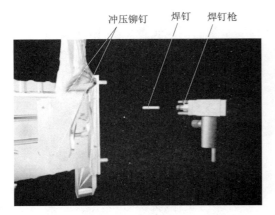
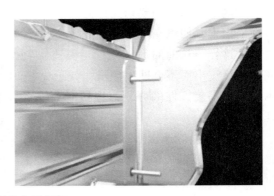

图 2 – 253　焊接专用焊钉

③ 用拉钉枪将铆钉拉出，如图 2 – 254 所示。

图 2 – 252 ~
图 2 – 255 彩图

图 2 – 254　拉出铆钉

（2）切割构件损伤部分
① 根据损伤情况及车身维修手册相关说明，确定切割位置。
② 用切割锯切割掉构件损伤部分，如图 2 – 255 所示。

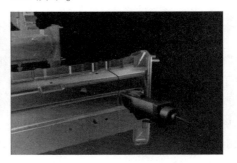

图 2 – 255　切割板件

（3）准备好新件
可以在新备件或旧车上按相同的位置切割下来。

(4) 安装新件

① 安装定位支架。如图 2–256 所示,新件定位试装,做好定位标记。

② 钻膨胀孔。根据膨胀螺栓的直径选择合适的钻头,在纵梁接缝中间钻膨胀孔,如图 2–257 所示(注意:在纵梁下侧对称部位也应钻膨胀孔)。

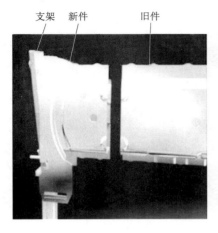

图 2–256　新件定位

图 2–257　钻膨胀孔

③ 将新件分开,与旧件保持合适的距离(距离的大小以方便安装芯件为准),如图 2–258 所示。

④ 表面处理。

a. 无纺带打磨纵梁内孔和芯件表面。

b. 用清洁剂清洁。

c. 在纵梁内孔和芯件表面做火焰涂层。

⑤ 在两个芯件中心各拧一膨胀螺栓,如图 2–259 所示。

图 2–256 ~
图 2–259 彩图

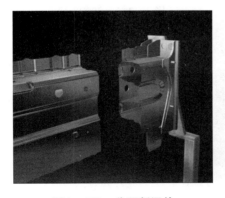

图 2–258　分开新旧件

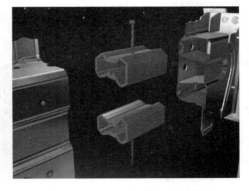

图 2–259　在芯件上拧入膨胀螺栓

⑥ 在纵梁内孔和芯件表面打胶。内孔打胶的深度应与芯件的长度相配合;芯件打胶的范围应覆盖整个外表面,如图 2–260 所示。

⑦ 将芯件装入纵梁内孔,新件压靠到旧件上,如图 2–261 所示。

⑧ 胀紧芯件。用电动(或手动)扳手拧紧膨胀螺栓,使芯件胀紧在纵梁内孔,如图 2–262

所示。

⑨ 拆离安装支架。

⑩ 借助支架将翼子板安装梁新件与旧件位置对准（搭接），在搭接区域钻孔，如图2–263所示。在翼子板安装梁新件与纵梁的安装位置也同样钻孔（直径4.2 mm钻头，用于4 mm的铆钉；直径6.7 mm钻头，用于6.5 mm的铆钉）。

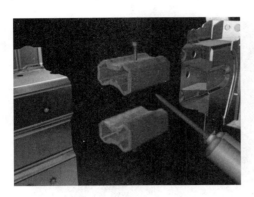
图2–260 打胶

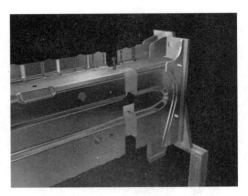
图2–261 装芯件

图2–262 胀紧芯件

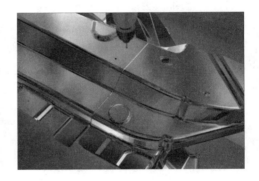
图2–263 钻铆钉孔

⑪ 铆接翼子板安装梁（包括与前纵梁安装的位置），如图2–264所示。

图2–260 ~
图2–263 彩图

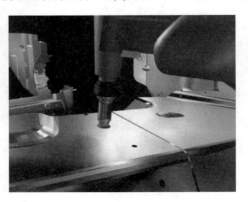
图2–264 铆接翼子板安装梁

⑫ 在铆钉头部涂密封胶。

一、准备工作

1. 考核设备、材料准备

在技能学习工位准备好有裂纹/孔洞损伤的车身塑料板件（包括玻璃钢件）、气焊设备及其配套工具/材料、钢丝刷、尖嘴钳、CO_2 气体保护焊设备、干磨机及其配套的砂纸、塑胶样板规、大力钳夹、钎焊设备及材料、气动磨削工具、气动切割锯（或等离子切割机及其配套工具）、气动錾子（或手动錾子）、焊点钻、打孔器、折边机、气动剪（或手工铁皮剪）、气动除锈器、气动锉等。

2. 学员劳动保护

① 必须穿戴好工作服。
② 进行板件切割和焊接操作时，必须佩戴护目镜。
③ 进行焊接工作时应穿好帆布工作服，戴好焊工手套及防尘口罩。使用表面涂有氧化锌油漆的面罩，配用 9~12 号滤光镜片，各焊接工位要设置专用遮光屏。

二、考核流程

1. 学员工作

两名学员为一小组，在充分学习本任务相关知识与技能的基础上，完成下列工作，并同时完成相应的工单（见本书配套教学资源"实训工单"中的"工单 2-5"）。

① 选择下列项目之一：
a. 后侧围板的更换。
b. 前纵梁的更换。
c. 门槛板的更换。
d. 前立柱的更换。
e. 中立柱的更换。
f. 地板的更换。
② 铝合金结构件的更换。
③ 5S 工作。
④ 自我评价。

2. 指导教师工作

学员在进行上述操作过程中，指导教师进行下列工作：
① 向学员讲解安全注意事项，要求学员在实训工单中做记录。
② 观察、指导学员进行相关操作，及时制止可能发生危险的操作。
③ 实操结束后审阅学员完成的工单，并结合其操作情况（工作成果）给出评价。

单元二
汽车漆膜修复

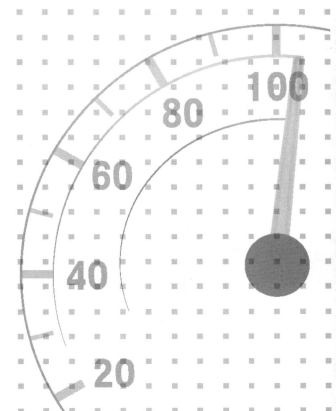

项目三

底处理

涂装使用的材料主要是涂料。涂装是指将涂料涂覆于经过处理的物面（基底表面）上，经干燥成膜的工艺。有时也将涂料在被涂物表面扩散开的操作也称为涂装，俗称涂漆或油漆。

已经固化了的涂料膜称为漆膜（也称"涂膜"）。

由两层以上的漆膜组成的复合层称为涂层。汽车表面涂装就是典型的多涂层涂装。

汽车和摩托车是现代化的交通工具，其外表的90%以上是涂装表面。涂层的外观、颜色、光泽等的优劣是人们对汽车质量的直观评价。因此，它将直接影响汽车的市场竞争能力。另外，涂装也是提高汽车产品的耐蚀性和延长使用寿命的主要措施之一。所以，无论是汽车制造还是汽车维修行业，都将汽车的表面涂装列为重要的工作而特别对待。

汽车涂装是指各种车辆的车身及其零部件的涂漆装饰，根据涂装的对象不同，汽车涂装可以分为新车涂装和修补涂装两个大体系。

汽车经过涂装后，除使汽车具有优良的外观外，还会增强汽车车身耐腐蚀性，从而提高汽车的商品价值和使用价值。

接收一台漆面受损的汽车，到修复后交车，一般要经过下述的系列工作：

① 清洗。涂装修复前进行汽车清洗的目的是：保持涂装车间的清洁，便于准确鉴定漆膜损伤程度，防止在之后的涂装作业过程中产生缺陷。

② 鉴定损坏程度（如图3-1所示）。涂装维修技师必须全车查找漆膜损伤的地方，包括板件的轻微变形（可以用涂装方法修复的），鉴定损伤的程度（范围、深度等），认真做好记录后，在精心研究的基础上，才能制定合理的修复方案。

③ 表面预处理（旧漆膜处理，如图3-2所示）。对于损伤（或老化）的旧漆膜，在进行涂装修复前，必须将旧漆膜进行适当的处理，如将损坏的部分打磨掉，才能进行修补施工。

图3-1 鉴定损坏程度

图3-2 表面预处理

④ 涂装底漆（如图3-3所示）。底处理打磨后，如果露出金属的面积较大，按标准要求应该施涂一层底漆，以提高底材的防腐能力并提高其与修补涂层的附着力。

⑤ 原子灰施工（如图3-4所示）。在损伤处通常会有板件表面凹凸不平现象，为了快速将凹陷处填平，通常用刮涂的方法施涂一层原子灰。

图3-3　涂装底漆

图3-4　原子灰施工

⑥ 中涂底漆施工（如图3-5所示）。为了遮盖原子灰打磨后表面留下的轻微缺陷，保证面漆施工质量，需在原子灰层表面施涂一层底漆（中涂底漆）。

⑦ 面漆调色（如图3-6所示）。为了使修补的漆膜的颜色与原车身颜色一致，必须用油漆商提供的涂料（有限的颜色种类）进行颜色调配。

图3-5　中涂底漆施工

图3-6　面漆调色

⑧ 面漆施工（如图3-7所示）。调好颜色的涂料，通常用喷涂的方式施涂于中涂底漆的表面。

⑨ 面漆层干燥（如图3-8所示）。刚喷涂的面漆层为湿状态，必须经过足够时间的干燥，才能形成具有良好性能的漆膜。

图3-7　面漆施工

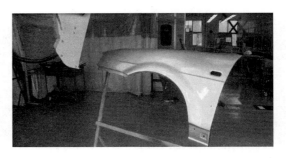

图3-8　面漆层干燥（烤漆）

⑩ 涂装后处理（如图3-9所示）。面漆干燥后，由于各种原因，表面会留下种种缺陷，必须经过适当的处理将其消除。

⑪ 交车。经过上述修复施工后，再经详细的检验，确认修补质量达到要求且没有遗漏之处（包括修补过程拆下的零件均已安装到位），即可进行交车。

不同类型的漆面损伤，其修复操作流程不同。常见的汽车修补涂装种类如图3-10所示。

图3-9 涂装后处理（抛光）

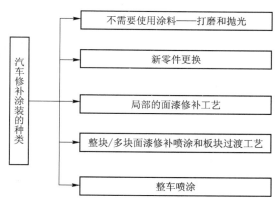

图3-10 常见汽车修补涂装类型

在汽车修补实际工作中，遇到最多的是原车身板件漆膜损伤修复。汽车漆膜的损伤程度通常可分为严重损伤、较重损伤和无损伤（新更换板件）3种，不同的漆膜损伤程度，修补涂装工艺程序不同。图3-11～图3-13所示为三种不同类型漆膜损伤的修补涂装工艺。

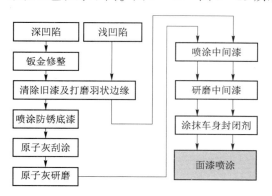

图3-11 严重漆膜损伤的涂装工艺

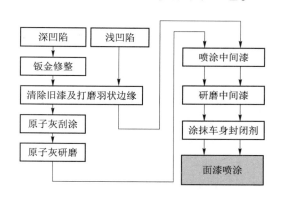

图3-12 较重漆膜损伤的涂装工艺

由上述操作流程可见，涂装修复的第一环节为底处理。

在涂装前对被涂物表面进行的一切准备工作，称为底处理。它包括采用物理、化学或电化学方法，使金属或非金属材料表面的化学成分、组织结构、物理形貌发生变化，从而使漆膜更好地附着在底材之上，充分发

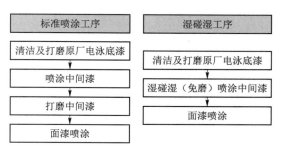

图3-13 无损伤漆膜（新更换板件）的涂装工艺

挥漆膜的性能，起承上启下的作用，是修补涂装的第一道工序。

底处理的目的，主要是清除表面的污垢、损伤的旧漆膜、底材的锈蚀等，使新涂的漆膜与被涂工件表面具有良好的附着能力，并保证漆膜具有良好的性能。污垢可分为无机污垢和有机污垢，它们的存在会影响漆膜的外观，严重的会使漆膜成片脱落。漆膜质量的影响因素中，工件表面处理的质量要占到49%。

底处理包括两个具体工作环节，即漆膜损伤的评估和表面预处理。

任务3-1 职业健康与安全

汽车涂装工为特殊工种。修补涂装作业过程中存在很多关于安全、卫生及环保的特殊事项，从事涂装作业的技师必须熟记这些事项并且具备丰富的劳动安全、卫生及环保知识与技能，才能最大限度地避免工作事故的发生，并且即便在发生事故时，也能进行有效的处理。因此，劳动安全、卫生及环保知识与技能的学习必须是汽车修补涂装从业人员要学习的第一课。

1. 能够正确描述汽车涂装安全准则。
2. 能够识读与汽车修补涂装相关的危险警告标识。
3. 能够正确描述汽车修补涂装可能对人体造成的危害。
4. 能够说明汽车修补涂装应配备的劳动保护用品。
5. 能够正确描述安全用电常识。
6. 能够正确描述常用灭火器的类型及其应用。
7. 能够正确使用防毒面罩。
8. 能够进行常遇特殊情况时的人员急救。
9. 能够正确使用常用灭火器。
10. 培养良好的安全、卫生习惯，环保意识及团队协作的职业素养。
11. 能够检查、评价、记录工作结果。

一、涂装工作安全守则

① 所有漆料产品应适当贮存并远离孩童。
② 所有产品必须在通风较好的环境下及装置排气系统的操作间内使用。

③ 汽车修补漆只供专业喷涂或工业施工之用。
④ 有关产品说明书及安全守则可向经销商或油漆制造商查询。
⑤ 所有产品在使用前必须详细阅读有关资料及化学品安全技术说明书。

二、安全警告标识

在进行汽车维修涂装操作时，要特别注意安全及健康问题。使用涂装材料前要仔细阅读产品的使用说明书和相应的标签，并能充分理解各类型安全警告标识的含义，以便做到提前准备。

与汽车涂装相关的安全警告标识主要有以下几种：

1. 避免皮肤接触

避免皮肤接触提示图标如图 3-14 所示。工作时应采取如下措施：
① 穿着合适的工作服，佩戴合适的手套。
② 使用隔绝性护手膏以保护裸露的皮肤。
③ 避免使用稀释剂洗手，应使用合适的清洁剂。
④ 皮肤接触有害污物，应立即除下污染物并以大量清水及肥皂水清洗。

图 3-14　避免皮肤接触标识

图 3-14、图 3-15 彩图

2. 避免眼睛接触

避免眼睛接触提示图标如图 3-15 所示。工作时应采取以下措施：
① 使用或处理油漆、固化剂和溶剂时必须佩戴护目镜。
② 如有任何漆料溅入眼睛，应马上用清水冲洗 10 min 并送医院治疗。

图 3-15　避免眼睛接触标识

3. 避免呼吸系统接触

避免呼吸系统接触提示图标如图 3-16 所示。工作时应采取以下措施：
① 避免处于充满油漆和尘雾的工作间，工作间应装置良好的排风系统。

② 使用干式打磨或喷涂操作时，必须佩戴合适的面罩。

图 3-16　避免呼吸系统接触标识

4. 避免食用接触

避免食用接触标识如图 3-17 所示。工作时应采取以下措施：
① 切勿在工作间内进食及吸烟，以免误服有害物质。
② 工作人员进食前要彻底洗手。
③ 误服有害物质后不要强行使人呕吐，维护体温，保持安静，并尽快送医院救治。

图 3-16 ~
图 3-18 彩图

图 3-17　避免食用接触标识

5. 注意防火

注意防火标识如图 3-18 所示。漆雾和挥发性气体是易燃易爆的，所用工作间必须装置防火设备，工作人员必须具备正确的安全防火知识。

图 3-18　注意防火标识

6. 健康危害

健康危害标识如图 3-19 所示。该标识提示可能存在以下健康危害：
① 呼吸过敏和皮肤过敏。
② 生殖细胞突变性。
③ 致癌性。
④ 生殖毒性。
⑤ 特异性淋巴器官一次接触毒性。

⑥ 特异性淋巴器官反复接触毒性。

7. 毒性/刺激

毒性/刺激标识如图 3-20 所示，该标识提示可能存在以下安全危害：
① 急性毒性。
② 皮肤腐蚀/刺激性。
③ 严重眼损伤/眼睛刺激性。
④ 呼吸过敏和皮肤过敏。

图 3-19　健康危害标识

图 3-20　毒性/刺激标识

8. 易燃标识

易燃标识如图 3-21 所示。该标识提示可能存在以下易燃物：
① 易燃气体。
② 易燃气溶胶。
③ 易燃液体。

9. 腐蚀

腐蚀标识如图 3-22 所示。该标识提示可能存在以下腐蚀情况：
① 金属腐蚀物。
② 皮肤腐蚀/刺激。
③ 严重眼损伤/眼睛刺激性。

图 3-19~
图 3-24 彩图

图 3-21　易燃标识

图 3-22　腐蚀标识

10. 急性毒性

急性毒性标识如图 3-23 所示。该标识提示可能存在急性毒性。

11. 水环境危害

水环境危害标识如图 3-24 所示。该标识提示可能存在急性/慢性水环境危害。

图 3-23　急性毒性标识　　　图 3-24　水环境危害标识

汽车涂装作业中对人体的危害及防护方法

三、汽车涂装作业时可能对人体的伤害

汽车涂装作业时能够危害人体的物质有很多，在短期内可能不易察觉对身体造成的伤害，但 15 或 20 年以后，病症就会发作。通常这种伤害是无法挽回的。

颜料可能含有铅、铬、镉、铁等重金属。铅会影响神经系统、血液系统、肾脏系统、生殖系统；铬会损伤呼吸道、消化道，引起皮肤溃伤、鼻中隔穿孔等；镉会引起呼吸道病变，危害肾脏系统。

有机溶剂可能含有甲苯、二甲苯，会刺激中枢神经、皮肤，损伤肝脏。

树脂可能会引起呼吸道过敏、皮肤过敏。

2K 型（双组分）烤漆的固化剂可能含有异氰酸盐，会刺激皮肤、黏膜，引起呼吸器官障碍。从事汽车涂装作业的职业病种类，如图 3-25 所示。

汽车修补漆的作业，必须注意安全，避免意外的发生。因此，必须谨记：预防胜于补救。

眼睛　损坏黏膜，化学灼伤角膜，引发白内障
鼻　鼻黏膜干涩
嘴　黏膜干涸，舌苔干涩
肝　黄疸，急性肝功能衰竭
肾　肾炎，肾功能衰竭
肌肉　肌肉萎缩
神经　肌肉无力，感觉不灵敏
脑　急性中毒，慢性中毒
皮肤　湿疹
呼吸道　咳嗽，支气管炎，肺气肿
心脏　心律不齐
胃　反胃，呕吐
胎儿/卵子-精子　流产，畸形，不孕
骨髓　白血病

图 3-25　从事汽车涂装工作的职业病种类

还要注意一点：有慢性肺病或呼吸系统问题者，应避免接触漆料及有关产品。

四、汽车涂装作业安全防护

喷漆工作中时刻要注意自身的安全防护，安全防护措施不仅需要硬件上的支持，例如良好的工作环境和维修设备，更需要维修厂的管理人员和维修人员充分认识到安全防护的重要性。

1. 环境控制

环境控制中很重要的内容是通风。在使用油漆、稀释剂以及腻子等化学品时，适当的通风是非常重要的，通常采用换气扇等换气系统强制通风。特别是喷漆车间，更需要充分换气，这样不仅可以加速漆面的干燥，也可以除去有害混合物和气体。如果条件允许，最好在具有强制换气扇的烤漆房或无尘车间内喷漆。

2. 使用先进的工具设备

先进的喷漆设备可以有效地降低化学物质对操作者的危害。

① 使用高质量的喷枪（如 HVLP 喷枪），可提高喷涂时的油漆利用率，减少飞漆。

② 使用无尘干磨设备可以使打磨造成的粉尘降到最低，减少操作者呼吸系统吸入粉尘的概率。

③ 改进喷漆室的排风效率，减少喷漆时漆雾对人体的影响。

④ 在准备工作、调漆和喷漆作业时，为抵御产生的溶剂蒸气和漆雾，应佩戴高质量的劳动保护。

3. 使用环保的涂装产品

① 使用高固体分含量的涂料。

② 使用水性漆等。

4. 佩戴个人劳动防护用品

从事汽车涂装作业的个人安全防护用品如图 3 – 26 所示。在工作中采取安全防护措施的成本，永远比健康损害和挣钱能力降低的损失要低。

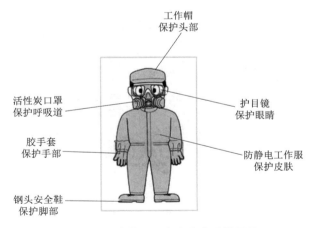

图 3 – 26　涂装作业个人安全防护用品

（1）护目镜

用于防止稀释剂、固化剂、飞溅的油漆以及打磨灰尘对眼睛造成伤害。图 3 – 27 所示为佩戴护目镜及其标识。

（2）防尘面具

用于保护肺部免受打磨时产生的固体微粒的危害。图 3 – 28 所示为佩戴防尘面具及其标识。防尘面具应根据需要使用不同级别微尘过滤器。滤芯的保护等级见表 3 – 1。

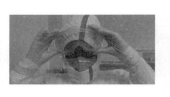 
图 3-27 佩戴护目镜及其标识

图 3-28 佩戴防尘面具及其标识

表 3-1 过滤式口罩滤芯的保护等级

过滤物质	英文代号	颜色	过滤等级	保护范围
颗粒	P	白色	P1	低毒性固体物质
			P2	低毒性固体及液态物质
			P3	一般毒性固体及液态物质
有机气体及挥发物	A	棕色	A1	沸点在 65 ℃以上的有机气体及挥发物（如溶剂）
			A2	沸点在 65 ℃以下的有机气体及挥发物（如溶剂）

（3）防护手套

工作手套主要有两种，一种是棉手套，主要用于在打磨或处理汽车零件时避免手部伤害；另一种是胶手套，主要用于在可能接触到涂料、稀释剂等时，防止有害物质通过皮肤渗入人体。图 3-29 所示为佩戴防护手套及其标识。

图 3-27 ~
图 3-29 彩图

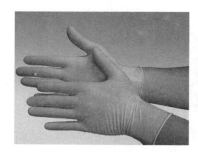 
图 3-29 佩戴防护手套及其标识

另外，对手部皮肤的保护还可在操作前涂抹防护霜；如果皮肤沾有漆料，应用专用的清洗膏清洁；如果皮肤出现划伤等，应采用有助于皮肤再生的护理。

（4）防护面罩

涂装作业中的防护面罩主要有 3 种类型。

① 过滤式呼吸防护面罩，如图 3-30 所示。适用于短时间接触有害气体的操作时佩戴。其过滤等级一般为 P2 和 A2 级。

② 半面式供气面罩，如图 3-31 所示。适用于长时间接触有害气体的操作时佩戴。这种类型的防护面罩，呼吸空气的质量与环境空气无关。两侧送风，气流均匀，通过附设的气压计可随时调整最舒适的送风气压，可以随时观察活性炭滤芯的有效性。需配活性炭过滤

器、空气加热器、空气加湿器等。

图3-30 过滤式呼吸防护面罩

图3-31 半面式供气面罩

活性炭过滤器及腰带,如图3-32所示。经活性炭过滤后的气体可以直接供人呼吸。绑在腰上方便使用,不影响喷涂操作。

图3-32 活性炭过滤器及腰带

图3-30~
图3-33 彩图

空气加热、加湿器,如图3-33所示。空气加热器带调节阀,可加热空气大约10 ℃;空气加湿器可以把压缩空气的相对湿度提升至30%,提供舒适安全的呼吸气体。

图3-33 空气加热器、加湿器

③ 全面式供气面罩,如图3-34所示。其用途、配套装置及特点与半供气式面罩相同,只不过它能够将整个面部全部遮盖起来,实现对头部的完全保护。

图3-35所示为佩戴防毒面罩标识。

图 3-34　全面式供气面罩

图 3-35　佩戴防毒面罩标识

图 3-36　喷漆防护服

(5) 防护服

从事涂装作业的防护服通常分两种：一种是机械危险防护服，即普通棉质工作服，主要在打磨等从事机械性作业时穿戴，用于防止受到边缘锋利的材料伤害，以及避免一般的机械影响和脏污。另一种防护服为化学防护服，如图 3-36 所示，主要在从事调漆、喷漆及抛光等作业时穿戴，用于防止涂料、稀释剂及抛光剂飞溅等造成的危害。喷涂作业防护服最好是带帽连体式，用透气、耐溶剂、防静电、不起毛的材料制作，袖口为收紧式。

(6) 安全鞋

在设有排水（排漆雾）的金属格栅的喷漆房内作业，必须穿戴安全鞋。安全鞋通常具有耐溶剂、绝缘等特性，鞋头和后跟均有内置钢板。图 3-37 所示为安全鞋及穿戴安全鞋标识。

图 3-34 ~ 图 3-38 彩图

图 3-37　安全鞋及穿戴安全鞋标识

(7) 耳罩（或耳塞）

涂装作业间的噪声并不是很大，但长期在即使很小的噪声环境中工作，也会对听力产生损伤，因而应该佩戴耳罩或耳塞予以保护。涂装间的噪声源主要有以下几方面：

① 喷漆房的排气扇。
② 工作间的排气管道。
③ 打磨噪声。
④ 压缩空气机噪声等。

图 3-38 所示为佩戴耳罩及其标识。

图 3-38　佩戴耳罩及其标识

五、涂装安全生产

1. 安全用电

安全用电是企业经营管理的基本原则之一。如果认识和掌握了电的性能及安全用电的知识，便可利用电能来为人类造福。相反，如果没有掌握安全用电的知识，违反用电操作规程，不仅会造成停电、停产、损坏设备和引起火灾，而且容易发生触电事故，危及生命。因此，研究触电事故的原因和预防措施，提高安全用电的技术理论水平，对于安全用电，避免各种用电事故的发生是非常重要的。

（1）触电对人体的伤害

触电是指电流以人体为通路，使身体的一部分或全身受到电的刺激或伤害。触电可分为电击和电伤两种。电击是指电流通过人体，造成人体内部器官伤害，这是十分危险的；电伤是指电流对人体外部造成的局部伤害，如电弧烧伤、电灼伤等。

（2）触电的原因和方式

造成触电事故的原因，常见的有以下3种：
① 忽视安全操作，违章冒险。
② 缺乏安全用电的基本常识。
③ 电线或电气设备的绝缘损坏。当人体触及带电的裸露线或金属外壳时，就会触电。

触电方式分为单相触电和两相触电。单相触电是指人体站在地面上，人体某一部位触及单相带电体。大部分的触电事故都是单相触电，此时人体承受 220 V 的电压作用，电流通过人体进入大地，再经过其他两相电容或绝缘电阻流回电源，当绝缘不良或电容很大时也有危险。两相触电是指人体同时触及三相电的两根火线，此时加在人体的电压是 380 V，其触电后果最为严重。

（3）安全防范措施

为了防止触电事故的发生，可采用以下安全措施：

① 电气设备的保护接地。保护接地就是将电气设备的金属外壳与接地体之间可靠连接。

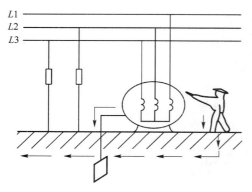

图 3-39　电动机保护接地电路

图 3-39 所示为电动机保护接地电路。电动机采用保护接地后，当某一相电线因绝缘损坏而碰到外壳时，这时若有人触及带电的外壳，人体相当于接地电阻的一条并联支路。由于人体电阻远远大于接地电阻，所以通过人体的电流很小，从而保证了人体安全。反之，若外壳不接地，当人体触及带电的外壳时，就会有大电流通过人体，造成触电事故。

② 电气设备的保护接零。保护接零就是将电气设备的金属外壳与零线可靠连接。采用保护接零后，若电动机内部某一相绝缘损坏而碰到外壳，则该相短路，其短路电流很大，将使电路中的保护电器动作或使熔丝烧断而切断电源，从而消除了触电危险。可见，保护接零的防护比保护接地更为完善。

实际工作中常用的单相用电设备，如抛光机、电动角磨机、热风枪等，用三脚扁插头和三眼扁孔插座。正确的接法应把用电器的外壳用导线接在中间长的插脚上，并通过插座与保护零线相连。绝不允许用电器的零线直接与设备的外壳相连，必须由电源单独接一零线到设备的外壳上。否则，可能会引起触电事故。保护接零如图 3-40 所示。

③ 电气设备的绝缘要求。电气设备的金属外壳和导电线圈之间的绝缘好坏通常用绝缘电阻来衡量。根据电气设备的绝缘要求规定，固定电气设备的绝缘电阻不能低于 0.5 MΩ；可移动的电气设备，如手提式电钻、台式风扇的绝缘电阻不能低于 1 MΩ；潮湿地方使用的电气设备，如洗衣机等电器的绝缘电阻还应更高些，以保证安全。电气设备的绝缘性能是随着使用年限的增长、温度升高

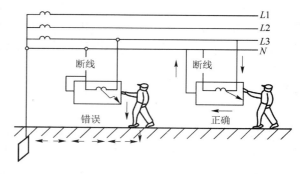

图 3-40　保护接零

和湿度增大而下降的，所以要定期用电表测量电气设备的绝缘电阻。对绝缘电阻不符合要求的电气设备不能继续使用，必须进行维修。

应该指出，对于长期搁置的电气设备，在使用前都必须用电表测量其绝缘电阻，不可贸然使用，以免发生事故。

2. 防火

火灾危害是在生产和生活中经常遇到的危险，针对它的措施重点是预防，因为一旦发生火灾，它的危害性不可估量，并且它的损害往往都是无法弥补的。

（1）灭火的基本方法

① 移去或隔离已经燃烧的火源，熄灭火焰。

② 隔绝空气，切断氧气，使火焰窒息，或者将不燃烧的气体（如二氧化碳）喷射到燃烧的物体上，使空气中的氧气含量下降到16%以下，熄灭火焰。

③ 用冷却法把燃烧物的温度降低到着火点以下，即可以灭火。

（2）常用的灭火器

灭火器的种类很多，按其移动方式分为手提式和推车式；按驱动灭火剂动力来源分为储气瓶式、储压式、化学反应式；按所充装的灭火剂分为泡沫、二氧化碳、干粉、卤代烷、酸碱、清水式灭火器等。常见的灭火器有MP型、MPT型、MF型、MFT型、MFB型、MY型、MYT型、MT型、MTT型。

这些字母的含义如下：

第一个字母M表示灭火器；第二个字母F表示干粉，P表示泡沫，Y表示卤代烷，T表示二氧化碳；有第三个字母的，T表示推车式，B表示背负式，没有第三个字母的表示手提式。

① MP型灭火器。根据国家标准，MP型手提式泡沫灭火器按所充装灭火剂的容量有6 L和9 L两种规格，其型号分为MP6和MP9。适用于扑救液体和可熔融固体物质燃烧的火灾，如石油制品、油脂等，也适用于扑救固体有机物质燃烧的火灾，如木材、棉织品等，但不能扑救带电设备、可燃气体、轻金属、水溶性可燃物、易燃液体燃烧的火灾。

② MT型灭火器。二氧化碳是以液态存放在钢瓶内的，使用时液体迅速汽化而吸收本身的热量，使自身温度急剧下降到很低的温度。利用它来冷却燃烧物质和冲淡燃烧区空气中的含氧量以达到灭火的效果。二氧化碳灭火器具有灭火不留痕迹、有一定的绝缘性能等特点，因此适用于扑救600 V以下的带电电器、贵重设备、图书资料、仪器仪表等的初起火灾，以及一般的液体火灾。不适用于扑救轻金属火灾。

③ MF灭火器。干粉灭火器是以高压为动力，由喷射筒内的干粉进行灭火，为储气瓶式。适用于扑救石油及其产品、可燃气体、易燃液体、电气设备的初起火灾，广泛应用于工厂、船舶、油库等场所。按照充装的干粉质量分类，MF型灭火器的型号可分为MF1、MF2、MF4、MF5、MF8、MF10等；按照充装物质的不同，又可分为碳酸氢钠干粉灭火器和磷酸铵盐干粉灭火器两种。碳酸氢钠干粉灭火器适用于易燃、可燃液体以及带电设备的初起火灾；磷酸铵盐干粉灭火器除可用于上述几类火灾外，还可用于扑救固体物质火灾，但都不适宜扑救轻金属燃烧的火灾。

④ MY型灭火器。主要适用于扑救易燃、可燃液体、气体及带电设备的初起火灾；扑救精密仪器、仪表、贵重的物资、珍贵文物、图书档案等初起火灾；扑救飞机、船舶、车辆、油库、宾馆等场所固体物质的表面初起火灾。

3. 设备的安全使用

设备的使用也是生产安全里面很重要的一项内容，有很多的工伤事故都是由于设备的违规操作造成的。使用设备一定要严格按照使用说明书的要求操作，尤其是新的设备使用前，一定要将它的性能了解透彻。汽车涂装经常使用电动工具，对于这些设备的使用要遵循以下安全操作注意事项：

① 工作场所应该清洁无杂物，杂乱无章的工作环境会导致意外事故的发生。

② 不要在易燃易爆的场所使用电动工具，在潮湿的场所使用时要做好电路的绝缘。

③ 与作业无关的人员不要靠近工作场所，尤其是幼童。

④ 工作时衣服穿戴要合适，不要让松散的衣角或长链首饰卷入旋转工具的转动部分。长发者应戴工作帽，把头发拢起。

⑤ 绝大多数的电动工具作业时，均需戴护目镜。进行粉尘飞扬的切削作业时，需佩戴防尘面罩。

⑥ 不要手握电线提起电动工具，也不要强行拉扯电线从电源插座拆除插头。要保证电线与热源和油液隔开，并避免与锐利的边缘接触。

⑦ 不使用时、维修以前以及更换附件之前，一定要拔下电源插头。

⑧ 插头一插上电源插座，手指就不可随便接触电源开关，以防止误开动开关。插接电源之前，要确定开关是否切断。

⑨ 保持高度警觉，密切注意所进行的作业，注意力集中。疲惫时不要使用电动工具。

工具应妥善维护，保持工作部位清洁，以达到更好、更为安全的使用效能。应按规定加注润滑脂、更换附件。线缆应定期检查，如发现破损应立即修复。手柄要保持干燥，并防止黏附油脂类的脏污。

不使用的电动工具要妥善保存，存放地点要干燥并加锁保管。

六、急救与医护

尽管技术上、组织上和个人的安全措施已相当周全，有时仍无法避免发生事故，也必须要考虑到员工突然发病的可能性。因此，急救在发生事故损伤和其他紧急情况时是必不可少的。

汽车维修企业、相关培训机构等，只允许安排在经过认证的救助机构中接受过培训和进修的人员作为急救员。只有受过培训的、熟悉各种必要措施的急救员才能提供有效的急救。因此，必须在适当的时间范围内提升和更新急救员的知识和能力。

任务实施

一、防毒面罩的使用

防毒面具的使用

1. 防毒面罩的检查

防毒面罩在每次使用之前必须检查，如面罩破坏或零件缺损，面罩必须丢弃，检查程序如下：

① 如图 3-41 所示，检查面罩有无裂痕、撕破或有污物。确保面罩尤其是面罩与脸部贴合密封部分，不能弯曲变形。

② 如图 3-42 所示，检查呼吸阀有无变形、裂痕或撕裂，将呼吸阀提起，检查阀座有无脏物或裂痕。

③ 检查头带是否完整并有弹性。

④ 检查所有的塑料部件是否有裂痕，检查过滤盒安装座是否完好。

 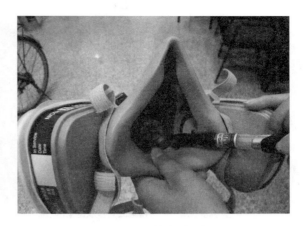

图 3-41　检查裂痕　　　　　　　　图 3-42　检查呼吸阀

2. 过滤盒装配

① 如果更换滤棉，将塑料盖如图 3-43 所示拉起。

② 如图 3-44 所示，将滤棉放入塑料盖中，使印有字体的一面朝向过滤盒。

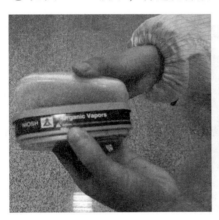 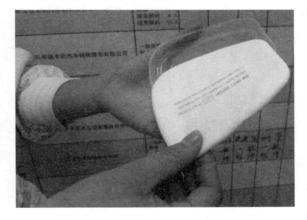

图 3-43　拉起橡胶盖　　　　　　　图 3-44　安装滤棉

③ 将塑料盖扣向过滤盒并卡紧。如装配正确，滤棉将完全遮住过滤盒表面。

④ 先将过滤盒标记部分对准面罩本体的标记部分，然后扣上。

⑤ 以顺时针方向扭转过滤盒至锁紧位置（约 1/4 圈），如图 3-45 所示。

3. 佩戴

① 将面罩盖住口鼻，然后将头带拉至头顶，如图 3-46 所示。

② 用双手将下面的头带拉向颈后，然后扣住，如图 3-47 所示。

③ 将面罩上下调整，以不阻挡视野并保持良好密闭性为合适的位置，如图 3-48 所示。

④ 先调整前面头带，然后调整后头带，不要拉得过紧（如果过紧，可向外推塑料卡将头带放松）。

图 3-45　安装过滤盒

图 3-46　套头带

图 3-47　扣紧头带

图 3-48　调整面罩位置

4. 密封性测试

① 正压测试。如图 3-49 所示，将手掌盖住呼气阀并向外慢慢呼气，如面罩向外轻轻鼓胀，而没有感觉气体从面部及面罩之间泄漏，则表示佩戴密封性良好；如感觉有气体泄漏，重新调整面罩位置及/或调整系带的松紧度，以制止漏气，重新做以上的正压测试，直至密封性良好。

② 负压测试。如图 3-50 所示，用手掌抵住过滤棉的中心部分，限制空气流入过滤棉的呼吸管道。轻轻吸气，如果面罩有轻微塌陷，并向脸部靠拢，而没有感觉气体从面部和面罩间漏进，则表示佩戴密封性良好；如感觉有气体漏进，重新调整面罩位置或调整

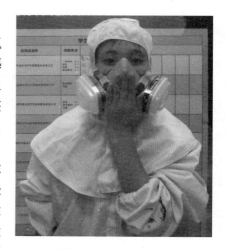

图 3-49　正压测试

系带的松紧度以制止漏气，重做以上负压测试，直至密封性良好。

如果佩戴的面罩不能达到良好的密封性要求，请勿进入污染区域。

5. 防毒面罩的维护

① 清洁。在每次使用后，应卸下过滤盒和/或过滤棉后，用医用酒精棉球清洁面罩，如图 3-51 所示。

图 3-50　负压测试

图 3-51　清洁面罩

如果面罩脏污较重，可将其浸在温热的清洗液中，水温不要超过 50 ℃，用擦布或软刷清洗直至清洁，如图 3-52 所示。用干净、温和的水冲洗。并在清洁的空气中风干。

② 存放。清洁的防毒面罩必须在污染区以外，密封保存，如图 3-53 所示。

图 3-52　清洗面罩

图 3-53　防毒面罩的存放

二、常遇特殊情况下的人员急救

1. 呼吸困难

尽快将患者移至有新鲜空气处，保持适合呼吸的姿势休息，如没有呼吸，应实施人工呼吸，并呼叫求助。正确实施人工呼吸抢救的操作流程如下：

① 先拍打伤患者肩部，以确定伤患者是否有意识反应，如图 3-54 所示。

② 若伤患者没有意识反应，则应高声求救，如图 3-55 所示。

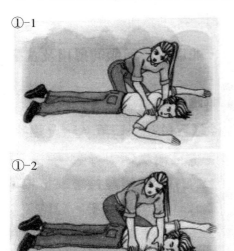

图 3-54　确定伤患者是否有意识反应　　　　图 3-55　求救

③ 若伤患者有意识反应，则先搬动伤患者，使其处于平躺姿势，如图 3-56 所示。

④ 解开伤患者衣领，清除口鼻内异物，最好在其颈下垫物，使头部后仰，张开口，如图 3-57 所示。

图 3-56　将伤患者翻身　　　　图 3-57　畅通呼吸道

⑤ 检查是否还有呼吸，如图 3-58 所示。注意时间不要超过 10 s。

⑥ 救护人深吸气，对准并紧贴伤患者口部，一手捏紧伤患者的鼻孔，用力吹气，如图 3-59 所示。

图 3-58 检查呼吸

图 3-59 吹气

⑦ 吹气停止后，松开捏鼻子的手，抬起头，再次深吸气，重复上述吹气动作。每分钟吹气次数和平时呼吸频率相似，进行 5~10 次吹气后，应停下来，检查一下伤患者是否有脉搏（或比原脉搏加快的迹象），如图 3-60 所示。

⑧ 继续进行人工呼吸，直到伤患者能够进行自主呼吸为止。注意要有耐心，要坚持不放弃。

2. 眼睛溅入有害物

① 将受害者引到眼睛清洗站或水槽边，使其伏在水槽上。

② 将眼睛冲洗器喷嘴对准伤患者进入有害物眼睛，轻轻地持续按压喷射按钮，使清洗液连续冲洗眼睛。注意应从鼻子向太阳穴冲洗，以避免有害物质进入另一只眼睛。其间要求伤者保持眼睛微睁，必要时用两个手指小心地将眼睑分开。

③ 连续冲洗直到患者感觉眼睛内没有异物为止。

④ 根据事故情况咨询医生。

图 3-60 检查脉搏

3. 皮肤接触有害物

立即除下污染物并以大量清水及肥皂水清洗。

4. 误服有害物

立即呼叫中毒控制中心或就医。注意不要催吐或诱使呕吐，维护体温，保持安静，并尽快送医救治。

技能考核

一、准备工作

1. 考核设备、材料准备

在技能学习工位准备好带有安全警告标识的技术资料、灭火器、人体模型、涂装安全工作服务和防毒面罩。

2. 学员劳动保护

① 穿戴好工作服。
② 穿好安全鞋。

二、考核流程

1. 学员工作

两名学员为一小组,在充分学习本任务相关知识与技能的基础上,完成下列工作,并同时完成相应的工单(见本书配套教学资源"实训工单"中的"工单3-1")。

① 识读涂装车间内部及相关技术资料中的安全警告标识。
② 灭火器使用。
③ 呼吸困难人员急救。
④ 防毒面罩的佩戴。
⑤ 5S工作。
⑥ 自我评价。

2. 指导教师工作

学员在进行上述操作过程中,指导教师进行下列工作:
① 向学员讲解安全注意事项,要求学员在实训工单中做记录。
② 观察、指导学员进行相关操作,及时制止可能发生危险的操作。
③ 实操结束后审阅学员完成的工单,并结合其操作情况给出评价。

任务3-2 漆膜损伤的评估

如图3-61所示,这是一台漆膜受损的车辆,其车身中部、后轮罩及后保险杠处均有漆膜损伤。对这类漆膜损伤进行修复时,第一步便是进行漆膜损伤程度的评估。

正确地评估损坏程度，是确定维修成本，保证涂装质量的关键因素之一。对漆膜损坏进行了正确的评估后，才能确定修补范围，从而确定各道工序处理的范围、确定过渡区域、需遮盖保护的部位、需拆卸的零件等。为后续工作的正确实施及保证满意的修补质量奠定基础。

鉴别车身表面的漆膜类别，在修补涂装工艺中是非常重要的。如果漆膜没有正确鉴别，在施涂面漆时会出现严重的问题。例如，准备修理的车身板件以前涂装的是硝基漆，那么在中涂底漆后面的涂层中，所含有的稀释剂就会透入以前施涂的硝基漆，这会引起涂装了的表面产生皱纹（收缩）。为了防止发生此类问题，在处理底材时必须正确鉴别漆膜的类型，以便选用与其配套的涂装材料。

为了便于进行漆膜损伤评估及后续作业，首先应进行全车清洗。虽然涂装操作可能是车身的某一块板件或板件的某一部分，但仍需要彻底清洗车上的泥土、污垢和其他异物，尤其注意门边框、行李舱、发动机罩缝隙和轮罩处的污垢，如果不清除干净，新涂装的漆膜上面就可能会沾上很多污点。

图 3-61 彩图

图 3-61　漆膜受损的车辆

学习目标

1. 能够正确描述涂料的组成及各组成成分在涂料中的作用。
2. 能够正确描述涂料的分类方法。
3. 能够正确解释涂料的成膜方式。
4. 能够正确描述汽车原厂漆膜的结构特点。
5. 能够利用高压水清洗机进行全车清洗。
6. 能够用稀释剂法鉴别漆膜的类型。
7. 能够用目测法和触摸法评估漆膜损坏的程度。
8. 培养良好的安全、卫生习惯，环保意识和团队协作素养。
9. 能够检查、记录和评价工作结果。

一、涂料的组成

如图3-62所示，涂料由成膜物质、颜料、溶剂和添加剂组成。

涂料的组成及其作用

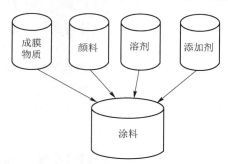

图3-62 涂料组成

1. 成膜物质

涂料中的成膜物质主要是树脂。树脂是涂料中不可缺少的部分，漆膜的性质也主要由它所决定，故又称之为基料。树脂在常温下可以固态和液态方式存在，如图3-63所示。汽车涂料所用树脂一般为有黏性的透明液体，在被施涂到一个物体上干燥以后便形成一层薄膜。它结合湿润颜料，赋予漆膜附着力、硬度和耐久性等特性，同时也影响饰面的质量（纹理、光泽度）。

树脂按来源不同可分为：天然树脂和合成树脂；按结构和成膜方式不同可分为：非转化型（热塑性树脂）和转化型（热固性树脂）。天然树脂一般是由动物和植物中提炼出来，如虫胶、松脂等；合成树脂主要是由炼油工业提炼出来，其类型和特点，如图3-64所示。

图3-63 树脂

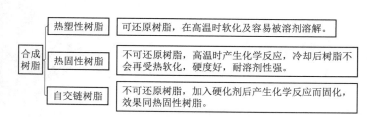

图3-64 合成树脂的类型及特点

2. 颜料

颜料是涂料中的不挥发性物质之一，呈微细粉末状、有颜色，如图3-65所示。它赋予面漆色彩和耐久性，起美观装饰作用，同时使涂料具有较高的遮盖力，提高强度和附着力，改善流动性和涂装性能，改变光泽等性能。颜料分着色颜料（包括有机颜料、无机颜料及金属颜料）、体质颜料（主要用于改进涂料性能并降低成本，大多为天然白色或无色物）、防锈颜料（如氧化铁红、铝粉、红丹、铬黄、磷酸锌等）及特种颜料。按化学成分可分为无机和有机颜料，无机颜料遮盖好、比重大、色调不够鲜明；有机颜料遮盖低、比重小、色调鲜明。

图 3-65　颜料

3. 溶剂

溶剂是涂料中的"挥发"成分，它的主要功能是能够充分溶解涂料中的树脂，使涂料呈液态，便于在表面正常涂布。大多数溶剂是从原油中提炼出来的"挥发性"配料，它具有良好的溶解能力。优质的溶剂能改善面漆的涂布性能和漆膜特性，并能增强其光泽，同时也有助于更精确地配色。

溶剂按用途不同可分为真溶剂、助溶剂和稀释剂；按蒸发速度不同可分为低沸点溶剂、中沸点溶剂、高沸点溶剂。真溶剂能够溶解树脂，主要应用于涂料生产；助溶剂本身不能溶解树脂，但能够提高真溶剂溶解树脂的能力，主要应用于涂料生产；稀释剂不能溶解树脂，但能够稀释树脂，主要应用于涂装生产。

图 3-65~图 3-67 彩图

涂料中使用各种各样的树脂，各种不同的树脂用各种不同的溶剂来溶解和稀释。不同的稀释剂应用于不同的涂料，有几种不同的稀释剂，其所含的溶剂及其混合比各不相同，使用时可以按环境的温度，选用最适合蒸发速度的稀释剂，如快、中、慢及特慢稀释剂等。

修补涂装所使用的稀释剂通常装于铁制的罐内，如图 3-66 所示。

图 3-66　稀释剂

4. 添加剂

由于近年来涂料生产工艺发生了巨大变化，添加剂的使用也越来越普遍。虽然添加剂在涂料中的比例不超过 5%，但它们却对涂料贮存过程、涂料施工成膜过程、漆膜性能、颜色调整方面起着各种重要的作用。

常用的涂料添加剂有柔软剂、固化剂、分散剂、防沉降剂、防分离剂、流平剂、增塑剂，等等。

① 柔软剂。能够使漆膜柔软性增加，主要应用于塑料专用涂料的生产及塑料件涂装施工。

② 固化剂。也称催干剂、硬化剂、干燥剂，是一种具有催化作用的化合物。固化剂加入双组分涂料中，能与合成树脂发生交联反应形成漆膜。固化剂主要应用于不能自然干燥和烘烤成膜的涂料中，例如环氧漆、聚氨酯漆、聚酯漆等。

③ 分散剂。能够促进颜料的分散，使颜料与树脂混合均匀，主要应用于涂料生产。

④ 防分离剂。能够防止涂料中的某些成分分离。

⑤ 流平剂。又称为抗鱼眼添加剂，能够提高漆膜的流动性和浸润性，防止涂装时漆膜

出现缩孔（俗称"鱼眼"）现象。

⑥ 增塑剂。能够增加涂料的黏性及塑性，主要应用于塑料专用涂料的生产及塑料件涂装施工。

有些添加剂起的是综合作用，能减少起皱、加速干燥、防止发白、提高对化学物质的耐受能力等。

汽车修补涂装过程中使用的添加剂大多使用小型的罐制容器盛装，如图 3-67 所示。

图 3-67 添加剂

二、涂料的分类和命名

1. 涂料的分类

根据国家标准 GB 2705—2003，涂料产品的分类有两种分类方法。

① 主要是以涂料产品的用途为主线，并辅以主要成膜物的分类方法。将涂料产品划分为 3 个主要类别，即建筑涂料、工业涂料和通用涂料及辅助材料，见表 3-2。

表 3-2 涂料的分类方法（一）

	主要产品类型		主要成膜物类型
建筑涂料	墙面涂料	合成树脂乳液内墙涂料 合成树脂乳液外墙涂料 溶剂型外墙涂料 其他墙面涂料	丙烯酸酯类及其改性共聚乳液；醋酸乙烯及其改性共聚乳液；聚氨酯、氟碳等树脂；无机黏合剂等
	防水涂料	溶剂型树脂防水涂料 聚合物乳液防水涂料 其他防水涂料	EVA，丙烯酸酯类乳液；聚氨酯、沥青、PVC 泥或油膏、聚丁二烯等树脂
	地坪涂料	水泥基等非木质地面用涂料	聚氨酯、环氧等树脂
	功能性建筑涂料	防火涂料 防霉（藻）涂料 保温隔热涂料 其他功能性建筑涂料	聚氨酯、丙烯酸酯类、醇酸、硝基、氨基、酚醛、虫胶等树脂
工业涂料	汽车涂料 （含摩托车涂料）	汽车底漆（电泳漆） 汽车中涂底漆 汽车罩光漆 汽车修补漆 其他汽车专用漆	丙烯酯类、环氧、丙烯酸酯类、乙烯类、氟碳等树脂

续表

主要产品类型			主要成膜物类型
工业涂料	木器涂料	溶剂型木器涂料 水性木器涂料 光固化木器涂料 其他木器涂料	聚氨酯、丙烯酸酯类、醇酸、硝基、氨基、酚醛、虫胶等树脂
	铁路、公路涂料	铁路车辆涂料 道路标志涂料 其他铁路、公路设施涂料	丙烯酸酯类、聚氨酯、环氧、醇酸、乙烯类等树脂
	轻工涂料	自行车涂料 家用电器涂料 仪器、仪表涂料 塑料涂料 纸张涂料 其他轻工专用涂料	聚氨酯、聚酯、醇酸、丙烯酸酯类、环氧、酚醛、氨基、乙烯类等树脂
	船舶涂料	船壳及上层建筑物涂料 船底防锈涂料 船底防污涂料 水线涂料 甲板涂料 其他船舶涂料	聚氨酯、醇酸、丙烯酸酯类、环氧、乙烯类、酚醛、氯化橡胶、沥青等树脂
	防腐涂料	桥梁涂料 集装箱涂料 专用埋地管道及设施涂料 耐高温涂料 其他防腐涂料	聚氨酯、丙烯酸酯类、环氧、醇酸、酚醛、氯化橡胶、乙烯类、沥青、有机硅、氟碳等树脂
	其他专用涂料	卷材涂料 绝缘涂料 机床、农机、工程机械等涂料 航空、航天涂料 军用器械涂料 电子元器件涂料 以上未涵盖的其他专用涂料	聚酯、聚氨酯、环氧、丙烯酸酯类、醇酸、乙烯类、氨基、有机硅、酚醛、硝基等树脂
通用涂料及辅助材料	调和漆 清漆 磁漆 底漆 原子灰 稀释剂 防潮剂 催干剂 脱漆剂 固化剂 其他通用涂料及辅助材料	以上未涵盖的无明确应用	油脂；天然树脂、酚醛、沥青、醇酸等树脂

注：主要成膜物类型中树脂类型包括水性、溶剂型、无溶剂型、固体粉末

② 除建筑涂料外，主要以涂料产品的主要成膜物为主线，并适当辅以产品主要用途的分类方法。将涂料产品划分为两个主要类别，即建筑涂料、其他涂料及辅助材料见表3-3和表3-4。

表3-3 涂料的分类方法（二）

	主要产品类型		主要成膜物类型
建筑涂料	墙面涂料	合成树脂乳液内墙涂料 合成树脂乳液外墙涂料 溶剂型外墙涂料 其他墙面涂料	丙烯酸酯类及其改性共聚乳液；醋酸乙烯及其改性共聚乳液；聚氨酯、氟碳等树脂；无机黏合剂等
	防水涂料	溶剂型树脂防水涂料 聚合物乳液防水涂料 其他防水涂料	EVA、丙烯酸酯类乳液；聚氨酯、沥青、PVC泥或油膏、聚丁二烯等树脂
	地坪涂料	水泥基等非木质地面用涂料	聚氨酯、环氧等树脂
	功能性建筑涂料	防火涂料 防霉（藻）涂料 保温隔热涂料 其他功能性建筑涂料	聚氨酯、丙烯酸酯类、醇酸、硝基、氨基、酚醛、虫胶等树脂
	主要产品类型	主要成膜物质	产品主要用途
其他涂料	油脂漆类	天然植物油、动物油（脂）、合成油	清油、厚漆、调和漆、防锈漆、其他油脂漆
	天然树脂漆类	松香、虫胶、乳酯素、动物胶及其衍生物等	清漆、调和漆、磁漆、底漆、绝缘漆、生漆、其他天然树脂漆
	酚醛树脂漆类①	酚醛树脂、改性酚醛树脂等	清漆、调和漆、磁漆、底漆、绝缘漆、船舶漆、防锈漆、耐热漆、黑板漆、防腐漆、其他酚醛树脂漆
	沥青漆类	天然沥青、（煤）焦油沥青、石油沥青等	清漆、磁漆、底漆、绝缘漆、防污漆、船舶漆、防锈漆、耐酸漆、防腐漆、锅炉漆、其他沥青漆
	醇酸树脂漆类	甘油醇酸树脂、季戊四醇醇酸树脂、其他醇类的醇酸树脂、改性醇酸树脂等	清漆、调和漆、磁漆、底漆、绝缘漆、船舶漆、防锈漆、汽车漆、木器漆、其他醇酸树脂漆
	氨基树脂漆类	三聚氰胺甲醛树脂、脲（甲）醛树脂及其改性树脂等	清漆、磁漆、绝缘漆、美术漆、闪光漆、汽车漆、其他氨基树脂漆

① 包括直接来自天然资源的物质及其经过加工处理后的。

续表

	主要产品类型	主要成膜物质	产品主要用途
其他涂料	硝基漆类	硝基纤维素（酯）等	清漆、磁漆、铅笔漆、木器漆、汽车修补漆、其他硝基漆
	过氯乙烯树脂漆类	过氯乙烯树脂等	清漆、磁漆、机床漆、防腐漆、可剥漆、胶漆、其他过氯乙烯漆
	烯类树脂漆类	聚二乙烯乙炔树脂、聚多烯树脂、氯乙烯醋酸乙烯共聚物、聚乙烯醇缩醛树脂、聚苯乙烯树脂、含氟树脂、氯化聚丙烯树脂、石油树脂等	聚乙烯醇缩醛树脂漆、氯化聚烯烃树脂漆、其他烯类树脂漆
	丙烯酸酯类树脂漆类	热塑性丙烯酸酯类树脂、热固性烯酸酯类树脂等	清漆、透明漆、磁漆、汽车漆、工程机械漆、摩托车漆、家电漆、塑料漆、标志漆、电泳漆、乳胶漆、木器漆、汽车修补漆、粉末涂料、船舶漆、绝缘漆、其他丙烯酸酯类树脂漆
	聚酯树脂漆类	饱和聚酯树脂、不饱和聚酯树脂等	粉末涂料、卷材涂料、木器漆、防锈漆、绝缘漆，其他聚酯树脂漆
	环氧树脂漆类	环氧树脂、环氧酯、改性环氧树脂等	底漆、电泳漆、光固化漆、船舶漆、绝缘漆、画线漆、罐头漆、粉末涂料、其他环氧树脂漆
	聚氨酯树脂漆类	聚氨酯树脂等	清漆、磁漆、木器漆、汽车漆、防腐漆、飞机蒙皮漆、车皮漆、船舶漆、绝缘漆、其他聚氨酯树脂漆
	元素有机漆类	有机硅、氟碳树脂等	耐热漆、绝缘漆、电阻漆、防腐漆、其他元素有机漆
	橡胶漆类	氯化橡胶、环化橡胶、氯丁橡胶、氯化氯丁橡胶、丁苯橡胶、氯化聚乙烯橡胶等	清漆、磁漆、底漆、船舶漆、防腐漆、防火漆、画线漆、可剥漆、其他橡胶漆
	其他成膜物类涂料	无机高分子材料、聚酰亚胺树脂、二甲苯树脂等以上未包括的主要成膜材料	

注：主要成膜物类型中树脂类型包括水性、溶剂型、无溶剂型、固体粉末等

表 3-4 辅助材料

主要产品类型	
稀释剂	脱漆剂
防潮剂	固化剂
催干剂	其他辅助材料

2. 涂料的命名

（1）命名原则

涂料全名一般是由颜色或颜料名称加上成膜物质名称，再加上基本名称（特性或专业用途）组成。对于不含颜料的清漆，其全名一般是由成膜物质名称加上基本名称而组成。

（2）涂料的命名规则

① 颜色名称通常由红、黄、蓝、白、黑、绿、紫、棕、灰等颜色，有时再加上深、中、浅（淡）等词构成。若颜料对漆膜性能起显著作用，则可用颜料的名称代替颜色的名称，例如铁红、锌黄、红丹等。

② 成膜物质名称可做适当简化，例如聚氨基甲酸酯简化成聚氨酯；环氧树脂简化成环氧；硝酸纤维素（酯）简化为硝基等。漆基中含有多种成膜物质时，选取起主要作用的一种成膜物质命名。必要时也可选取两或三种成膜物质命名，主要成膜物质名称在前，次要成膜物质名称在后，例如红环氧硝基磁漆。

③ 基本名称表示涂料的基本品种、特性和专业用途，例如清漆、磁漆、底漆、锤纹漆、罐头漆、甲板漆、汽车修补漆等，涂料基本名称见表 3-5。

④ 在成膜物质名称和基本名称之间，必要时可插入适当词语来标明专业用途和特性等，例如白硝基球台磁漆、绿硝基外用磁漆、红过氯乙烯静电磁漆等。

⑤ 需烘烤干燥的漆，名称中（成膜物质名称和基本名称之间）应有"烘干"字样，例如银灰氨基烘干磁漆、铁红环氧聚酯酚醛烘干绝缘漆。如名称中无"烘干"词，则表明该漆是自然干燥，或自然干燥、烘烤干燥均可。

⑥ 凡双（多）组分的涂料，在名称后应增加"（双组分）"或"（三组分）"等字样，例如聚氨酯木器漆（双组分）。

注：除稀释剂外，混合后产生化学反应或不产生化学反应的独立包装的产品，都可认为是涂料组分之一。

表 3-5 涂料基本名称

主要产品类型	
清油	铅笔漆
清漆	罐头漆
厚漆	木器漆
调和漆	家用电器涂料
磁漆	自行车涂料
粉末涂料	玩具涂料

续表

主要产品类型	
底漆	塑料涂料
原子灰	（浸渍）绝缘漆
木器漆	（覆盖）绝缘漆
电泳漆	抗电弧（磁）漆、互感器漆
乳胶漆	（黏合）绝缘漆
水溶（性）漆	漆包线漆
透明漆	硅钢片漆
斑纹漆、裂纹漆、桔纹漆	电容器漆
锤纹漆	电阻漆、电位器漆
皱纹漆	半导体漆
金属漆、闪光漆	电缆漆
防污漆	可剥漆
水线漆	卷材涂料
甲板漆、甲板防滑漆	光固化涂料
船壳漆	保温隔热涂料
船底防锈漆	机床漆
饮水舱漆	工程机械用漆
油舱漆	农机用漆
压载舱漆	发电、输配电设备用漆
化学品舱漆	内墙涂料
车间（预涂）底漆	外墙涂料
耐酸漆、耐碱漆	防水涂料
防腐漆	地板漆、地坪漆
防锈漆	锅炉漆
耐油漆	烟囱漆
耐水漆	黑板漆
防火涂料	标志漆、路标漆、马路画线漆
防霉（藻）涂料	汽车底漆、汽车中涂底漆、汽车面漆、汽车罩光漆
耐热（高温）涂料	汽车修补漆
示温涂料	集装箱涂料
涂布漆	铁路车辆涂料
桥梁漆、塔漆及其他（大型露天）钢结构漆	胶液
航空、航天用漆	其他未列出的基本名称

单元二 汽车漆膜修复

三、汽车用涂料的品种

1. 按汽车上的使用部位分类

① 汽车车身用涂料。是汽车用涂料的主要代表，所以从狭义上讲，所谓的汽车用涂料主要指车身用涂料。车身涂层一般是由底层涂层、中间涂层和表面涂层等三层或由底层涂层和表面涂层两层构成，它们基本上要兼备汽车用漆的要求。

② 货箱用涂料。其质量要求较前者低，一般为底、面两层涂层。

③ 车轮、车架等部件用的耐腐蚀涂料。它的主要技术指标是要求耐腐蚀性能（耐盐雾性、耐水性）等好；要求漆膜坚韧耐磨，具有耐机油性。

④ 发动机部件用涂料。因发动机体不能高温烘烤，故要求涂料具备低温快干性能，要求漆膜的耐汽油、耐机油和耐热性较好。

⑤ 底盘用涂料。也因车桥、传动轴等底盘件不能高温烘烤，要求具备低温快干性能。因在车下使用环境恶劣苛刻，经常与泥水接触，故要求其耐腐蚀性优良，具备较好的耐机油性。

⑥ 车内装饰件用涂料。指轿车和大客车车内装饰件用涂料，其主要性能是要求极高的装饰性。

⑦ 特殊要求用涂料。蓄电池固定架用耐酸涂料，汽油箱内表面用耐汽油涂料，汽车消声器、排气管和气缸垫片用耐热涂料，车身底板下用耐磨消声涂料，车身焊缝用密封涂料等。

2. 按在涂装工艺及涂层中所起的作用分类

① 涂前表面处理用材料。主要材料包括清洗剂和磷化处理剂。

② 汽车用底漆。底涂层是防腐系统中最重要的组成部分，它能阻止水分和氧气侵入金属表面同时提高漆膜与板件表面的附着力。原厂备件的正反面一般带有黑色的电泳涂层，所使用的底涂层类型视使用领域而定。

③ 汽车用中间涂料。中间涂料包括原子灰和中涂底漆。原子灰主要用于填平凹陷，提高漆膜与底材（底漆）之间的附着力。中涂底漆用于填平底层缺陷，增加漆膜抗石击能力，提高漆膜间的附着力，为面漆涂装获得平滑的表面，同时可以防止面漆有机溶剂溶解旧漆膜而产生咬底。对于可调色中涂底漆，还可使面漆容易遮盖底涂层颜色。

④ 汽车用面漆。面漆是整个涂层的最外层，使漆膜具有良好的耐候性、外观、硬度、抗石击性、耐化学性、耐污性和防腐性等性能。

⑤ 辅助材料。辅助材料包括溶剂、粘尘涂料、抛光材料、防噪声涂料等。

3. 按涂料的组成中是否含有颜料分

① 清漆。涂料的组成中，没有颜料或体质颜料的透明体，称为清漆。

② 色漆。涂料的组成中，加有颜料和/或体质颜料的有色漆，称为色漆。

③ 原子灰。加有大量体质颜料的浆状体，称为原子灰。

4. 按溶剂构成情况分

① 无溶剂涂料。涂料的组成中，没有挥发性稀释剂的，称为无溶剂涂料。其中呈粉末

状的称为粉末涂料。

② 溶剂涂料。涂料的组成中,以一般有机溶剂为稀释剂的,称为溶剂涂料。

③ 水性涂料。涂料的组成中,以水作为稀释剂的,称为水性涂料。

四、涂料的成膜方式

为了达到预期的涂装目的,除了合理地选用涂料,正确地进行表面处理和施工外,充分而适宜的干燥过程也是重要的环节。涂料的成膜方式有溶剂挥发成膜和反应型成膜。反应型又包括氧化聚合型、热聚合型和双组分聚合型成膜等几种。

1. 溶剂挥发型（风干型）

当涂料中的溶剂蒸发时,这种涂料形成一个涂层。但是由于树脂分子没有结合在一起,所以涂层可以被稀释剂溶解。这种涂料的特性是干得快,容易使用。但是,它在耐溶剂性和自然老化性能方面不及反应型涂料。溶剂挥发型涂料主要有硝基涂料和热塑性丙烯酸涂料。

溶剂挥发型涂料的干燥机理如图 3-68 所示,靠溶剂挥发而干燥成膜,属于物理成膜方式。成膜前后,物质分子结构不发生变化,仅靠溶剂（或水）挥发、温度变化等物理作用使涂料干燥成膜,干燥迅速但是耐溶剂性差。

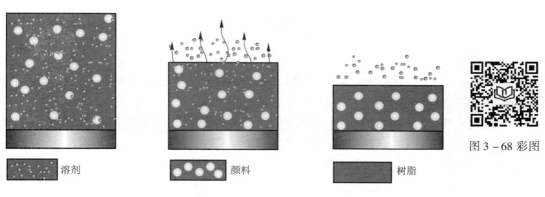

图 3-68 溶剂挥发成膜

2. 反应型

在此类涂料中,涂料中的溶剂和稀释剂蒸发,而树脂通过"聚化"的化学反应固化。如图 3-69 所示,刚刚喷涂以后,新涂料是一种液化层,其中的树脂、颜料、溶剂及稀释剂是混合在一起的。

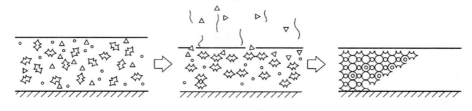

图 3-69 反应型涂料成膜过程

在固化过程中，溶剂和稀释剂蒸发，树脂中分子由于化学反应而互相逐渐结合。在完全固化以后，涂层完全没有溶剂和稀释剂。分子的化学反应结束，形成一层固态的高聚物层。

分子通过化学反应结合成三维交联结构。如果涂层具有较大、较密的交联结构，它便具有更好的涂层性能，例如较高的硬度和耐溶剂性。

反应型涂料的特点是，除非向涂料施加能引起化学反应的要素，否则涂料不会开始固化。能引起化学反应的要素包括热、光、氧、水、催化剂及固化剂。在汽车修补涂装中使用的大多数反应型涂料中，固化是由于热式催化剂引起的。具体的反应包括以下几种：

(1) 氧化聚合

当树脂中的分子吸收空气中氧气从而氧化时，它们便聚合为交联结构，这种涂料很少用于汽车，因为形成交联结构的时间太长，而且粗交联结构不能产生理想的涂层性能。邻苯二甲酸酯和合成树脂混合涂料是氧化聚合涂料的两个例子，其反应机理如图 3-70 所示。

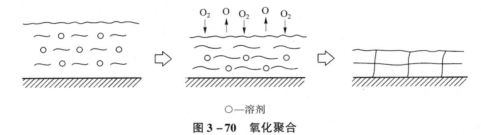

○—溶剂

图 3-70 氧化聚合

(2) 加热聚合

当这种涂料加热至一定温度（一般在 120 ℃以上）时，树脂里便发生化学反应，使涂料固化。所形成的交联结构密度很大，所以在该涂料彻底固化以后，不会溶解于稀释剂，如合成聚酯（OEM 涂料）等，其反应机理如图 3-71 所示。它广泛使用于汽车装配线上，但是在修补涂装中很少使用。这是因为，为了保护有关区域的塑料及电子零件，在重涂装以前必须将它们拆下或用其他方法加以保护，以免受热影响，而大量的拆装作业势必影响作业效率。

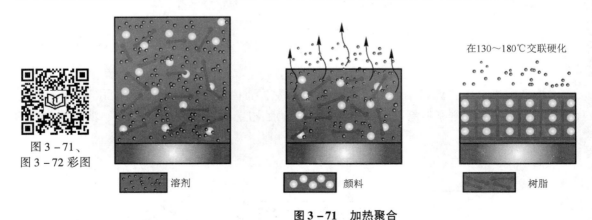

图 3-71、图 3-72 彩图

图 3-71 加热聚合

(3) 双组分聚合

在这种涂料中，主要成分与固化剂混合，以便在树脂中产生化学反应，从而使涂料固化。虽然该反应可以在室温下发生，但是可以使用 60~70 ℃ 的中温来加速干燥过程。汽车修补涂装大多使用这种涂料，其反应机理如图 3-72 所示。有些双组分聚合涂料的性能与热聚合型相同，形成的漆膜不能再被溶剂溶解或受热熔化。

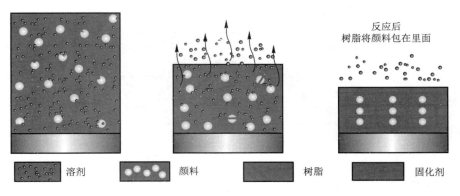

图 3-72 双组分聚合

五、漆膜标准

汽车涂装属工业涂装的范畴。所谓工业涂装，即涂装工艺已形成工业生产的流程，流水作业生产，涂装过程的机械化和自动化程度较高，漆膜干燥一般采用烘干方式。汽车涂装是工业涂装的典型代表。

1. 车身漆膜的类型

车身漆膜按面漆的施工工艺可分为单工序面漆、双工序面漆和三工序面漆。

（1）单工序面漆

单工序面漆也称素色漆，其涂层结构如图 3-73 所示。单工序是指面漆仅施工一次即可获得颜色和光泽。形成的漆膜既有遮盖力（能遮盖住底漆颜色，呈现出需要的颜色），还有一定的光泽度，并且还有很好的抗机械损伤能力。白色的普通桑塔纳轿车和红色捷达轿车多为单工序面漆。

图 3-73 单工序面漆

图 3-73 ~
图 3-76 彩图

（2）双工序面漆

双工序面漆通常指银粉漆，其涂层结构如图 3-74 所示。双工序是指面漆需要分两次施工来获得：第一次要喷涂底色漆，底色漆为银粉漆，干燥以后只能提供遮盖力，展现出绚丽的金属光泽。第二次要喷涂清漆，清漆层能提供光泽度和抗机械损伤的能力。底色漆层和清漆层合起来构成面漆层，现代轿车绝大多数是双工序或多工序的面漆。

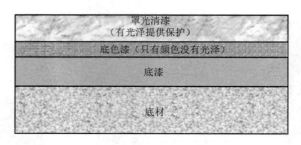

图 3-74　双工序面漆

在进行漆膜修补时，维修技师通常使用原子灰。修补后的双工序漆膜结构如图 3-75 所示。

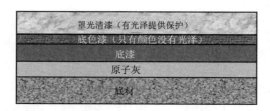

图 3-75　修补后的双工序漆膜结构

（3）三工序面漆

三工序面漆顾名思义就是面漆层要分三次施工才能获得，通常指珍珠漆，如图 3-76 所示。施工时第一次要喷涂底色漆，这种底色漆为没有金属颗粒的素色。第二次喷涂珍珠层，喷涂的方法和喷涂的道数要求严格，否则会影响到涂层的颜色。第三次喷涂清漆层，喷涂方法与双工序一致。

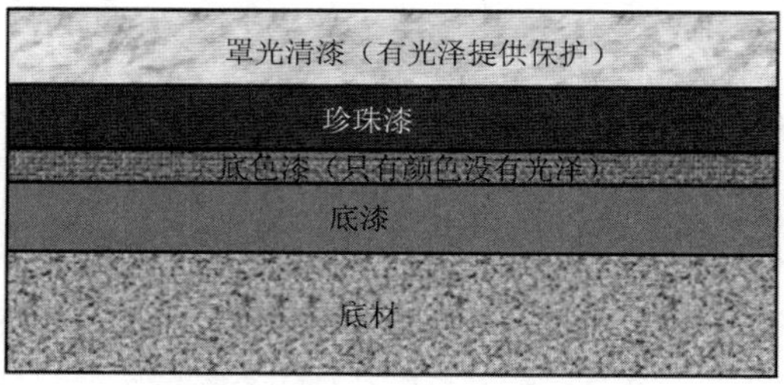

图 3-76　三工序漆膜结构

2. 车身漆膜的等级

车身漆膜根据汽车各零部件的使用条件、涂装要求、材质及结构的不同，又可将汽车漆膜分为若干组和若干等级，见表 3-6。

表 3-6 汽车漆膜的等级

分组	漆膜名称	等级	漆膜特性及主要指标	适用对象举例
1	装饰保护性漆膜	高级或甲级	DOI 0.9~1.0，S.S 1 000 h 以上，δ 100 μm 以上	中、高级轿车车身
		优质或乙级	DOI 0.6~0.8，S.S 720 h 以上，δ (80~100) μm	轻卡车身，面包车和客车车身大众化的轿车车身
		一般或丙级	DOI 0.3~0.5，S.S 500 h 以上，δ 55 μm 以上	载重汽车驾驶室，轿车车内装饰件、车身塑料件
2	保护装饰性漆膜	优质防腐型	外观光泽优良，S.S 500 h 以上 δ 50 μm 以上	金属货箱
		一般防腐型	外观光泽良好，防腐防蚀性良好	铁木混合货箱
3	防蚀性漆膜	特优或甲级	力学性能好，S.S 1 000 h 以上，δ 30 μm 以上	轿车车架、车轮等车下部件
		优质或乙级	力学性能好，S.S 500 h 以上，δ (20~30) μm	卡车车轮、车架等车下部件
		一般或丙级	力学性能好，S.S 200 h 以上，δ 20 μm 以上	内部件、散热器管子、弹簧等
4	保护性漆膜	快干型	能快干或自干，S.S 100 h 以上，δ (20~30) μm	发动机总成、车桥、传动轴总成
		防腐型	耐水性、耐酸性好	木质件
5	特种漆膜	耐酸漆膜	耐酸性优良，δ 40 μm 以上	蓄电池固定架等
		耐汽油漆膜	耐汽油性优良，δ 40 μm 以上	油箱、油槽内表面
		耐热漆膜	耐热性（500 ℃）优良，δ 20 μm 以上	消声器、排气管、气缸垫
		防声绝热漆膜	对声音振动的阻尼性好，δ (2~3) μm	车身底部下表面，夹层内
		抗崩裂漆膜	抗石击耐崩裂性优良	轿车车身的门槛以下

注：1. 表中 DOI 为鲜映性（以车身水平面漆膜的 DOI 值为准），S.S 为耐盐雾性，δ 为漆膜的总厚度。
2. 第 1、2 组漆膜的耐候性也应是其主要指标，即在广州、海南岛地区晒 2~3 年或使用 3~4 年，耐候性应优良（如不起泡、不粉化、不生锈、不开裂、失光和变色不明显等）。

汽车漆膜标准是汽车产品设计和涂装工艺设计的依据，是漆膜质量认可和现场质量检查的基准及指南。出于市场竞争之需要，各汽车公司都有自己独特的漆膜标准，其质量指标往往高于国家的统一标准，性能的测试方法一般是采用国际标准和国家标准方法，但也有很多是采用自己开发的，或与材料供应厂商协商确定的测试方法。各汽车集团公司的漆膜标准一般属技术机密。

3. 原厂漆膜结构

汽车涂装一般属于多层涂装，按涂层（coat）的层数及烘干（bake）次数不同，又可分为单层涂装体系（1coat 1bake 简称为 1C1B）、双层（2C2B）、三层（3C3B）、四层（4C4B）、五层（5C5B）发展到目前的最高达 7C5B 等涂装体系。漆膜的总厚度也由原来的 30~40 μm 增加到 130~150 μm，逐步实现了由低级到高级的过渡，能够满足汽车工业对不同档次车辆涂装的要求。汽车总装厂通常所采用的涂装系统大体上可归纳为以下几类：

① 底漆→原子灰→素色面漆。
② 底漆→原子灰→中间涂料→素色面漆。
③ 底漆→原子灰→中间涂料→单层金属闪光漆。
④ 底漆→原子灰→中间涂料→金属闪光底色漆→罩光清漆。
⑤ 底漆→原子灰→中间涂料→素色底色漆→罩光清漆。
⑥ 底漆→原子灰→防石击中间涂料→中间涂料→金属闪光底色漆→罩光清漆。
⑦ 底漆→原子灰→中间涂料→金属闪光底色漆→底色漆→罩光清漆。
⑧ 底漆→原子灰→防石击中间涂料→中间涂料→金属闪光底漆→底色漆→罩光清漆。

上述涂装系统中，第①类是汽车工业发展初期所采用的涂装系统，国外基本不采用了，但在我国的一些低档车辆如载货车、农用车、公共汽车等仍然采用；第②、③类在国外被用于大型车辆如巴士、卡车等中档车上，国内则用于小型面包车、各种微型车等中、高档车上；第④、⑤类则用于轿车的涂装中；第⑥、⑦、⑧类是最近几年发展成功的一种新型的涂装系统，其中的金属闪光底漆不同于以往的金属闪光底色漆。在这一道涂层中不含着色的透明颜料，只有铝粉、珠光粉之类的闪光颜料，在底色漆中则仅仅含有某些透明的着色颜料，不含闪光颜料。采用这类涂装系统，涂层装饰性更为优越，外观显得更加美观、豪华、别致；铝粉和珠光粉的排列更为规整，闪烁均匀，立体感强。观察这类漆膜时，明显地感受到它的不同寻常的丰满度、深度，其艺术感染力更为强烈。现代轿车涂装系统中，由于板材加工成型工艺精湛，原子灰层多数都被取消了。

典型的原厂金属漆漆膜结构如图 3-77 所示。

图 3-77 ~
图 3-82 彩图

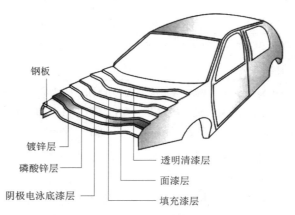

图 3-77 原厂金属漆漆膜结构

4. 原厂漆膜厚度

（1）单工序的素色漆

如图 3-78 所示，传统型（溶剂涂料）单工序的素色漆从底到面的总膜厚约为 80 μm。单工序水性素色漆漆膜厚 70～150 μm，其漆膜结构如图 3-79 所示。

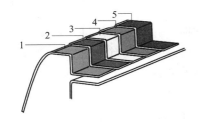

1—钢板；2—磷酸锌涂层；3—阴极电泳涂层；
4—中间漆；5—单色面漆。

图 3-78 单工序素色漆原厂漆膜结构

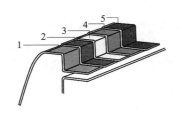

1—钢板；2—磷酸锌涂层；3—阴极电泳涂层；
4—水性中间漆；5—水性面漆。

图 3-79 单工序水性素色漆漆膜结构

（2）双工序的金属漆

如图 3-80 所示，双工序的金属漆从金属底材到表面的总膜厚大约为 100 μm。漆膜抗刮、抗磨等机械性能好，光泽均匀。双工序水性金属漆漆膜厚 70～150 μm，其漆膜结构如图 3-81 所示。

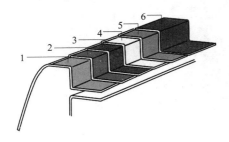

1—钢板；2—磷酸锌涂层；3—阴极电泳涂层；
4—中间漆；5—金属底色漆；6—清漆。

图 3-80 双工序金属色漆原厂漆膜结构

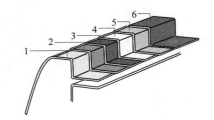

1—钢板；2—磷酸锌涂层；3—阴极电泳涂层；
4—水性中间漆；5—水性底色漆；6—2K清漆。

图 3-81 双工序水性金属漆漆膜结构

5. 修补涂装后的漆膜结构

修补后的漆膜是指钣金修复的表面，经涂装修复后要达到与原厂漆性能相近的漆膜。修补涂装过程所用的原材料基本上为双组分的化学反应型涂料，采用室温固化或烘烤强制固化工艺。

按要求维修后漆膜厚度约 150 μm（不包括原子灰层），但是实际情况与维修材料和维修技师的技术水平有直接关系。图 3-82 为典型的修补涂装漆膜结构。

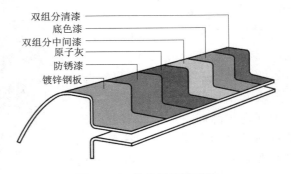

图 3-82 修补后漆膜结构

一、漆膜损坏程度的评估

车身由于碰撞造成的损伤外观较明显,关于该种损伤的分类和评价在车身钣金维修中会有详细的介绍,对于涂装维修来说不做过多要求。汽车涂装维修技师要掌握的是车身覆盖件的轻微变形(不需要钣金修复或者只要简单的敲打就可回复的变形),以及车身板件的腐蚀等损伤的评估方法。

评估漆膜损坏程度的方法有目测、触摸和用直尺评估。

1. 目测评估

根据光照射板件的反射情况,以评估损坏的程度及受影响面积的大小,如图3-83所示。稍微改变人的眼睛相对于板件的位置,即可看到微小的变形和损伤。

图3-83~
图3-86彩图

图3-83 目测评估漆膜损坏

目测评估车身损坏的内容主要有:观察车身有无划伤、锈蚀损伤,车身覆盖件有无凹坑和凸起变形等。

① 对于板件外表破损形成锈蚀的部位,一般都会有红色或黄色的锈迹,观察起来很简单,如图3-84所示。需要注意的是有些锈蚀是从板材的底部开始的,尤其是经过车身修复的部位,从外表看不到锈迹,只是在板件表面有不规则的凸起。把凸起部分敲破就能看到板材的锈蚀情况。一般情况下已经在表面产生凸起的,基本上板材都已经被锈蚀穿了。修复锈蚀损伤时,必须要处理到金属板材,并做适当的防腐处理。

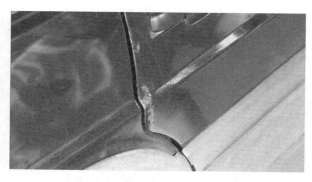

图3-84 车身锈蚀

② 观察车身覆盖件的凹坑和凸起变形。根据光线照射到不同形状板件后反射的情况进行判别。观察时目光不要与板件垂直，而是有一定的角度，角度的大小根据光线来调整，以能看清板件表面情况为准。如果板件表面有变形，由于变形部位与良好部位反射光线不同，眼睛就会很容易地观察到变形的部位。找到损伤部位以后，要及时做好标记，便于维修。

2. 触摸评估

如图 3-85 所示，戴上手套（最好为棉质），从各个方向触摸受损的区域，但不要用任何压力。做的时候要将注意力集中在手掌上的感觉，以感觉来评定不平度及漆膜损伤情况。为了能准确地找到受影响区域的不平整部分，手的移动范围要大，要包括没有被损坏的区域，而不是仅触摸损坏的部分。此外，有些损坏的区域，手在向某个方向移动时，可能比向另一个方向移动时更易感觉到。

3. 直尺评估

如图 3-86 所示，将一把直尺放在车身与损坏区域对称的没有被损坏的区域上，检查车身和直尺间的间隙；然后将直尺放在被损坏的车身板件上，评估被损坏的和未被损坏的车身板之间的间隙相差多少，来判断损伤的情况。

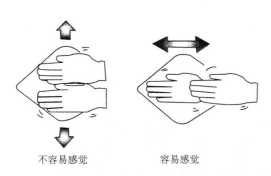

图 3-85 触摸评估损坏程度

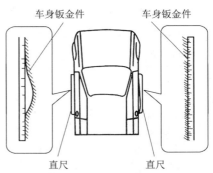

图 3-86 用直尺评估损坏程度

如果在用直尺评估时，损坏件有凸出部分，将影响评估操作，此时可用冲子或鸭嘴锤，将凸起的区域敲平或敲至稍稍低于正常表面，如图 3-87 所示。

注意：实际评估时，通常是各种方法综合运用，以获得准确的评估结果。评估过程中，一定要随时做好记录，以便为后续的维修方案制定提供依据。

二、不同结构漆膜的鉴别

鉴别漆膜的结构常用观察法和打磨法。

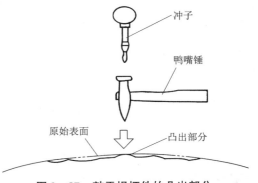

图 3-87 敲平损坏件的凸出部分

评估漆膜损坏程度的方法

不同结构漆膜的鉴别

原漆膜的判别方法

1. 观察法

因为单工序面漆（素色漆）中没有金属颗粒，只有颜料，比如红、白、黑、偏黄白等等。漆膜外观看上去没有金属闪烁感，同时，由于面漆之上没有清漆层，立体感不强，即各方向观察颜色基本一致。

多工序面漆多为金属漆，底色漆里含有金属及金属氧化物颗粒，比如铜、铝、氧化铜等等，阳光反射后，色彩斑斓。加上透明的清漆层对光线的折射作用，使漆面富有立体感。如果角度合适还会发生光线干涉现象，使漆膜外观更加耀眼夺目。

2. 打磨法

（1）工具准备

P2000 水磨美容砂纸、喷水壶、抹布等。

（2）操作步骤

① 在车身漆膜上选一块不显眼的位置，比如车门、油箱盖、行李舱盖等处的内侧。用 P2000 抛光砂纸轻轻打磨。打磨时一定要加水湿磨，因为干磨下来的清漆也呈现灰白颜色，不容易分辨。加些水湿打磨后，磨掉的清漆就不会显示颜色了。

② 观察打磨后砂纸上附着的涂料颜色，如果是带颜色的（与车身漆色相同），说明面漆是单工序的。如果打磨后砂纸上没有颜色，说明面漆是双工序的，打磨下来的是清漆层。如图 3－88 所示。

图 3－88 ~
图 3－91 彩图

(a)

(b)

（a）打磨后有颜色；（b）打磨后没有颜色

图 3－88 打磨法判断面漆膜结构类型

三、不同类型漆膜的鉴别

鉴别漆膜类型的方法有溶剂擦拭法、加热法、硬度测定法、厚度测试法和电脑检测仪法等。

不同类型漆膜
的鉴别

1. 溶剂擦拭法

用普通的硝基稀释剂在原漆膜上进行涂抹擦拭，通过观察有无溶解现象判别原漆膜是否为溶剂挥发干燥型涂料。

检查时使用白色的无纺布浸适量的硝基稀释剂在破损漆膜周围或在车身隐蔽处轻轻擦拭，如果原漆膜溶解，并在布上留下颜色痕迹，说明原漆膜属于溶剂挥发干燥型，如图 3－89 所示。如果原漆膜不溶解，说明原漆膜属于烘干型或双组分型漆。丙烯酸聚氨酯型漆层不易溶解，但稀释剂会减少漆面光泽。若原漆膜为自然挥发干燥型涂料，则在修补喷涂时要充分考虑新漆膜中的溶剂成分会溶解原漆膜，造成咬底等漆膜缺陷。

2. 加热法

用来判别原漆膜是热固性还是热塑性。如果原漆膜为热塑性涂料，则在修补喷涂时应选用同类型的涂料，或将旧涂层完全打磨掉后再进行涂装。用红外线烤灯对漆膜进行加热，如图3-90所示（注意控制加热温度，过热易损伤漆膜），如果漆面有软化现象则可证明为热塑性涂料。

图3-89 用溶剂涂抹法确定车身原有漆膜类型

图3-90 加热法判定漆膜类型

3. 硬度测定法

由于各种面漆干燥后漆膜的硬度不同，大体上看双组分漆和烘干漆硬度较高，而自干漆硬度较低。标准做法可使用硬度计进行测量。

4. 厚度测试法

各种面漆由于性质不同，其漆膜厚度是不一样的，所以可通过用厚度计（也称为膜厚仪，如图3-91所示）测定漆膜厚度来判定面漆的大致类型，但是这种方法测定结果不是十分准确，它更多的是用来检测漆膜的损伤。因为修补过的漆膜厚度基本都会超过150 μm，要比原厂漆膜厚，这种方法不会损伤漆面。

5. 电脑检测仪法

利用电脑调色系统可直接获得原车面漆的有关资料，这是目前涂装行业中普遍使用的检测方法。此方法方便快捷，只需利用原车车身加油口盖，利用仪器很快就能准确无误地判别面漆的类型。

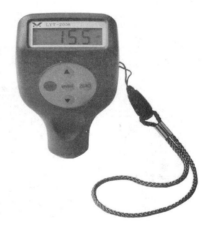
图3-91 膜厚仪

判断漆面的类型是为了便于进行维修时选用合适的材料，表3-7列出了各种类型的原有漆膜和能够涂敷在这些漆膜上的面漆的配套性。

表 3-7 原有漆膜与修补涂料的配套性

新喷面漆	原 有 漆 膜					
	醇酸漆	聚丙烯漆	聚丙烯漆	聚氨酯漆	聚丙烯聚氨酯漆	聚丙烯聚氨酯漆
醇酸漆	○	●	○	○	●	○
聚丙烯漆	○	●	●	○	○	○
聚丙烯漆	○	●	●	○	○	○
聚氨酯漆	●	●	●	○	○	○
聚丙烯聚氨酯漆	●	●	●	○	○	○
聚丙烯聚氨酯漆	○	○	○	○	○	○

注：○——能够重新涂装；●——重新喷涂前，必须使用特定的封闭涂料。

四、汽车是否经过漆膜修补的判定

判定漆膜是否经过修补的方法有：打磨法和测量漆膜厚度法。

1. 打磨法

① 从整块砂纸上裁下一小块砂纸（粒度为 P60）。

② 在漆膜受损区域内选一小块漆面，用打磨块配合对漆膜进行打磨，直到露出金属，如图 3-92 所示。

③ 通过涂层的结构可以看出这辆汽车过去是否经过修补涂装。图 3-92 左图的面漆单一均衡，为未曾补涂过；而右图面漆明显分层，或因曾经喷涂过与原车不一样的面漆，漆膜呈现不同颜色的两层面漆层，由此可以判断为过去曾补涂过。

汽车板件是否曾经做过漆膜修补的判定

图 3-92 彩图

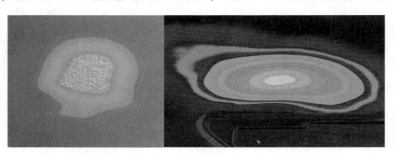

图 3-92 采用打磨的方法确定是否以前做过修补涂装

2. 测量涂层厚度法

用膜厚仪测量车身漆膜厚度，如果漆膜厚度大于新车漆膜的标准厚度，说明这辆汽车曾经进行过修补涂装。

一、准备工作

1. 考核设备、材料准备

在技能学习工位准备好漆膜表面有损伤的汽车（或车身板件）、钢直尺、钢冲、手锤、砂纸（多种规格）、硝基稀释剂、无纺布、红外线烤灯、膜厚仪、电脑测色系统、涂装安全工作服务和防毒面罩。

2. 学员劳动保护

① 穿戴好工作服。
② 穿好安全鞋。

二、考核流程

1. 学员工作

两名学员为一小组，在充分学习本任务相关知识与技能的基础上，完成下列工作，并同时完成相应的工单（见本书配套教学资源"实训工单"中的"工单3-2"）。

① 漆膜结构鉴别。
② 面漆类型鉴别。
③ 修补漆膜的鉴别。
④ 漆膜损伤评估。
⑤ 5S工作。
⑥ 自我评价。

2. 指导教师工作

学员在进行上述操作过程中，指导教师进行下列工作：
① 向学员讲解安全注意事项，要求学员在实训工单中做记录。
② 观察、指导学员进行相关操作，及时制止可能发生危险的操作。
③ 实操结束后审阅学员完成的工单，并结合其操作情况给出评价。

任务3-3　表面预处理

汽车清洗好后，要仔细检查车身漆面，寻找漆膜破损迹象，如气泡、龟裂、脱落、锈蚀以及在烤补、气焊等修理过程中引起的部分损坏。

对于上述破损，必须将旧漆膜清除掉，清除程度可根据旧漆膜的损坏程度和重新涂装后的质量要求，进行全部和部分清除。图3-93所示的漆膜损伤，必须经底处理（清除损坏的旧漆膜和做羽状边等），以达到可以进行后续的工作（如施涂原子灰、喷底漆等）的状态。表面预处理的一般流程如图3-94所示。

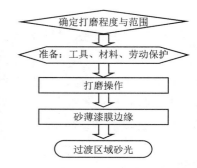

图3-93 板件的漆膜损伤与处理后的状态

图3-94 表面预处理流程

1. 能够准备任务相关的工具、仪器、设备和工作场所。
2. 能够正确描述清除旧漆膜的目的。
3. 能够正确描述对不同的漆膜损伤的处理要求。
4. 能够用砂纸（或与磨块配合）清除旧漆膜。
5. 能够正确使用打磨机进行除旧漆膜的操作。
6. 能够手工或使用电、气动工具清除钢板表面的锈蚀。
7. 能够注意培养良好的安全、卫生习惯，环保意识与团队协作意识素养。
8. 能够检查、评价、记录工作结果。

图3-93 彩图

一、不同程度漆膜损伤的处理要求

对于损伤漆膜的处理原则是，损伤到哪一层，即处理到哪一层。

① 如果损伤仅限于面漆层，打磨时只要将损坏部分磨掉即可。

② 如果损伤到了中涂层，则需打磨到原厂底漆层。因原厂底漆性能非常好，所以打磨时一定注意，尽量保留完好的原厂底漆。

③ 如果损伤到了原厂底漆层，则需打磨到露出底板表面，并对底材表面可能存在的锈蚀、穿孔等进行修复。

④ 对于严重漆膜损伤，通常需要将较大面积区域内清除旧漆膜至裸金属（板材表面）。

二、底处理用工具、设备及材料

1. 砂纸

砂纸是汽车维修中经常使用的打磨材料,用于除锈,砂磨旧涂层、原子灰及中涂底漆等。图3-95所示是典型干磨砂纸的结构,是将各种不同粒度的磨料通过黏结层粘于基材上,制成各种规格的砂纸。通常基材为纸质材料时称为砂纸,基材为布质材料时称为砂布。磨料黏结牢固程度是砂纸质量的一个重要标志。操作人员选择合适的砂纸规格并正确使用才能产生良好效果。

（1）磨料

制造砂纸的磨料根据原料可分为氧化铝（刚玉）、碳化硅（金刚砂）和锆铝3种。根据磨料在基材上的疏密分布情况可分为密

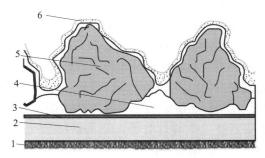

1—丝网连接层；2—基材；3—乳胶涂层；
4—黏结层；5—磨料；6—特制抗灰涂层。
图3-95 干磨砂纸结构

砂纸和疏砂纸两种,密砂纸上的磨料几乎完全粘满表面,疏砂纸的磨料只占表面积的50%~70%。

磨料颗粒的大小称作粒度,颗粒的直径称作粒径。通常用粒径来表示粒度。通常只有圆球形的几何体才有直径,而实际测量的磨料形状各异,是不存在真实直径的。因此在粒度分布测量过程中所说的粒径并非颗粒的真实直径,而是虚拟的"等效直径"。等效直径是当被测颗粒的某一物理特性与某一直径相同的球体最相近时,就把该球体的直径作为被测颗粒的等效直径。因此用不同原理设计的粒度测量方法的数据经常有较大的差异。

（2）砂纸的规格与用途

砂纸的规格用上面磨料粒度的大小表示,一般标注在砂纸的背面,用"F-"和"P-"表示,比如"F60""P80"等。F是固结磨具用磨料的粒度标准,P是涂附磨具的标准。磨料的粒度越大砂纸越粗,适合进行要求不高的粗打磨,主要用来处理缺陷、打磨形状等。磨料的粒度越小砂纸越细,适合进行精细打磨,主要用来作喷涂前修整和喷涂后涂层缺陷的处理。

各国的砂纸粒度划分不是完全一致的,欧洲标准为PEPA、美国标准为ANSI、日本标准为JIS等。

（3）砂纸的分类

砂纸分为水砂纸和干磨砂纸两种。

① 水砂纸。水砂纸是汽车修理厂最常用的砂纸之一,其大小规格约23 cm×28 cm,如图3-96所示。根据修理作业的不同,打磨部位的形状、

图3-96 水砂纸

大小的不同，可以将砂纸裁成适合打磨需要的尺寸。水砂纸湿打磨使用时应先浸水，使砂纸完全浸湿，这样可防止因为手工打磨折叠而引起的脆裂，特别是冬天气温低时，应用温水浸泡，以防止砂纸脆裂。

② 干磨砂纸。汽车修补涂装中所使用的干磨砂纸多为搭扣式（也称粘扣式）砂纸，目前国内市场上搭扣式砂纸以进口为主，使用时需与电动或气动研磨机配套使用。根据制作工艺不同分为干磨砂纸、干磨砂网和三维打磨材料；根据作用分为干磨砂纸和漆面干研磨砂纸；形状有圆形和方形，圆形直径尺寸以 12.7 cm（5 in）和 15.24 cm（6 in）使用较多。

a. 搭扣式干磨砂纸。搭扣式干磨砂纸一面有丝网连接层，俗称快速搭扣，可以跟打磨头快速黏结和分离。一般圆形砂纸圆周均匀分布 8 小个孔，中心有 1 个大孔；方形砂纸在长边边缘均匀分布 8 个孔，在将砂纸粘贴到打磨头上时，一定要保证砂纸上的圆孔与打磨头上的孔相吻合，确保吸尘效果良好，如图 3-97（a）所示。砂纸规格一般为 P60~P500，用于除旧漆、金属打磨等。漆面研磨砂纸用于清除漆面的粗粒、橘皮等，砂纸规格一般为 P600~P1500。

b. 干磨砂网。干磨砂网是干磨设备制造商 MIRKA 公司的专利打磨产品，它是将不同规格的磨料粘接到网状的基材上制成的打磨工具。干磨砂网的规格与干磨砂纸一样，形状有圆形和方形。与干磨砂纸不同是它的吸尘通路更大，吸尘效果更好。如图 3-97（b）所示。

c. 三维打磨材料。三维打磨材料是研磨颗粒附着在三维纤维上形成的打磨材料，这类材料有非常好的柔性，适合打磨外形复杂或特殊材料的表面，可用于各种条件下的打磨。如菜瓜布（百洁布）就是三维打磨材料中的一种，如图 3-97（c）所示。主要用于塑料件喷涂前的研磨、驳口前对漆膜的研磨，板件背面打磨以及修补前去除漆膜表的细小缺陷等。

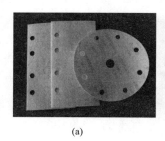 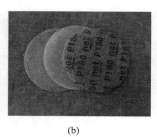 

(a) 　　　　　　　　(b) 　　　　　　　　(c)

（a）干磨砂纸；（b）干磨砂网；（c）菜瓜布
图 3-97　干磨砂纸

百洁布有不同的颜色，以代表不同的砂纸粒度型号，通常红色百洁布相当于 P320~P400 水磨砂纸；灰色百洁布相当于 P800~P1000 水磨砂纸。

(4) 干磨砂纸与水磨砂纸号数的比较

一般来说在进行打磨操作时，采用干磨砂纸打磨对砂纸的号数要求较严格，不同号数砂纸间的过渡要合理，号数变化不要超过 100。与水磨砂纸对比，相同号数的干磨砂纸用机器法打磨后的痕迹要比水磨砂纸小得多。打磨效果相同时，采用干磨砂纸与水磨砂纸的粗细对比，见表 3-8。

表 3-8　干磨砂纸与水磨砂纸的粗细对比

砂纸种类	粗细对比									
干磨砂纸	P60	P80	P120	P150	P180	P240	P280	P320	P360	P400
水磨砂纸	P150~P180	P180~P220	P240~P280	P280~P320	P320~P360	P400~P500	P500~P600	P600~P800	P800~P1 000	P1 000~P1 200

2. 打磨垫

无论是使用水砂纸还是干磨砂纸进行打磨操作时，尽量不要用手握砂纸直接打磨，这样会使打磨的质量无法保证。与砂纸配套的打磨垫是用砂纸打磨工件操作中必不可少的工具，有手工打磨垫和研磨机专用托盘两种。

（1）手工打磨垫

手工打磨垫（也称磨块）分为水磨垫和干磨垫（手刨）。水磨垫有硬橡胶垫、中等弹性橡胶垫及海绵垫等种类。目前由于汽车维修业迅速发展，打磨垫由过去操作人员自己制作，发展到市场上开发出了各种需要的专用打磨垫。

① 硬橡胶打磨垫。硬橡胶打磨垫使用时要外垫水砂纸，一般用于湿磨原子灰层，把高凸的原子灰部分打磨掉，使表面达到平整的要求，如图 3-98（a）所示。其长短大小对磨平原子灰层有一定的影响，自制的打磨垫一般取厚 2~3 cm 橡胶块裁剪成 11.5 cm×5.5 cm 的长方形，此打磨块适用于一张水砂纸竖横裁剪成 4 份，即尺寸为 11.5 cm×14 cm，既有利于水砂纸的充分利用，又灵活方便，是汽车维修业施工人员较普遍使用的操作工具。对于大面积波浪形物面的原子灰层可适当使用加长的打磨垫（也可用平整的水浸不易变形的木板代替）。

② 中等弹性橡胶垫。中等弹性橡胶垫是一种辅助打磨工具，利用它的柔软性，外包水砂纸打磨棱角和形状多变部位。市场上大部分中等弹性橡胶垫分两层（两面），一面是中等弹性橡胶，另一面是硬质塑料，兼具硬打磨块和中等弹性磨块的功能，如图 3-98（b）所示。

③ 海绵垫。海绵垫适用于漆面处理，如抛光漆面前垫细水砂纸磨平颗粒、橘皮等，不易对漆面造成大的伤害。还有将抛光砂纸与 3 mm 厚海绵粘接成一体，制成打磨块，进行抛光等精细研磨操作，如图 3-98（c）所示。

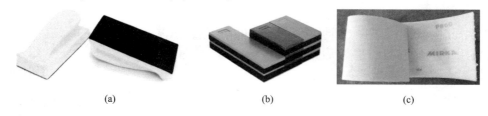

(a) 硬打磨垫；(b) 中等硬度打磨垫；(c) 海绵打磨垫
图 3-98　手工打磨垫

④ 干磨手刨。干磨手刨是用来干磨的手工打磨垫，可以与粘扣式砂纸或纱网配合使用，形状为方形，根据实际工作需要有大、中、小各种不同的规格，如图 3-99 所示。干磨手刨握持舒适，操作方便。它最大的优点是能够与吸尘器连接，将打磨掉的粉尘收集，安全环

保。它可以在一定程度上弥补机器打磨不能灵活机动的缺点，操作方法更接近手工水磨。

图 3-96 ~
图 3-106 彩图

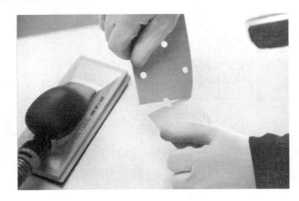

图 3-99　干磨手刨

（2）研磨机专用托盘

用于电动、气动研磨机的打磨垫称为托盘。根据功能的不同，研磨机专用托盘有快速搭扣式和软托盘两种。

① 快速搭扣式干磨托盘。此托盘由高密度海绵材料制成，硬度适中，通过内六角螺栓与打磨头连接，配合干磨砂纸，特殊表面设计能紧扣砂纸，装卸快速、方便、牢固，打磨时省时省力。由 FESTOOL 公司喷射流专利技术设计的九孔磨垫，气流通道设计能够显著增强吸尘效果，延长砂纸使用寿命，降低砂纸消耗达 30%。快速搭扣式干磨托盘如图 3-100 所示。

图 3-100　快速搭扣式干磨托盘

② 软托盘。软托盘安装在干磨托盘与搭扣式干磨砂纸之间，主要用于中途底漆打磨等后续较细研磨，如图 3-101 所示。

3. 无尘干磨系统

无尘干磨系统由集尘系统、辅助系统、打磨机、空气管路和手工辅助工具与材料等组成。

（1）集尘系统

集尘系统有中央吸尘系统、分离式吸尘器和简易吸尘袋等几种。

① 中央集尘系统，如图 3-102 所示。集尘主机通过空

图 3-101　软托盘

间布置的压缩空气供气管路、空间布置的集尘管路和电源线路与悬挂功能单元连接。悬挂功能单元的数量要根据集尘主机的功率来选择，才能保证良好的集尘效果，适合大型的汽车车身维修企业。

② 可移动式吸尘器，如图3-103所示。可移动式吸尘器可以方便移动，灵活性强，吸尘效果好。一台吸尘器最多可以同时保证两台打磨机同时工作，是一般维修站车身维修打磨工位的理想配置。

图3-102　中央集尘系统

图3-103　可移动吸尘器

③ 简易吸尘袋。如图3-104所示，与专用打磨头配套使用，方便灵活，不受场地的限制，但是吸尘效果稍差。

（2）悬挂功能单元

悬挂功能单元具有压缩空气的净化与自动润滑系统及远程控制等功能。通过摇臂固定，使用方便，占用的空间少。悬挂功能单元一端与吸尘系统相连，另一端通过供气管路、集尘管路和电源线与打磨工具连接，如图3-105所示。

图3-104　配备吸尘袋的打磨机

图3-105　悬挂功能单元

（3）打磨机

打磨机是利用电或压缩空气作为动力源，带动砂纸等研磨工具，对工件需要修整部位进行研磨操作的工具。使用打磨机明显减少了操作者的劳动量，提高了工作效率。为了适应汽车车身维修发展的需要，打磨机生产企业不断设计出各种形式和型号的产品，使车身维修工作变得越来越轻松。

打磨机可以利用电力驱动，也可以利用压缩空气驱动。电动打磨机与气动打磨机外形如图 3-106 所示。

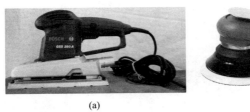

(a)　(b)

(a) 电动打磨机；(b) 气动打磨机

图 3-106　电动打磨机和气动打磨机

由于喷漆车间内有易燃物品，要尽量减少电动工具的使用，所以主要采用压缩空气驱动的气动打磨机。气动打磨机主要有单作用式、轨道式、双作用式、往复直线式4种类型。

① 单作用打磨机。打磨头绕一个固定的点转动，砂纸只做单一圆周运动，称为单一运动圆盘打磨机或单作用打磨机，如图 3-107 所示。这种打磨机的扭矩大。低速打磨机主要用于磨去旧涂层，钣金磨就属于这类打磨机；高速打磨机主要用于漆面的抛光，也就是抛光机。

使用单作用打磨机除旧漆膜时，由于打磨头中心没有切削力，主要是靠旋转力切削，所以打磨头与旧漆膜的接触方式应如图 3-108 所示，保持与漆膜表面 15°～20°的夹角；除此之外，压力不能过重。但用于原子灰和中涂底漆表面打磨时，由于要求获得平滑的表面，所以磨头必须平贴于表面。

注意：由于打磨机转速非常高，使用时一定要牢牢握住打磨机，以避免脱手的危险。

图 3-107　单作用打磨机　　　图 1-108　气动打磨机的使用

单作用打磨机由于只做旋转运动，所以打磨痕为大圆弧形，且较深，如图 3-109 所示。

② 轨道式打磨机。轨道式打磨机的打磨头外形都呈矩形，便于在工件表面上沿直线轨迹移动，整个打磨头以小圆圈振动，此类打磨机主要用于原子灰的打磨，如图 3-110 所示。该类打磨机可以根据工件表面情况采用各种尺寸的打磨头，以提高工作效率，轨迹直径亦可改变。

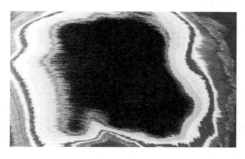

图 3-109　单作用打磨机的打磨痕

图 3-110　轨道式打磨机

图 3-109 ~
图 3-113 彩图

轨道式打磨机由于打磨头只做小圆圈振动，打磨痕为小圆弧形，较浅，如图 3-111 所示。

③ 双作用打磨机（也称为偏心振动式、双轨道式、双动式等）。打磨头本身以小圆圈振动，同时又绕其自身的中心转动，因而兼有单作用及轨道式打磨机的运动特点，如图 3-112 所示。其切削力比轨道式打磨机大。在将该种打磨机用于表面平整或初步打磨时，要考虑轨道的直径，轨道直径大的打磨较粗糙，反之较细。

图 3-111　轨道式打磨机的打磨痕

图 3-112　双作用打磨机

双作用式打磨机由于打磨头既做旋转运用又做小圆圈振动，打磨痕为大小交错的圆弧形，较浅，如图 3-113 所示。

④ 往复直线式打磨机。工作时打磨头做往复直线运动的打磨机称为直线式打磨机，主要用于车身上的特征线和凸起部位的打磨。

电动打磨机的类型与气动式基本相同。但有一种电动打磨机与气动打磨机区别较大，称为锐角打磨机（简称"角磨机"），如图 3-114 所示。因有保护罩，所以打磨时只能以锐角接触板件表面，如图 3-115 所示，故称为角磨机。主要用于打磨严重的锈蚀、焊缝及旧漆膜较厚处。

角磨机切削力较大，速度快，因而打磨痕非常深，如图 3-116 所示。

图 3-113　双作用打磨机的打磨痕

电动式打磨机选择时，首先应根据操作者的体力，选择大小适宜的打磨机，打磨机太大则很快疲劳，不能持续作业，太小则效率低。然后再选择转速稳定、输出力量大、振动小的为宜。

打磨头的形状有两种，如图3-117所示。其中有倒角的一种使用起来比较方便，对于板件的边角均能进行很好的打磨。

图3-114　角磨机

图3-115　角磨机的使用

图3-116　角磨机的打磨痕

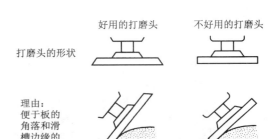

图3-117　两种形状打磨头的使用比较

打磨头尺寸的大小选择应视打磨面积来决定。如对车顶和发动机罩等大面积的地方打磨时，可使用直径为18 cm的打磨头，以加快作业速度；小面积打磨时，可以使用直径为10～12 cm的打磨头，使用起来比较方便。

请注意：电动打磨机在打磨漆膜作业时，如果使用的是硬的打磨头，要保持与漆膜表面相平行，否则会在金属表面留下划痕；如果是柔性打磨头，与漆膜表面的接触方式应采用如图3-118所示的方式。

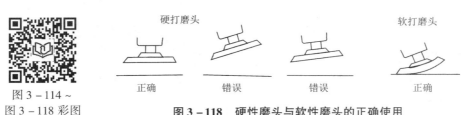

图3-114～
图3-118彩图

图3-118　硬性磨头与软性磨头的正确使用

振动式打磨机有振动幅度大小之分（磨头型号），不同型号的磨头与砂纸配套情况，以及适应的打磨要求不同，见表3-9。振动幅度为7 mm的圆形气动磨机以及振动幅度为5 mm的圆形电动磨机振动幅度大、力量更强，适合于粗打磨、中间打磨；振动幅度为3 mm

的圆形气动磨机振动幅度较小，力量也较小，更适合于细磨的要求；振动幅度为 2~2.5 mm 的圆形电动磨机，特别适合小面积超精细研磨处理。

表 3-9 打磨机与砂纸配套适合不同的打磨作业

打磨要求	预磨	粗磨	中级磨	细磨	精细打磨	超精细打磨
打磨过程	打磨损毁部位、打磨钢板、打磨焊缝	打磨损毁部位、打磨钢板、粗磨原子灰	中级磨原子灰、打磨底涂层	细磨中涂层	喷面漆前精细打磨中涂层、打磨原有漆膜	打磨细小缺陷、驳口处理等
砂纸型号	P24~P60	P80~P180	P120~P240	P240~P360	P320~P500 S500~S1000	P1200~P3000 S1000~S4000
磨头型号	7 mm（气动）	7mm、5mm（气动）	5mm（气动）	3 mm（气动）	3 mm（气动）	2~2.5 mm 的圆形电动打磨机

注：表中砂纸型号的首字母为"S"的，表示为海绵砂纸。

常用的打磨机的选择，见表 3-10。

表 3-10 常用的打磨机的选择

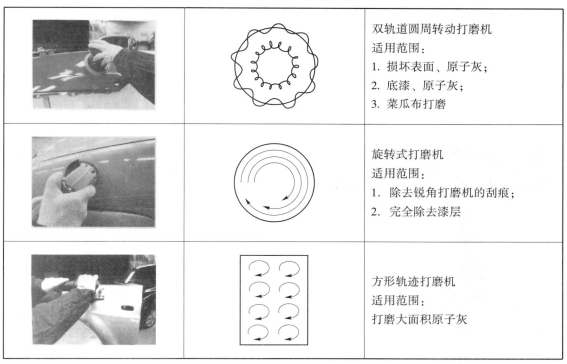

		双轨道圆周转动打磨机 适用范围： 1. 损坏表面、原子灰； 2. 底漆、原子灰； 3. 菜瓜布打磨
		旋转式打磨机 适用范围： 1. 除去锐角打磨机的刮痕； 2. 完全除去漆层
		方形轨迹打磨机 适用范围： 打磨大面积原子灰

（4）空气管路

空气管路的两端通过可以 360°旋转的快速接头［图 3-119（a）］，连接吸尘设备和打磨机，提供压缩空气驱动打磨头，排放的废气通过消声器排出［图 3-119（b）］。吸尘管将打磨下的灰尘回收到集尘器，所以空气管路又叫三合一套管［图 3-119（c）］。吸尘管还能自动周期性（1 次/10 min）供应润滑油润滑打磨机，控制气动马达噪声，带有润滑油的废气经消声器过滤后排出，避免油污直接排放到喷漆环境中。

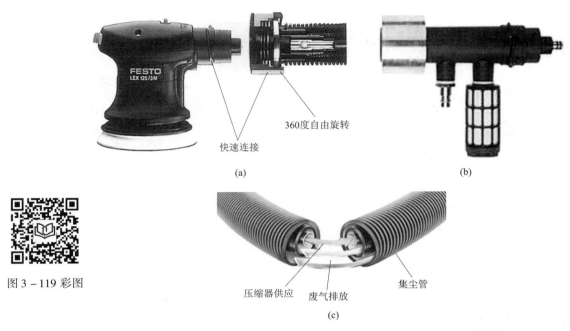

图 3-119 彩图

（a）快速接头；（b）排气消声器；（c）三合一套管的结构

图 3-119　空气管路

（5）手工辅助工具与材料

工具柜和工具车，能存放打磨机和摆放砂纸、原子灰、除油布等辅助工具。

（6）无尘干磨房

如图 3-120 所示，无尘干磨房是为干磨操作来设计的，可以进行喷漆前的打磨、喷涂底漆和打磨，以及进行面漆的点修补操作。工作区域内的空气在风机的作用下，经过一级初级过滤装置过滤后，再经过二道过滤装置，将含有直径小于 10 μm 尘埃的较洁净空气引入风机，80% 的风量从进风弯头进入处理室顶部的静压室，20% 从排风筒排出室外（保证操作人员始终工作在新鲜空气中），进入静压室的空气经第二级过滤进入到工作区域

图 3-120　干磨房

中，这时空气内的杂物尘埃 98% 被过滤掉，有效地保证了工作区域内所需的洁净空气。向下流动的空气将打磨或喷漆产生的灰尘等杂质带走，保证了操作人员的身体健康及前处理的表面质量。

一、劳动保护与安全注意事项

1. 劳动保护

手工除旧漆（打磨）时可能存在的危害及需配备的劳动保护如图3-121所示。

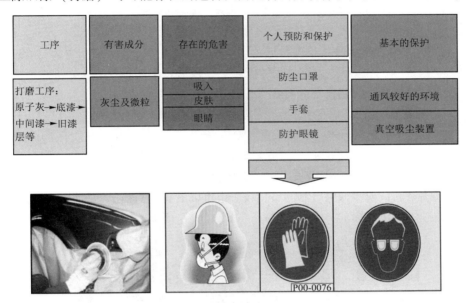

图3-121 打磨时可能存在的危害及劳动保护

2. 安全注意事项

操作前，必须牢记以下劳动安全事项：

① 如果采用加热法除旧漆时，应时刻关注电加热器的温度，过高时应关闭电源冷却。尽量不用火焰加热。

② 用加热法除旧漆时，要控制好板件的加热温度，以免因温度过高而使板件变形。

③ 用铲刀除旧漆时，应注意使用安全，以免划伤。

④ 切记不要用刀尖用力铲漆膜，以免对板件表面造成深度划伤。

⑤ 用打磨机打磨时应该佩戴防护眼镜和防护面罩。

⑥ 检查打磨机叶轮（针对角磨机而言）的品种及规格是否与当前操作所要求的性能相一致。破损的叶轮，哪怕只有很小一点缺陷，也绝不能继续使用。

⑦ 检查电源是否在该产品所规定的范围内。

⑧ 将电源插头插入电源插座之前应仔细检查打磨机的电源开关是否关闭。

⑨ 更换叶轮时（针对角磨机而言），务必认真按照说明书的要求。

⑩ 绝不可采用电动打磨机打磨铝材、塑料等。可采用磁铁检查基材。

⑪ 绝不可采用电动打磨机交叉打磨曲面弧度较大、凸出很高的表面或非常凹的表面。

⑫ 绝不可采用电动打磨机打磨边角、褶皱缝、焊缝、粘接处或刮涂过塑料密封胶的区域。

二、手工打磨

因为除旧漆膜时，通常会打磨到裸露钢板，此时如果有水沾到钢板上，会很快产生锈蚀，所以在除旧漆打磨时，建议使用干打磨。

1. 裁剪砂纸

选择合适的磨料，采用氧化铝磨料的疏式砂纸比较适合底处理干打磨，粒度为P80。根据打磨的需要，将砂纸裁成适合打磨的大小。汽车修理厂普遍采用以下几种方式（如图3-122所示）：

（1）小面积打磨。将水砂纸长边对折2次，短边对折1次，裁成1/8大小，约11.5 cm×7 cm，如图3-122（a）所示。以这种尺寸配合小垫板适合小面积打磨及处理漆面局部流痕处的磨平。或者用直接用手对拐角等处打磨操作。

（2）一般常规打磨。将水砂纸竖、横各对折1次裁成1/4大小，约11.5 cm×14 cm，如图3-122（b）所示。这种尺寸大小适中，适合手握操作，方便灵活，是修理时最常用的。打磨时包在小垫块上，大约1/2为打磨面。

（3）大面积打磨。将水砂纸沿长边对折1次，裁成1/2大小，约14 cm×23 cm（这需要根据打磨板的规格而裁剪，如果自制的垫板较长也可以沿短边对折），如图3-122（c）所示。一般打磨前把砂纸固定在标准打磨板上进行，对于较大平面上的缺陷有较好的平整作用。

(a) 小面积打磨；(b) 一般常规打磨；(c) 大面积打磨

图3-122 砂纸裁剪法

2. 打磨

将裁好的砂纸用手握住，如图3-123所示，在需要清除旧漆处进行打磨。如果要配合磨块打磨，应将裁好的砂纸平贴于磨块下面，两边多出的部分向上折，贴靠到磨块边缘以便用手握住，如图3-124所示。将磨块平放于打磨表面，前后及左右移动。打磨时，磨块须保持平移，用力要适当。

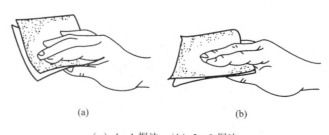

(a) 4+1握法；(b) 2+3握法

图3-123 砂纸的握法

手工打磨的姿势应该以舒服、顺手为原则。对于较大表面，最好是采用拇指和小指夹住磨块，中间三指配合手掌的握法。

打磨时应尽量轻地握住砂纸。打磨时施加于表面的压力仅仅限于手掌的力量。有时还必须经常改变打磨姿势，以适应不同部位表面结构。

打磨时可采用以下手法：

① 手指打磨法。在对汽车某个特殊的部位进行打磨时，有时需要将手掌稍微抬起来一点，将力量加到手指上，进行所谓手指打磨，

图 3 – 124　打磨块的握法

有时甚至还要将手掌再抬高一点，将力量加到指尖上，用指尖进行打磨。

② 画圈打磨。用手指按住砂纸，在一个小范围内快速做圆周运动进行打磨。这种画圈打磨方式不得用于打磨直径大于 25 cm 的缺陷。

③ 交叉打磨法。在打磨较大面积的表面时，最好采用走直线的方法。在过渡区对相邻表面打磨时，应采用交叉打磨法（也称为"米字形打磨"），如图 3 – 125 所示，就是打磨时经常地改变打磨方向，因为这样操作获得的基材表面较平整。改变打磨方向可以起到和切削差不多的作用，打磨的速度最快。如果以 90°的角改变方向，就无法采用交叉打磨法，这主要是受汽车表面绝大部分结构所限。只有在角度为 30°或 45°时改变方向才有可能。

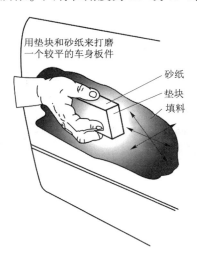

图 3 – 125　交叉打磨法

打磨时来回的行程应长而直，如果掌心没有平压在表面上，手指就会接触到打磨表面，这将导致手指与表面之间受力不均匀，所以应避免手指接触打磨表面。打磨时尽量不要进行圆周运动，否则会产生在表面涂层下可见的磨痕。为了获得最好的打磨效果，应该始终沿着与车身轮廓相同的方向进行打磨，如图 3 – 126 所示，也可采用 45°角方向交叉打磨。如果进行的是大面积的打磨，则应该分成块，一块一块地进行打磨。每一块面积最好不大

于 0.1 m²。不得将身体的重量加压在砂纸上,而只能轻轻地压着砂纸进行打磨。用手摸、眼看检查打磨是否符合要求。

初步打磨后,需换用 P150 号砂纸再全部打磨一遍。

对于旧漆膜有剥离或裂纹处,以铲刀(如图 3-127 所示)刀尖部插入剥离层间或缝隙处可以一块块铲掉旧漆膜。

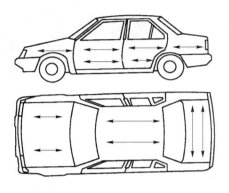

图 3-126 打磨运动方向

图 3-127 铲刀

对于黏结较实的旧漆或凹槽、拐角等特殊部位,可配合使用其他手工工具(如图 3-128 所示)清除。

除旧漆过程中,也可配合加热法。加热法除旧漆就是利用火焰(或烤灯、热风枪)的高温使旧漆膜软化或炭化(烧焦)从而配合铲刀等工具清除旧漆的一种方法,如图 3-129 所示。

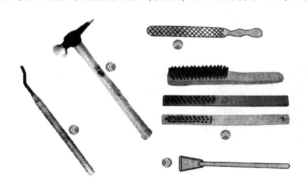

图 3-128 除旧漆常用工具

图 3-129 用热风枪配合铲刀除旧漆

注意:

① 加热法除旧漆的缺点是如果加热温度过高,板件会产生热变形,从而产生不良后果。所以使用中一定注意控制加热温度,必要时可采用多层多次清除。

② 如果打磨的表面经过钣金处理,表面凹凸不平,则旧的涂层需完全清除掉,以便打原子灰;如果打磨表面没有经过钣金处理,表面平整,只是旧漆膜损坏,则应打磨到原底漆层,若由于失误将底漆打磨过度,则应重新喷涂底漆。

③ 由于清除旧漆膜时,通常要清除到露出金属为止,如果此时金属表面沾上水,会引起金属表面生锈,给后续工作带来很大麻烦,甚至使接下来的涂装产生缺陷,因此,清除旧

漆膜时建议用干磨法。

④ 无论是打磨大的还是小的面积，用粗砂纸打磨 50%～75%，再用细砂纸进行精加工。粗砂纸打磨的目的是尽快打磨掉旧漆膜、原子灰、锈斑、大块的底漆等。

⑤ 对于用铲刀或加热法清除旧漆膜后，仍需用 P80～P150 的砂纸再打磨。

3. 做羽状边

所谓做羽状边（也称为"砂薄漆膜边缘"）是指在已清除旧漆膜区域的周围，将完整漆膜的边缘打磨成逐渐变薄的平滑过渡状态，如图 3－130 所示。当待修补漆膜的破坏程度还没有深入金属基材时，这里的薄边要求更为精细、平滑，为无痕迹修补创造先决条件。

图 3－130　边缘的砂薄过渡

① 选择合适的砂纸（通常为 P240）。

② 采用由内向外磨或由外向内磨均可以。对于小面积缺陷用画圆圈的方法打磨，对于大面积缺陷则用走直线的方法打磨。做羽状边时，一定要认真细致，保证坡口的角度基本一致。

羽状边坡口的大小取决于漆膜的厚度（层数），通常每一层漆的坡口宽约为 5 mm，总坡口宽大于 3 cm 即可，如图 3－131 所示。

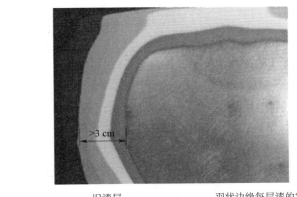

图 3－131 彩图

图 3－131　羽状边的宽度

4. 砂光

砂光是对损伤部位周围区域（过渡区）的表面进行处理，使表面无光、粗糙，这样新喷涂的漆膜才能牢固地黏附在旧漆膜表面上。如果下道工序为刮原子灰或喷涂头道底漆，则不需进行砂光操作。等到进行中涂底漆喷涂前再进行此项作业。

① 选择合适的砂纸，一般为 P320 或 P400。

② 将砂纸按需要裁开。

③ 按干打磨的工艺走直线的方式进行打磨，如图 3-132 所示。

④ 经常检查砂纸的表面状态，如果砂纸上粘的漆灰尘较多，应用手刷、钢丝刷或压缩空气将它清理干净。

手工除旧漆膜

除旧漆区域最后一道打磨所用的砂纸型号视下道工序而定。如果下道工序为刮原子灰，则用 P150 砂纸做完羽状边即可；如果下道工序为喷涂底漆，则应用 P180 砂纸打磨原底漆（包括羽状边）；如果下道工序为喷涂中涂底漆，则最后用 P320 砂纸打磨（包括羽状边及过渡区域）；如果下道工序为喷涂面漆，则需用 P400 或 P600 砂纸打磨（包括羽状边及过渡区域）。注意：砂纸的递进不应超过 100 号。

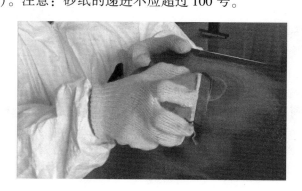

图 3-132 彩图

图 3-132　砂光

5. 整车清理

采用黏性抹布或气枪对整车进行清理。

三、用干磨机打磨

1. 干磨系统准备

（1）打磨车间准备

图 3-133 所示为典型的打磨间配电箱面板图，打开主电源开关（主令开关）、照明开关、风门开关，就可以进行打磨操作了，如果要在打磨间内进行喷涂操作（通常小面积的底漆喷涂），则还需打开喷漆开关。

用干磨机除旧漆膜

注意：实际工作中很多人会因为工作时间短，而不打开打磨间排风系统直接进行打磨操作，这样做不但会影响工作质量，还会污染整个车间，是绝对要禁止的。

（2）干磨机的准备

使用前，先将三合一套管分别与吸尘器和打磨机连接，检查吸尘器选择旋钮是否转到"AUTO"挡，电源、气源是否接通。启动打磨机开关试运行一下，如图 3-134 所示。

（3）安装砂纸

选择合适的砂纸（对于清除旧漆膜，开始应选用 P80 的砂纸，然后根据下道工序要求，逐级递进至下道工序要求的砂纸型号），将砂纸孔对准磨垫孔，砂纸应完全覆盖磨垫，如图 3-135 所示。

注意：绝对避免不装砂纸打磨或装上砂纸后磨垫搭扣层没有被完全覆盖的情况。

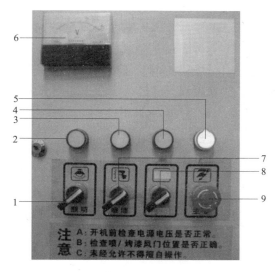

图 3-133 彩图

1—照明开关；2—照明指示灯；3—喷漆指示灯；4—风门指示灯；5—电源指示灯；
6—电压指示表；7—喷漆开关；8—风门开关；9—主电源开关（主令开关）。

图 3-133 打磨车间控制面板

（4）调节压力

打磨机工作的标准压力是在工作状态下 6 bar（1 bar = 0.1 MPa），工作状态下压力低于 6 bar 影响打磨机工作的力量，工作状态下压力超过 6.5 bar 会导致打磨机加速磨损。

向上拔起压力调节旋钮，顺时针旋转为提高压力，逆时针旋转为降低压力。

使打磨机处于工作状态下，旋转调节旋钮，将压力调节到 "6" 的刻度，按下旋钮锁定。如图 3-136 所示。

图 3-134 安装打磨头

图 3-135 安装砂纸

图 3-136 调节气压

注意：通过压力表调节压力只能在既定的上游压力范围内调节，不可能通过调节压力表将压力调高到上游既定压力以上。在没有向上提起调节旋钮的情况下旋动调节旋钮，首先是旋不动，如果强行旋转可能会损坏调节旋钮。

2. 打磨

（1）操作流程

① 穿戴好安全劳保用品。

② 戴好手套，然后轻轻地摸一遍待打磨表面，这有助于操作工人决定如何进行打磨。

③ 握紧打磨机，将打磨机以 5°～10°角贴于待打磨表面，打开开关。

④ 使打磨机向右移动，打磨机叶轮左上方的 1/4 对准加工表面，如图 3-137 所示。

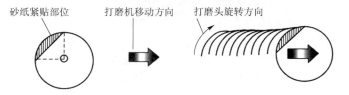

图 3-137 打磨机右向移动的操作

⑤ 当打磨机从右向左移动时，砂纸右上方的 1/4 紧贴加工表面，如图 3-138 所示。

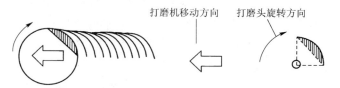

图 3-138 打磨机左向移动的操作

⑥ 打磨较为平整的表面时的移动方式如图 3-139 所示。

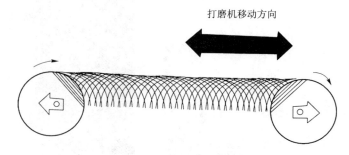

图 3-139 打磨较为平整表面时的移动的操作

⑦ 对于较小的凹穴处，应采用如图 3-140 所示的方法。注意，此方法仅限于使用角磨机。

（2）打磨操作时注意事项

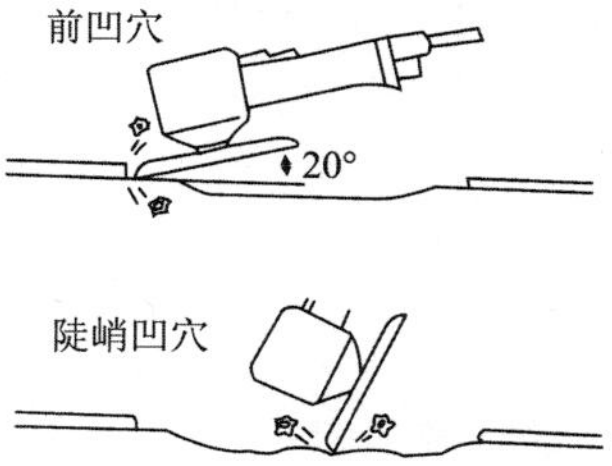

① 操作打磨机时，一定要在接触到板件表面后，才能开动打磨机。如果打磨机在接触到板件表面之前开动，由于空转转速过高，会在初始接触的区域产生很深的划痕并且使打磨机控制困难。

② 为了防止板件过热变形，不要将打磨机在一个位置打磨时间过长。

图3－140　打磨小凹穴的操作

③ 不允许采用粗砂磨料以90°角交叉打磨凸出很高的表面，这样做将会造成很深的打磨伤痕，以后将很难将其除去。

④ 千万不要让粗砂磨料接触打磨区域附近完好的漆膜表面，最好用胶带把完好的涂层部位保护起来。

⑤ 由于干磨机磨头边缘没有砂纸，所以对于较深凹穴处不能干磨机打磨，可换用角磨机或手工打磨。

⑥ 经常检查磨料是否清洁，以保证打磨效率。如果磨料被塑料密封胶黏附，则应该及时用毛刷、钢丝刷或气枪进行清理。如果出现类似情况，则表明密封胶固化不完全。打磨操作应该在密封胶充分固化后才能进行。

⑦ 对于边角、棱线等处，打磨机无法进行打磨，这时需用手工配合砂纸进行打磨，最好选用带软衬垫的砂纸打磨。

3. 做羽状边

使用干磨机正确地做羽状边的操作如图3－141所示，将整个打磨机压在车身板上，提起一边，仅向板上标"A"的区域施压，然后沿边界线移动打磨机。边界线和打磨机之间的关系必须保持恒定。

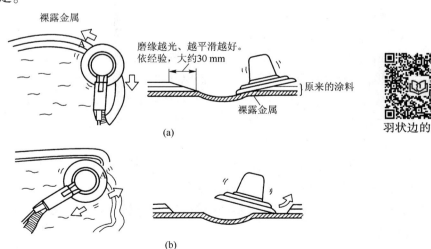

图3－141　做羽状边的方法

4. 砂光

① 选用P320~P400砂纸安装在打磨头上，将打磨头前方对着表面，而后方稍稍离开

表面一点。保持这个方位,上下移动打磨机进行打磨。每一道磨痕之间覆盖面积大约为50%~60%,如图3-142所示,这将有利于打磨平整。

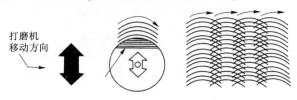

图3-142 砂光操作时砂轮叶片的移动

② 用戴着手套的手在打磨过的表面上来回摸一下,检查打磨效果。重复上述打磨过程,直到完成打磨工作的3/4左右。

③ 更换细砂纸。

④ 重复打磨操作,先用打磨的方法,然后用砂光的方法,直到表面达到所要求的平整度。

注意:

① 由于打磨机转速较快,一定要时时观察打磨进度,千万不要打磨过度。尤其玻璃钢及塑料件,因其与涂层颜色差较小,更容易打磨过度甚至将板件打磨出孔洞。

② 尽量避免倾斜打磨,避免让磨垫的边沿碰触立面。

③ 不要让重物挤压三合一套管,以免导致三合一套管损伤;在移动设备时,应将三合一套管缠绕好后再移动,以免三合一套管在移动的过程中磨穿或被尖锐物体划伤而导致吸尘效果不好。

④ 不要让三合一套管两端沾水。如果三合一套管两端沾水将可能导致里面的轴承锈死而引起旋钮旋转不灵活,最后导致三合一套管破裂。

⑤ 对避免用三合一套管来吸尘。

⑥ 绝对避免在没有装吸尘袋或吸尘袋破裂的情况下继续打磨操作。如果空气滤清器破损,应立即更换,这些情况可能导致吸尘器电动机损坏或打磨机损坏。

⑦ 如果吸尘效果变差,应首先检查吸尘器是否工作(有可能电源未连通)、控制选择开关是否置于"AUTO"挡,接着打开吸尘器上盖检查集尘袋是否破裂,或有其他地方出现破裂情况,检查吸尘通道是否有堵塞情况。

⑧ 如果打磨机工作无力,或者不工作,应首先检查气压是否太低、导气管是否断裂、导气管上是否有密封垫圈;气路各个连接处是否有漏气情况。

⑨ 长时间没使用打磨机,在重新使用前应从导气管开口滴入几滴润滑油。

5. 清洁车身

最好用吸尘器吸净打磨的灰尘,必要时可配合使用粘尘布进一步除尘。

四、钢板表面的除锈

钢板表面的锈蚀存在,会严重影响涂料的附着性并成为进一步扩大腐蚀的因素,所以必须清除干净，如图 3-143 所示。

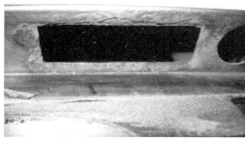

图 3-143　钢板表面的锈蚀及清除后的效果

1. 手工除锈

将 P100 砂纸按照原尺寸的 1/4 裁好，垫好打磨垫，不要加水，直接干打磨锈蚀部位。要把锈蚀完全处理掉，露出金属的本身颜色，并且打磨要向未锈蚀的部位扩展 10 mm 左右的范围。手工除锈适合锈蚀不严重、锈蚀范围小的情况。

2. 机器法除锈

（1）轻度锈蚀清除

对于轻度锈蚀，可选用专用毛刷配合专用打磨机进行清除。毛刷上黏附有磨料，如图 3-144 所示，依靠离心旋转力和磨料的磨削力清除锈蚀。该方法特别适合边角、缝隙等很难触及的地方，如图 3-145 所示。

图 3-144　除锈专用毛刷　　图 3-145　用专用毛刷清除狭缝中的锈蚀

图 3-143 ~ 图 3-147 彩图

使用时应注意以下几点：

① 必须佩戴护目镜。

② 由于转盘需要以较高转速运转，因此打磨下来的颗粒会飞溅到空气中。

③ 必须始终注意旋转方向（参见转盘上的说明），否则如果安装错误，刷毛就会破裂。

④ 注意要达到足够的转速和扭矩，只有这样转盘才能高效工作。

⑤ 使用时不要施加压力，它的性能是由离心力和磨粒的共同作用产生的。这样可以显著延长转盘的使用寿命。

⑥ 锈蚀严重时禁止使用。

钢板表面的除锈

（2）严重锈蚀的清除

如果锈蚀严重，可使用角磨机配合钢丝轮进行打磨。

① 拆下角磨机上的砂轮片，换上钢丝轮并按规定的力矩紧固，如图3-146所示。

② 在保证电动打磨机上的开关处于关闭的状态下，将打磨机的电插头插入插座内。

③ 双手握住打磨机，置于身体前方，身体正对需要打磨部位，将打磨机靠近需要打磨的板件表面。

④ 扣动开关，将打磨机以大约15°的倾角移向待打磨表面，以手腕的力量轻压，使钢丝刷紧贴金属表面进行切削除锈。

⑤ 用前后或左右移动的方式移动打磨机，直到将全部表面打磨至光亮无锈迹为止，如图3-147所示。

⑥ 关闭电源开关，等钢丝刷完全停止转动后，将电插头拔下，妥善放置打磨机。

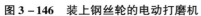

图3-146 装上钢丝轮的电动打磨机　　图3-147 用带钢丝刷的电动打磨机除锈

五、无损伤板件的表面预处理

不同的板材，涂装工艺（主要是使用的涂料品种）会有差别。因此，对板件进行涂装前，必须确认板件的材质，以便确定合理的涂装工艺。

汽车车身常用板材有电镀锌板（暗灰色）、森氏镀锌板（浅银色，带有小孔）、带电泳底漆的钢板（有黑色、棕色、灰色或绿色的涂层）、镀黄色铬板（透明的黄色，带有虹状效应）、铝合金板（浅银色，打磨时会变软）、钢板（深银色，耐磨）、各种塑料板及特殊材料板（玻璃纤维板、碳纤维板）等。

1. 裸金属板件的预处理

车身修复时，经常更换新的板件，如果所更换的金属板件为裸表面，通常需进行清洗和打磨处理。不同的涂料产生商所生产的涂料产品特点不同，其推荐的处理项目会有所差别。使用"鹦鹉"系列产品时对裸金属表面的处理项目，如图3-148所示。

注意：对于钢板和镀锌板，进行上述底处理后，应尽快喷涂底漆（侵蚀性底漆或环氧底漆），以保护表面不产生锈蚀。

2. 裸塑料表面的预处理

对新更换的塑料件，通常为裸表面（可能黏附有脱模剂）。对该类板件进行预处理时，通常包括清洁、打磨和去湿等操作，如图 3-149 所示（使用"鹦鹉"牌涂装产品）。

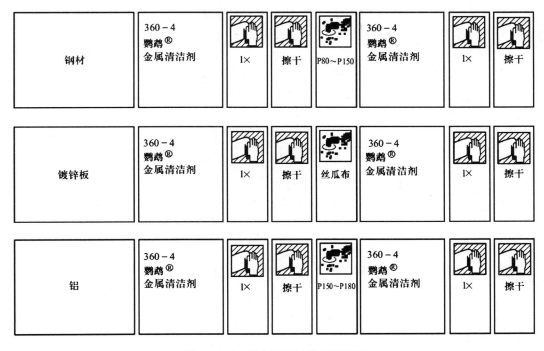

图 3-148　裸金属板材表面预处理

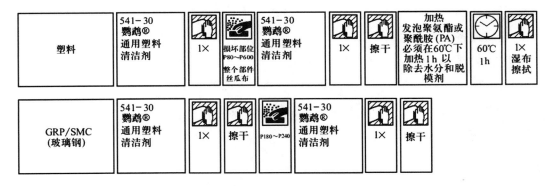

图 3-149　裸塑料件的表面预处理

3. 有原厂底漆的板件表面预处理

对更换的新板件，有时已经有原厂底漆。对这类板件的表面预处理通常包括清洁、打磨，如图 3-150 所示（使用"鹦鹉"牌涂装产品）。

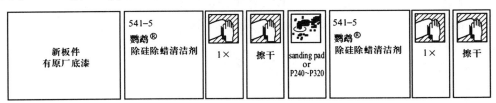

图 3-150　有原厂底漆的新板件的表面预处理

4. 无损伤漆面的表面预处理

无损伤漆面包括良好的旧漆膜及不耐溶剂旧漆膜两种。不耐溶剂旧漆膜是指旧漆膜为溶剂挥发型漆膜或严重老化的旧漆膜。其表面预处理项目如图 3-151 所示。

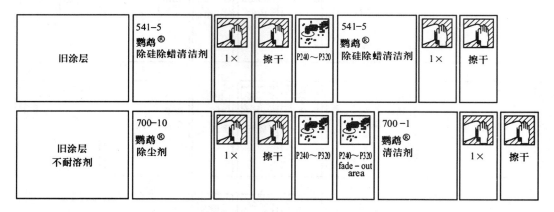

图 3-151　无损伤漆面的表面预处理

一、准备工作

1. 考核设备、材料准备

在技能学习工位准备好漆膜表面有损伤的汽车（或车身板件）、砂纸（多种规格）、手工打磨垫，准备好干磨系统、涂装安全工作服和防毒面罩。

2. 学员劳动保护

① 穿戴好工作服。
② 穿好安全鞋。

二、考核流程

1. 学员工作

两名学员为一小组，在充分学习本任务相关知识与技能的基础上，完成下列工作，并同时完成相应的工单（见本书配套教学资源"实训工单"中的"工单 3-3"）。

① 手工打磨。
② 用干磨机打磨。
③ 5S 工作。
④ 自我评价。

2. 指导教师工作

学员在进行上述操作过程中,指导教师进行下列工作:

① 向学员讲解安全注意事项,要求学员在实训工单中做记录。

② 观察、指导学员进行相关操作,及时制止可能发生危险的操作。

③ 实操结束后审阅学员完成的工单,并结合其操作情况(工作成果)给出评价。

项目四

底漆的涂装

任务 4-1　底漆的准备

对图 4-1 所示的漆膜损伤，因局部损伤程度到了钢板层面，在对旧漆膜进行打磨处理后，应该对裸露钢板的表面涂装底漆。

图 4-1 彩图

图 4-1　伤及钢板的漆膜

为了能够喷涂底漆，底漆必须准备至可以适合喷涂的状态。为此需要选择出合适的涂料，并对涂料进行包装的开封、上架摆放及调制等一系列操作。

1. 能够正确描述底漆的作用、种类。
2. 能够根据涂料产品不同的包装方式，选择合适的工具与方法进行涂料产品的开封、安装搅拌头及搅拌。
3. 能够正确调制涂料。

4. 培养良好的劳动安全、卫生习惯，环保意识及团队协作素养。
5. 能够检查、评价、记录工作结果。

一、底漆的作用

底漆即底涂层用漆，它一般直接涂覆于施工物体表面或涂于原子灰表面。它的作用一是防止金属表面的氧化腐蚀，二是增强金属表面与原子灰（或中间涂层、面漆）、原子灰与面漆之间的附着力。

合适的底漆是面漆耐久、美观的前提。如果底漆不好，面漆的外观就会受影响，甚至出现裂纹或剥落。

二、底漆的种类

用于制造底漆的树脂种类比较多，现在汽车修补涂装中以环氧树脂底漆和侵蚀底漆最为多见。

（1）环氧树脂底漆

环氧树脂底漆简称"环氧底漆"，是物理隔绝防腐底漆的代表。环氧树脂是线型的高聚物，以环氧丙烷和二酚基丙烷缩聚而成。环氧底漆具有如下的优点：

① 附着力极强。对金属、木材、玻璃、塑料、陶瓷、纺织物等都有很好的附着力。
② 漆膜韧性好，耐挠曲，且硬度比较高。
③ 耐化学品性优良，尤其是耐碱性更为突出。因为环氧树脂的分子结构内含有醚键，而醚键在化学上是最稳定的，所以对水、溶剂、酸、碱和其他化学品都有良好的抵抗力。
④ 良好的电绝缘性，耐久性、耐热性良好。

环氧树脂类涂料也存在一定的缺点，比如表面粉化较快，这也是它主要用于底层涂料的原因之一。环氧底漆使用胺类作为固化剂，胺类对人体有一定的刺激性，因此在使用时要加以注意。

（2）侵蚀底漆

侵蚀底漆是以化学防腐手段来达到其防腐目的的，主要代表为磷化底漆。磷化底漆是以聚乙烯醇缩丁醛树脂溶于有机溶剂中，并加入防锈颜料四盐锌铬黄等制成，使用时与分开包装的磷化液按一定比例调配后喷涂。品牌漆中的磷化底漆一般都已经制成成品，按一定的比例加入固化剂使用即可。

金属表面涂装磷化底漆后，磷化液（弱磷酸）与防锈颜料四盐锌铬黄反应生成同一般磷化处理相似的不溶性磷酸盐覆盖膜。同时生成的铬酸使金属表面钝化。由于聚乙烯醇缩丁醛树脂具有很多极性基团，它也参与了锌铬颜料与磷酸的反应，转变成不溶性络合物膜层，与上述的磷酸盐覆盖膜都起防腐蚀和增强涂层附着力的作用。

磷化底漆作为有色及黑色金属的防锈涂料，能够代替金属的磷化处理，在提高抗腐蚀性和绝缘性，增强涂层与金属表面的附着力等方面比磷化处理层更好，而且工艺和设备要求比较简单。但磷化底漆漆膜很薄（8~15 μm），因此一般不单独作为底漆使用，所以，在涂装磷化底漆后通常仍用一般底漆打底。

磷化底漆在使用时要注意的一点是，因其具有一定的侵蚀作用，所以不能用金属容器调配，使用的喷枪罐也应使用塑料罐，在喷涂完毕后应马上清洗喷枪。磷化底漆施涂完毕后不要马上喷涂其他底漆，而应等待一段时间（20 ℃，2 h）再进行下一步操作。

环氧底漆与磷化底漆对底材都具有良好的防腐性，对其上的涂层也都具有良好的黏结能力，一般在汽车修补中常使用环氧底漆做打底用，而在汽车制造或大面积钣金操作后的裸金属进行磷化防腐处理时常采用磷化底漆。

在现代汽车修补涂装中，有时也使用聚氨酯底漆和硝基底漆，这两种底漆均属于物理隔绝性底漆，应用效果不如环氧底漆好，所以较少使用。

另外，按"汽车油漆涂层"的分组和等级分类，底漆可分为优质防腐蚀性涂层、高级装饰填充底漆、中级装饰性保护性涂层底漆、一般防锈保护性涂层底漆。按底漆使用漆料和颜料的不同可分为醇酸底漆、酚醛底漆、锌黄醇酸底漆等。

三、底漆的涂装方法

涂装质量好与坏是涂装三要素综合作用的结果，其中涂装工艺的正确选用也是影响涂装质量的重要方面。所谓涂装工艺的选择在某种意义上讲是涂装方法的选择，不同的涂装方法适用于不同条件下的涂装，因此选择正确的涂装方法是非常重要的。到目前为止，涂装方法主要有浸涂、喷涂、刷涂、辊涂、电泳、刮涂、静电喷涂、搓涂等8种，目前在汽车维修行业中普遍采用喷涂方法涂装底漆。

所谓喷涂是指用特制的喷涂设备（主要是喷枪）将涂料雾化，并涂布于被涂物表面的涂装方法。此种涂装方法出现较晚，它的应用范围很广，大多数的零部件都可以使用喷涂的方法进行涂装。喷涂相对节省涂料，涂装质量较好，漆膜质量容易控制，但是对操作人员的技术水平要求比较高，对喷涂设备的要求比较严格，对环境的影响比较严重。

四、涂料调制工具

调黏度所用工具有黏度计和调漆比例尺等。

1. 黏度计

根据 GB 1723—1993《涂料黏度测定法》规定，常用测试涂料黏度的黏度计有：涂-1、涂-4、落球黏度计。计量单位为"s"。在实际生产中，涂-4 黏度计使用较为广泛，它能用于测定黏度在 10~15 s 之间的各种油漆产品。

常用的国产涂-4 黏度计有金属和塑料两种。其形状如图 4-2 所示，下部为圆锥形，底部有不锈钢制成的可以更换的漏嘴，圆筒上沿有环形凹槽，用于盛装溢出的多余试样涂料，黏度计容量为 100 mL。

在国际上通用的有两种涂料黏度计,即福特杯和扎恩杯。福特杯适用于大批量涂料黏度的测试,而扎恩杯适用于修补或小批量涂料黏度的测试。

汽车涂料使用的福特杯是一个底部成圆锥形的圆柱形容器。圆锥的顶部开有测量孔。视孔径的不同又分两种规格,即福特3号杯和4号杯。在实际生产中常用的是福特4号杯,简称涂-4黏度计,也称4号黏度杯,它分为台式和手提式两种,如图4-3所示。它们主要用于测试各种涂料的施工黏度,以使涂料达到便于喷涂、刷涂或浸涂的施工黏度。台式涂-4黏度计为圆筒型,主要使用于涂料检测室或化验室测试涂料黏度用。手提式涂-4黏度计具有体形小、重量轻、携带方便等特点,适用于涂装施工前现场测试涂料

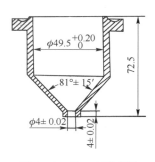

图4-2 涂-4黏度计

黏度用。涂-4黏度计的杯容量为100 mL,有铜制、不锈钢制、铝合金制、塑料制等多种,杯的底部有一标准的小流量圆孔。使用台式黏度计时,需要配合一个容量为250 mL的玻璃烧杯(其他容器也可)和一根玻璃棒或刮漆小刀。使用手提式黏度计时,可直接将黏度杯浸入漆液中进行测试。测试时,还必须配备秒表(体育秒表)等。图4-4所示为福特4号杯黏度计示意图。

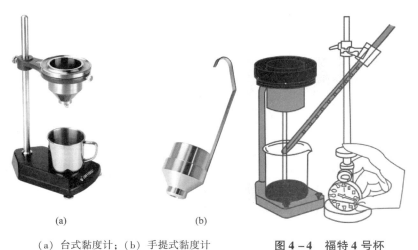

(a) 台式黏度计;(b) 手提式黏度计

图4-3 台式黏度计与手提式黏度计

图4-4 福特4号杯

图4-3~图4-5彩图

2. 调漆比例尺

为了避免涂料、稀释剂等的称重调配,世界各油漆生产厂商供给一批油漆调配比例尺(简称"调漆尺"),便于调漆工简化操作。如BASF公司提供的调漆比例尺选用铝质底材,每边用不同颜色蚀刻上不同比例的刻度,图4-5所示为系列比例尺的一种,其中一面是为调配比例为2:1+(5%~10%)设计的,即主剂:固化剂=2:1,稀释剂加入比例为混合物(主剂与固化剂的混合物)的5%~10%,另一面则是为4:1:1的产品设计的(即主剂:固化剂:稀释剂=4:1:1)。

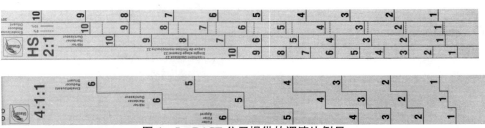

图 4-5　BASF 公司提供的调漆比例尺

任务实施

一、涂料罐的开封与搅拌

油漆制造商供应的涂料一般均装于铁制的罐内（也有部分涂料装于塑料瓶内），其规格有 2L、1L、0.5L 等。涂料选配完成后，应将选好的涂料准备好，以方便进行下一道工序。

1. 劳动安全注意事项

操作前，必须牢记以下劳动安全事项：

① 必须穿好工作服。
② 注意钢錾子及钢铳子的使用安全。
③ 经常检查平头锤的锤头是否松动。
④ 不同类型的开罐器，其操作方法会有一定的差异，请使用前一定仔细阅读使用说明书。
⑤ 一定要佩戴防毒面具。

2. 涂料罐的开封

（1）一次性密封式涂料罐的开封

如果涂料罐为一次性密封的包装，开罐时需用钢錾子与手锤配合，如图 4-6 所示。沿着罐盖的边沿，依次将顶盖打开或大半打开，使搅漆棒能够顺利进行搅拌工作即可。

一些涂装设备制造商根据开启的需要，特别制作了用于开罐的专门工具，图 4-7 所示为德国萨塔公司生产的 SATA Dosenboy 开罐器，它可以切除圆形或方形罐的密封盖，切口平整，高度可调，适于开启各种规格的封闭式涂料杯。使用时请详细阅读产品使用说明书。

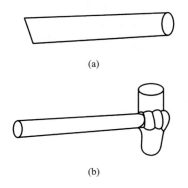

图 4-6　涂料杯开盖工具

（2）有倾倒口的涂料罐开封

有些涂料桶顶部只设计有小的用于倒出涂料的小口，如图 4-8 所示。为防止倾倒涂料时射流不稳，出现一股一股的漆流而造成浪费（即在倾倒涂料时射流不稳而溢到地面上），有必要在涂料桶的顶部开一个通气孔。开孔时，先将包装桶的密封小盖打开，然后用平头锤（或木榔头）配合钢铳子（如图 4-9 所示）在与密封小盖的对称边沿部位打一小孔，作为倾倒涂料时的回气孔。

图 4-7~
图 4-14 彩图

图 4-7 SATA Dosenboy 开罐器　　图 4-8 顶部设有倒出小口的涂料桶

（3）有整体式顶盖密封的涂料罐开封

用专用工具或一字螺丝刀，沿着涂料罐盖周边（此种涂料罐均为整体式顶盖，如图 4-10 所示）撬起顶盖并拆下。

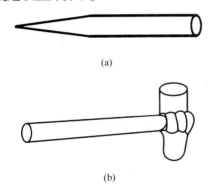 

（a）钢铳子；（b）平头锤

图 4-9 涂料桶开通气孔工具　　图 4-10 用专用工具打开涂料罐盖

3. 涂料的搅拌

各种防锈漆、中涂底漆等都含有较多的体质颜料，在涂料贮存过程中颜料易产生沉淀而影响施工质量，故在使用前必须充分搅拌。涂料的搅拌可人工进行，也可用专用涂料搅拌机进行。

涂料搅拌机是专门为搅拌涂料（色母）而设计的机器，如图 4-11 所示。使用时，只需启动搅拌电机，即可完成机架上安装的所有涂料罐的搅拌，搅拌迅速、均匀、省力。

图 4-11 涂料搅拌机

（1）人工搅拌

人工搅拌时，用专用的搅拌棒或调漆比例尺等，深入涂料罐的底部，用正/逆时针方向旋转的方式将涂料充分搅拌均匀。

（2）用专用涂料搅拌机搅拌

① 将合适规格的专用搅拌头（如图4-12所示）压装于涂料罐顶部，注意涂料出口的方向应面向涂料说明签的侧面（如图4-13所示），以防止涂料流滴于说明签上，影响阅读说明书。

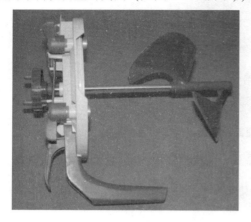

图4-12 搅拌头

图4-13 安装搅拌头后的涂料杯

② 将搅拌头上面的锁紧扳手（如图4-14所示）向中心方向拧到底，即可将搅拌头固定于涂料罐上。

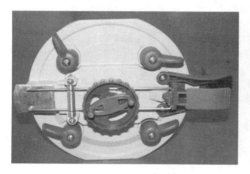

图4-14 搅拌头上的扳手

将带有搅拌头的涂料罐安装于涂料搅拌机架上。搅拌机框架一般设计成4~6层，各层的高度是按照涂料罐的高度尺寸设计的，摆放涂料罐时，应根据所安装的涂料罐规格，选择合适的层，并确认机架上的搅拌蝶形头与涂料罐搅拌头上的卡口销之间位置正确，使蝶形头能够顺利带动搅拌头旋转。

注意：涂料罐在涂料搅拌机架上的摆放要有一定规律，素色漆的涂料罐与金属漆的涂料罐要分开摆放，如"鹦鹉"牌汽车修补涂料中，22系列为素色色母，在涂料搅拌机架上要摆放到一起；55系列为金属漆色母，它们要摆放在一起；90系列为水性漆色母，它们要摆放在一起。同一系列的色母罐要根据色母代号的顺序摆放，以便于取用。

③ 起动搅拌机，进行涂料的搅拌，同时观察是否有没有被带动搅拌的涂料罐，如果有，应调整位置。

注意：

a. 在首次启用设备之前，请认真阅读安全操作规程，不要让未成年人接近设备。

b. 所有维护工作必须首先停机并关闭电源，严禁未拔掉插头或运转时进行维护。

c. 所用的涂料罐应与设备相配套，所有的涂料罐不应有变形。

d. 把涂料罐安装在设备上面之前，应确保涂料罐上的搅拌头已盖紧。

e. 更换任何涂料必须先手动彻底搅拌，然后再放置搅拌机上搅拌。

f. 检查是否有障碍物影响设备的正常运转，以保证安全。

g. 不要用可燃性液体来清洁设备。
h. 设备不能用来处理其设计范围之外的任何产品。
i. 应在每天早晨工作前，启动涂料搅拌机工作 15 min，下午工作前再搅拌 10 min。

涂料罐的开封与搅拌

二、底漆的调制

为适应涂装要求，对于双组分涂料（2K 型）应加入固化剂，然后根据涂料使用说明书的要求及环境温度的不同加入稀释剂进行稀释，以达到要求的施工黏度；对于单组分涂料（1K 型）则直接加入稀释剂进行稀释。

涂料黏度的大小直接影响施工质量，黏度过高将会使表面粗糙不均、产生针孔和气孔等缺陷；黏度过低则会造成流挂、失光，使漆膜不丰满。不同的涂层对涂料的黏度要求也有所不同，所以，车身涂装作业中应根据技术要求调整黏度，并养成使用黏度计进行测量的习惯。

（1）确定调漆比例

各成分的混合比例，一定要按涂料生产商技术说明书的要求确定。为了形象描述涂料的技术特点，各涂料生产商设计了一些技术说明图标，使用者必须看懂这些图标，才能快速准确地解读技术说明书。"鹦鹉"牌漆技术说明书图标如图 4-15 所示。

图 4-15　"鹦鹉"牌漆技术说明书图标

施工

填补整平　　　　刷涂　　　　　滚涂　　　　自喷罐喷涂

干燥

闪干　　　　　干燥时间　　　　红外线干燥

打磨

人工，水磨　　人工，干磨　　双动作打磨机/　双动作打磨机/　轨道式打磨机/
　　　　　　　　　　　　　　水磨（风动）　　干磨（风动）　　水磨（风动）

往复振动式打磨机/　　抛光
干磨

颜色

混合　　　　在机器上搅拌　　颜色检查　　　　附件　　　　驳口过渡

有限的遮盖力　　配方已被修改　更适合全车喷　颜色不易调配　在偏差色配方

内部颜色　　着色的原厂中涂颜色　轮缘和轮罩的颜色　配方使用的色母　多色调混合色
　　　　　　用引擎室、行李舱　　　　　　　　　　　即将淘汰

配方中含铅　　纹理色　　　　哑光色　　　　可调色清漆

单层高光纯色或　底涂　　　　清漆　　　　三层涂装
多层色底色

图 4-15　"鹦鹉"牌漆技术说明书图标（续）

双色车身　　　装饰条　　　车顶色　　　附件颜色

储存

需要防冻保护　　于阴凉处储存　　需防潮保护　　使用后立即盖紧容器　　储存寿命

图 4-15　"鹦鹉"牌漆技术说明书图标（续）

"鹦鹉"牌环氧填充底漆（801-72）的技术说明，见表 4-1。

表 4-1　"鹦鹉"牌环氧填充底漆（801-72）技术说明

应用：填充底漆/湿对湿填充底漆/黏附底漆。

特性：很好的防腐保护，厚涂性强，对鹦鹉® 541-5 除硅清洁剂有很好的抗擦性。

注意：·可作为 1006-23 的预处理黏附层，而喷涂该底漆在镀锌的底材表面。

·常温干燥的最低温度：15 ℃。

·801-72 底漆被强制干燥后，最终效果才有可能达到最好。

·当被作为黏附底漆时，在3小时20 ℃的干燥后，801-72 表面可以施鹦鹉® 839-刮涂腻子或鹦鹉® 839-刷涂腻子。

	应用	填充底漆	
	涂装工艺系统	S1	
		可喷涂面积效率：425 m²/L 在 1 μm	
	混合比例	4:1:1 100% 体积比 801-72 VOC	
	固化剂	25% 体积比 965-60	
	稀释剂	25% 体积比 352-91/216	
	喷涂黏度 DIN 4 在 20 ℃	18~20 s　　活化时间 20 ℃；8 小时	
	重力枪罐 喷涂气压	HVLP 喷枪：1.7~1.9 mm 2.0~3.0 bar（30~45 psi①）/ 0.7 bar（10 psi）在喷嘴处	兼容喷枪：1.6~1.8 mm 2 bar

---

① psi，英文全称 Pounds per square inch，磅/平方英尺，1 bar≈14.5 psi。

续表

应用		填充底漆	
	喷涂层	2	膜厚：40~50 μm
	干燥　　20 ℃ 　　　　60 ℃ 红外线（短波） 　　　（中波）	8 h 30 min 11 min 10~15 min	
	打磨 轨道式打磨机	P800 P400	

从表 4-1 中可以查到，其调配比例为底漆（801-72）：固化剂（965-60）：稀释剂（352-91 或 352-216）= 4:1:1。

在确定调漆比例时，除查阅涂料的技术说明外，通常可在涂料罐的标签上查找。

（2）确定调漆量

调漆量的多少，主要依据涂料技术说明规定的技术数据。如表 4-1 提示"可喷涂面积效率：425 m²/L 在 1 μm"，即环氧底漆 801-72 喷涂 1 μm 膜厚时，每升底漆可喷涂 425 m²。表中规定，该种底漆需喷涂 2 层，总膜厚控制在 40~50 μm。

根据所要喷涂区域的估计面积及规定的总膜厚，即可估算出底漆的用量。

（3）调制

① 将比例尺放置于调漆杯内，用手扶正，如图 4-16 所示。

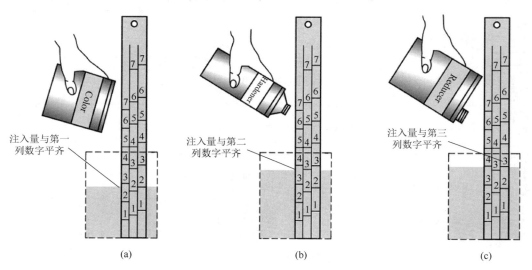

(a) 色漆；(b) 固化剂；(c) 还原剂/稀释剂

图 4-16　用比例尺调制涂料

② 选择标有 4:1:1 的一面，假设底漆的用量为 3，把底漆倒进容器至左边第一列刻度 3，再将固化剂倒入至第二列刻度 3，其比例刚好是 4:1。

③ 再加入稀释剂至第三列刻度虚线刻度 3，则各成分的加入比例就是 4:1:1。

④ 各成分加好后，一定要充分搅拌均匀。

调配单组分涂料时，根据涂料的种类和施工方式，与配套的稀释剂进行混合调配。先将底漆充分搅拌均匀，然后按工艺制定的黏度标准加稀释剂，然后搅拌均匀即可。

有些专用的调漆杯为透明的塑料，外表上有用于指示调漆的刻度，相当于比例尺，如图 4-17 所示，使用时加入各成分的量直接观察刻度即可。

（4）黏度测试与调整

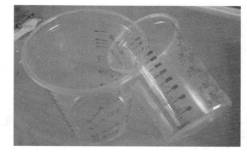

图 4-17 带刻度的调漆杯

为了检验所调制的涂料的黏度是否符合要求，则需要进行黏度测试。尽管在汽车维修行业中很少进行黏度测试，但为保证涂装质量，建议进行测试。进行黏度测试时，因所用的黏度计不同，测试方法也不同。

① 使用台式黏度计测试黏度时，可先利用黏度计台面下的四个螺栓使黏度计在工作台上调放平稳。用左手的中指堵严黏度杯底部的流孔，然后将加入稀料并充分搅拌均匀的漆料倒满黏度杯，用玻璃棒将液面刮平之后，松开堵孔的中指，并同时开动秒表，待杯中的漆料流完（断流）时，立即关闭秒表，秒表上的数据即为该漆的黏度。一般需要测试 3 次，取其平均值，做好记录。测试条件通常要求在室温（25±1）℃条件下进行。

② 使用手提式黏度计测试时，可在施工现场将黏度计直接浸入调好的漆料中灌满漆液，提起黏度计，待黏度计脱离液面的同时立即开动秒表，观察黏度计底部的流孔，待漆料快流完且出现断流时，快速关闭秒表，表上的数据即为测试的黏度。其黏度测试方法如图 4-18 所示。

图 4-18 用手提式黏度计测试黏度示意图

测试结束后，根据测试的结果进行微调，即补加适量的底漆或稀释剂，并充分搅拌均匀。

图 4-18 彩图

一、准备工作

1. 考核设备、材料准备

在技能学习工位准备好各种规格的未开封涂料罐、涂料罐开启工具、涂料搅拌机、调漆比例尺、调漆杯、电子秤、黏度计、秒表、涂装安全工作服、橡胶手套和防毒面罩。

2. 学员劳动保护

① 穿戴好工作服。
② 穿好安全鞋。
③ 戴好橡胶手套。

二、考核流程

1. 学员工作

两名学员为一小组，在充分学习本任务相关知识与技能的基础上，完成下列工作，并同时完成相应的工单（见本书配套教学资源"实训工单"中的"工单4–1"）。

① 各类型涂料罐的开封与搅拌。
② 涂料调制。
③ 5S 工作。
④ 自我评价。

2. 指导教师工作

学员在进行上述操作过程中，指导教师进行下列工作：

① 向学员讲解安全注意事项，要求学员在实训工单中做记录。
② 观察、指导学员进行相关操作，及时制止可能发生危险的操作。
③ 实操结束后审阅学员完成的工单，并结合其操作情况（工作成果）给出评价。

任务 4–2　车身的准备

当损伤的漆膜经过底处理后，由于打磨露出了钢板，需对钢板部位涂装底漆，如图4–19所示。汽车维修行业对底漆的施工常使用喷涂法，为了防止不需要喷涂底漆的部位被喷上底漆，必须对这些部位进行遮盖。同时，为了提高底漆与钢板之间的附着力，得到良好的底漆喷涂效果，需对待喷涂部位进行除尘与除油。

图 4–19　喷涂底漆

1. 能够正确描述车身遮盖用各类材料的用途。

2. 能够正确进行局部涂装、整板涂装及整车涂装的遮盖。
3. 能够正确进行板件表面的除尘与除油。
4. 培养良好的安全、卫生习惯，环保意识及团队协作素养。
5. 能够检查、评价、记录工作结果。

图 4-19 ~
图 4-26 彩图

一、遮盖材料

在准备喷涂过程中，遮盖是很重要的一步。对于不需要涂装的表面一定要遮盖好，否则会引起不必要的麻烦。遮盖需要使用遮盖材料。常用的遮盖材料为遮盖纸和遮盖胶带等。不仅在车身修补涂装中使用，而且在汽车生产厂涂装过程中也广泛使用。

1. 胶带

胶带在家庭中也经常可以用到，所以其用途较广泛，如图 4-20 所示。胶带用于将遮盖纸粘贴于车身表面，如图 4-21 所示。由于使用的环境复杂，有的适用于炎热干燥的沙漠地区，有的则适用于寒冷潮湿的区域。因此，为了很好地完成喷漆前的遮盖工作，所选用的遮盖胶带必须满足气候环境的变化和防止车间污物和灰尘对漆面的影响。有些遮盖胶带有专门的用途，例如用在风干漆面的情况下，而有些遮盖胶带适合在烘干的情况下使用。

图 4-20 遮盖胶带

图 4-21 胶带的应用

高质量的胶带应具有防水功能，并且在湿打磨时不脱落。市场上出售的遮盖胶带有 3 mm、6 mm、12 mm、18 mm、24 mm、36 mm、48 mm 和 72 mm 等多种尺寸。最常用的胶带为 6 mm 和 18 mm 两种。

另外，还有一种细胶带，这种胶带常用在两种颜色交界处或非专业喷漆时用，因为这种胶带柔性好、较薄，并且专门的聚丙烯胶带底层允许胶带粘贴在新喷的磁漆或清漆面上，不会留下痕迹，如图 4-22 所示。这种胶带具有防止溶剂浸

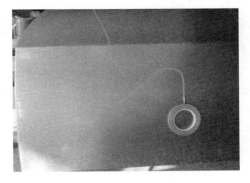

图 4-22 细胶带的应用

透功能。常用的有 1.5 mm、3 mm、5 mm、6 mm、10 mm、12 mm 和 18 mm 宽的胶带卷。

目前市场上还出现了各种各样的专用胶带，是专门为车身特殊部位遮盖而设计的，如风窗玻璃密封条胶带、塑料软发泡胶带、缝隙遮盖胶条等。

2. 遮盖纸

遮盖纸是一种耐溶剂的纸，喷涂时可保护较大面积的被覆盖部分不受涂料的影响。

一般制成 100 cm、80 cm、50 cm 等不同宽度系列的纸卷。通过中间通孔可将其装于专用的遮盖纸架上。图 4-23 所示的是一种常用的遮盖纸架，架子上装有不同宽度的遮盖纸和不同规格的遮盖胶带，可以很方便地把胶带按需要粘贴到遮盖纸的边缘。同时，架子上还装有一个切刀，可以根据需要切断一定长度的遮盖纸，从而有效地提高了工作效率。

还有一种经特殊处理的遮盖纸，宽度有 8 cm、15 cm、23 cm、30 cm、38 cm、46 cm、69 cm 和 91 cm 几种。这种纸的一侧采用特殊材料处理，比另一侧光滑。通常应把光滑明亮的一侧朝外。也有的遮盖纸两侧均用树脂进行浸渍处理，具有较好的防渗透功能和防污物功能，常用在基层和透明涂层喷涂过程中。

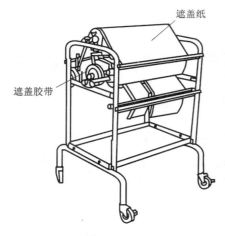

图 4-23 遮盖纸架

3. 遮盖膜

用于遮盖用的塑料薄膜通常为聚乙烯膜，如图 4-24 所示，其单位面积的价格要比专用遮盖纸低而遮盖效率比遮盖纸高。

4. 其他遮盖材料

① 车身罩。车身罩也称车衣，用于快速将整车遮盖，只需将待涂装部位露出，并进行必要的遮盖（用胶带及遮盖纸等）即可，如图 4-25 所示。

图 4-24 遮盖膜

图 4-25 车身罩

② 车轮罩。按车轮外形设计制造，能够快速遮盖车轮，如图 4-26 所示。

一些小型的汽车维修企业常用报纸进行遮盖。由于报纸较易被撕裂，因此使用报纸做遮盖物时应小心。但是决不能用报纸来遮盖清漆面，因为报纸中含有油墨，油墨可能会溶入涂料的溶剂中，然后进入漆层，使漆层颜色改变。

有时，可以自己制作一些简便的工具，进行胶带的粘贴和拆除工作。例如，在硬的表面粘贴胶带时，采用短毛的窄的油漆刷，可以很方便地把胶带展平和粘牢。如果清洗汽车后，某些难以擦到的表面上还留有脏点，这时可以采用扁嘴的工具把脏点刮去。还可以把一把小的平头螺丝刀弯曲后，装上一个钩子。在拆除某些较难触到的表面上的胶带时，就可以用螺丝刀上的钩子刮起胶带的边缘，然后拆除胶带。

遮盖纸和胶带的使用是为了防止某些区域被喷漆，因此，不得将遮盖纸和胶带粘贴到需要喷漆的表面。

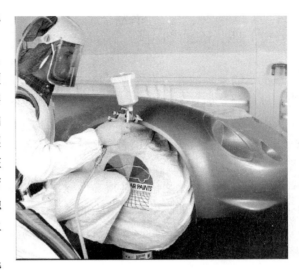

图 4-26　车轮罩的使用

喷涂清漆时，应采用双层遮盖纸进行遮盖，这样可以防止涂料中的稀料渗入，而损坏原漆面。当漆膜足够干燥后，应立即拆除遮盖纸和胶带。由于胶带拆除时会粘掉新喷的漆膜，所以通常不允许胶带接触或粘贴到新涂装的漆面上。

二、擦拭纸

擦拭纸用于擦拭散落的涂料、清洗擦拭喷枪、清洁工作台等，也可用于清除板件表面的灰尘。修补涂装所用的专用擦拭纸为大小不一的卷状，如图 4-27 所示。

三、粘尘布

虽然打磨后的板件经过压缩空气吹拂甚至用擦拭纸等擦拭，也不能完全清除黏附的灰尘，最好使用专用的粘尘布（图 4-28）将整个待涂装表面仔细擦拭一遍。

图 4-27　擦拭纸

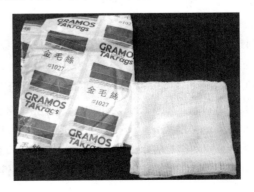

图 4-28　粘尘布

四、除油剂

汽车的主要部件为钢铁等材料制成，在加工、储运过程中常使用以矿物或动、植物油脂为基础成分，加有各种有机添加剂或无机物质的油品保护，这是汽车钢铁部件表面的主要油污来源。另外，经除旧漆处理后的裸露的金属表面，也会因操作过程（如手触摸）而沾有油脂。油污的存在，会影响酸洗除锈和磷化质量，影响涂层的干燥性能和降低涂层的附着力。

在进行正式喷涂之前，必须确保板件表面没有灰尘和油污，否则必然会造成喷涂缺陷。因此在正式喷涂之前，必须进行除油操作。

除油剂，也称为脱脂剂，一般封装于金属或塑料容器内，如图4-29所示。使用时可先将其倒在喷水壶内，如图4-30所示。

图4-27~
图4-30彩图

图4-29 除油剂

图4-30 喷水壶

同一个涂料生产商所供应的除油剂会有不同的规格（型号），每一类型的除油剂有各自的特点和用途。以BASF生产的"鹦鹉"牌系列涂料为例，其除油剂有以下几种：

① 360-4（金属清洁剂）。主要用于钢材、镀锌板及铝合金表面的清洁与除油。

② 541-30（通用塑料清洁剂）。主要用于塑料表面的清洁、除油，并能清除塑料表面的脱模剂。

③ 541-5（除硅除蜡清洁剂）。主要用于有原厂底漆的新板件、旧漆层的清洁，能够清除灰尘、硅油、石蜡等。

④ 700-10（水性漆除油清洁剂）。主要用于水性漆系统，能够清除硅油、油脂和打蜡的残留物以及塑料件表面的脱模剂，并可消除塑料件表面的静电。

⑤ 700-1（水性漆清洁剂）。主要用于"鹦鹉"牌1K型中涂底或水性底色漆系统。在中涂底漆和底色漆施工前以及90系列水性漆驳口区域预处理时使用，能够清除灰尘。用于塑料件时可起到抗静电的作用，可以用来清洗水性漆喷枪。

一、劳动保护与安全注意事项

（1）穿好工作服。
（2）除尘与除油操作时应戴胶手套。
（3）注意防火。
（4）注意施工场地卫生。

二、遮盖

遮蔽手法

1. 胶带的基本粘贴方法

胶带应选用质量好的，若质量差，使用后会出现黏合剂残留或其他问题，造成不必要的麻烦。聚氨酯涂料需加热干燥，应使用耐热胶带纸。胶带的基本粘贴法如图4-31所示。

2. 反向遮盖

在对板件的局部修补涂装、整板涂装的过渡区域及流线型边缘进行遮盖时，应该使用反

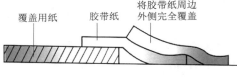

图4-31 胶带的基本粘贴法

向遮盖法，如图4-32所示，一般在喷涂中涂底漆和面漆时运用。采用反向遮盖法，可以在待喷涂区域的边缘形成楔形间隙，喷漆时由于楔形间隙存在，会形成边缘向外渐薄的漆膜，从而起到良好的过渡效果而不至于在边缘形成台阶。

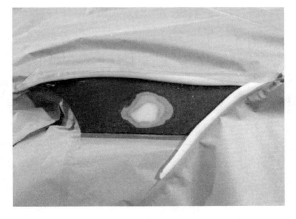

图4-32 彩图

图4-32 用胶带和遮盖纸进行反向遮盖

注意：进行反向遮盖时，应使用软的胶带，不能使用遮盖膜。
沿流线边缘进行反向粘贴时可以采用预先粘贴好胶带的遮盖纸。首先把遮盖纸沿流线型板件边缘的最高端放置好，用胶带固定。使遮盖纸自然下垂，然后反向折叠，使反向折叠的

弧线超过流线型边缘 12~20 mm。最后，把遮盖纸的另一边固定到板件合适的位置上。

如果必须沿一个曲面流线型边缘进行遮盖时，必须使用遮盖胶带。首先把 19 mm 宽的胶带以正确的角度分别粘贴到流线型边缘上。每条胶带应有 10~13 mm 长，胶带与胶带之间应有足够的重叠量，整个胶带的粘贴边缘应形成一个与流线型边缘相平行的曲线，然后，把胶带条反折，应从最后一条胶带开始，并保证有一个正确的弧度，如图 4-33 所示。最后，用一条胶带把所有反折过来的胶带端部粘贴固定。

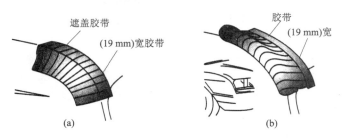

图 4-33 用胶带进行反向遮盖

3. 车身不同部位的遮盖方法

掌握上述基本遮盖法和反向遮盖法后，即可运用其中的一种或两种方法的综合，对车身需要遮盖的部位进行正确的遮盖。对车身进行遮盖的原则是：不需要喷涂的部位一定要遮盖严实，需要喷涂的部位一定要露出来。

由于采用的遮盖材料不同，遮盖方法便有所不同。下面仅以用遮盖膜来遮盖发动机罩为例，介绍一般的遮盖方法。

① 用遮盖膜覆盖车身，如图 4-34 所示。

② 将遮盖膜覆盖在发动机罩的部分用专用刀具割开（注意靠近前挡风玻璃一边的膜不用割破），如图 4-35 所示。

图 4-34 用遮盖膜覆盖车身

图 4-35 切割遮盖膜

③ 打开发动机罩，将遮盖膜从发动机罩与前风窗玻璃之间穿过，覆盖在发动机上，并用遮盖胶带将遮盖膜再次连接密封，如图 4-36 所示。

图 4-36 遮盖发动机

④ 为了防止飞散的油漆污染发动机罩背面（某些高档车发动机罩背面是隔热材料，颜色与车身颜色不一致），可以在发动机罩边缘使用缝隙遮盖胶条来阻挡飞漆污染，如图 4-37 所示。

车身的遮盖

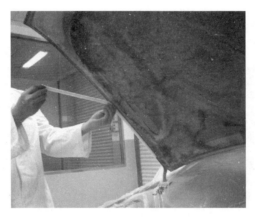

图 4-37、图 4-38 彩图

图 4-37 用缝隙遮盖胶条粘贴发动机罩边缘

⑤ 将发动机罩盖上，遮盖分色部位（如散热器面罩）。
a. 用聚酯精细遮蔽胶带遮盖分色部位边缘，如图 4-38（a）所示。
b. 用遮盖纸配合聚酯精细遮盖胶带进行遮盖，如图 4-38（b）所示。
c. 散热器面罩遮盖后的状况，如图 4-38（c）所示。

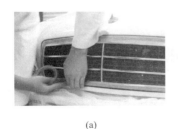

(a)　　　　　　　　　(b)　　　　　　　　　(c)

(a) 用细胶带遮盖散热器面罩周边；(b) 用胶带及遮盖纸遮盖散热器面罩；(c) 散热器面罩遮盖后的状况

图 4-38 散热器面罩的遮盖

4. 喷涂两种颜色时的遮盖

当汽车被喷涂成两种不同的颜色时，应首先喷涂一种颜色。涂料干燥后，用 19mm 的胶带把这种颜色的周边遮盖。有些车身喷漆工喜欢选用细胶带，因为细胶带薄，可以精确地把两种颜色的漆面分开，留下的条纹少。然后，把该颜色的漆层用合适尺寸形状的遮盖纸遮盖好。遮盖纸上的胶带粘到已粘好的周边胶带上，多余的边折叠，粘贴牢固。然后，根据需要，可以再用遮盖胶带沿遮盖纸的底部和边缘粘贴，清晰地标出另外一种颜色涂料的喷漆面。

三、除尘与除油

1. 除尘

① 带好胶皮手套。
② 先用擦拭纸将整个待涂装表面擦拭一遍，如图 4-39 所示。
③ 手握粘尘布，按从上到下的顺序将待涂装表面擦拭干净。如图 4-40 所示。

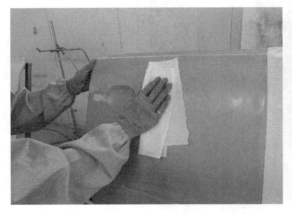

图 4-39　用擦拭纸除尘

图 4-40　用粘尘布除尘

2. 除油

（1）擦拭法

① 双手带好胶皮手套。
② 双手各持一块干净的除油擦布，其中一块浸有脱脂剂。
③ 先用带脱脂剂的擦布擦拭待除油表面，一次不要多于一个来回。
④ 紧跟着用干爽的擦布擦拭沾有脱脂剂的表面。
⑤ 重复这样的动作，直到待清理表面全部清理完毕，如图 4-41 所示。注意及时浸脱脂剂和更换擦布，并且注意不要触碰已经除过油的表面。

（2）喷擦结合法

① 将除油剂装入喷液壶内。
② 反复按压喷液壶操纵手柄，直到感觉有足够的反弹力。

③ 手持喷液壶，对准需除油表面，保持 20 cm 左右的距离，按压喷水开关，将除油剂均匀地喷到工件表面，如图 4-42 所示。

图 4-41 擦拭法除油

④ 手持一块干净的擦布，将喷淋的除油剂擦拭干净，如图 4-43 所示。

图 4-42 喷淋除油剂

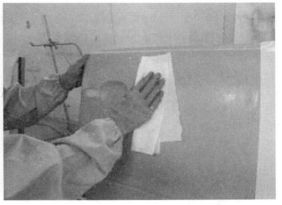

图 4-43 擦拭除油

技能考核

一、准备工作

1. 考核设备、材料准备

在技能学习工位准备好不同规格的遮盖纸、遮盖膜、胶带、擦拭纸、粘尘布、除油剂、涂装安全工作服、橡胶手套和防毒面罩。

2. 学员劳动保护

① 穿戴好工作服。

② 穿好安全鞋。
③ 戴好橡胶手套。

二、考核流程

1. 学员工作

两名学员为一小组，在充分学习本任务相关知识与技能的基础上，完成下列工作，并同时完成相应的工单（见本书配套教学资源"实训工单"中的"工单4－2"）。

① 喷涂前翼子板的遮盖（用遮盖纸）。
② 喷涂发动机罩的遮盖（用遮盖膜和遮盖纸）。
③ 除尘。
④ 除油。
⑤ 5S 工作。
⑥ 自我评价。

2. 指导教师工作

学员在进行上述操作过程中，指导教师进行下列工作：
① 向学员讲解安全注意事项，要求学员在实训工单中做记录。
② 观察、指导学员进行相关操作，及时制止可能发生危险的操作。
③ 实操结束后审阅学员完成的工单，并结合其操作情况（工作成果）给出评价。

任务4－3 底漆的喷涂

如图4－44所示，当损伤的漆膜经底处理（露出金属板）、遮盖、除尘及除油后，即准备喷涂底漆。原厂底漆大多采用电泳涂装方法进行涂装，而在修理厂一般采用喷涂的方式进行涂装。在进行喷涂前，应对喷枪进行必要的调整，以满足涂料的喷涂要求。喷枪的调整项目包括喷涂压力、漆流量和喷涂喷幅（扇形）等。

底漆喷涂完成后，应采用合理的方法进行干燥，以形成良好的漆膜。

喷涂工作完成后，应及时对喷枪进行清洗与维护。

图4－44 底漆的喷涂

1. 能够正确描述压缩空气喷涂系统的组成、结构与工作原理。
2. 能够正确进行底漆的喷涂。
3. 能够正确进行底漆的干燥。
4. 能够正确进行喷枪的清洗与维护。
5. 培养良好的安全、卫生习惯，环保意识及团队协作素养。
6. 能够检查、评价、记录工作结果。

一、压缩空气喷涂系统

空气喷涂法就是以压缩空气的气流为动力，以喷枪为用具，使涂料从喷枪的喷嘴中喷出呈漆雾而涂布到工件表面的一种施工方法，它是一种最为常用的喷涂方法。

1. 空气喷涂的特点

优点主要是：设备简单，容易操作，能够获得厚薄均匀、光滑平整的漆膜，使有缝隙、小孔的物件，以及倾斜、弯曲的地方均能喷到。它的适应性强，大部分涂料品种都可用此法施工，对快干漆更为适用。其工效比刷涂高 5~10 倍。

缺点是：涂料有效利用率低，有相当一部分的涂料随溶剂在空气中飞散，飞散的漆雾污染环境、对人体有害，且易造成火灾，甚至发生爆炸，故需要良好的通风设备。但随着新型喷枪的出现，这些缺点在逐渐改进。

2. 压缩空气喷涂的基本原理

典型压缩空气喷涂系统的工作原理如图 4-45 所示。当扣动扳机时，压缩空气经接头进入喷枪从空气喷嘴急速喷出，在喷嘴的出口处形成低压区，涂料杯盖上有小孔使漆壶内与大气相通，涂料杯气压始终等于大气压。这样，在压力差的作用下使涂料从喷嘴喷出，并被压缩空气吹散而雾化，喷到工件上实现空气喷涂。

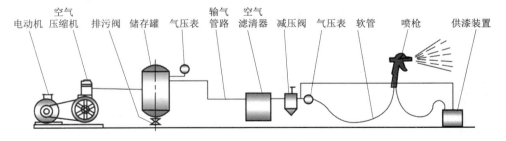

图 4-45 空气喷涂基本原理

3. 喷枪

（1）喷枪的品种

喷枪的种类和型号很多，各家涂装设备制造公司的命名方法和分类有所不同，常用的分类方法有按涂料供给方式、按涂料雾化技术和按用途等3种分类方法。

① 按涂料的供给方式分类。按此方法，可分为重力式喷枪、虹吸式（又称下壶式、上吸式）喷枪和压送式喷枪3种类型，如图4-46所示。

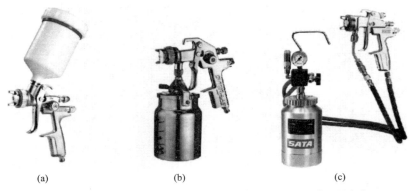

(a) 重力式（上壶式）；(b) 虹吸式（下壶式）；(c) 压送式（压力式）

图4-46 按涂料供给方式分类的3种喷枪

a. 重力式喷枪（上壶式喷枪）。涂料杯位于喷枪喷嘴的后上方，喷涂时利用涂料自重及涂料喷嘴尖端产生的空气压力差使涂料形成漆雾。杯内涂料黏度的变化对喷出量影响小，而且涂料杯的角度可由漆工在一定范围内任意调节，但是它的容量较小（约0.5L），仅适用于小物件涂装，且随着杯内涂料的减少，喷涂稳定性降低，同时不宜仰面喷涂。

b. 虹吸式喷枪（下壶式）喷枪。涂料杯位于喷枪嘴的后下方，喷涂时利用气流作用，将涂料吸引至枪体内，并在喷嘴处由压力差而引起漆雾。喷涂时出漆量均匀稳定。大面积喷涂时可换掉涂料杯，抽料皮管直接从容器中抽吸涂料连续工作，但当黏度变化时易引起喷出量的变化。

c. 压力式喷枪。涂料喷嘴与气帽正面平齐，不形成真空。漆料被压力压向喷枪，压力由一个独立的压力瓶（罐）提供。它适合连续喷涂，喷涂方位调整容易，涂料喷出量调整范围广。缺点是需要增添设备、清洗麻烦、稀释剂损耗大，不适合汽车修理厂修补漆方面应用。

② 按雾化技术分类。按此种分类方法，可分为高气压喷枪、低流量中气压喷枪和高流量低气压喷枪3种，如图4-47所示。此3种喷枪在外形上没有多大区别，只是在内部结构上会有所不同，从而产生不同的雾化效果，并且为便于区别，也会在外观颜色设计上有所不同。

图4-46～
图4-48彩图

(a) 高气压喷枪；(b) 低流量中气压喷枪；(c) 高流量低气压喷枪

图4-47 按涂料雾化技术分类的3种喷枪

高气压喷枪,即为传统喷枪,其雾化气压较高,耗气量大,上漆率低。高流量低气压喷枪也称为 HVLP 喷枪,其雾化气压低,上漆率高(在65%以上)。低流量中气压喷枪的各项性能居中。表4-2所示为以上3种喷枪的使用技术参数差异比较。

表4-2 3种喷枪的使用技术参数差异比较

技术参数 \ 雾化方式 \ 雾化技术	传统(高压)	RP(中压)	HVLP(低压)
	气压雾化	气压、气流雾化	气流雾化
进气压力	3.0~4.0 bar	2.5 bar	2.0 bar
雾化压力	2.0~3.0 bar	1.3 bar	0.7 bar
耗气量	380 L/min	295 L/min	430 L/min

③ 按用途分类。按此种分类方法,可分为底漆用喷枪、中涂用喷枪、面漆用喷枪、清漆用喷枪、金属漆专用喷枪、小修补用喷枪等。图4-48所示为 SATA minijet 4 HVLP 型小修补喷枪的外形图,其特点是体积小,操作方便,备有标准的喷嘴及独特的 SR 喷嘴,喷嘴采用空气扰流原理设计,采用较低的气压即可达到较好的雾化效果,特别适合小面积修补使用。

(2) 喷枪的组成及各部分的作用

虽然不同的喷枪有许多通用的零部件,但每种类型或型号的喷枪只适用于一定范围的作业。选择合适的工具是以最短时间高质量完成作业的保证。

典型的喷枪由枪体和喷枪嘴组成,如图4-49所示。枪体由空气阀、漆流控制阀、喷幅调节(即漆雾扇形角度调节)阀、压缩空气进气阀、扳机、手柄等组成。喷枪嘴由气帽、涂料喷嘴、顶针组成。

图4-48 小修补喷枪

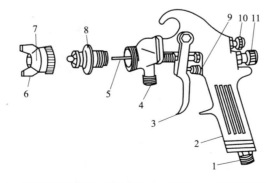

1—压缩空气进气阀;2—手柄;3—扳机;4—涂料杯接口;
5—顶针;6—气帽角;7—气帽;8—涂料喷嘴;
9—空气阀;10—喷幅调节阀;11—漆流控制阀。

图4-49 典型喷枪构造

图 4-50 所示为虹吸式喷枪的结构纵剖图。

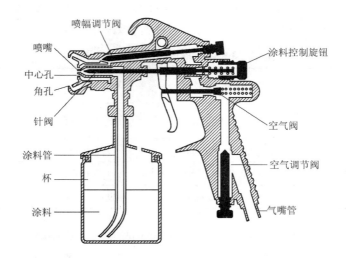

图 4-50　虹吸式空气喷枪结构纵剖图

重力式喷枪的结构与虹吸式喷枪相似，结构如图 4-51 所示。

图 4-51、
图 4-53 彩图

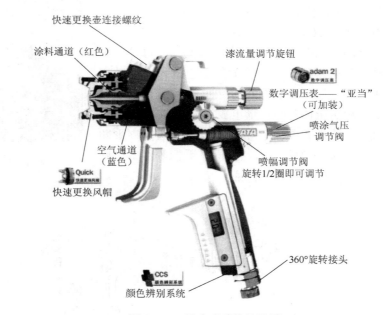

图 4-51　重力式喷枪结构图

扳机为两段式转换，扣下喷枪扳机时，空气阀先开放，从空气孔以高速喷出的压缩空气在涂料喷嘴前面形成低压区，再用力扣下时，涂料孔打开，高速气流吸引涂料。

喷枪中压缩空气及涂料的流动路线如图 4-52 所示。

气帽把压缩空气导入漆流，使漆流雾化，形成喷幅。涂料喷嘴上有很多小孔，如图 4-53 所示，每个小孔的作用都不同。

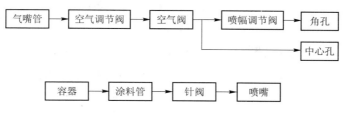

图 4-52　喷枪中压缩空气及涂料的流动路线

主雾化孔也称为主空气孔，作用是形成真空，吸出漆液，通常喷枪的口径就是指主空气孔的直径。喷幅控制孔也称为角孔，一般有 2~4 个，它借助空气压力控制雾束形状，喷幅调节阀关上，雾束呈圆形；调节阀打开，雾束呈扁椭圆形。辅助空气孔也称为侧孔，一般有 4~10 个，它促进漆液雾化。各孔的排列方式有多种，如图 4-54 所示。

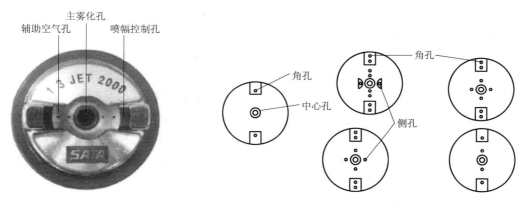

图 4-53　气孔的名称　　　　　图 4-54　空气帽气孔排列

辅助空气孔对喷枪性能有明显影响，如图 4-55 所示。孔大或多，则雾化能力强，能以较快的速度喷涂大型工件；孔小或少，则需要的空气少，喷幅小，涂料雾化程度差，喷涂量小，但便于小工件的喷涂或低速喷涂。

针阀和涂料喷嘴的作用都是控制喷漆量，并把漆流从喷枪中导向气流。涂料喷嘴内有针阀座，针阀顶靠内座时可切断漆流。从喷枪喷出的实际漆流量由针阀顶靠到阀座时涂料喷嘴开口的大小决定。控制阀可以改变扳动扳机时针阀离开其阀座的距离。

喷枪工作原理

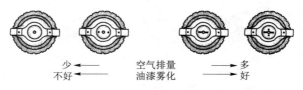

图 4-55　辅助空气孔的多少与喷枪工作性能的关系

涂料喷嘴有各种型号，可以适应不同黏度的涂料。涂料喷嘴的口径越大时涂料喷出量越大，因此防锈底漆等下层涂装用大口径的涂料喷嘴。在选择喷枪喷嘴口径时，应查阅涂料制造商的产品说明。

喷枪的性能取决于涂料喷出量与空气消耗量的关系,即涂料喷出量少而空气消耗量大时涂料粒度较小;涂料喷出量多而空气量少时涂料粒度较大、较粗,涂面的效果较差。通常涂料喷出量小型喷枪为 10~200 mL/min,大型为 120~600 mL/min,空气使用量小型为 40~290 L/min,大型为 280~520 L/min。涂料喷出量大,则空气使用量越大。

二、喷漆室

如果没有一个符合要求的喷漆室,即使拥有经验丰富、技术熟练的高级喷漆技师、效果良好的喷枪、高品质的汽车修补涂料等,仍可能出现意想不到的质量问题。其主要原因是,在汽车修补工作中,最棘手的事情是如何避免在涂装过程中,空气中的灰尘黏附到刚刚喷涂完成但尚未达到表干的漆膜上。如果漆膜表面黏附有粒径在 $\phi1$ mm 以上的颗粒,这些点即使是肉眼都很容易分辨出来,给喷漆质量带来影响。同时漆雾无法排除,严重影响操作人员的身体健康。所以,设立喷漆室的主要目的是提供干净、安全、照明良好的喷漆环境,使喷漆过程不受灰尘的干扰,并把挥发性漆雾限制在喷漆室内,以便集中处理排放。

汽车维修企业所采用的喷漆房通常为集喷漆与烤漆为一体的喷烤两用房,是采用高性能钢组件式房体、无接缝式无机过滤棉,配合进风过滤系统及正风压,确保进入房内的空气得到良好的净化。全自动循环进风活门使烤漆时的热空气以循环方式在烤漆房内循环,配合房体的夹心式隔热棉,升温及保温效果良好。喷烤房还采用无影灯式日光照明光管,色温与太阳光线极为接近,有利于提高颜色校对的准确性。全自动操作控制仪表一经预调,便能自动提供适当的喷漆、挥发、烘烤、冷却等工序所需的时间及温度。

喷漆时,室内温度可控制在 20~22 ℃。同时从顶棚送下暖空气,空气流速为 16~40 m/min,顺重力方向至底部并被抽出,经排风系统分离出漆雾和空气后排除室外。

喷漆完毕后的工件静置 10 min 左右后,随即进行加温。送进经热能转换器加温的热空气,使房间内温度达到指定的烘烤温度。空气流速为 3 m/min 左右(流速太高,会引起漆膜出现小凸包)。此时气流为封闭式循环系统,空气为加速工件干燥作重复循环。

在喷烤房中有的还配备活动旋转台、轨道式拖车系统,便于操作人员喷涂施工、烘烤以及加速车辆的进出。一间喷烤房每天可喷烤 7~9 辆车。图 4-56 所示为典型的喷烤房外形图,其结构示意图如图 4-57 所示。

对于车身的局部烘烤,常采用红外线烤灯。红外线烤灯也称为 IRT 灯,通常由 1~4 个短波(或中波)红外线灯管组合而成,其可移动的特点非常适合车身任何部位的局部烘烤。图 4-58 为一种典型的红外线烤灯外形图。

图 4-56 喷烤房外形

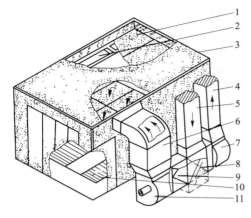

1—顶部过滤网；2—日光灯；3—房体；4—排气管；
5—进气管；6—加热器；7—排风机；8—工作状态选择活门；
9—二次过滤网；10—底沟；11—进气机。

图 4-57　热空气对流式喷烤房　　　　　图 4-58　红外线烤灯

三、喷涂操作要领

1. 喷枪与工件表面的角度

喷涂时，喷枪与工件表面必须保持垂直（90°），如图 4-59 所示。

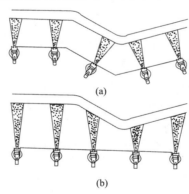

图 4-59　喷枪与工件表面的角度

即使对于弧形表面，也应掌握这一要领，如图 4-60 所示。

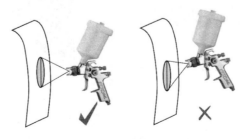

图 4-60　弧形表面喷涂要领

绝对不可由手腕或手肘做弧形的摆动，如图4-61所示。

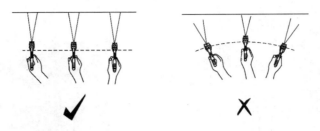

图4-61 喷枪的运行

2. 喷枪嘴与工件表面的距离

正常的喷涂距离应与喷枪的气压、喷枪的喷幅调整大小以及涂料的种类相配合。一般喷涂距离为20 cm左右（应按涂料供应商提供的工艺条件操作）。实际距离可通过对贴在墙上的纸张试喷而定，如图4-62所示。如果喷涂距离过短，喷涂气流的速度就较高，从而会使涂层出现波纹；如果距离过长，就会有过多的溶剂被蒸发，导致涂层出现橘皮纹或发干，并影响颜色的效果。

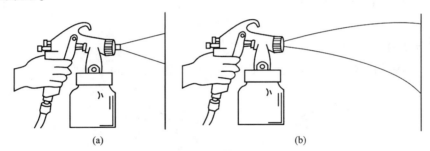

（a）涂料堆积；（b）喷雾落到喷涂表面时已经无力

图4-62 喷枪与工件表面的距离

喷涂距离还与喷枪的类型有关，传统高气压喷枪与HVLP喷枪喷涂距离的差别如图4-63所示。

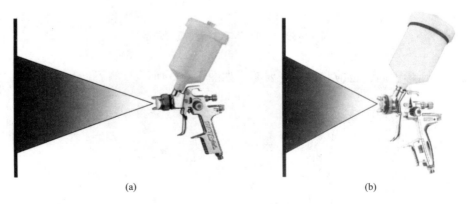

（a）传统高气压喷枪：18~23 cm；（b）HVLP高流量低气压喷枪：10~25 cm

图4-63 传统高气压喷枪与HVLP喷枪喷涂距离的差别

3. 喷枪的移动速度

喷枪的移动速度与涂料干燥速度、环境温度、涂料的黏度有关，约以 30 cm/s 的速度匀速移动。喷枪移动过快，会导致涂层过薄，而喷枪移动过慢，会出现流挂的现象。

4. 喷枪扳机的控制

扳机扣得越深，涂料流速越大。为了避免每次走枪行将结束时所喷出的涂料堆积，有经验的漆工都要略略放松一点扳机，以减少供漆量。

如图 4-64 所示，扣扳机的正确操作一般分 4 步：先从遮盖纸上开始走，扣下扳机一半，仅放出空气；当走到喷涂表面的边缘时，完全扣下扳机，喷出涂料；当走到另一头时，松开扳机一半，涂料停止流出；反向喷涂前再往前移动几厘米，然后重复上述操作步骤。

在"斑点"修补或者新喷涂层与旧涂层的边缘润色加工时都要进行"收边"操作。意思就是在走枪开始时不扣死扳机，也就是说，开始时的供漆量很小，随着喷枪的移动，逐渐加大供漆量，直到走枪行将结束时再将扳机放开，使供漆量大大减少，从而获得一种特殊的过渡效果。

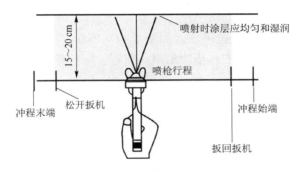

图 4-64 扳机的控制

5. 喷涂方法、路线的掌握

喷涂方法有纵行重叠法、横行重叠法、纵横交替喷涂法。喷涂路线应按从高到低、从左到右、从上到下、先里后外的顺序进行。在行程终点关闭喷枪，喷枪第二次单方向移动的行程与第一次相反，喷嘴与第一次行程的漆膜带边缘平齐，使第二次走枪行程的漆膜带的上半部与第一次行程漆膜带的下半部重叠，两次走枪漆膜带重叠幅度应为 1/3 或 1/2 左右，如图 4-65 所示。

图 4-65 喷程的重叠方式

6. 走枪的基本动作

汽车修补涂装中，被涂物的情况不同，喷漆走枪的手法也不同，以下叙述几种常用的喷漆走枪手法。

① 构件边缘的走枪手法。在构件边缘喷涂时，一般采用由右至左而喷涂，并采用纵喷（喷出扇形呈垂直方向扁椭圆），如图 4-66 所示。

② 构件内角的走枪手法。在构件内角喷涂时，一般采用由下而上，再由上而下喷涂，并采用横喷（喷出扇形呈水平方向扁椭圆），如图4-67所示。

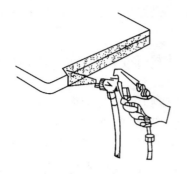
图4-66 构件边缘喷涂

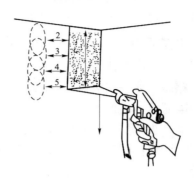
图4-67 构件内角的喷涂

③ 小而直立的构件平面的走枪手法。喷涂小而直立的构件平面时如图4-68所示，是由上而下的行程进行（1-2），然后由左至右（2-3），再由下而上进行（3-4），依次完成（4-5-6-7-8-9）。

④ 长而直立的构件平面的走枪手法。如图4-69所示，喷涂长而直立的构件平面时也是由上而下行程进行，再由左而右，依次沿横向行程，每行程45～90 cm，即按板长方向分段进行，每段之间交接处，有10 cm左右的行程重叠。

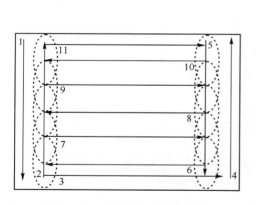
图4-68 小而直立平面的喷涂

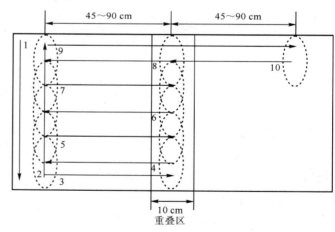
图4-69 长而直立平面的喷涂

⑤ 小圆柱、中圆柱构件的走枪手法。如图4-70所示，喷涂小圆柱、中圆柱构件时，由圆柱顶自上往下再自下往上，分3～6道垂直行程喷完。

走枪的基本动作

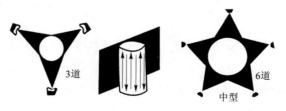
图4-70 小圆柱、中圆柱构件的喷涂

⑥ 大圆柱构件的走枪手法。喷涂大圆柱体时，则由左至右再由右至左，水平行程，依次喷完，如图 4-71 所示。

⑦ 棒状构件的走枪手法。喷涂较长的、直径不大的棒状构件时，最好将雾束调窄一些与之配合。然而很多漆工为了省事，不愿经常调整喷枪，而是将喷枪雾束的方位与棒状构件相适应。这样既可达到完全覆盖又不过喷的目的，如图 4-72 所示。

⑧ 大型水平表面的走枪手法。喷涂大型水平表面如发动机罩、车顶、行李舱盖等，可以采用长而直立构件平面的走枪手法。即由左向右移动喷枪至临近基材表面时扣扳机，继续移动喷枪至离开基材表面时放开喷枪。这样可以获得充分润湿的涂层，而不过喷或干喷最少。

在喷枪使用上，最好使用压送式喷枪，如果采用的是虹吸式喷枪，也应尽量保持与板件呈垂直状态，如图 4-73 所示。当需要倾斜喷枪时，千万小心，不要让涂料滴落到构件表面上。为了防止涂料泄漏、滴落，涂料杯中涂料不要装得太满，整个操作过程要平稳、协调，随时用抹布或纸巾擦净泄漏出来的涂料。

图 4-71 大圆柱构件的喷涂

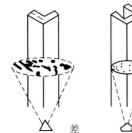 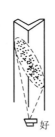  

图 4-72 棒状构件的喷涂　　　　　图 4-73 大型水平表面的喷涂

7. 不同板件的走枪顺序

在不同的板件上喷涂走枪时，要遵循的一个原则就是：先喷周边，然后喷中间大面。例如喷涂车门时，如图 4-74 所示，首先喷涂车门框的顶部，然后下移直到车门的底部。如果只喷涂一个车门，首先应喷涂车门边缘；喷涂门把手时应该特别小心，因为某点的涂料太多将会导致下垂。

对于像发动机罩这样大型板件，可采用长而直立构件的喷涂方法，即分段喷涂。如图 4-75 所示，首先喷涂发动机罩的边缘，然后是发动机罩的前部，下一步是在前翼子板的侧面，从中心开始向边缘进行喷涂；另一侧也使用相同的方法喷涂。

当修整整个汽车时，对汽车不同部位喷漆顺序可

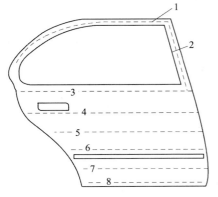

图 4-74 车门的喷涂顺序

能不同。通常，在横向排风的房间里，距排风扇最远的地方首先喷涂，从而能保证落在喷漆表面的灰尘最小，使漆面更光滑，具体喷涂顺序如图4-76所示。

在向下排风的喷涂房里，因为空气是从棚顶向汽车底部的检修坑流动，所以喷漆工必须改变喷漆方法。为了能够保持漆膜边缘的湿润，车顶盖应该首先喷漆，接着是发动机机罩和行李舱盖，然后对车身右侧喷涂，跟着是后围板，最后是车身左侧，并逐渐向前移动直到全部完成。

喷涂手法练习

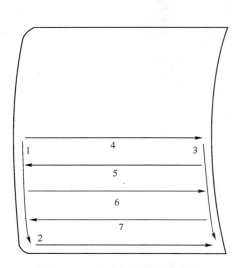

图4-75 发动机罩的喷涂顺序

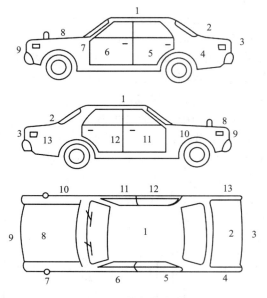

图4-76 整车喷涂顺序

四、涂料的干燥方式

涂料的干燥成膜是指涂料施工后，由液态或黏稠状漆膜转变成固态漆膜的化学和物理变化过程。为了达到预期的涂装目的，除了合理地选用涂料，正确地进行表面处理和施工外，充分而适宜的干燥过程也是重要的环节。涂料的干燥方式主要有自然干燥、加速干燥和高温烘烤干燥3种。

1. 自然干燥

自然干燥也称空气干燥，它是指漆膜可以在室温条件下干燥，其干燥条件是温度为15~20 ℃，相对湿度不大于80%。可自然干燥的涂料包括溶剂挥发型、氧化聚合型和双组分型涂料等。自然干燥型涂料由于在自然环境下就可以固化，对促进漆膜固化的设备要求不高或没有要求，因此应用广泛。

2. 加速干燥

为了缩短涂装的施工周期，加快生产速度和效率，常常在自然干燥型涂料中加入适量的催干剂以促进固化。另一种加速干燥的方法是将自然干燥型涂料在一定的温度下(50~80 ℃)低温烘烤。例如醇酸磁漆在常温下完全干燥需要24 h，而在70~80 ℃时仅仅需要 3~4 h。适于低温烘烤加速干燥的涂料与一般自然干燥型涂料有一定的区别。由于涂料的主要成膜物质不同，有些树脂具有热塑性。即在常温下是固体性状，而加温到一定程度时会变软，恢复或部分恢复其可塑性。以这类树脂为主要成膜物的涂料，要加速干燥只能用加入催干剂的方法，而不能用低温烘烤的方法。

3. 高温烘烤干燥

有许多涂料在常温下是不能干燥结膜的，一定要在比较高的温度下（120~180 ℃），涂料中的树脂才会在高温的作用下引起化学反应而交联固化成膜，这一类涂料称为热聚合型涂料。热聚合型涂料经烘烤干燥后的涂层在硬度、附着力、耐久性、耐腐蚀、抗氧化和保光、保色以及涂料的鲜映性等方面都要比自然干燥型和加速干燥型涂料要好得多，许多高品质、高装饰性的原厂涂层多用这种涂料。

自然干燥型和加速干燥型涂料由于干燥温度比较低，所以又称为低温涂料。在汽车修补涂装中由于车身上许多部件不耐高温的烘烤，所以通常采用低温涂料。而大型的汽车制造厂家在新车制造的自动喷涂流水线上通常使用高温烘烤型涂料。

一、喷烤房的准备

典型的喷烤房控制箱面板，如图 4-77 所示。

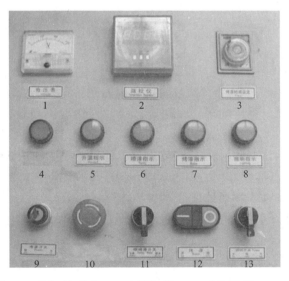

图 4-77 彩图

1—电压表；2—温控仪；3—烘烤时间设定；4—电源指示灯；5—升温指示灯；6—喷漆指示灯；7—烤漆指示灯；8—照明指示；9—电源开关；10—急停开关；11—喷漆开关；12—烤漆开关；13—照明开关。

图 4-77 喷烤房控制箱面板

① 首先要打开电源开关，电源指示灯点亮，电压表显示 380 伏。
② 打开照明开关，照明指示灯点亮，喷烤房内的光线达到施工要求。

③ 常温喷漆时，顺时针旋转到喷漆开关，需要加温喷漆时，逆时针转到开关，同时调整温控仪，设定恒定的喷涂温度到 18 ℃ 即可。

注意：喷漆完毕后风机再工作 5 min，使喷烤房内的漆雾彻底排净。

二、劳动安全与卫生

1. 防火安全措施

① 每个工作人员应会使用防火设备，懂得各种灭火方法。
② 涂装场地严禁烟火，不准携带各种火种进入施工现场。
③ 擦拭涂料用的脏污棉丝、棉布等物品应集中，并应妥善存放在装有清水的密封桶中，不要放置在暖气管或喷烤房附近，以免引起火灾。
④ 施工操作时，应避免铁器之间敲打、碰撞、冲击、摩擦，以防发生火花而引起火灾。
⑤ 易燃物品如涂料、稀释剂等，应存放在贮藏柜内，施工场地不得贮存。
⑥ 清洗工具后的稀释剂，应集中存放，不得倒入下水道或随意乱倒。
⑦ 各种电器设备开关不得随意操作，有专人定期检查和维修。
⑧ 确保紧急通道、门窗等出口畅通。
⑨ 工作区域内不要存放太多的涂料，一般够半天使用的量即可。

2. 个人劳动保护

① 穿好喷漆工作服、安全鞋。
② 戴好护目镜。
③ 准备好胶手套。

3. 发生意外情况的应对措施

① 着火。在安全距离内用灭火器灭火。对于一般的涂料着火，可以用水进行灭火。
② 涂料撒落。用膨胀云母（蛭石、珍珠岩）吸收，然后用塑料板铲除，用大量的水冲洗。
③ 皮肤接触涂料、溶剂等。用肥皂水彻底清洗，涂抹羊毛脂的护肤膏。
④ 眼睛和嘴接触涂料、溶剂等。立刻用水或 5% 的抗坏血酸钠或 2% 的苏打水冲洗，然后找医生。不要使用油膏和油类物质处理。
⑤ 过氧化物残渣处理。用膨胀云母吸收，然后小心地焚毁（远离建筑物和可燃物）。

三、喷枪的检查与调整

1. 喷枪选择

喷涂底漆时，首先应选择底漆专用喷枪，主要是喷枪口径大。正确选择喷枪，应查阅涂料生产商的涂料技术说明。例如从"鹦鹉"牌环氧底漆（801 - 72）的技术说明（表 4 - 3）中可以查到，该涂料适合的喷枪口径为 1.7 ~ 1.9 mm（HVLP 喷枪）或 1.6 ~ 1.8 mm（兼容喷枪，即涂料生产商许可的其他类型喷枪）。

表 4-3 "鹦鹉"牌环氧填充底漆（801-72）技术说明

	重力枪罐喷涂气	HVLP 喷枪：1.7~1.9 mm 2.0~3.0 bar（30~45 psi）/ 0.7 bar（10 psi）在喷嘴处	兼容喷枪：1.6~1.8 mm 2.0 bar

2. 检查

① 涂料杯上的气孔有无污垢堵塞。

② 涂料杯上密封圈有无渗漏等。

3. 添加涂料

① 将调好黏度的底漆通过漏斗过滤后装入喷枪涂料杯内，如 4-78 所示。

注意：存放主剂和固化剂的容器，使用之后一定要盖严实。

图 4-78 涂料的过滤与添加

② 将喷枪通过快速接头接入压缩空气系统。

4. 喷枪调整

（1）气压调整

手握喷枪柄，压扣扳机到 1 档位，压缩空气阀门首先打开，如图 4-79 所示。当气压调节旋钮处于与枪体平行位置（最大雾化状态），顺时针旋转气压调节旋钮，喷涂气压变小；当气压调节旋钮处于与枪体垂直位置（最小雾化状态），逆时针旋转气压调节旋钮，喷涂气压变大。调整过程中，观察气压表直到气压符合规定。调整气压的大小，一定要按涂料说明书的规定。例如从"鹦鹉"牌环氧底漆（801-72）的技术说明中可以查到，该涂料适合的气压为：HVLP 型，2.0~3.0 bar（0.2~0.3 MPa）；兼容喷枪，为 2.0 bar（0.2 MPa）。

（2）喷幅调整

喷幅调节旋钮的位置如图 4-80 所示。增大喷幅，需要逆时针旋转喷幅调节旋钮；减小喷幅，需要顺时针旋转喷幅调节旋钮，如图4-81所示。喷幅的大小主要取决于修补面积的大小。一般情况下对于整板（或整车）喷涂，为了获得良好的喷涂效果，建议将喷枪喷幅调节到最大状态。

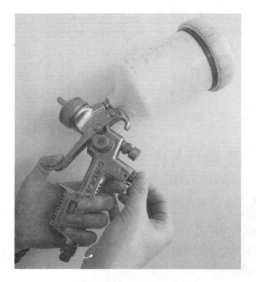

图4-79 调整气压　　　　　　　图4-80 喷幅调节旋钮

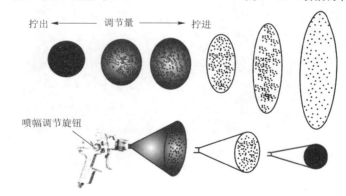

图4-81 调节原理

（3）漆流量调整

漆流量调节旋钮的位置如图4-82所示。增大漆流量，需要逆时针旋转漆流量调节旋钮，增大针阀行程，从而增大漆流量；减小漆流量，需要顺时针旋转漆流量调节旋钮，减小针阀行程，从而降低漆流量，如图4-83所示。

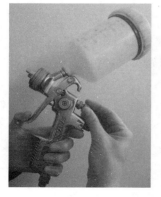

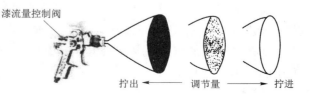

图4-82 漆流量调节旋钮　　　　　图4-83 漆流量调节原理

(4) 喷幅测试与调整

将气帽角调整至垂直位置，使喷幅呈水平状态，如图4-84所示，进行喷幅测试，并视情况调整。

通过喷幅测试，看流挂情况，检查调整是否正确。松开空气帽定位环并旋转空气帽，使喇叭口处于竖直位置，此时喷出的图案将是水平的。见图4-85所示，再喷一次，按住扳机直到涂料开始往下流，即产生流挂，检查流挂情况。如果各项调整正确，各段流挂的长度应近似相等。如果流挂呈分开的形状，是由于喷幅太宽或气压太低。把喷幅控制阀拧紧半圈，或把气压提高一些，交替进行这两项调整直到流挂长度均匀；如果流挂中间长两边短，则是因喷出的漆太多，应把漆流量控制阀拧紧，直到流挂长度均匀。

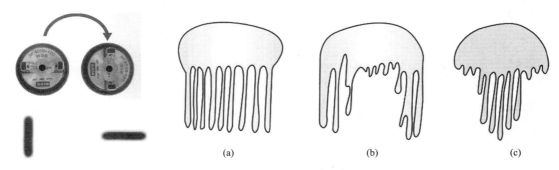

图4-84 气帽位置与喷幅

(a) 合适的喷涂图形；(b) 分离的喷漆图形；(c) 中间过重的喷漆图形

图4-85 喷幅测试

喷幅测试时，可能会出现故障喷幅，不同的故障喷幅特点及产生的原因见表4-4。

表4-4 不同的故障喷幅特点及产生的原因

喷幅中央油漆太多	倾向一边的圆形喷幅，严重弯曲	喷幅不连续，跳动	喷幅破裂，呈燕尾状	喷幅朝一边扭曲

雾化压太低，增加气压；黏度太高，应加稀释剂；涂料太多，应选用较小直径喷嘴	雾化气孔没有清洁干净；用专用的喷嘴清洁工具清洁喷嘴，或更换喷嘴组	喷嘴或喷针松，应将它们旋紧；枪壶通风口堵塞，应清洁	稀释剂太多，气压太高，喷幅太宽	其中一边雾化孔不干净；清洁雾化孔，如有必要，更换喷嘴组

四、底漆的喷涂

1. 喷第一层底漆

根据板件的特点，选择正确的操作要领，实施底漆的喷涂，注意第一层一定要薄喷，以提高底漆和板件表面的附着力。

2. 闪干

不同的底漆，闪干时间要求不同，例如从"鹦鹉"牌801-72环氧底漆的技术说明（见表4-5）中可以查到，该涂料需要喷涂2层，每层之间不需要闪干，即喷涂完第一层后，马上就能喷涂第二层。

表4-5 "鹦鹉"牌801-72环氧底漆的技术说明

	应用	填充底漆
	喷涂层	2　　膜厚：40~50 μm
	干燥　　20 ℃ 　　　　60 ℃ 红外线　（短波） 长　　　（中波）	8 h 30 min 11 min 10~15 min
	打磨	P800
	轨道式打磨机	P400

3. 喷涂第二层底漆

这一层一定要厚喷，以达到要求的漆膜厚度，如"鹦鹉"牌801-72环氧底漆的技术说明要求二层底漆总厚度为40~50 μm（见表4-5）。不同的底漆要求喷涂的层数和总漆膜厚度是不同的。施工时应严格按照涂料技术说明执行。

注意：底漆是直接喷涂于板件表面的，故对于局部喷底漆时，一定要遮盖好，以使底漆只能喷涂在裸板表面，如图4-86中箭头所指处。

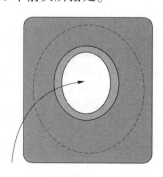

图4-86　局部涂装时底漆的喷涂区域

在喷涂过程中，如果喷枪的出漆量明显减少，应及时检查涂料是否已用完，如果用完了，则应及时补充。如果还有涂料，则应检查是否有堵塞之处，若有应加以疏通。普通喷枪补充涂料与开始时涂料添加操作相同。

每种涂料均有其适合喷涂的时间限制，这个时间限制也称为活化时间。如"鹦鹉"牌 801-72 环氧底漆的技术说明规定的活化时间为常温（20 ℃）8 h。超过这个活化时间，所调制的涂料就不能使用了。

对于普通喷枪，如果有较多的剩余涂料没用完，可以倒入合适的罐内密封保存，但期限也不能超过其活化期的规定。

五、底漆的干燥

不论是常温干燥还是烘烤干燥，最好在进行干燥之前拆下遮盖。拆除遮盖最佳时机为最后一层喷涂的闪干时间结束时，通常为 15~20 min。

1. 常温干燥

当采取常温干燥时，喷涂结束后，即可关闭喷漆室电控箱上的喷漆、照明开关，关好门，使板件（整车）在喷漆室内自然干燥至规定的时间（具体数据参阅涂料使用说明书，如"鹦鹉"牌 801-72 环氧底漆的技术说明（见表 4-5）规定的常温干燥时间为 8 h）。

2. 用烤漆房烘烤干燥

喷涂完成后需要加温烘烤时，首先设定温控仪到合适的温度［具体数据参阅涂料技术说明，如"鹦鹉"牌 801-72 环氧底漆的技术说明（见表 4-5）规定的烘烤干燥时间为温度 60 ℃，30 min；短波红外烤灯烘烤，11 min；中波红外线烤灯烘烤，10~15 min］，然后设定合适的烘烤时间。关闭照明开关，打开烘烤开关，进行加温烘烤。

烘烤完毕，风机再工作 10 min。关闭各操作开关。

3. 用红外线烤灯干燥（以 IRT400 型烤灯为例）

（1）调整灯光的位置

通过调节活动支臂的高低来适应不同高度的烘烤要求，烤灯头部可以做任何角度的调整，以适应车身不同的形状要求，如图 4-87 所示。

（2）控制面板的操作

烤灯的控制面板如图 4-88 所示。打开电源后，数字面板上会显示运行程序，系统提供了底层原子灰、中层原子灰、表层原子灰、底漆、水基、面漆、光漆、塑料件和自设程序等多个程序供选择。打开电源根据实际工作情况通过上翻键或下翻键选择合适的程序，按确定键进入该程序。

如果需要重新设定烘烤功率和烘烤时间可以长按 5 键进入重新设定，如图 4-89 所示。此时上排第 1 位表示时间的数字会闪烁，可以按 2 键或 3 键在 0~30 min 之间选择，按 5 键确定。同时第 2 位表示功率的数字会闪烁，可以在 1~8 之间选择，按 5 键确定。同时下排第 1 位表示时间的数字会闪烁，

图 4-87 调节角度

可以按 2 键或 3 键在 0~30 min 之间选择，按 5 键确定。同时第 2 位表示功率的数字会闪烁，可以在 1~8 之间选择，按 5 键确定。

1—显示屏；2—上翻键；3—下翻键；
4—档位选择键；5—确定键；6—电源开；7—电源关。

图 4-88 控制面板

图 4-89 烘烤程序设定

全部设定完成后，或者不需要重新设定时，按键 6，屏幕会显示"人工检查距离"，此时需要通过使用烤灯头部的卷尺测量烤灯与被烤工件之间的距离，如图 4-90 所示。确定好烘烤距离后，按 6 键进行烘烤，如图 4-91 所示。

图 4-90 测量烘烤距离

图 4-91 开始烘烤

烘烤过程分两个阶段。第一阶段为闪烁烘烤，屏幕显示闪烁关闭的剩余时间，单位为秒，倒数计时。闪烁关闭后进入下一阶段。第二阶段为烘干，屏幕显示烘干剩余时间，单位为秒，倒数计时。烘烤结束后烤灯自动关闭，并有蜂鸣提示。此时切记不要关闭电源，因为烤灯风机还需要运转 1 min 使自身散热，当风机停机后再关闭电源，同时要整理好电线，将烤灯支臂升起，轮子锁止防止烤灯自己移动。

六、底漆的打磨

汽车修补所使用的底漆大多为填充底漆，喷涂干燥后应进行适当的打磨，以便为面漆喷涂提供良好的表面。

填充底漆的打磨可用手工湿打磨和干磨机打磨两种方法，选用时主要考虑底漆的特点，参阅涂料的技术说明书进行。"鹦鹉"牌系列填充底漆的打磨技术说明见表 4-6。从表中可以看出，部分底漆适合手工水磨，部分底漆适合干磨机打磨，还有部分底漆适合两种方法。

填充底漆的打磨，无论是水磨还是干磨，其操作方法与除旧漆相似，不同点体现在以下几个方面：

① 手工水磨时，通常选用 P800 的水砂纸。
② 手工水磨时，必须使用磨块，对于有软硬面的磨块，应选用软面。
③ 手工水磨时，磨块必须保持与板件表面平贴，以获得平滑的表面。
④ 用干磨机打磨时，选用的砂纸为 P400。
⑤ 打磨时，必须保证磨头与板件表面平贴，以获得平滑的表面。
⑥ 无论是手工水磨还是干磨机打磨，千万注意不要打磨过度，只轻轻打磨至光滑即可。

表 4-6 "鹦鹉"牌系列填充底漆的打磨技术说明

填充底漆		使用干磨机粗打磨	使用干磨机细打磨	手工湿磨
	76-71 鹦鹉®单组分填充底漆			P 800
	283-150 VOC 鹦鹉®磷化填充底漆			P 800
	285-16 VOC 鹦鹉®高浓热固填充底漆			P 800
	285-500 鹦鹉®高浓填充底漆，灰色		P 400	
	285-550 鹦鹉®高浓填充底漆，黑色		P 400	
	285-650 鹦鹉®高浓填充底漆，白色		P 400	P 800
	285-700 鹦鹉®填充底漆，灰色		P 400	P 800
	285-85 鹦鹉®中浓填充底漆，灰色		P 400	P 800
	801-72 VOC 鹦鹉®环氧填充底漆		P 400	P 800

七、喷枪的维护

1. 喷枪的清洗

底漆的喷涂

使用后，应立即清洗喷枪及其附件，不注意维护和清洗喷枪是喷枪发生故障的主要原因。

以虹吸式喷枪为例，清洗喷枪时，首先应先卸下涂料杯，将吸料管流在杯内。接着松开空气帽 2~3 圈，用一块叠好的抹布挡住空气帽，然后扣扳机，如图 4-92 所示。这能使喷枪内的涂料流回涂料杯内。

注意：使用的气压要低，当涂料杯还装在枪上时，不要进行上述操作，否则涂料会从罐内飞溅出来。

重新将空气帽拧紧，并把涂料杯中的涂料倒回废料罐中。用溶剂和软毛刷清洗杯内和杯盖，用一块浸过溶剂的抹布擦掉残余物。然后向杯内倒入少许干净的稀释剂，扣动扳机，将稀释剂喷出，清洗输料管，如图4-93所示。

图4-92 利用压缩气使枪内的漆流回涂料杯

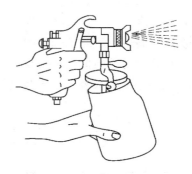

图4-93 用稀释剂冲洗喷枪

旋下气帽，用专用工具卸下喷漆嘴，如图4-94所示。

图4-94 用专用工具拆下喷漆嘴

将拆下的气帽泡在稀释剂或溶剂中，用塑料针清理各类小孔，如图4-95所示。注意，决不能用铁丝或铁钉类的东西清理这些小孔，因为这些小孔都是精加工钻出的，必须用软毛刷和溶剂清洗喷嘴。用浸有稀释剂的抹布将枪体外部擦干净，注意擦掉所有涂料的痕迹。

目前，一些维修厂开始使用喷枪自动清洗机，如图4-96所示。利用喷枪清洗机，结合人工手洗来清洗喷枪，清洗效果非常好。将喷涂设备（包括喷枪、涂料杯、搅拌器和滤网等）放到喷枪清洗机的大桶内相应位置上，接好喷嘴（具体方法参阅相关设备使用说明书），盖上桶盖，然后打开气动泵使清洗桶内的清洗液循环流动。不用1 min，该设备就能清洗干净各部件。

新型超声波清洗机清洗效果更好。只要在机器内注入清洗液，将零件放入容器中，打开开关即可，并可以

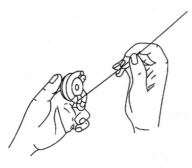

图4-95 通气帽的孔

人工设定清洗时间,如图 4-97 所示。注意,如果喷枪选装了数字式气压表,则不能放入超声波清洗机中清洗。

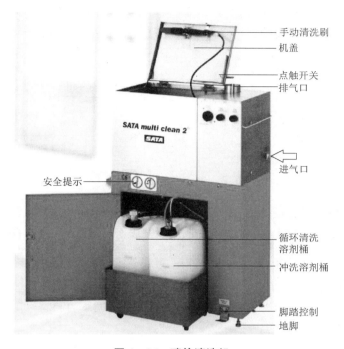

图 4-96 喷枪清洗机

图 4-97 用超声波清洗机清洗喷枪

2. 喷枪的润滑

最好每天工作完后对喷枪进行润滑,用轻机油润滑如图 4-98 所示的各部件。由于正常的磨损和老化,密封圈、弹簧、针阀和喷嘴必须定期更换。更换应按生产厂家的说明进行。由于机油过量就会流入涂料和机油通道,造成喷涂缺陷,因此润滑时必须非常小心,机油和涂料混合后就会降低喷涂质量。

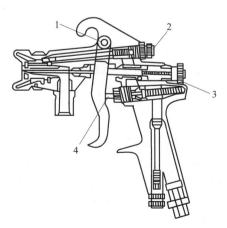

喷枪的维护

1—扳机转轴;2—喷幅调节旋钮;3—漆流量调节旋钮;4—空气阀。

图 4-98 喷枪需要润滑的部位

不要把整把喷枪长时间泡在清洗液中，这样会使密封圈硬化，并破坏润滑效果。

为了获得最佳的修补效果，在不同的涂层和情况下要使用不同的喷枪。建议每人配备四把喷枪，一把用于底漆、中涂层喷涂，一把用于面漆、清漆层喷涂，一把用于银粉漆喷涂，还有一把小修补喷枪用于点修补。如果这些喷枪保持良好的清洗和工作顺序，就会节省大量的换枪时的调整和清洗时间。

一、准备工作

1. 考核设备、材料准备

在技能学习工位准备好喷烤漆房、车身板件（已清洁和除油）、已调制好的底漆、过滤漏斗、红外线烤灯、喷枪清洗工具、喷枪润滑油、涂装安全工作服、橡胶手套和防毒面罩。

2. 学员劳动保护

① 穿戴好工作服。
② 穿好安全鞋。
③ 戴好橡胶手套。

二、考核流程

1. 学员工作

两名学员为一小组，在充分学习本任务相关知识与技能的基础上，完成下列工作，并同时完成相应的工单（见本书配套教学资源"实训工单"中的"工单4-3"）。

① 喷涂底漆。
② 干燥底漆。
③ 喷枪维护。
④ 5S工作。
⑤ 自我评价。

2. 指导教师工作

学员在进行上述操作过程中，指导教师进行下列工作：
① 向学员讲解安全注意事项，要求学员在实训工单中做记录。
② 观察、指导学员进行相关操作，及时制止可能发生危险的操作。
③ 实操结束后审阅学员完成的工单，并结合其操作情况（工作成果）给出评价。

项目五
原子灰和中涂底漆的涂装

任务 5-1 原子灰的涂装

任务分析

如图 5-1 所示，车门板处的漆膜损伤经打磨处理后，由于板件表面不平，且旧漆膜较厚，所以应刮涂原子灰，以填充不平并快速建立足够的涂层厚度。

对旧漆膜较厚，通过表面预处理打磨到露出金属底材，或底材表面凸凹不平度较大，但在 3 mm 以内，以及对塑料件打磨露出塑料底材时，通常需要刮涂原子灰。

对于非常平整的板件，喷涂完底漆后，即可进行中涂底漆或面漆的涂装。但是，对于不够平整的表面，特别是经过钣金处理后的表面，由于凸凹较大，底漆很难将其填平，如图 5-2 所示。此时就应用施涂原子灰的方法来处理。

在国外的一些汽车维修业中，施涂原子灰的工作是由钣金工来完成的，即原子灰的施工属于底处理项目，而在国内，原子灰通常是由涂装工来完成的，故也把原子灰施工归入中涂层施工。

图 5-1 刮涂原子灰

图 5-1 ~
图 5-3 彩图

图 5-2 底漆的填平能力

如图 5-3 所示，刮涂后的原子灰表面非常不平，必须经过充分的打磨后才能适合进行下一涂层的涂装。

另外，刮涂的原子灰干燥后，其表面要比周围的旧漆膜高，所以必须经过打磨，使其有合适的漆膜厚度，保证在其上涂装中涂底漆和面漆后，总漆膜厚度与周围的旧漆膜接近。

原子灰打磨后的表面，会有一些气孔和大的砂纸痕，必须经过修整。

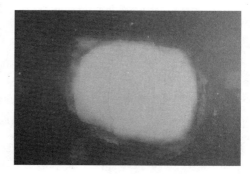

图 5-3 刮涂原子灰后的状况

1. 能够正确描述原子灰的类别及各类型原子灰的特点及应用。
2. 能够正确描述原子灰的涂装工艺流程。
3. 能够正确刮涂原子灰。
4. 能够用正确的方法对原子灰进行加热干燥。
5. 能够正确进行原子灰的打磨。
6. 能够规范地进行原子灰修整。
7. 培养良好的安全、卫生习惯，环保意识及团队协作素养。
8. 能够检查、评价、记录工作结果。

一、原子灰的作用与组成

1. 原子灰的作用

原子灰是一种加有添加剂的底层涂料，填充在表面缺陷部位，提高表面质量。所谓填充就是把足够的填充材料堆积到一个表面上，当填充物干燥、收缩后，可以对多余的填充物进行打磨，从而减小整个表面的不平度，便于施涂面漆层，如图 5-4 所示。

图 5-4 施涂原子灰的作用

为达到上述目的，要求原子灰中要包含大量的固体成分，包括颜料等物质，涂抹在板件表面上后，能够快速固结，形成有一定厚度的涂层。

2. 原子灰的组成

原子灰又称为聚合型腻子，是一种膏状或厚浆状的涂料，它容易干燥，干后坚硬，能耐砂磨。原子灰一般使用刮具刮涂于底材的表面（也有使用大口径喷枪喷涂的浆状原子灰，称为"喷涂原子灰"），用来填平底材上的凹坑、缝隙、孔眼、焊疤、刮痕以及加工过程中所造成的物面缺陷等，使底材表面达到平整、匀顺，使面漆的丰满度和光泽度等能够充分地显现。

严格地讲，这里所说的腻子与通常所指的原子灰是有区别的。通常所指的腻子一般是用油基漆作为黏合剂，加以熟石膏粉等填充料，并加入少量的颜料和稀释剂调和后用于填补。这种原子灰干燥时间长，干燥后质地比较软而且会出现不同程度的凹陷，对其上面的漆膜具有一定的吸收作用，不利于涂装修补和面漆的美观，现已很少使用。20 世纪 80 年代我国研制出了水性腻子，用水作为稀释剂调和后使用，该种腻子在一定程度上对油性腻子的性能有所改善，但仍存在塌陷、吸收、质软等缺点，现在也已少用。而原子灰硬化时间短，常温下 0.5 h 即可干燥硬化，可以进行打磨；经打磨后的原子灰表面细腻光洁，表面坚硬，基本无塌陷，对其上面的涂料吸收很少甚至不吸收；附着能力强，耐高温，正常使用时不出现开裂和脱落现象，因此现在被广泛应用于汽车的制造和修补工作中。

原子灰是涂料，所以也是由树脂、颜料、溶剂和填充材料等组成的。现在较为常用的原子灰树脂有聚酯树脂和环氧树脂等。环氧树脂原子灰具有良好的附着力、耐水性和防化学腐蚀性能，但涂层坚硬不易打磨，由于其附着力优良，可以刮涂得较厚而不脱落、开裂，多用于涂有底漆的金属或裸金属表面。聚酯树脂原子灰也有着优良的附着力、耐水性和防化学腐蚀性能，而且干后漆膜软硬适中，容易打磨，经打磨后表面光滑圆润，适用于很多底材表面（不能用于经磷化处理的裸金属表面，否则会发生盐化反应造成接触面不能干燥而影响附着力），经多次刮涂后，膜厚可达 20 mm 以上而不开裂、脱落，所以是应用最为广泛的一种。

原子灰中的颜料以体质颜料为主要物质，配以少量的着色颜料。填充材料主要使用滑石粉、碳酸钙、沉淀硫酸钡等，起填充作用并提高原子灰的弹性、抗裂性、硬度以及施工性能等。着色颜料以黄、白两色为主，主要是为了降低彩度，提高面层的遮盖能力。

原子灰多为双组分产品，需要加入固化剂后方能干燥固化，以提高硬度和缩短干燥时间。聚酯树脂型原子灰多用过氧化物作为固化剂，环氧树脂型原子灰多用胺类作为固化剂。

❋ 二、原子灰的种类

原子灰的种类很多，经常使用的有普通原子灰、合金原子灰、纤维原子灰、塑料原子灰和幼滑原子灰等。

1. 普通原子灰

普通原子灰多为聚酯树脂型，膏体细腻，操作方便，填充能力强，适用于大多数底材。例如良好的旧漆层、裸钢板表面等。因其具有良好的附着力和弹性，也可用于车用塑料保险杠和玻璃钢件，但刮涂不宜过厚。普通型原子灰不适用于镀锌板、不锈钢板和铝板等和经磷化处理的裸金属表面，否则易造成附着能力不够而开裂。但在这些金属表面首先喷涂一层隔绝底漆（通常为环氧基）后即可正常使用。

2. 合金原子灰

合金原子灰也称金属原子灰，比普通原子灰性能更加良好，除可用于普通原子灰所用的一切场合外，还可以直接用于镀锌板、不锈钢板和铝板等裸金属而不必首先施涂隔绝底漆，但不适用于经磷化处理的裸金属表面。合金原子灰因其性能卓越，使用方便，所以应用也很广泛，但价格要高于普通原子灰。

3. 纤维原子灰

纤维原子灰其填充材料中含有纤维物质，干燥后质轻但附着能力和硬度很高，因此能够一次刮涂得很厚，可以直接填充直径小于 50 mm 的孔洞或锈蚀而无须钣金修复，对孔洞的隔绝防腐能力也很强。用于有比较深的金属凹陷的部位，填补效果非常好，但表面呈现多孔状，需要用普通原子灰来填平。

4. 塑料原子灰

塑料原子灰专用于柔软的塑料制品的填补工作。调和后呈膏状，可以刮涂也可以揩涂，干燥后像软塑料一样，与底材附着良好。虽然干后质地柔软，但打磨性很好，可以用机器干磨也可以用水磨，常用于塑料件的修复。

5. 幼滑原子灰

幼滑原子灰也称填眼灰，有双组分的也有单组分的，以单组分产品较为常见。填眼灰膏体极其细腻，一般在打磨完中涂层后，喷涂面漆之前使用，主要用途是填补极其微小的小坑、小眼等，提高面漆的装饰性。因其填补能力比较差，且不耐溶剂，易被面漆中的溶剂咬起，所以不能作为大面积刮涂使用。但它干燥时间很短（几分钟），干后较软易于打磨，用在填补小坑非常适合，可以提高生产效率并能保证质量，所以也是涂装必备的用品。

不同涂料生产厂家对其生产的原子灰分类方法不同，所生产的各类型原子灰的特点与用途也各有差异。如日本立邦油漆公司生产的"耐可施（nax）"系列汽车修补原子灰主要有：修补原子灰（为单组分硝基原子灰，主要用于细小凹陷修补）；中间原子灰（为双组分不饱和聚酯原子灰，主要用于防锈钢板的浅度或中度凹陷修补）；钣金原子灰（为双组分不饱和聚酯原子灰，主要用于防锈钢板的深度凹陷修补）。德国 BASF 油漆公司生产的汽车修补用原子灰有多功能原子灰（839 – 20/20K，米色）、超细原子灰（839 – 25）、原子灰（893 – 53，粗整平，浅灰）、通常型原子灰（839 – 70/70K，浅灰）、刷涂型原子灰（839 – 80）、塑料件原子灰（839 – 90）、玻璃纤维原子灰（901 – 21）、高浓聚酯喷涂原子灰（1006 – 23，灰色）等。每一种原子灰都具有各自的特点、适用范围及工艺要求，选择及使用时，一定要认真阅读其技术说明书。

三、原子灰的施工方法

原子灰还可以采用刷涂、喷涂等方法施工，但所选用的原子灰必须能够适应相应的施工方法。施工时，具体的操作请参阅涂料的技术说明。

刮原子灰又称打原子灰，是一项手工作业。常用工具有原子灰调拌盒、原子灰托板、原子灰铲刀、原子灰刮刀（又分牛角刮刀、橡胶刮刀、钢刮刀）等，如图5-5所示。

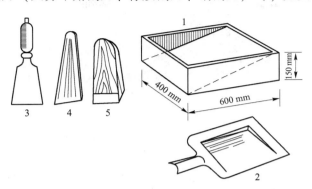

1—原子灰调拌盒；2—钢制原子灰托板；3—原子灰铲刀；4—牛角刮刀；5—橡胶刮刀。

图5-5 刮原子灰的常用工具

钢刮刀由木柄和刀板构成。木柄可用松木、桦木等制作，刀板用弹性较好的钢板制作。要求刃口应平直。

橡胶刮刀采用耐油、耐溶剂的橡胶板制成，外形尺寸和形状根据需要确定。新制的橡胶刮刀用P100砂纸将刃口磨齐磨薄，不得有凸凹。

橡胶刮刀有很好的弹性，对于刮涂形状复杂面非常适用，尤其是圆角、沟槽等处特别适用。还可根据工件形状将刃口做成相应形状。用后擦净保管。

嵌刀用普通钢制成，两端有刃口，一端为斜刃，另一端为平刃。也有用钳工手锯条磨出刃口缠上胶布作为嵌刀使用的。用于将原子灰嵌入孔眼、缝隙或剔除转角、夹缝中的异物使用。

原子灰调拌盒采用1.0~1.5 mm低碳钢板制成，用于调配原子灰或盛装原子灰用。

原子灰托板用钢板或木板等制成，在刮涂时放少量原子灰以方便施工，也可用较厚的大型钢刮刀代用。

在汽车涂装施工过程中，原子灰打磨操作通常采用手工打磨和机械打磨两种方式。手工打磨适用于对小面积原子灰的粗磨和大面积的细磨以及需精工细磨部位（如对型线、曲面、转角及圆弧和弯曲等部位）的修整。手工打磨是用磨块上包砂布（纸）的方法进行打磨的。

手工打磨又分为手工干磨法和手工湿磨法两种。手工湿磨法也称水磨法，操作时无粉尘飞扬，生产效率高，打磨质量好，但水磨后的涂层上有水分，需经烘干后方可进行下道工序施工，故生产周期长，而且会造成由于水分清理不彻底而形成后续施工的缺陷，故几乎所有的涂料生产商均建议采用干磨法。

四、打磨指导材料

为了使原子灰打磨平整，有时需要施涂打磨指导层，用于指导原子灰的打磨。

打磨指导材料有打磨指导炭粉和打磨指导涂料两种。

打磨指导炭粉，如图5-6所示，由粉扑和粉盒两部分组成。粉扑用于将黑色的炭粉施涂与待打磨表面，粉盒内盛装炭粉。

图 5-6　打磨指导炭粉

打磨指导涂料，也称为指导层漆。使用时应在打磨前，将指导层漆喷涂层待打磨表面。"鹦鹉"牌指导层漆有使用喷枪喷涂式和手喷罐式两种，其技术说明，见表 5-1 和表 5-2。

表 5-1　"鹦鹉"牌指导层漆（581-40）技术说明

应用：鹦鹉® 581-40 指导层漆可用于底漆和中涂底漆，以及聚酯腻子的打磨效果检查。

	修补涂装工艺系统		
	VOC 应用含量	<804 g/L	
	混合比例	10% 体积比 581-40	
	稀释剂	90% 体积比 352-50/91	
	重力喷枪 喷涂气压	HVLP 喷枪：1.7~1.9 mm 2.0~3.0 bar（30~45 psi）/0.7 bar（10 psi）风帽气压	兼容喷枪： 1.2~1.4 mm 2.0 bar
	喷涂层数	1 雾喷层	
	刷涂	1 层	

表 5-2　"鹦鹉"牌指导层漆（581-90）技术说明

鹦鹉® 指导层漆，黑色。

应用：鹦鹉® 581-90 指导层漆，黑色可以用于底漆和中涂底漆，及聚酯腻子，以便于检查打磨的效果。

特性：该产品是自喷罐式包装。

	修补涂装工艺系统	
	摇动	2 min
	喷涂层数	1~2 雾喷层

五、原子灰的施涂工艺

常用的原子灰施涂工艺如图 5-7 所示。

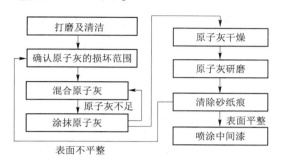

图 5-7 原子灰施涂工艺

一、刮原子灰

1. 劳动安全与卫生

操作前，必须牢记以下劳动安全事项：

① 必须穿好工作服。

② 原子灰在固化中会产生热。如果遗留在混合板上的原子灰在原子灰施涂工作以后立即放在垃圾筒里，原子灰产生的热可能引燃易燃物品。因此，一定要确认原子灰已经凉透了，才能将之弃置。

③ 报废的砂纸，不要随地乱扔，应丢弃在废物箱内。

④ 戴好棉手套。

⑤ 打磨原子灰时必须佩戴防尘口罩。

⑥ 用干磨机打磨原子灰时，须佩戴护目镜。

2. 准备工作

（1）板件（车身）的准备

清除掉受损伤或老化的旧漆膜，修整好与保留旧漆膜的边缘交接部位之后，对于需刮涂原子灰的表面，必须用压缩空气彻底清除粉尘。对于裸露的金属表面，要用除油剂进行脱脂处理。

雨天和湿度高的季节，金属表面往往比较潮湿，应该用红外线灯和热风加热器，提高金属表面温度，除去湿气。寒冷季节也可采用相同的办法处理，这既可以提高原子灰的附着力，又可以避免面漆涂装后出现起层、开裂等质量事故，同时原子灰层的干燥速度也随之而提高。

（2）原子灰的准备

① 原子灰的选择。在实际汽车修补涂装工作中，选择原子灰重点考虑的因素是被涂物面材料，因为不同类型的原子灰与板材之间的适用性是不同的。表5-3所示为"鹦鹉"牌原子灰对不同材料的适用性。

表5-3　"鹦鹉"牌原子灰对不同材料的适用性

		钢材	镀锌钢板	铝镁	有电泳底漆的原厂件	旧涂层
原子灰	839-20/20K 鹦鹉®多功能原子灰	●	●	●	●	●
	839-25 鹦鹉®越细原子灰	●	●	●	●	●
	839-53 鹦鹉®原子灰	●	●	●	●	●
	839-70/70K 鹦鹉®通用原子灰	●	●	●	●	●
	839-80 鹦鹉®刷涂型原子灰	●		●	●	●
	901-21 鹦鹉®玻璃纤维原子灰	●	●	●	●	●
	1006-23 鹦鹉®高浓聚酯喷涂原子灰	●	S1	●	●	●

☐ 不适用
● 可以直接使用

各涂料生产商均为自己所生产的汽车修补涂料开发设计了多个修补涂装系统，在各系统中均对采用的处理工艺、各类涂料的选用及其涂装要求等做了详细的规定。在实际运用中，根据修补损伤的具体情况首先应选择合适的涂装系统，然后根据系统的建议选择各种需用的涂料。"鹦鹉"牌高浓系统技术说明如图5-8所示，从图中可知应选用多功能原子灰（839-20/20K），其技术说明见表5-4。

② 原子灰用量的确定

a. 检查需刮涂原子灰的表面面积及凸凹不平度大小。

b. 确认原子灰的刮涂范围。原则上原子灰只刮涂在裸金属表面及其羽状边范围内，特别是对于单组分旧漆膜及热塑型旧漆膜，其表面不允许刮涂原子灰（双组分），否则容易因附着力不足而产生开裂。为此最好做旧漆膜类型测试，如图5-9所示，用棉布配合稀释剂检查羽状边是否有热塑性的涂层（可被溶解），如果有热塑性涂层，则原子灰只能刮涂在该涂层范围以内。

鹦鹉® 高浓系统技术说明

RATIO-HS
11/2007

特性：22系列溶剂型面漆，一个高效、快速、经济的修补系统。

工序									
清洁	541-5 鹦鹉® 除硅除蜡清洁剂	1×	擦干	对损坏部位机械除锈	P16~P150	541-5 鹦鹉® 除硅除蜡清洁剂	1×	擦干	
原子灰（粗+细）	839-20/20K 鹦鹉® 多功能原子灰	848-36 鹦鹉® 原子灰固化剂	+2%~3%	20~30 min 20℃	3~5 min	P80/P150 粗打磨	581-40 鹦鹉® 指导层漆	P240/P320 细打磨	541-5 1× 擦干
底漆	283-150 VOC 鹦鹉® 磷化底漆	352-228 鹦鹉® 催化剂	352- 鹦鹉® 稀释剂	1:1+30% 调漆尺	HVLP 1.7~1.9 mm 2.0~3.0 bar	1 薄层 10~15 mm	10 min 20℃		
填充底漆	鹦鹉®285-55/-65 VOC 高浓填充底漆/通用填充底漆	929-55/-56 鹦鹉® 高浓固化剂	352- 鹦鹉® 稀释剂	4:1:1 调漆尺	HVLP 1.7~1.9 mm 2.0~3.0 bar	2 50~70 mm	30 min 60℃	5~10 min	P400

或者：鹦鹉®高浓填充底漆 285-60 VOC，鹦鹉®高浓可调色底漆 285-95 VOC，鹦鹉®高浓填充底漆 285-51 VOC

工序								
面漆	22 Line 鹦鹉 双组分高浓面漆 VOC 3.5	929- 鹦鹉® 固化剂	352- 鹦鹉® 稀释剂	2:1+10% 调漆尺	HVLP 1.2~1.3 mm 2.0~3.0 bar	2	30 min 60℃	7~10 min
清漆	923-255 鹦鹉® 高浓多功能清漆	929- 鹦鹉® 高浓面漆固化剂	352- 鹦鹉® 稀释剂	2:1+10% 调漆尺	HVLP 1.2~1.3 mm 2.0~3.0 bar	2	30 min 60℃	7~10 min

或

面漆	22 Line 鹦鹉 双组分高浓面漆	929- 鹦鹉® 高浓面漆固化剂	352- 鹦鹉® 稀释剂	2:1+10% 调漆尺	HVLP 1.2~1.3 mm 2.0~3.0 bar	2	30 min 60℃	7~10 min

图 5－8 "鹦鹉" 高浓系统技术说明

表 5-4 "鹦鹉"多功能原子灰（839-20/20K）技术说明

应用：粗细兼用的多功能原子灰。

特性：高固体成分；普遍适合用于铁板、镀锌钢板、铝材；快干，易磨，附着力好。

注意：■ 施涂前充分混合原子灰和催化剂（要求颜色均匀，无大理石效果）。

　　　■ 不要添加超过 3% 的催化剂。

　　　■ 过多的过氧化物会造成面漆表面有浮色现象。

项目	应用	839-20 粗整平原子灰和细整平原子灰	829-20K 粗整平原子灰和细整平原子灰
	涂装系统	RATIO-AQUA 水性系统，RATIO-CLASSIC 经典，RATIO-HS 高浓系统	
	混合比例	100% 质量比　839-20（罐装）	100% 质量比 839-20K（火箭筒式包装）
	固化剂	2%～3% 质量比　948-36	948-52 由催化剂筒自动控制添加量
	活化时间在 20 ℃	4～5 min	4～5 min
	干燥　在 20 ℃ 　　　在 60 ℃	20～30 min	20～30 min
	红外线　（短波） 　　　　（中波）	4 min 5～10 min	4 min 5～10 min
	打磨： 轨道式打磨机	P80/150 581-40 指导层 P240 整平区域和周边旧漆层	P80/150 581-40 指导层 P240 整平区域和周边旧漆层

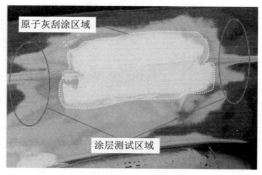

图 5-9 彩图

图 5-9　旧漆膜类型测试

c. 根据以上检查，最终确定应拌和多少原子灰，这类数据通常需要凭经验确定。

③ 取原子灰。原子灰通常装于铁制的罐内，固化剂装在软体的管子内，如图 5-10 所示。

图 5-10　原子灰与固化剂的盛装

注意：原子灰罐每次用后必须盖好，以防溶剂蒸发。如果溶剂蒸发了，要向罐中倒入专用的溶剂。

原子灰装在罐中的时候，其各种成分如溶剂、树脂及颜料会分离。由于原子灰不可以以这种分离的形态使用，故使用前必须将罐盖打开并充分搅拌。用专用工具撬开原子灰盒盖，可使用长柄原子灰刮刀或搅拌棒之类的工具将原子灰充分搅拌均匀，如图 5-11 所示。装在管子中的固化剂也是如此，应充分挤压装固化剂的胶管，使管中的固化剂在使用前充分混合，如图 5-12 所示。

图 5-11　盒装原子灰的搅拌

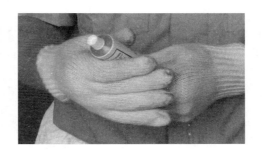

图 5-12　管装原子灰的搅拌

将适量的原子灰基料放在混合板上，然后按规定的混合比添加一定量的固化剂，如图 5-13 (a) 所示。固化剂的加入量一般为 (100:2)~(100:3)，具体数据应以涂料技术说明书为准。"鹦鹉"牌 839-20/20K 原子灰的技术说明（见表 5-4）表中可以查到，原子灰 839-20 适合的配合比例为 3% 重量比（固化剂为 948-36）。

注意：若固化剂过多，干燥后就会开裂；如果固化剂过少，就难以固化干燥。近来有一种方法将主剂和固化剂采用不同的颜色相区别，通过其混合后的颜色来判断其混合比。原子灰主剂与固化剂拌和时，固化剂的容许量有一定范围，可以随气温的变化以适当调整，具体数值应以产品说明书为准。

一次不要取出太多的原子灰调和，因为调和后的原子灰会很快固化，如果还没刮涂到规定部位即固化，则调和的原子灰便不能再用，造成浪费。

④ 拌和原子灰（图 5-13）

a. 用刮刀的尖端舀起固化剂，将其均匀散布在原子灰基料的整个表面上（图 5-13 (b)）。

b. 抓住刮刀，轻轻提起其端头，再将它滑入原子灰下面，然后将它向混合板的左侧提起。

c. 在刮刀舀起大约 1/3 原子灰以后，利用刮刀右边为支点，将刮刀翻转（图 5-13 (c)）。

d. 将刮刀基本上与混合板持平，并将它向下压（图 5-13（d））。一定要将刮刀在混合板上刮削，不要让原子灰留在刮刀上。

e. 拿住刮刀，稍稍提起其端头，并且将上述在混合板上混合的原子灰全部舀起。

f. 将原子灰翻身，翻的方向与 c 步中的相反（图 5-13（e））。

g. 与第 d 步相同，将刮刀基本上与混合板持平，并将它向下压，从第 b 步重复。

h. 在进行第 b 步到第 g 步时，原子灰往往向上朝混合板的顶部移动。在原子灰延展至混合板的边缘时，舀起全部原子灰，并且将它向混合板的底部翻转。重复第 b 步到第 g 步，直到原子灰充分混合。

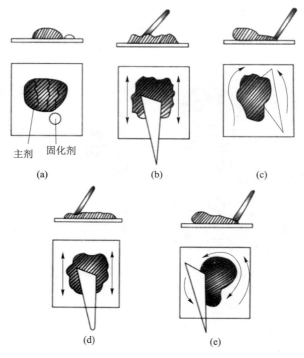

图 5-13 原子灰的拌和法

注意：原子灰有可用时间的限制。所谓可用时间是指主剂和固化剂混合后，保持不硬化，能进行刮涂的时间。通常在 20 ℃ 条件下，可以保持 5 min 左右。因此应根据拌和所需时间和刮涂所需时间，决定一次拌和的量。如果总是拌和不好，反复长时间拌和，超过可用时间（或留给涂抹的时间过短），就会使其固化而不能使用，因此拌和的关键是速度要快，动作要熟练。

腻子的调制方法

是否拌和良好，主要可通过混合物的颜色是否均匀来判定（不呈现大理石效果）。如果拌和不良，就会引起固化不良和附着不良等问题。有的原子灰随季节不同，固化剂的配合比要变化，应根据产品说明书要求去做。

3. 刮原子灰

（1）刮刀的握法

刮原子灰时，以左手握原子灰托板，右手拿刮刀。刮刀有以下几种握法：

① 直握法。如图5-14所示，直握时食指压紧刀板，拇指和另外四指握住刀柄。这种握法适用于小型钢刮刀。

② 横握法。如图5-15所示，横握时拇指和食指夹持住刮刀靠近刀柄的部分或中部，另外三指压在刀板上。

图5-18 彩图

图5-14 刮刀的直握法

图5-15 刮刀的横握法

③ 其他握法。如图5-16所示。对于右手握刀的人，图5-17所示是较常用的握法。

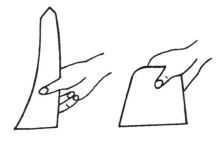

图5-16 刮刀的其他握法

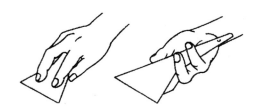

图5-17 右手握刀人常用的握法

(2) 刮原子灰的手法

① 往返刮涂法。往返刮涂法是先把原子灰敷在平面的边缘成一条线，刮刀尖成30°~40°向外推向前方，将原子灰刮涂于低陷处，多余原子灰挤压在刮刀口的右面成一条线。这种方法适合于刮涂平面物体。

② 一边倒刮涂法。一边倒刮涂法就是刮刀只向一面刮涂。汽车车身刮涂原子灰的顺序是从上往下刮，或从前往后刮。手持刮刀的方法有两种：一种是用拇指与中指握住刮刀，食指压在刮刀的一面，原子灰打在托板上，刮刀将原子灰刮涂于物面，即从上往下刮涂，依次进行，最后将多余原子灰刮回到托板上。另一种是用拇指与食指握刮刀，原子灰黏附在刮刀口内面，从外向里刮涂，依次进行。这种方法适合于刮涂汽车翼子板、发动机罩等，如图5-18所示。

图5-18 一边倒刮涂法

刮涂原子灰时应将刮刀轻度向下按压，并沿长轴方向运刮，如图 5－19（a）所示。每次涂刮原子灰的量要适度，避免造成蜂窝和针孔。对于区域性填补应按图 5－19（b）中所示的方向运刮。

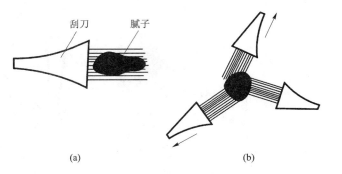

腻子的刮涂方法

图 5－19　刮刀的运刮方向

刮涂原子灰的方式有满刮和软硬交替刮两种，其中：满刮又分填刮和靠刮；软硬交替刮又分"先上后刮""带上带刮"；另外还有"软上硬收""硬上硬收"和"软上软收"等。

填刮：目的是用较稠的原子灰分若干次将构件表面凹陷填平，填刮时主要用硬刮刀借助刀口上部有弹力的部位与手劲配合进行操作。

靠刮：所用的原子灰稠度稍低，用于最后一两次的刮涂，用于平滑的表面。刮涂时用硬刮刀借助刀口的作用而将原子灰刮涂到板件表面，使原子灰刮得薄，刮得亮。

先上后刮：先将原子灰逐一填满或刮平，然后再用硬刮具将其收刮平整，适应较大面积的刮涂。

带上带刮：边上原子灰边将其收刮平整，适用于较小面积或形状较复杂部位的刮涂。

软上硬收：先用软刮刀在垂直平面上刮涂原子灰，然后再用硬刮刀将原子灰收刮平整，这样原子灰不容易发生掉落现象。

硬上硬收：上原子灰和收原子灰都用硬刮具以利于刮涂面平整，适合刮涂有平面又有曲面的构件。

软上软收：上原子灰和收原子灰时均采用软刮具，以利于按构件表面的图形刮出圆弧形来，适合刮涂单纯曲面构件。

（3）不同表面刮原子灰的操作

原子灰的刮涂关键在于要仔细地刮出平面，同时尽量避免出现气孔。

平面局部修补原子灰时，一般采用填刮的刮涂方法，如图 5－20 所示。第一步先将原子灰往金属表面上薄薄地抹一层，刮刀上要加一定的力，以提高原子灰与金属表面的附着力；第二步逐渐用原子灰填满修补的凹坑，刮涂时刮刀的倾斜角度，

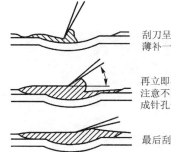

刮刀呈45°～70°站立，全面薄补一次，需用力而且加压

再立即补涂呈35°～45°作业，注意不能混入空气，以免造成针孔气泡

最后刮刀呈35°半平躺修饰作业

图 5－20　局部修补原子灰刮涂法

随作业者的习惯而存差异，通常以 35°～45°为好。要注意原子灰中不要混入空气，否则会产生气孔和开裂；第三步用刮刀轻轻刮平修补表面。如果是曲面，第一和第二步可采用填

刮,第三步应换用橡胶刮刀进行刮涂,以刮出正确的曲面形状。

大面积刮原子灰时,使用宽刮刀比较方便。比如车顶、发动机罩、行李舱盖、车门等,使用宽的刮板,可以提高刮涂速度。

曲面刮涂,应使用橡胶刮刀。如图 5-21 和图 5-22 所示,根据被刮涂面的形状,使用弹性不同的刮刀,可以促使作业合理化。

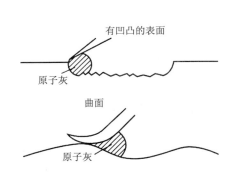

图 5-21 根据刮涂面的形状选用不同弹性的刮刀

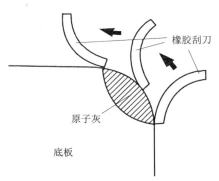

图 5-22 带曲面的刮刀使用方法

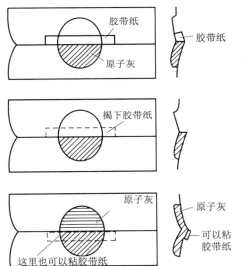

图 5-23 冲压线部位的原子灰修补

对于冲压形成按一定角度交接的两个面,若需在冲压线部位进行刮原子灰修补,其方法如图 5-23 所示。沿着交接线贴上胶带纸遮盖住一侧,刮好另一侧的原子灰;稍隔片刻(约 5 min)待原子灰干了,揭下胶带,再在已刮好的一侧贴上胶带纸遮盖,接着刮涂好余下的一侧。如此进行,可很好地恢复冲压棱线的线形。

冲压线部位的原子灰修补严重,或原来的旧漆膜较厚,一次刮涂填不满时,可以如图 5-24 所示那样,分成 2~3 次刮涂。这种情况下,可以在前一层处于半干的状态下,刮上新的一层。一次刮涂过厚,会形成气孔等问题。

对于较大平面,可以按下述步骤进行原子灰刮涂:

① 如图 5-25 (a) 所示,涂施第一层原子灰时,将原子灰薄薄地施涂在整个表面上。

② 为了最大限度地减少在后续打磨工序中所需要的工作量,施涂第二层原子灰时,边缘不要厚。如果刮刀处于图 5-25 (b) 所示的位置时,用食指向刮刀的顶部施力,以便在顶部涂一薄层。

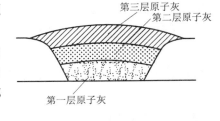

图 5-24 填补较厚时的原子灰刮涂

③ 在下一道施涂原子灰时,如图 5-25 (c) 所示,要与在第二层中覆盖的部分稍有重叠。为了在这一道开始时涂一薄层,要用一点力,将刮刀抵压在工件表面上,然后释放压力,同时滑动刮刀。此外,在施涂结束时,要向刮刀施加一

点力,以便涂一薄层。

④ 重复第③步,如图 5-25 (d) 所示,直到在整个表面上施涂的原子灰达到要求。

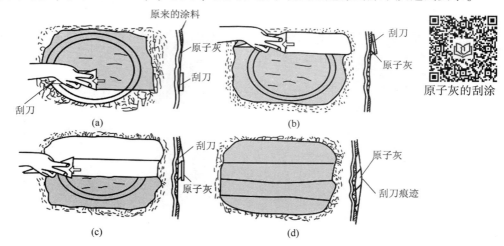

图 5-25　平面施涂原子灰步骤

较大平面刮涂也可采用图 5-26 所示方法,首先将原子灰施涂于待刮涂区域中间,然后用刮刀向四周摊开。

在进行刮涂操作时,一定要注意,各次运刮应有一定的重叠(约 1/3),如图 5-27 所示,以防止出现"刮棱"而影响表面平整度及打磨。

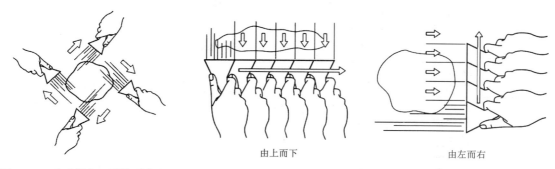

图 5-26　由中间向四周的刮涂方法　　　图 5-27　各次运刮的重叠

无论是大平面,还是局部刮涂原子灰,最后完工后,原子灰的表面一定要比周边的旧漆膜要高,以便在后续的打磨后获得与旧漆膜等高的表面。

在向平面施涂原子灰时,要注意以下事项:

a. 如果刮刀在各道施涂中,仅向一个方向移动,原子灰高点的中心就有所移动。这种情况很难打磨,所以刮刀在最后一道中必须反向移动,以便将原子灰高点移回中心部位。

b. 原子灰必须比原来的表面高。但是,最好只略微高一点,因为如果太高了,在打磨过程中,就要花许多时间和力气来清除多余的原子灰。

c. 原子灰施涂在工件表面上的范围,必须以在磨缘过程中所留下的打磨划痕为限。如果没有打磨划痕,原子灰就粘不牢,日后可能剥落。

d. 施涂原子灰要快,必须在混合以后大约 3 min 以内施涂完。如果花费时间太长,原子灰就可能在该道施涂完成前固化，影响施涂。

e. 原子灰在固化中会产生热。如果遗留在混合板上的原子灰在原子灰施涂工作以后立即放在垃圾筒里，原子灰产生的热可能引燃易燃物品。因此，一定要确认原子灰已经凉透了，才能将之弃置。

（4）刮原子灰时应注意的事项

① 刮涂前被涂装表面必须干透，以防产生气泡或龟裂，若被涂装表面过于光滑，可先用砂纸打磨，以使原子灰与底面结合良好。

② 应在一两个来回中刮平，手法要快要稳，且不可来回拖拉。拖拉刮涂次数太多，原子灰易于拖毛，表面不平不亮，还会将原子灰里的溶剂挤到表面，造成表干内不干，影响性能。

③ 洞眼缝隙之处要用刮刀尖将原子灰挤压填满，但一次不宜刮涂太多太厚，防止干不透。

④ 刮涂时，四周的残余原子灰要及时收刮干净，否则表面留下残余原子灰块，干燥后会增加打磨的工作量。

⑤ 如果需刮涂的原子灰层较厚，要多层刮涂时，每刮一道都要充分干燥，每道原子灰不宜过厚，一般要控制在 0.5~1.0 mm，否则容易收缩开裂或干不透。

⑥ 在板件连接处或对整车外观影响较小处，原子灰的总刮涂厚度（打磨后）不允许超过 3 mm；而在对整车外观影响较大处，特别是车身侧面，原子灰总刮涂厚度（打磨后）不允许超过 1 mm。

⑦ 原子灰刮涂工具用完后，要清理干净再保存。刮刀口及平面应平整无缺口，以保障刮涂原子灰的质量。

⑧ 夏季天气炎热，温度较高，原子灰容易干燥，成品原子灰可用稀料盖在上面，自配的石膏原子灰可用湿布或湿纸盖住。冬季放在暖处，以防结冻，用时可加些清漆和溶剂，但不宜久放。

⑨ 原子灰不能长期存放于敞口的容器中，以免黏合剂变质，溶剂挥发，造成粘挂不住，出现脱落或不易涂刮等问题。

二、原子灰的干燥

新施涂的原子灰会由于其自身的反应热而变热，从而加速固化反应。一般在施涂以后 20~30 min 即可打磨。如果气温低或湿度高，原子灰的内部反应速度降低，则要较长的时间来使原子灰固化。为了加快固化，可以用红外线灯加热。

加热时间的控制请查阅涂料的技术说明。如从"鹦鹉"牌原子灰 839-20/20K 的技术说明（表5-4）中可查到，原子灰 839-20 的干燥时间为：常温（20 ℃），15 min；短波红外线烤灯烘烤，4 min；中波红外线烤灯烘烤，5~10 min。

用红外线烤灯烘烤原子灰的操作方法，请参阅本书"项目二"中底漆干燥部分内容。

注意：在使用红外线灯或干燥机来加热和干燥原子灰时，一定要使原子灰的表面温度控制在 50 ℃以下，以防止原子灰分离或龟裂。如果表面热得不能触摸，则说明温度太高了。

涂层薄的地方的温度，往往比涂层厚的地方低。这种较低的温度会延缓涂层薄的地方的固化反应。因此，一定要检查涂层薄的部分，以确保原子灰的固化状况。

检查原子灰是否完全干燥通常用刮刀在原子灰表面轻划，有轻微的划痕即可。注意重点检查原子灰的周边区域，如图 5-28 所示，因为边缘区域干燥慢（反应热少）。

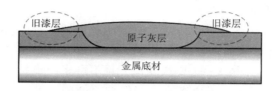

图 5-28　检查原子灰干燥的区域

三、手工干打磨原子灰

腻子的打磨方法

1. 准备工作

① 选择合适的磨料，采用氧化铝磨料的疏式砂纸比较适合干打磨，粒度为 P60。
② 准备好气枪，将气枪连接到压缩空气管道上。
③ 戴好手套和防尘口罩。
④ 裁好砂纸。

2. 粗打磨

打磨时砂纸的递进程序如图 5-29 所示。

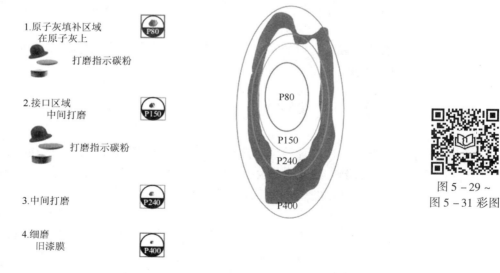

图 5-29　手工干打磨时砂纸的递进程序

① 用 P80 砂纸打磨。只打磨原子灰中部较高的表面，直到整个原子灰表面略高于旧漆

层为止。打磨时注意不能始终按一个方向打磨,即应经常改变打磨方向,以"米"字形交叉打磨可获得较为平滑的表面。

② 换用 P150 砂纸打磨。此次打磨应扩展到整个涂了原子灰的区域。

③ 检查原子灰表面。如果原子灰表面有明显的凹陷等缺陷或整体/局部表面高度不够(低于旧漆膜),则应再次补涂原子灰→干燥→粗打磨,直到确认原子灰表面平整,高度符合要求(比旧漆膜高)。注意再次补涂原子灰前,需清洁表面,因为原子灰表面多孔容易有水或灰尘残留在孔中,如图 5-30 所示。因此打磨以后需要用压缩空气吹去灰尘,才可以再次刮涂原子灰。

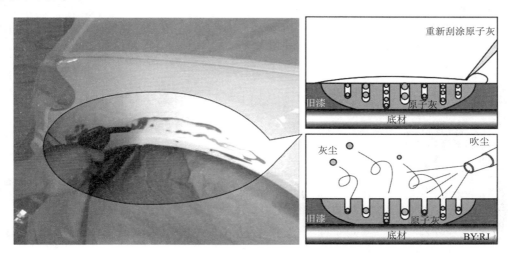

图 5-30 用压缩空气吹净原子灰表面

3. 细打磨

① 施涂打磨指导层。将粉扑按压在粉盒上面,上下摇晃粉盒使粉扑上粘上碳粉,然后用粉扑将碳粉涂抹在原子灰表面,如图 5-31 所示。

图 5-31 涂抹打磨指导碳粉

如果采用自喷罐式指导层漆(如"鹦鹉"牌 581-90),只需将自喷罐充分摇匀后,在原子灰表面薄喷 1~2 层,待其闪干约 5 min 后即可打磨。

如果采用喷涂式指导层漆(如"鹦鹉"牌 581-40,见表 5-3),则需将 581-40 与稀释剂(352-50 或 352-91)以 1:9 体积比配比并搅拌均匀后,选用 HVLP 喷枪(口径 1.7~1.9 mm,喷涂气压 2.0~3.0 bar)或兼容喷枪(口径 1.2~1.4 mm,气压 2 bar),以雾状薄喷一层或刷涂一层,待其闪干后即可进行打磨。

② 用 P240 砂纸整体打磨,区域限制在底处理留下的羽状边以内。此时应重点关注原子灰与旧漆膜交界处,因为此处往往有较深的砂纸痕,必须仔细打磨,如图 5-32 所示。

③ 换用 P400(或 P320)的砂纸整体打磨,如图 5-33 所示。打磨的区域应扩展到旧漆

膜上凡准备喷涂中涂底漆的范围，如图5-34所示。此时还需重点关注原子灰与旧漆膜的交界处，如果此处不打磨平滑，则会在后续的喷涂中涂底漆时，由于砂纸痕内易存留溶剂而产生起泡现象，如图5-35所示。

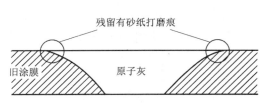

图5-32 交接处的砂纸磨痕

图5-33 打磨原子灰周边的旧漆膜

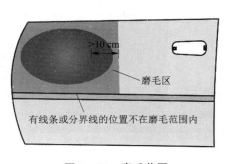

图5-34 磨毛范围

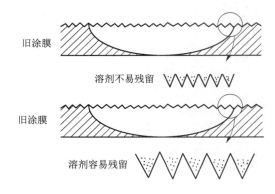

图5-35 砂纸磨痕残留后的影响

④ 清洁表面。用吸尘器吸净表面的灰尘（或用压缩空气吹净）。

四、用干磨机打磨原子灰

手工干打磨原子灰

1. 干磨系统准备

干磨系统准备工作请参阅本书"任务3-3 表面预处理"的相关内容。砂纸的递进程序与手工打磨相同。

打磨机最好选用直行式或往复式，用双作用式也可。

无论什么打磨机，选择好打磨头是提高作业效率的重要因素。其中包括砂纸的装卸应简单容易，安装砂纸的表面应平整，能与漆膜接触良好，硬度要适宜等。

另外，原子灰的技术说明书中，也会有关于打磨机选择的建议，尽量按建议选择。

2. 打磨

握紧打磨机，将打磨机轻压在原子灰层表面，打开开关进行打磨。

打磨时应注意，打磨头的工作面应保持与原子灰表面平行，如图5-36所示。打磨时不能施力过大，应将打磨机轻轻压住，依靠旋转力进行打磨。若施力过大，就不能形成平整表面。打磨机的移动方向应采用米字形打磨。

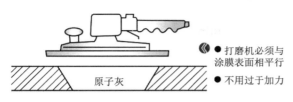

图5-36 打磨机的使用方法

用打磨机打磨原子灰时的操作程序与手工干打磨相似,一般包括以下操作步骤:

① 用P80砂纸打磨。只打磨原子灰区域的中部较厚处,到整个原子灰表面略高于旧漆层为止。

② 换用P150砂纸打磨。此次打磨应扩展到接口区域即底处理留下的羽状边区域。

③ 根据需要补涂原子灰,待原子灰干燥后用P150砂纸手工打磨原子灰表面及羽状边区域。

④ 施涂打磨指导层。

⑤ 换用P240砂纸打磨。此次打磨应扩展至旧漆膜,区域不要太大,按P150打磨区域向外扩约3~5 cm,重点关注原子灰与旧漆膜交界处。

⑥ 换用P400砂纸打磨。此次打磨扩展至旧漆膜,区域为需要喷涂中涂底漆的整个表面。

注意:

a. 无论是手工打磨还是用打磨机打磨,原子灰最终打磨完成后,如果下道工序为喷中涂底漆,则原子灰表面应与周边的旧漆膜等高。

b. 因干磨机的打磨效果不是很好,而且对边角区域打磨困难,故在用干磨机打磨时,常配合手工干打磨,彻底清除细小的凹凸不平及打磨边角区域。通常从第一级砂纸打磨开始,至最后一级砂纸打磨过程中,更换每一级砂纸前,均要用同型号的砂纸进行手工打磨,重点是打磨机打磨不到的地方。

⑦ 清洁车身。最好使用压缩空气吹净打磨灰尘,必要时可配合使用除尘布除尘。

一、准备工作

用干磨机打磨原子灰

1. 考核设备、材料准备

在技能学习工位准备好车身板件(已完成底处理和清洁和除油)、原子灰及其配套的固化剂、原子灰刮涂工具、打磨工具及配套的砂纸、红外线烤灯、工作服、橡胶手套和防尘面罩。

2. 学员劳动保护

① 穿戴好工作服。

② 穿好安全鞋。

③ 戴好棉手套。

二、考核流程

1. 学员工作

两名学员为一小组,在充分学习本任务相关知识与技能的基础上,完成下列工作,并同时完成相应的工单(见本书配套教学资源"实训工单"中的"工单5-1")。

① 刮涂原子灰。
② 干燥原子灰
③ 打磨原子灰。
④ 5S 工作。
⑤ 自我评价。

2. 指导教师工作

学员在进行上述操作过程中,指导教师进行下列工作:
① 向学员讲解安全注意事项,要求学员在实训工单中做记录。
② 观察、指导学员进行相关操作,及时制止可能发生危险的操作。
③ 实操结束后审阅学员完成的工单,并结合其操作情况(工作成果)给出评价。

任务 5-2　中涂底漆的涂装

原子灰表面打磨完成后,通常需要喷涂中涂底漆,如图 5-37 所示,以填平原子灰表面缺陷,为面漆喷涂建立良好的表面质量。但如果在原子灰的表面整体施涂了细原子灰,经打磨平整后检查,表面符合喷涂面漆的需要,可不喷涂中涂底漆。

图 5-37、
图 5-38 彩图

图 5-37　喷涂中涂底漆

对于施涂了底漆的表面,如果无须施涂原子灰,可在其表面直接喷涂中涂底漆,以封闭底层缺陷,并快速建立涂层厚度。

对旧漆膜起细微皱纹的部位,喷涂了中涂底漆,填平凹陷部位,然后经打磨平整后即可喷涂面漆。

当中涂底漆干燥后,即可进行打磨,如图 5-38 所示。

图 5-38 中涂底漆的打磨

由于原子灰表面残留的气孔、划痕、油污以及不正确的喷涂施工方法等,均会在中涂底漆的表面留下缺陷,故在打磨之前,需要对缺陷进行修整(也可在粗打磨中涂底漆后修整)。待修整完成后再进行打磨,为面漆喷涂准备良好的表面。

1. 能够正确描述中涂底漆的功用及选择方法。
2. 能够用正确的方法进行中涂底漆的喷涂操作。
3. 能够用正确的方法进行中涂底漆的干燥。
4. 能够正确进行中涂底漆的修整。
5. 能够正确进行中涂底漆的打磨。
6. 能够正确进行中涂底漆打磨后的质量检查,并对出现的缺陷进行合适的处理。
7. 培养良好的安全、卫生习惯,环保意识与团队协作素养。
8. 能够检查、评价、记录工作结果。

一、中涂底漆的作用

对原子灰层表面的气孔进行填眼灰填平后,由于填眼灰干燥后的收缩,会在表面留下凹凸不平点,如图 5-39 所示。尽管经过手工精打磨操作,但也不能满足喷涂面漆的需要。另外，原子灰表面打磨后，仍会留下细小的划痕，也不适合直接喷涂面漆，此时一般需要喷涂中涂底漆。

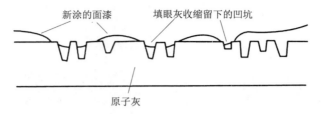

图 5-39　填眼灰收缩时的情形

中涂底漆的主要作用一是填补平整表面，二是防锈保护。作为汽车修理涂装，主要偏重于前者，而且一直是以作业性为中心来选择使用。因此，对于中涂底漆，一直受到重视的是如何提高其厚涂性、干燥性、打磨性、防渗透能力等施工性能，对涂层自身的质量性能要求却居于其次。

但是近来，随着合成纤维素丙烯酸硝基涂料和丙烯酸聚氨酯、聚酯、聚氨酯等各种面漆涂料的使用，出现了更加强调漆膜质量保证的倾向。为此，要求使用打磨性、耐水性优良的原子灰，厚涂性好、不吸水的中涂底漆与之相匹配。

例如起泡问题，当各涂层耐水性不均衡，水分（溶剂）就会集中到耐水性差的部位，使漆膜膨胀起泡。在图 5-40 中，中涂底漆层被夹在耐水性能较好的原子灰层和水难以透过的面漆层之间，因此水分将会聚集在耐水性差的中涂底漆层。

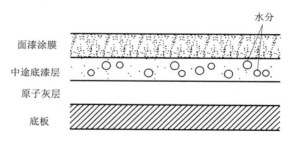

图 5-40　各涂层性能不均衡产生的起泡问题

由此可见，随着对漆膜质量要求的提高，中涂底漆层的耐水性和附着性显得更为重要。尤其是当面漆涂料使用丙烯酸聚氨酯这一类漆膜性能和表面质量好的涂料时，应使用耐水性和附着力高的中涂底漆。

除上述功能之外，中涂底漆还有覆盖作用。有皱纹的旧漆膜，如果直接喷涂面漆，会使旧漆膜溶解，打磨痕会渗到表面，或引起开裂、气孔等质量问题。先喷涂中涂底漆，形成漆膜层，可以抑制面漆溶剂向旧漆膜的渗透，防止质量事故的出现。另外，如果待中涂底漆漆膜硬化后再喷面漆，防止溶剂的渗透效果会更好。

由于上述原因，在国外汽车修理业，双组分的聚氨酯类中涂底漆很受欢迎。

二、中涂底漆的选择

目前使用的中涂底漆有硝基中涂底漆（1K 型）、丙烯酸中涂底漆（1K 型）和聚氨酯中涂底漆（2K 型）。常用中涂底漆的特点对比，见表 5-5。

表 5-5 常用中涂底漆的特点对比

性能	丙烯酸中涂底漆（1K）	聚氨酯中涂底漆（2K）	硝基中涂底漆（1K）
附着力	○	◎	×
填充性	○	◎	#
隔离性	○	◎	×
抗水性	#	◎	×
干燥性	○	#	◎
打磨性	◎	○	◎
防吸收性	#	◎	×
配合面漆颜色	#	◎	×

◎：优越 O：良好 #一般 ×：不良

随着面漆种类的不同，与之配套使用的中涂底漆也应不同。中涂底漆的合理选用，是避免涂装出现质量问题的关键。

当旧漆膜是烤漆涂料或丙烯酸聚氨酯涂料时，选用硝基类中涂底漆也问题不大，但要注意其质量、层间黏着力和耐水性一定要满足要求。

当旧漆膜是改性丙烯酸或合成纤维素丙烯酸硝基漆时，以采用聚氨酯类中涂底漆为宜。这种中涂底漆，漆膜性能好，覆盖效果好，即使旧漆膜有轻微缺陷，也不易出质量问题。但应注意，这种中涂底漆不适宜用于局部修补，因为局部喷涂了聚氨酯类中涂底漆后，再喷涂面漆，往往会在补修原子灰与旧漆膜的边缘交接处出现起皱现象，故这种中涂底漆只适宜对旧漆膜或原子灰的整块覆盖。

厚涂型合成树脂中涂底漆的漆膜性能比不上聚氨酯中涂底漆，但由于其所使用的溶剂溶解力较弱，不会侵蚀底漆，干燥速度也比较快，因而常常被采用。对这种中涂底漆，重点应检查其层间黏着力和耐起泡性。

硝基类和丙烯酸类中涂底漆，通常若耐起泡性和层间黏着力好，则覆盖效果差；反之若覆盖效果好，则前两种性能差。因此有必要检查其溶剂挥发性能、覆盖效果、耐水性、丰满度、施工性能等。

在全涂装、原子灰涂装面积宽的场合以及当旧漆膜起皱时，使用聚氨酯类中涂底漆效果最好。除此之外，从作业性方面考虑，厚涂型合成树脂中涂底漆也很方便。这些中涂底漆的使用方法，有时随厂家不同而有若干差异，故应注意不要弄错。若需对中涂底漆进行稀释时，应使用指定的专用稀释剂，否则会影响性能。

有的聚氨酯中涂底漆被称为无须打磨型中涂底漆，但实际上随着中涂底漆层的不断硬化，层间黏着力往往会下降，为提高层间黏着力，仍需轻轻打磨，在表面留下打磨痕，以提高与面漆层的黏着力。

实际施工中，只要购买了质量合格的涂装产品，则均能满足上述性能要求。表 5-6 所示为"鹦鹉"牌系列中涂底漆与板件材料的适用性说明。从表 5-6 中可以看出，中涂底漆是不能直接施涂在板件表面上的，必须经过适当的处理后使用（如喷涂填充底漆）。因而实际工作中，选择中涂底漆重点关注的是中涂底漆与底漆的搭配。不同涂料生产商的产品，搭配情况是不同的。"鹦鹉"系列中涂底漆与底漆的搭配，见表 5-7。从表 5-7 中可以看出，除水性底漆外，系列中涂底漆与底漆基本上均能相互搭配。

表 5-6 "鹦鹉"牌系列中涂底漆与底材的适用性

		钢材	镀锌钢板	铝镁	有电泳底漆的原厂件	旧涂层
中涂底漆	285-0 VOC 鹦鹉®高浓透明中涂底漆VOC				❶	❶
	285-31 VOC 鹦鹉®高浓免磨中涂底漆(VOC)	❶	❶	❶	❶	❶
	285-38 VOC 鹦鹉®高浓免磨中涂底漆,白色	❶	❶	❶	❶	❶
	285-49 VOC 鹦鹉®高浓免磨中涂底漆,黑色	❶	❶	❶	❶	❶
	285-95 VOC 鹦鹉®高浓可调中涂底漆	❸	❸	❸	❸	❸
	285-100 VOC 鹦鹉®快干中涂底漆	❶	❶	❶	❶	❶

☐ 不适用

● 可以直接使用，甚至在裸露的金属表面也可使用

❶ 在打磨至裸露金属/或裸露金属表面时，使用鹦鹉® 283-150 VOC磷化填充底漆或鹦鹉® 285-16 VOC高浓热固填充底漆

❷ 在打磨至裸露金属/或裸露金属表面时，使用鹦鹉® 70-2双组分水性底漆或鹦鹉® 285-16 VOC高浓热固底漆

❸ 在打磨至裸露金属/或裸露金属表面时，使用鹦鹉® 285-16 VOC高浓热固底漆

当接下来准备喷涂的面漆采用聚氨酯涂料时，中涂底漆也应采用聚氨酯类。如图 5-41 所示，当面漆采用聚氨酯涂料而中涂底漆采用硝基涂料时，漆膜形成就会不完全，引起起泡和开裂。另外，以双组分丙烯酸聚氨酯硝基漆作为面漆时，也以聚氨酯类中涂底漆为好。

下列场合尤其应使用聚氨酯中涂底漆：全涂装（尤其是静电涂装）、车顶和行李舱等大面积涂装、旧漆膜为硝基漆的涂装等。

表 5-7 "鹦鹉"系列中涂底漆与底漆的搭配

		70-2 VOC	283-150 VOC	285-16 VOC	801-72 VOC
中涂底漆	285-0 VOC 鹦鹉®透明底漆		●	●	●
	285-31 VOC 鹦鹉®高浓免磨中涂		●	●	●
	285-38 VOC 鹦鹉®高浓免磨中涂白色		●	●	●
	285-49 VOC 鹦鹉®高浓免磨中涂黑色		●	●	●
	285-95 VOC 鹦鹉®高浓可调色中涂			●	●
	285-100 VOC 鹦鹉®快干中涂		●	●	●

□ 不适用

● 适合的底漆/填充底漆/中涂底漆搭配

注：表中70-2 VOC为"鹦鹉"牌双组分水性底漆；283-150 VOC为"鹦鹉"牌磷化填充底漆；285-16 VOC为"鹦鹉"牌高浓热固填充底漆；801-72VOC为"鹦鹉"牌环氧填充底漆。

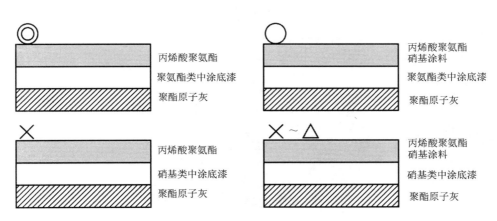

◎ - 良好；○ - 较好；△ - 一般；× - 不好

图 5-41 面漆涂料与中涂底漆涂料的组合

三、中涂底漆的涂装程序

中涂底漆的涂装程序如图 5-42 所示。

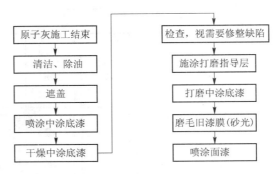

图 5-42 中涂底漆的涂装程序

任务实施

一、劳动安全与卫生

中涂底漆调配

中涂底漆施工时的劳动保护与安全卫生注意事项与底漆施工相同。

二、准备工作

① 先用压缩空气清除表面粉尘。
② 若进行过湿打磨,应做去湿处理,使被喷涂表面干燥。
③ 对于不需喷涂的部位,可按图 5-43 所示的方式覆盖,重点应注意喷涂时可能产生飞溅的部位。

中涂底漆的遮蔽及清洁除油方法

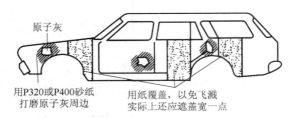

图 5-43 喷涂中涂底漆前的遮盖与打磨

注意:对于局部遮盖,一定要使用反向遮盖法,以使喷涂的中涂底漆有渐进的过渡,如图 5-44 所示。

④ 除尘与除油。
a. 用除尘布将需喷涂表面进行一次细致的除尘。
b. 用脱脂剂进行脱脂处理。
⑤ 调制中涂底漆。
a. 因准备涂装中涂底漆的表面为原子灰,之后要进行打磨以获得更为平滑的表面,故在"鹦鹉"牌系列中涂底漆中,选择快速中涂底漆(285-100 VOC),其技术说明见表 5-8。

图 5-44 彩图

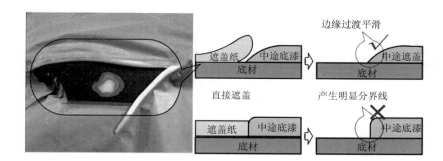

图 5-44 反向遮盖法的应用

表 5-8 "鹦鹉"牌快速中涂底漆（285-100 VOC）技术说明

应用：打磨中涂漆（3层涂装系统）；湿对湿中涂，塑料件涂装的填充底漆；图案喷涂的附着力增强剂；TPA 修补时，整个板的填充底漆。

特性：良好的填充性、抗溶剂性和附着力；快干；最终漆膜完美。

注意：针对磨穿区域，要先喷涂鹦鹉® 283-150 VOC 磷化底漆（以1:1的比例混合 352-228，再加 30% 352 系列溶剂中的一种）。

最低常温干燥温度：15 ℃，当作为表面图案喷涂层下的黏附层或用于热塑性旧漆膜（TPA）表面时，仅喷涂薄层，并且给予较长的闪干时间。

	应用	快速打磨中涂	
	涂装工艺系统		
		可喷涂面积：375 m²/L 在 1 μm	
	混合比例	4:1:1 100% 体积比 285-100 VOC	
	固化剂	25% 体积比 929-56/55	
	稀释剂	25% 体积比 325-91	
	喷涂黏度 DIN 4 在 20 ℃	18~21 s 活化时间（20 ℃）：2 h	
	重力喷枪 喷涂气压	HVLP 喷枪：1.7~1.9 mm 2.0~3.0 bar（30~45 psi）/ 0.7 bar（10psi）在喷嘴处	兼容喷枪：1.6~1.8 mm 2.0 bar

续表

	应用	快速打磨中涂
	喷涂层数	2　　　　　膜厚：50 μm
	干燥　　20 ℃ 　　　　60 ℃ 红外线　（短波） 　　　　（中波）	2 h 30 min 8 min 10~15 min
	打磨	P800

b. 确定中涂底漆用量。根据涂料技术说明的参考数据来确定。"鹦鹉"牌快速中涂底漆（285-100 VOC）的技术说明表中可以查得，该中涂底漆的可喷涂面积效率为当膜厚为 1 μm 时，375 m²/L；喷涂层数为 2 层，总膜厚为 50 μm。然后根据需喷涂面积的大小（估算），及喷涂的总膜厚即可估算出漆的用量。

c. 根据涂料说明书建议的各成分比例（主剂、固化剂和稀释剂），利用调漆比例尺进行涂料的调制，视需要进行黏度测试。中涂底漆的喷涂黏度随厂家而异。采用 4 号福特杯时，硝基类中涂底漆 16~20 s，丙烯酸类中涂底漆 13~15 s 为宜。聚氨酯中涂底漆适宜于喷涂的黏度，一般为 16~18 s，但随厂家不同有所差异，应注意使用说明书要求。从表 5-8 中可以看出，"鹦鹉"牌快速中涂底漆（285-100 VOC）的调制比例（体积比）为 4:1:1，即中涂底漆（285-100 VOC）：固化剂（929-56/55）：稀释剂（352-91）= 4:1:1。黏度在常温下为 18~21 s。

⑥ 选择合适的喷枪。硝基类和丙烯酸类中涂底漆（1K 漆）选用的喷枪口径一般在 1.3~1.8 mm，采用虹吸式和重力式都可以。聚氨酯为中涂底漆所用喷枪若是重力式，喷孔直径为 1~3 mm，若是虹吸式则为 1.5~1.8 mm。具体要求还需查阅涂料的产品说明书。从表 5-8 中可以查到，喷涂"鹦鹉"牌中涂底漆（285-100 VOC）选用重力式喷枪，用 HVLP 喷枪时，口径为 1.7~1.9 mm；用兼容喷枪时，口径为 1.6~1.8 mm。

⑦ 将调好黏度的中涂底漆充分搅拌后通过漏斗过滤后装入喷枪涂料杯内。

三、中涂底漆的喷涂

中涂底漆喷涂

中涂底漆涂料种类不同，其作业方式也有一定差异。同一种中涂底漆也可以有两种施工工艺，图 5-45 所示为"鹦鹉"牌 2K 型中涂底漆的两种不同的施工工艺及其作用差异。在本任务中，选择研磨型喷涂工艺。

1. 调整喷枪

① 根据涂料的产品说明书调整喷枪的气压。从表 5-8 中可以查到，喷涂"鹦鹉"牌中涂底漆（285-100 VOC）选用重力式喷枪，用 HVLP 喷枪时，气压 2.0~3.0 bar；用兼容喷

枪时，气压为 2.0 bar。

② 根据喷涂面积调整喷幅大小。

③ 调整漆流量（最好做喷幅测试）。

2. 喷涂

① 按正确的喷涂要领（喷涂距离、走枪速度、扳机控制、各走枪行程重叠比例等），先在原子灰与旧漆膜边缘交接部位薄薄地喷涂，使旧漆膜与原子灰的交界面融合，如图 5-46 所示。

② 待其稍干之后，接着给整个原子灰表面薄喷一层，喷涂后形成的表面应平整光滑。

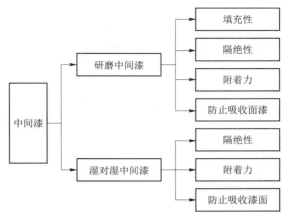

图 5-45　"鹦鹉"牌 2K 型中涂底漆的两种施工工艺

③ 取适当的时间间隔，分几次薄喷，一般要喷 3~4 层，注意每层之间需留出足够的闪干时间（一般为 5 min）。

中涂底漆的喷涂面积如图 5-47 所示，应比修补的原子灰面积宽，而且要达到一定程度。喷第二遍比第一遍宽，第三遍比第二遍宽，逐渐加大喷涂面积。

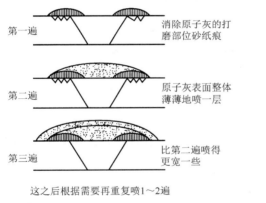

图 5-46　中涂底漆喷涂顺序

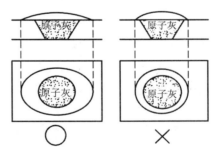

图 5-47　中涂底漆喷涂面积

如图 5-48 所示，相邻的几小块原子灰修补块，可先分别预喷两遍，然后再整体喷涂 2~3 次，连成一大块，这样处理，可以取得良好的效果。这种场合也不宜一次喷得过厚，而且应取适当的时间间隔，分几次喷涂。

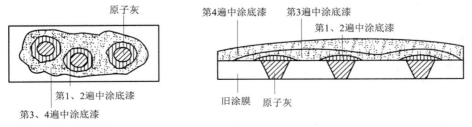

图 5-48　相邻原子灰修补块的中涂底漆喷涂

当旧漆膜是改性丙烯酸硝基漆等易溶性涂料时，对黏度和喷涂时间间隔应十分注意。若采用硝基类中涂底漆，黏度应取 18～20 s，要反复薄薄地喷涂，以免喷涂后表面显得粗糙。如果用丙烯酸类中涂底漆，黏度可取 14～15 s。

聚氨酯中涂底漆的喷涂方法与硝基类中涂底漆一样，但聚氨酯中涂底漆每道形成的漆膜较厚，一般喷两遍就够了。若需更厚可喷三遍，比如旧漆膜剥离后的表面，如果直接喷涂中涂底漆，就需喷涂三次。

当旧漆膜是硝基类涂料时，如果只在修补了原子灰的部分喷涂聚氨酯中涂底漆的话，则在中涂底漆与硝基旧漆膜的交界处，在喷涂了面漆之后，往往会起皱。为防止这一点，应在整块板上全部喷涂聚氨酯中涂底漆。如图 5-49 所示，应先在补原子灰处薄薄地喷一层，然后整体喷涂两遍。

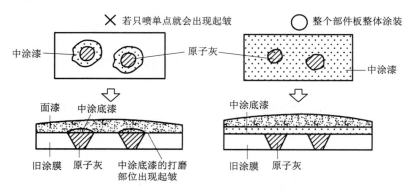

图 5-49 旧漆膜为硝基漆时应整体喷涂中涂底漆

3. 中涂底漆喷涂注意事项

（1）中涂底漆一次不能喷涂太厚

分几次喷涂表面看起来更花时间，实际上，喷涂二道涂料时，边喷边用吹风机加快溶剂的挥发，比一次厚厚地喷涂干燥速度快，作业效率也高。其原因是若漆膜厚，溶剂会滞留在漆膜内难以挥发。如前所述，溶剂的挥发速度，与膜厚的二次方成反比。比如将分三次涂装的膜厚一次喷涂，则挥发速度反而大大减慢，打磨和修补将无法进行，最终结果是作业速度下降。

如果一次喷涂过厚，使溶剂残留在漆膜内难以挥发，如图 5-50 所示，原子灰边缘的旧漆膜会被浸润膨胀，在喷涂了面漆之后就会起皱，所以中涂底漆切忌一次喷涂过厚。就是所谓厚涂型中涂底漆，也并不是指一次喷涂就很厚，而是分几次喷涂，最终形成的中涂底漆涂层较厚。

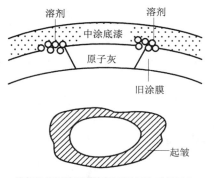

溶剂侵蚀旧涂膜，而原子灰部位已经硬化，故在原子灰边缘出现起皱

图 5-50 原子灰边缘起皱的原因

（2）寒冷季节和雨天喷涂中涂底漆的注意事项

当气温低和湿度大的时候，应采用红外线灯管或热风加热器，将涂装面加热到 25 ℃左

右，以除去湿气。喷涂的中涂底漆黏度取 18~20 s 为宜，其他做法基本不变。加热干燥时，不能突然提高温度，而要渐渐加热，否则易产生大量的气孔。

四、中涂底漆的干燥

① 中涂底漆喷涂完后，闪干 10~15 min 后，即可拆除遮盖纸。

② 若采用常温干燥，则关好喷漆间的门，关闭相关电源即可。从表 5-8 中可查到，"鹦鹉"牌中涂底漆（285-100 VOC）的常温（20 ℃）干燥时间为 2 h。

③ 若采用烤房烘烤干燥，则应先关闭喷漆开关，根据涂料产品说明书的规定，调好烘烤温度和时间，启动"烘烤"按钮，关好喷漆间的门即可。从表 5-8 中可查到，"鹦鹉"牌中涂底漆（285-100 VOC）的烘烤干燥温度为 60 ℃，时间为 30 min。

④ 若采用红外线烤灯烘烤（如图 5-51 所示），操作方法须参阅烤灯的说明书。从表 5-8 中可查到，"鹦鹉"牌中涂底漆（285-100 VOC）采用短波红外线灯烘烤时，时间为 8 min；使用中波红外线灯烘烤时，时间为 10~15 min。

图 5-51 彩图

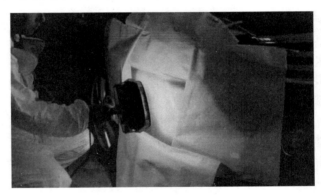

图 5-51 中涂底漆的烘烤干燥

如果干燥不充分，不仅打磨时涂料会填满砂纸，使作业难以进行，而且喷涂面漆之后，往往出现漆膜缺陷。

五、中涂底漆喷涂效果检查

中涂底漆喷涂干燥后，应达到下列要求：
① 涂层丰满，达到规定厚度。
② 橘皮纹理均匀，能将所有缺陷部位完全遮盖，边缘过渡平顺、无明显凸台。
③ 无明显流挂产生，流挂高度不超过 1 mm，长度不超过 10 mm。
④ 无咬底、油点等漆膜缺陷。
⑤ 车身其他部位保护良好，无漆雾附着。
如果不能达到上述要求，视情况进行修整。

六、中涂底漆涂层的打磨

中涂底漆打磨

1. 干打磨

（1）手工干打磨

用手工打磨块干打磨时，也应使用软磨头或橡胶块。先用 P240 砂纸，将凸出部分磨平，然后用 P400 或 P600 砂纸将整个表面打磨平整（包括需喷涂面漆的旧漆膜）。

注：目前，涂料制造商基本不建议手工干打磨中涂底漆。

（2）干磨机打磨

采用双动式和往复式打磨机均可，开始所用砂纸粒度以 P240～P280 为宜。往复式打磨机打磨比双动式速度慢，但操作比较简单。

干打磨时，先用 P240 砂纸将凸起部位打磨平，随后用 P320 砂纸整体打磨，最后用 P400 砂纸整体打磨（包括需喷涂面漆的旧漆膜）。不同的涂料，要求的打磨砂纸粒度有所不同。由"鹦鹉"牌中涂底漆（285-100 VOC）的技术说明可知，采用干磨机打磨时，应选用 P400 砂纸。但这并不是开始就必须使用 P400 砂纸，而是可以先用 P240 或 P320 砂纸，然后逐步过渡至 P400。

不论使用哪种打磨机打磨，都不应该用太大的力压在漆膜上，只能稍用点力沿着车身表面移动。用力过大，砂纸磨痕就会过深。

打磨时应注意不能只打磨喷涂了中涂底漆料的部位，旧漆膜及其与中涂底漆的交界区域也应进行打磨。

打磨过程中可配合使用炭粉作为打磨指导，以便获得良好的打磨效果。

干打磨结束后，拆去遮盖，用吹风机进行清洁。也可用黏性抹布擦拭打磨表面。

2. 湿打磨

湿打磨一般采用 P320～P600 耐水砂纸。当面漆为金属闪光涂料时，可以用 P400 砂纸；如果面漆是硝基涂料时，要用 P600 砂纸，若用 P400，漆膜表面往往会有较深的砂纸磨痕。

当面漆为素色时，可以用 P320 砂纸，但如果是素色硝基涂料，应用 P400 以上砂纸打磨。

从"鹦鹉"牌中涂底漆（285-100 VOC）的技术说明可知，采用手工水磨时，应选用 P800 的砂纸。

打磨时使用的垫块应柔软。手工打磨时应避免手指接触被打磨表面。打磨要仔细，不能有遗漏。

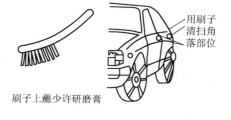

刷子上蘸少许研磨膏

图 5-52 边缘部位的清扫打磨

打磨结束后，如图 5-52 所示，对玻璃滑槽缝隙、门把手、玻璃四周等边缘部位，要用刷子沾上研磨膏进行打磨，清除残余的污物，也可以使用 P2000 美容砂纸打磨。

现在许多涂料生产商制造了免磨中涂底漆，这类型的中涂底漆喷涂完后，表面非常平整光滑，因此无须进行打磨，如"鹦鹉"牌 285-31 VOC、285-38 VOC 和 285-49 VOC，均为免打磨型中涂底漆，"鹦鹉"牌高浓免磨中涂底漆（285-31 VOC）的技术说明，见表5-9。但如果表面有灰点等喷涂缺陷，还是用细砂纸（可选用P800）打磨下，表面效果会更好。

表5-9 "鹦鹉"高浓免磨中涂底漆（285-31 VOC）技术说明

应用：经济型修补的湿喷湿中涂底漆。

特性：无须打磨，无须强制干燥；漆膜丰满；喷涂性能可靠，有较好的耐候性。

注意：■在喷涂该中涂底漆前，要对腻子整平处用P320（干磨）细磨，并使用581-90指导层。

　　　■使用鹦鹉® 283-I50磷化底漆喷涂于磨穿处，然后再喷涂此底漆。

	涂装工艺系统	S4	
		可喷涂面积效率：331 m²/L（1 μm）	
	混合比例	3:1:1 100%体积比 285-31	
	固化剂	33%体积比 929-56/55	
	稀释剂	30%体积比 352-91/216	
	喷涂黏度 DIN 4（20℃）	16~18 s　　活化时间（20℃）：2 h	
	重力喷枪 喷涂气压	HVLP喷枪：1.2~1.3 mm 2.0~3.0 bar（30~45 psi）/ 0.7 bar（10 psi）在喷嘴处	兼容喷枪：1.2~1.4 mm 2.0 bar
	喷涂层数	2（先喷一层原子灰于整平处，再喷涂于整个需要喷涂的区域） 膜厚：20~35 μm	
	闪干时间　（20℃）	10 min　　纯色面漆/15~20 min，底色漆（闪干至亚光）	

七、收尾工作

若采用的是湿打磨，就要用清水冲洗干净打磨部位，然后用红外线烤灯和热风加热器等将表面除湿干燥。

若采用的是干打磨，应用吸尘器将打磨粉尘彻底清除干净。如果是局部补修涂装，周围的旧漆膜，要用粗颗粒的研磨膏进行研磨，以彻底清除污物和油分。

最后应仔细检查漆膜表面，不能遗漏未经打磨的部位，如果有，再用 P400～P600 砂纸打磨。

八、中涂底漆施工质量检查

中涂底漆的涂装

中涂底漆施工结束后，应达到下列要求：

① 打磨彻底。对于整板喷涂，打磨露底范围要控制在 20 mm×20 mm 范围内，并且露底情况不明显。

② 打磨后表面光滑，无橘皮纹。

③ 所有需要喷涂的部位都要打磨到，不能有遗漏，尤其是窗口装饰条、板件边缘等部位更要打磨到。

技能考核

一、准备工作

1. 考核设备、材料准备

在技能学习工位准备好车身板件（已完成原子灰打磨）、遮盖材料、除尘与除油材料、涂料调制工具、压缩空气喷涂系统、喷枪、打磨工具及配套的砂纸、红外线烤灯、喷枪清洗工、涂装安全工作服、橡胶手套、棉手套和防毒面罩。

2. 学员劳动保护

① 穿戴好喷漆工作服。

② 穿好安全鞋。

③ 必要时戴好防毒面罩和胶手套。

二、考核流程

1. 学员工作

两名学员为一小组，在充分学习本任务相关知识与技能的基础上，完成下列工作，并同时完成相应的工单（见本书配套教学资源"实训工单"中的"工单 5-2"）。

① 遮盖。

② 除尘与除油。

③ 调制中涂底漆。

④ 喷涂中涂底漆。

⑤ 干燥中涂底漆。

⑥ 打磨中涂底漆。

⑦ 5S 工作。

⑧ 自我评价。

2. 指导教师工作

学员在进行上述操作过程中，指导教师进行下列工作：

① 向学员讲解安全注意事项，要求学员在实训工单中做记录。

② 观察、指导学员进行相关操作，及时制止可能发生危险的操作。

③ 实操结束后审阅学员完成的工单，并结合其操作情况（工作成果）给出评价。

项目六
面漆的涂装

任务 6–1 面漆的整车（整板）喷涂

当中涂底漆打磨完成后，进行必要的除油清洁及遮盖即可以进行面漆的喷涂，如图 6–1 所示。在此之前确认面漆的调色已经完成。

图 6–1 彩图

图 6–1 喷涂面漆

因面漆是整个涂层的最表层，因而对其喷涂质量要求最高，以达到要求的涂层厚度、光泽和色彩。喷涂面漆是一项技术性很强的工作，需要喷漆技师有良好的喷涂技术和丰富的喷涂经验。

1. 能够正确描述面漆喷涂常用的手法。
2. 能够正确进行素色面漆的整车（整板）喷涂。
3. 能够正确进行金属色面漆的整车（整板）喷涂。

4. 培养良好的安全、卫生习惯，环保意识及团队协作素养。
5. 能够检查、评价、记录工作结果。

一、面漆喷涂的常用手法

（1）干喷

干喷指喷涂时选择的溶剂要快干，气压较大，出漆量较小，温度较高等，喷涂后漆面较干。

（2）湿喷

湿喷指喷涂时选择的溶剂要慢干，气压较小，出漆量较大，温度较低等，喷涂后漆面较湿。

（3）湿碰湿

湿碰湿就是不等上道漆中溶剂挥发完全就继续喷涂下一道漆。

（4）虚枪喷涂

在喷涂色漆后，将大量溶剂或固体成分调得极低的涂料喷涂在面漆上的操作称为虚枪喷涂。在汽车修补中有两种类型虚枪喷涂法：

① 在热塑性丙烯酸面漆上喷虚枪，用来对新喷涂的修补漆与原来的旧漆之间润色，使汽车表面经过修补后看不出修补的痕迹。

② 在新喷涂的丙烯酸或醇酸磁漆上喷虚枪，用来提高其光泽，有时也用来在斑点修补时润色。

（5）雾化喷涂

俗称飞雾法喷涂，又叫飞漆，一般用于金属漆的施工。金属漆与素色漆喷涂方式方法大不相同，金属漆由于含有有金属颗粒，有的由云母、铝粉等制成，比重大。雾化喷涂是指喷金属漆时，用飞雾法喷涂，以获得需要的效果。

（6）带状涂装

当喷涂某个基材表面的边缘时采用此法。此时应将喷枪喷幅调得相对窄一些，一般调整到大约 10 cm 宽。此时喷出的雾束比较集中，呈带状覆盖。这样可以达到减少过喷、节约原材料的目的。

二、面漆的喷涂工艺程序

面漆分为单工序面漆（素色漆）和双工序面漆（金属漆，有时素色漆也有双工序）两种，其喷涂工序各不相同，如图 6-2 所示。

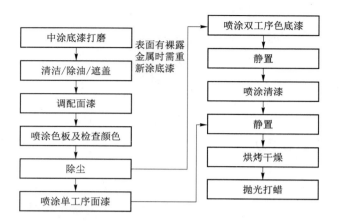

面漆涂装过程

图 6-2 面漆的喷涂工艺

一、准备工作

1. 劳动安全与卫生

面漆喷涂施工的劳动保护与安全注意事项同底漆喷涂。

2. 板件的准备

对于已经打磨完中涂底漆的板块,通常要进行下列准备工作:

① 用吸尘器或气枪对需喷涂表面进行除尘处理。

② 整板喷涂时,根据所喷涂的板件特点及需喷涂的面积确定遮盖的位置。取合适的遮盖纸进行遮盖。

③ 用粘尘布对待喷涂表面进行除尘处理。

④ 用擦拭纸浸除油剂对表面进行除油处理。

3. 喷涂前的检查

在开始喷涂作业之前,下列工作一定要做:一是检查全身车身外表有无覆盖遗漏之处;二是检查有无打磨作业和清洁作业没有进行完备之处;三是检查喷枪和干燥设备有无异常。

4. 个人卫生

检查完毕之后,用肥皂清洗手上的油污,穿上防尘服,再用压缩空气清除黏附在衣服上的灰尘。

5. 面漆准备

(1) 解读涂料技术说明

喷涂汽车修补面漆前,应详细解读其使用说明,以便充分了解其喷涂的技术要求。"鹦鹉"牌 22 系列素色汽车修补面漆技术说明,见表 6-1。

表6-1 德国"鹦鹉"牌22系列素色汽车修补面漆技术说明

原 料	工 艺 数 据		
油漆22-系列素色面漆 固化剂 929-71 快速 　　　 929-73 一般 　　　 929-74 慢速 稀释剂 352-50 快速 　　　 352-91 一般 　　　 352-216 慢速 可以选用的添加剂： 　柔软添加剂 522-111 　减光剂 522-300 　纹理添加剂 5231-40 　刷涂添加剂 521-78 　防硅油添加剂 580-100	混合比例2:1:0.1		
	油漆	100份22系列系色面漆	
	固化剂	50份 929-71/73/74	
	稀释剂	10份 352-91/50/216	
	活化寿命/20 ℃	2~3 h	
	喷涂黏度/DIN4/20 ℃	20~22 s	
	喷枪口径/重力式	HVLP：1.2~1.3 mm	兼容：1.3~1.4 mm
	喷枪口径/虹吸式	HVLP：1.8 mm	兼容：1.7 mm
	喷涂气压	HVLP：2.0~3.0 bar	兼容：2.0 bar
	喷涂道数	2	
	间隔时间/20 ℃	层间，至少5 min	
	膜厚	50~70 μm	
	刷涂	按4:1与929-13混合，并且添加5%的521-78	
	不同固化剂干燥	929-71	929-73	929-74
	干燥/20 ℃	6 h	8 h	10 h
	干燥/60 ℃	20 min	30 min	35 min
	红外线/短波	7 min	7 min	7 min
	红外线/中波	10 min	10 min	10 min

"鹦鹉"牌55系列金属色汽车修补面漆技术说明，见表6-2。"鹦鹉"牌923系列汽车修补罩光清漆技术说明，见表6-3。

表6-2 "鹦鹉"牌55系列金属色汽车修补面漆技术说明

原 料	工 艺 数 据		
油漆55-系列金属色面漆 稀释剂 352-50 快速 　　　 352-91 一般 　　　 352-216 慢速	混合比例2:1		
	油漆	100份55系列金属色面漆	
	稀释剂	50份 352-91/50/216	
	活化寿命/20 ℃	混合后在48 h内用完	
	喷涂黏度/DIN4/20 ℃	18~22 s	
	喷枪口径/重力式	HVLP：1.2~1.3 mm	兼容：1.3~1.4 mm
	喷枪口径/虹吸式	HVLP：1.8 mm	兼容：1.7 mm
	喷涂气压	HVLP：2.0~3.0 bar	兼容：2.0 bar
	喷涂道数	2~2.5	
	间隔时间/20 ℃	间隔10 min，至表面暗淡	
	膜厚	15~20 μm	
	备注：要遵守喷涂涂层的间隔时间，喷涂第一道湿的涂层后，间隔时间至漆膜亚光后，再喷涂第二层漆。 金属色漆表面要喷涂清漆：923-255或923-155或923-57		

表6-3 "鹦鹉"牌923系列汽车修补罩光清漆技术说明

原 料	工 艺 数 据		
高浓度清漆 923-255 中浓度清漆 923-155 柔软亚光清漆 923-57 固化剂 929-71 快速 　　　　929-73 一般 　　　　929-74 慢速 稀释剂 352-50 快速 　　　　352-91 一般 　　　　352-216 慢速 清漆用于2涂层喷漆作业, 湿碰湿工艺 923-57适用于保险杠等喷涂,不能加添加柔软剂	混合比例2:1:0.1		
	油漆	100份22系列素色面漆	
	固化剂	50份 929-71/73/74	
	稀释剂	10份 352-91/50/216	
	活化寿命/20 ℃	3～4 h	
	喷涂黏度/DIN4/20 ℃	16～20 s	
	喷枪口径/重力式	HVLP：1.2～1.3 mm	兼容：1.3～1.4 mm
	喷枪口径/虹吸式	HVLP：1.8 mm	兼容：1.7 mm
	喷涂气压	HVLP：2.0～3.0 bar	兼容：2.0 bar
	喷涂道数	2	
	间隔时间/20 ℃	层间闪干3～5 min	
	膜厚	50～70 μm	
	不同固化剂干燥	929-71	929-73	929-74
	干燥/20 ℃	1 h	2 h	3 h
	干燥/60 ℃	20 min	30 min	35 min
	红外线/短波	7 min	7 min	7 min
	红外线/中波	10 min	10 min	10 min

(2) 调制面漆

将色浆按所需要的量取出,加入固化和稀释剂调整好黏度。通常的做法是将主剂和固化剂调配好之后,再加入稀释剂调整黏度。但用习惯之后,也可以先用稀释剂稀释主剂,过滤好,注入喷枪的喷漆罐中,再加入适量的固化剂搅拌均匀。这种情况下,如图6-3所示,只要记住主剂的用量,然后按1:4的比例加入固化剂即可。这样做的好处是,可以真正做到用多少调多少,避免浪费。

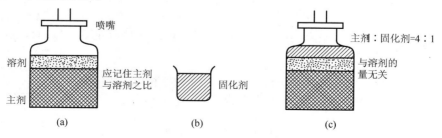

图6-3 适用双组分型涂料避免浪费的方法

涂料黏度并非常量，随温度而发生变化。即同一种涂料，冬季比夏季显得稠。黏度越高的涂料，随温度而变化的特征越明显，因此，即使加入相同量的稀释剂，夏季的黏度为 13~14 s，冬季的黏度就为 20 s 左右。

从根本上讲，同一种涂料应以相同的稀释率涂装，比如夏季气温为 30 ℃，以黏度 14 s 进行涂装，到了冬季，气温为 5 ℃时，就应以黏度 20 s 进行涂装，所以应养成根据气温改变喷涂黏度的习惯。

从前述表 6-1 中可以查到，调制"鹦鹉"牌 22 系列素色汽车修补面漆时，将调好色的涂料（色浆，下同）与固化剂（929 系列）和稀释剂（352 系列）按 2:1:0.1 的比例（体积比）配比。

从表 6-2 可以查到，调制"鹦鹉"牌 55 系列汽车修补面漆时，将色浆与稀释剂（352 系列）按 2:1 的比例（体积比）配比。从表 6-3 可知，调制"鹦鹉"牌 923 系列汽车修补清漆时，将清漆与固化剂（92-71/73/74）和稀释剂（352 系列）按 2:1:0.1 的比例（体积比）配比。

6. 喷枪的选择

用于喷涂面漆的喷枪，应根据使用目的和涂料的种类区分使用。

喷枪的喷嘴直径应随涂料的种类而改变。对于改性丙烯酸硝基漆，全涂装时用 1.5~1.8 mm 口径的喷枪较为适宜。而对于合成纤维素丙烯酸硝基漆则以 1.0~1.3 mm 为宜，超过 1.5 mm 时，则会造成漆膜表面粗糙，打磨十分费力。

对于丙烯酸聚氨酯涂料，全涂装时应选用 1.3~1.5 mm 口径的虹吸式喷枪。涂装丙烯酸聚氨酯的单色涂料时，也有人采用 1.8 mm 口径的喷枪，但比较起来，还是 1.5 mm 的好用。

烤漆涂料可以使用 1.3~1.5 mm 口径的虹吸式喷枪；丙烯酸瓷漆可以用 1.5~1.8 mm 口径虹吸式喷枪。烤漆涂料也可以使用重力式喷枪；丙烯酸瓷漆涂料如果使用重力式喷枪，口径选 1.3 mm 能获得高的喷涂质量。在喷涂金属闪光色时，为防止金属雾斑，喷嘴直径应为 1.3~1.4 mm。

除此之外，随制造厂家的不同，喷射流量和空气用量、喷束形状都有差异，应从中选择与所喷涂料相适应的喷枪。

压送式喷枪喷吐流量大，可以缩短喷涂时间，喷罐容量可加入 2~4 L 涂料，以节省涂料添加时间。

从前述表 6-1~表 6-3 中可以查到，在喷涂"鹦鹉"牌汽车修补面漆时，若选用兼容重力式喷枪，其口径应为 1.3~1.4 mm；若选用用重力式 HVLP 喷枪，其口径应为 1.2~1.3 mm。若选用兼容虹吸式喷枪，其口径应为 1.7 mm；若选用虹吸式 HVLP 喷枪，其口径应为 1.8 mm。

7. 涂料添加

调好色的涂料，用不低于 180 目的滤网（过滤漏斗等）过滤后装入喷枪（最多约 3/4 涂料杯）。注意：底色漆和清漆各用一把喷枪。

二、素色面漆的整车（整板）喷涂

对于不同种类的素色漆，需要的喷涂方法也不一样。现以"鹦鹉"牌汽车修补漆为例，涂料黏度用 4 号福特杯测量。

1. 喷枪的调整

① 根据涂料的说明调整喷涂气压。从表 6-1 可知，喷涂"鹦鹉"牌 22 系列素色汽车修补面漆时，如选用 HVLP 喷枪，则喷涂气压为 2.0～3.0 bar；若选用兼容喷枪，则喷涂气压为 2.0 bar。

② 根据喷涂面积大小调整喷幅大小。通常做整板（整车）喷涂时，用全开喷幅。

③ 用雾形测试的方式调整供漆量。

2. 喷涂施工

（1）第一次喷涂（预喷涂）

涂料黏度：标准；

空气压力：标准；

喷幅调节阀：全开；

漆流量控制阀：1/2～2/3 开度；

喷枪距离：稍远；

喷枪运行速度：快。

以车身整体喷上一层雾的感觉，薄薄地预喷一层。喷这一层的目的，一是提高涂料与旧漆膜的亲和力，同时确认有无排斥涂料的部位，如果有就在该部位稍加大气压喷涂，覆盖住涂料排斥部位。闪干时间不少于 5 min。

（2）第二次喷涂（形成漆膜层）

黏度：标准；

气压力：标准；

喷幅调节阀：全开；

漆流量控制阀：2/3～3/4 开度；

喷枪距离：标准；

喷枪运行速度：适当。

在该工序基本形成漆膜层，要达到一定的膜厚。该工序要注意尽可能喷厚一些，这是最终获得良好表面质量的基础，但同时要注意不能产生垂挂和流动，以此作为标准。闪干时间不少于 5 min。

（3）第三次喷涂（表面色调和平整度的调整）

黏度：标准（可稍微调小）；

气压力：标准（可稍微调小）；

喷幅调节阀：全开；

漆流量控制阀：全开；

喷枪距离：标准；

喷枪运行速度：适当。

单工序喷涂

第二次喷涂已形成了一定膜厚，第三次喷涂主要目的是调整漆膜色调，同时要形成光泽。此可适当加入清漆，有时为调整色调，要加入干燥速度慢的稀释剂。

素色漆一般喷涂三次，就能形成所需膜厚、光泽和色调。如果色调还不满意的话，可将涂料黏度调小，再修正喷涂一次。

以上喷涂层次为通常的喷涂要求，各涂料生产商生产的涂料不同，喷涂遍数要求也不尽相同。如"鹦鹉"牌22系列双组分高浓面漆要求在水平面喷涂时需厚喷2层即可；而在垂直面喷涂时需喷1/2+1层，即先薄喷一层（1/2层），然后再厚喷一层即可。

喷涂作业的先后顺序往往随操作者的习惯而定，但要注意漆雾的影响。通常在下排风的喷漆间整车喷涂时，通常先喷涂车顶，然后喷车后部，围绕车身一圈后在车后部完成接缝的方法喷涂。如果由两名喷漆工共同操作，完成整车喷涂，效果会更好。但在喷涂金属面漆或珍珠面漆时，最好由一个人来操作，因为不同的操作手法可能会引起颜色的差异。图6-4为合理的整车喷涂顺序示意图。

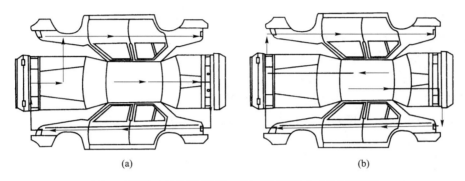

（a）一名喷涂人员的施工顺序；（b）两名喷涂人员的施工顺序
图6-4 合理的整车喷涂顺序

应用较多的另外一种喷涂顺序，如图6-5所示。首先从车顶开始，依次是右前门、右前翼子板、发动机罩、左前翼子板、左前门、左后门、左后翼子板、行李舱盖、右后翼子板、右后门。在喷涂右后门时可将右前门打开，能够防止漆雾粒子飞扬到已经略干的右前门漆面上，避免产生粗粒现象，但要提前做好车室内的防护工作。当然，整车喷涂顺序并不是固定不变的，重点是保证最大限度地避免边缘干燥过快或者在已经表干的区域喷涂。所以如下的喷涂顺序也经常被采用：

左车顶→右车顶→右后门→右前门→右前叶子板→发动机罩→前保险杠→左前叶子板→左前门→左后门→左后叶子板→行李舱盖→后保险杠→右后叶子板。

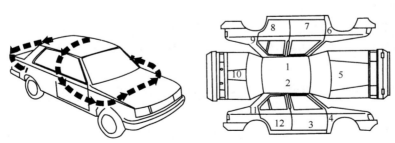

图6-5 整车喷涂施工顺序

（4）闪干

面漆喷涂结束后，若采用烘干干燥，必须使漆膜有充分的闪干时间，以使漆膜中溶剂充分挥发，避免喷涂完毕后直接加温烘烤所造成的漆膜起热痱等缺陷。

面漆的种类不同，闪干时间要求也不同，通常闪干时间在 10~20 min，具体数据以涂料技术说明书建议为准。

(5) 清除贴护

喷涂工作完毕之后，遮盖不喷涂部位的胶带和贴护纸的作用就已经完成，可以清除掉了。

清除贴护的工作不要等到加温烘干以后进行，因为加温后胶带上的胶质会溶解，与被粘贴表面结合得非常牢固，很难清除，而且会在被粘贴物留下黏性的杂质。如果被贴护表面是良好的旧漆层，由于胶中溶剂的作用还会留下永久性的痕迹，除非进行抛光处理否则将去除不掉；漆膜完全干燥后清除胶带还会引起胶带周围漆膜的剥落，造成不必要的修饰工作等。

贴护的清除工作应在喷涂完毕之后，静置 20 min 左右的时间（涂料生产商建议的烘干前闪干时间），待漆膜稍稍干燥后即可。

清除工作应从涂层的边缘部位开始，决不能从胶带中部穿过涂层揭开胶带。拆除动作应仔细缓慢，并且使胶带呈锐角均匀地离开表面，如图 6-6 所示。清除时要注意不要碰到刚刚喷涂过的地方，还应防止宽松的衣服蹭伤喷涂表面，因为这些表面尚未干透，碰到后会引起损伤，造成额外的工作。

(6) 干燥

整板（整车）喷涂的干燥通常在喷烤房内进行。干燥设备有多种类型，如红外线、远红外线、热风等。不同设备干燥方式也有所不同。因此干燥作业时的关

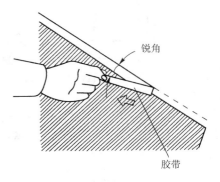

图 6-6 正确揭掉胶带的方法

键，就是如何根据干燥设备的特点，在不致产生气孔的前提下提高干燥速度。

从表 6-1 可知，"鹦鹉"牌 22 系列素色面漆的干燥时间确定因使用的固化剂和采用的干燥方式不同而不同。

若使用快干型固化剂（929-71），常温干燥（20 ℃），6 h；热空气升温干燥（60 ℃），20 min；用短波红外线干燥，7 min；用中长波红外线干燥，10 min。

若使用中等干燥型固化剂（929-73），常温干燥（20 ℃），8 h；热空气升温干燥（60 ℃），30 min；用短波红外线干燥，7 min；用中长波红外线干燥，10 min。

若使用慢干型固化剂（929-74），常温干燥（20 ℃），10 h；热空气升温干燥（60 ℃），35 min；用短波红外线干燥，7 min；用中长波红外线干燥，10 min。

三、金属色面漆的整车（整板）喷涂

金属色面漆中，银粉漆通常采用双工序涂装法，即底色漆（银粉漆）+ 清漆；而珍珠漆一般采用三工序涂装法，即底色漆（素色漆）+ 珍珠漆 + 清漆。由于喷涂工艺参数对颜色的影响很大，故喷涂时应严格按涂料要求的工艺进行。

1. 银粉漆的标准涂装

（1）喷枪的调整

① 根据涂料的说明调整喷涂气压，如喷涂"鹦鹉"牌 55 系列汽车修补面漆及清漆时，如选用 HVLP 喷枪，则喷涂气压为 2.0~3.0 bar；若选用兼容喷枪，则喷涂气压为 2.0 bar。

② 根据喷涂面积大小调整喷幅大小。通常做整板（整车）喷涂时，用全开喷幅。

③ 用雾形测试的方式调整供漆量。

（2）喷涂流程

① 第一次喷涂（预喷涂）。

黏度：标准；

气压力：标准；

喷幅调节阀：全开；

漆流量控制阀：1/2~2/3 开度；

喷枪距离：稍远；

喷枪运行速度：快。

以喷雾感沿车身表面整体薄薄喷洒，既提高涂料与底层或旧漆膜的亲和力，同时确认有无排斥涂料现象。如果出现了排斥现象，就在有排斥现象的部位，提高喷射气压喷涂。闪干至少 5 min。

② 第二次喷涂（决定色调）。

涂料黏度：标准；

气压力：标准；

喷幅调节阀：全开；

漆流量控制阀：2/3~3/4 开度；

喷枪距离：标准；

喷枪运行速度：稍快。

第二次喷涂决定漆膜颜色，喷涂时不必在意出现的喷涂斑纹和金属斑纹，单层喷涂，喷枪移动速度稍快一点为好。丙烯酸聚氨酯涂料遮盖力较强，一般喷两次就行了，但有的色调需按第二次喷涂方法再喷涂一次。闪干至少 5 min。

③ 第三次喷涂（消除斑纹喷涂）。

将喷枪内的涂料按 1∶1 加入清漆混合；

气压力：稍小；

喷幅调节阀：全开；

漆流量控制阀：1/2~2/3 开度；

喷枪距离：稍远；

喷枪运行速度：快。

第三次喷涂是修正第二次喷涂形成的喷涂斑纹和金属斑纹，起到防止喷涂透明层时引起金属斑纹的作用，目的是形成金属感，也有防止喷涂透明层时引起金属斑纹的作用。

原则上透明涂料和金属闪光磁漆各占 50%，但随颜色不同多少有些变化。例如涂浅色彩时，透明涂料多一些，金属闪光磁漆占 20%~30%，透明涂料占 70%~80%；银灰色和中等浓度色调，两种各占 50%，或者透明涂料稍多一些占 60%。黏度为 12 s 左右。

喷涂时，喷枪运行速度要快，与涂装表面保持稍远的距离，薄薄地喷涂一层，要完全消除金属斑纹。

在底色漆喷涂过程中，如果出现了过多的金属颗粒（轻度流挂），可用吸纸吸掉。

④ 闪干。在消除斑纹喷涂结束之后，要设置 10~15 min 的中间间隔时间（按涂料生产商建议为准），使漆膜中的溶剂挥发。若用指尖轻轻触摸漆膜面，沾不上颜色，就可以进入透明层喷涂。设置中间间隔时间，是为了使金属闪光瓷漆涂料的溶剂尽可能挥发。"鹦鹉"牌漆建议闪干时间约 10 min，至漆面呈亚光效果即可。

⑤ 第四次喷涂（透明涂料的预喷涂）。

涂料黏度：标准；

气压力：标准；

喷幅调节阀：全开；

漆流量控制阀：2/3 开度；

喷枪距离：稍远；

喷枪运行速度：稍快。

第一次透明层喷涂不能太厚，一次喷涂太厚会引起金属颗粒排列被打乱所以要喷得薄。闪干至少 5 min。

⑥ 第五次喷涂（精加工透明涂料喷涂）。

涂料黏度：标准；

气压力：标准；

喷幅调节阀：全开；

漆流量控制阀：全开或 3/4 开度；

喷枪距离：标准；

喷枪运行速度：普通或稍慢。

双工序面漆
施工

以第二次透明层的喷涂结束面漆喷涂工作，要边观察漆膜平整度边仔细喷涂。如果采用快速移动喷枪，往返两次覆盖，能得到很理想的表面色泽。尤其是在车顶、行李舱盖、发动机罩等，覆盖两次为好。

当表面平整度不好时，可以加入干燥速度慢的稀释剂进行修正，能获得好的加工质量。

⑦ 闪干。约需 20 min。

⑧ 清除贴护。

⑨ 干燥。银粉漆的干燥参数与素色漆相同。

2. 银粉漆的经济型涂装

（1）第一次喷涂（底色漆预喷涂）

涂料黏度：比标准稍大；

气压力：标准；

喷幅调节阀：全开；

漆流量控制阀：1/2~2/3 开度；

喷枪距离：稍远；

喷枪运行速度：快。

整体平均薄薄地喷涂，以提高涂料与旧漆膜的亲和力。同时检查有无排斥涂料现象，以喷雾杆沿车身表面整体薄薄喷洒，以提高涂料与底层或旧漆膜的亲和力，同时确认有无排斥涂料现象。如果出现了排斥现象，就在有排斥现象的部位，提高喷涂气压喷涂。闪干 5 min。

（2）第二次喷涂（决定漆膜色彩）

涂料黏度：比标准稍大；

气压力：标准；

喷幅调节阀：全开；

漆流量控制阀：3/4 开度到全开；

喷枪距离：标准；

喷枪运行速度：稍快。

第二次喷涂决定漆膜色彩，要注意不要出现喷涂斑纹和金属斑纹。如果出现金属斑纹，将喷枪距离加大，以喷雾的方法喷射进行修正。

丙烯酸聚氨酯覆盖力强，喷涂两次就能确定好色彩。如果色彩不好，可间隔 10~15 min，再按第二次喷涂的方法，喷第三次到第四次。

（3）闪干。约 10 min 至表面呈亚光。

（4）第三次喷涂（透明层涂料预喷涂）

涂料黏度：标准；

气压力：标准；

喷幅调节阀：全开；

漆流量控制阀：2/3~3/4 开度；

喷枪距离：稍远；

喷枪运行速度：稍快。

闪干约 5 min。

（5）第四次喷涂（透明涂料精加工喷涂）

涂料黏度：标准；

气压力：标准；

喷幅调节阀：全开；

漆流量控制阀：3/4 开度到全开；

喷枪距离：标准；

喷枪运行速度：普通或稍慢。

金属色面漆的整板喷涂

第二次透明层喷涂是精加工喷涂，要边观察漆膜的平整度边仔细喷涂，习惯了快速移动喷枪的，可以往返覆盖两层，以获得高质量的表面层。反过来，若移动速度过慢，就会产生垂挂现象。如果漆膜起皱，要加入干燥速度慢的稀释剂进行修正。

（6）闪干约 20 min，清除贴护。

（7）干燥。

以上喷涂层次为通常的银粉漆喷涂要求，各涂料生产商生产的涂料不同，喷涂遍数要求也不尽相同。如"鹦鹉"牌55系列底色漆要求需喷2+1/2层，即先厚喷2层，然后再薄喷一层（1/2层）即可。

三工序面漆
施工

一、准备工作

1. 考核设备、材料准备

在技能学习工位准备好车身板件（已完成中涂底漆的打磨）、遮盖材料、除尘与除油材料、已调好色的色浆（包括系色漆色浆和金属漆色浆）、涂料调制工具、压缩空气喷涂系统、喷枪、红外线烤灯、喷枪清洗工、涂装安全工作服、橡胶手套、棉手套和防毒面罩。

2. 学员劳动保护

① 穿戴好喷漆工作服。
② 穿好安全鞋。
③ 必要时戴好防毒面具和胶手套。

二、考核流程

1. 学员工作

两名学员为一小组，在充分学习本任务相关知识与技能的基础上，完成下列工作，并同时完成相应的工单（见本书配套教学资源"实训工单"中的"工单6-1（1）和工单6-1（2）"）。

① 准备板件。
② 准备涂料。
③ 整板喷涂素色面漆。
④ 整板喷涂金属面漆。
⑤ 面漆的干燥。
⑥ 喷枪清洗。
⑦ 5S工作。
⑧ 自我评价。

2. 指导教师工作

学员在进行上述操作过程中，指导教师进行下列工作：
① 向学员讲解安全注意事项，要求学员在实训工单中做记录。
② 观察、指导学员进行相关操作，及时制止可能发生危险的操作。
③ 实操结束后审阅学员完成的工单，并结合其操作情况（工作成果）给出评价。

任务 6-2 面漆的局部修补过渡喷涂

局部修补喷涂也被称为点状上漆或局部修整，是指在车身维修时，如果一块板件上出现了损伤，但是损伤的面积较小，同时位置靠近边缘，为了节省时间和材料，而进行的修补涂装工艺。如图 6-7 所示，车辆的左前叶子板做的是局部修补。局部修补喷涂的前提是有足够的剩余面积，如图 6-8 所示。

图 6-7 局部修补

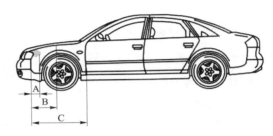

A—受损、已经涂抹填料的表面；
B—底色漆涂层；C—清漆涂层

图 6-8 采用局部修补涂装的面积确定

素色漆由于是单工序操作的，只将面漆进行局部喷涂，适当采用晕色处理即可。而金属漆由于有清漆层，其局部修补喷涂分为：局部喷涂底色漆、整板罩清漆和局部喷涂底色漆、局部罩清漆两种情况。

金属漆的局部修补常采用过渡喷涂技术。过渡喷涂是指在车身维修时，为了弥补修补板件的某些缺陷（主要是新旧涂层颜色差异）的影响，而将维修区域向相邻的区域（板件）扩展的方法，如图 6-9 所示。

过渡喷涂要求底色漆必须局部过渡喷涂，清漆最好整板喷涂，甚至向相邻板件进行过渡喷涂。

图 6-9 过渡喷涂示意

过渡喷涂工艺的难点在于，如何使修补的部位与板件的原有部位之间的差异，减小到肉眼无法分辨的程度。

1. 能够正确描述局部修补过渡喷涂的含义。
2. 能够正确进行局部修补过渡喷涂工艺的选择。
3. 能够正确进行局部修补过渡喷涂边界的选定。

4. 能够正确描述局部过渡喷涂时对底材的处理要求。
5. 能够正确进行素色面漆的局部过渡喷涂。
6. 能够正确进行金属色面漆的局部过渡喷涂。
7. 培养良好的安全、卫生习惯，环保意识及团队协作素养。
8. 能够检查、评价、记录工作结果。

一、面漆局部修补过渡喷涂工艺

金属漆的局部修补喷涂分为局部过渡喷涂工艺、板内过渡喷涂工艺和板外过渡喷涂工艺3种。

1. 局部过渡喷涂工艺

局部过渡喷涂工艺是指局部喷涂底色漆、局部罩清漆，通常也称为点修补。

2. 板内过渡喷涂工艺

板内过渡喷涂工艺是指局部喷涂底色漆、整板罩清漆，如图6-10所示。此种工艺一般用于位于板件中部的小范围漆膜损伤修复，且受损面在各个方向上都没有清晰的边缘界限时。

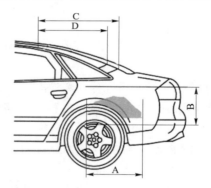

A—打磨受损、已经涂抹填料的表面；B—喷涂2~3次底漆；
C—以P1500~P2000或用研磨垫打磨过渡区域；
D—以较低的压力用已大量稀释的清漆或局部喷涂稀释剂来喷涂的过渡区域。

图6-10 板内过渡工艺

二、面漆局部修补边界的选择

局部修补边界选择很重要，能使修补后的漆膜与原漆膜差异减小，基本看不出曾经被修补过。边界选择应满足以下要求：

① 选在车身板件面积较窄处，比如A柱、B柱、C柱等处。

② 选在车身拐角部位，如保险杠蒙皮拐角处等，虽然是同一个板件但是处在空间的两

个面上，对观察者来说对比性要小很多。如果在同一个平面上由于存在对比性，两部分的新旧、颜色等会很容易对比出来。

③ 板件的棱线部位。车身板件的棱线也是驳口过渡喷涂边界很好的选择，因为大多数车身棱线分界的两个面都是不在同一平面个面上的，所以对比性较小。

④ 不适合进行驳口过渡喷涂的部位。发动机罩在车辆最显眼的位置，并且处在水平面上，像人的脸面一样，最好不要在上面"打补丁"。因为再好的修补也不是完美无缺的。同理，行李舱盖也不适合做驳口修补。

三、面漆局部修补和过渡喷涂对底材处理的要求

要求在整板喷涂的基础上，要对过渡区域做更精细的处理。如图 6-11 所示，首先过渡区域的范围一定要达到要求，尽可能扩大一些；在扩大的过渡区域要用 P2000 美容砂纸或与之相当的研磨材料，对原漆面进行研磨处理。

四、驳口水

驳口水也叫接口水，是进行面漆过渡喷涂时使用的涂料，它可以帮助过渡区域的色漆层变得平滑均匀，防止修补区域周围颜色深暗。驳口水通常装于铁制罐内，如图 6-12 所示，开罐即可使用。使用前要充分搅拌匀，需要在素色漆最后一道喷完后或者金属漆最后一道清漆喷完后，马上喷涂一层驳口水。

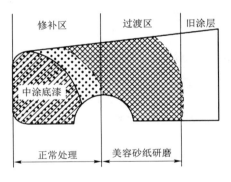

图 6-11 修补前的底材处理

图 6-12 驳口水

一、准备工作

按面漆的整车（整板）喷涂相同的要求进行各项准备。

面漆局部喷涂技术

二、素色漆的局部修补过渡喷涂

素色面漆的局部
修补过渡喷涂

素色漆的局部涂装可参照图 6-13。

① 第一次喷涂薄薄的一层，以提高底层和旧漆膜与涂料的亲和力。

② 第二次喷涂比第一次喷涂稍宽一些，并在湿的状态下定出色彩。

③ 第三次喷涂比第二次要喷得更宽些。要稍加一些稀释剂，以获得高质量的表层。要注意色调应与旧漆膜相吻合。

④ 晕色处理。用 30% 色漆，加入 70% 稀释剂，薄薄喷涂一层，此时如果喷得过多就会出现垂挂。另外，此时也可喷涂点修补驳口水，只是驳口水只喷涂在新旧漆膜的交界处。表 6-4 为"鹦鹉"牌点修补用驳口水（352-500）的技术说明。从表中可以了解到，该种驳口水无须添加稀释剂（即开即用）；选用 HVLP 喷枪的口径为 0.8~1.0 mm；选用兼容喷枪的口径为 1.2~1.3 mm；喷涂气压为 2.0 bar。

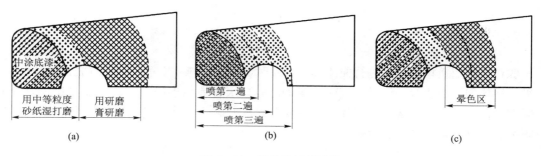

图 6-13 素色漆局部涂装

表 6-4 "鹦鹉"牌点修补用驳口水（352-500）的技术说明

应用：一种特殊的溶剂型混合物，用于点修过渡工艺		
	涂装工艺系统	S8，S9，"鹦鹉"牌点修补用驳口水
	喷涂黏度 DIN 4　在 20 ℃	即开即用
	重力喷枪 喷涂压力	HVLP 迷你喷枪：0.8~1.0 mm 兼容喷枪：1.2~1.3 mm 2.0 bar
	喷涂遍数	2~3 遍至清漆渐变区域
	干燥	根据"鹦鹉"牌清漆推荐

⑤ 闪干约 20 min，清除贴护。

⑥ 干燥。局部修补喷涂的干燥通常利用可移动的红外线烤灯进行，具体使用方法参阅本书"原子灰干燥"部分内容，只是在程序选择上要选"烘烤面漆"。

三、金属漆的局部修补过渡喷涂

1. 标准工艺金属闪光色的局部喷涂

喷涂方法参照图 6-14。

① 先在中涂底漆层四周喷一层清漆，见图 6-14（b），以使所喷的金属闪光漆更光滑。此次喷涂也可使用专用的驳口水（驳口清漆）进行，表 6-5 为"鹦鹉"牌驳口水（55-B500）的技术说明。从表中可以了解到，该种驳口水适用于 55 系列底色漆的过渡喷涂，也适用于点修补；无须添加稀释剂（即开即用）；选用 HVLP 喷枪的口径为 1.2~1.3 mm；选用兼容喷枪的口径为 1.2~1.4 mm；喷涂气压为 2.0 bar；与底色漆湿碰湿喷一层；无须闪干即可进行下一道工序（喷底色漆）。

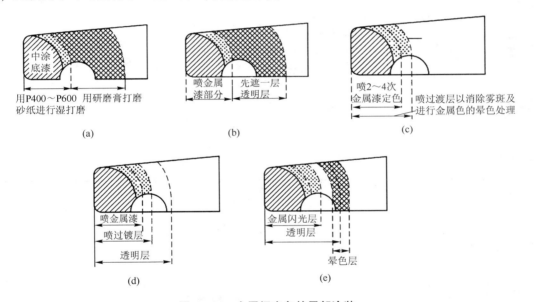

图 6-14 金属闪光色的局部涂装

"驳口清漆工艺"作用是为了防止产生"黑圈"问题出现的一种解决方法。所谓的黑圈现象是指在用金属漆进行修补时，色漆过渡的边缘部分容易形成干喷，导致铝粉排列不均匀，直接观察时颜色发黑，即产生"黑圈"现象，如图 6-15 所示。

如图 6-16 所示，使用面漆喷枪湿喷一层驳口清漆于色漆需要过渡的区域，然后按施工要求喷涂色漆。这种方法是让底层变得湿润，使铝粉喷涂时排列更加均匀，不易产生"干喷"现象。

表 6-5　"鹦鹉"牌驳口水（55-B500）的技术说明

应用：鹦鹉® 55-B500 驳口水是用于"鹦鹉"牌金属漆 55 系列底色漆的过渡喷涂。另外，55-B500 也可被用于点修补。

特性：它可帮助过渡区域的色漆层变得平滑均匀，防止修补区域周围颜色深暗。

55-B500 也可代替 55 系列配方中 20% 的稀释剂（高银粉含量颜色）用于点修补，以获得最佳的颜色效果。

注意：用同一把喷枪喷涂 55-B500 驳口清漆和 55 系列色漆时，其间的转换过程中，喷枪不需清洗。

	修补涂装工艺系统	S8, S8.1
	混合比例	开罐即用
		使用前充分地搅动
	喷涂黏度 DIN 4　在 20 ℃	17~19 s
	重力喷枪 喷涂气压	HVLP 喷枪：1.2~1.3 mm　2.0~3.0 bar (30~45 psi) /0.7 bar (10 psi) 风帽气压　　兼容喷枪：1.2~1.4 mm　2.0 bar
	喷涂层	1 层湿喷
	闪干　在 20 ℃	无须闪干

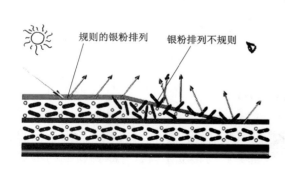

图 6-15　黑圈现象的产生

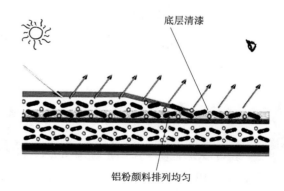

图 6-16　驳口清漆工艺的作用

② 第一次先薄薄喷一层金属闪光底色漆，以提高与中涂底漆和旧漆膜的亲和力。

③ 第二次喷涂确定涂层的颜色，一般喷 2~3 遍，如果着色不好，则需要喷 3~4 遍。第二次不要喷得过厚，要均匀地薄薄地喷。

④ 将 50% 的金属底色漆与 50% 的清漆相混合，黏度调至 11~12 s，喷涂时比图 6-14

(b) 所示的喷得更宽一些，喷涂时应使涂料呈雾状，薄薄地喷涂，以消除斑纹，调整金属感，同时兼有晕色处理作用。闪干约 10 min（20 ℃）至漆膜呈亚光状态。

⑤ 喷涂清漆。透明涂料喷涂面积可扩大一些。第一次薄薄地喷一层，间隔大约 5 min 再喷第二次。喷涂时要边观察色调边喷，以形成光泽。

⑥ 晕色处理。以 20% 的清漆和 80% 的稀释剂相混合喷在透明层区域周围，以掩盖其由于喷涂雾滴带来的影响。

此次喷涂也可使用专用的点修补驳口水（如"鹦鹉"牌 325 – 400）进行。

⑦ 闪干，清除贴护。

⑧ 干燥。

2. 经济型工艺（双层金属闪光漆膜）的局部修补涂装

双层金属闪光漆膜的局部修补涂装方法如图 6 – 17 所示。

① 金属闪光层的喷涂。第一次喷涂以能遮盖住中涂底漆涂层为准，在较宽的范围内薄薄地喷涂一层；第二次喷得稍厚一些，以决定漆膜色调；第三次薄薄地喷涂，以消除金属斑纹，调整金属感，同时进行与旧涂层的晕色处理。

② 透明涂料喷涂。第一次喷涂以有光泽为准，喷得要薄；第二次稍厚一些，以形成光泽。透明层也应进行晕色处理，方法与金属闪光涂料相同。

金属面漆的局部修补过渡喷涂

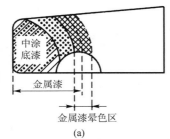
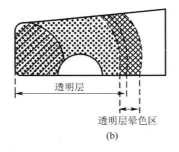

（a）金属漆的喷涂；（b）清漆的喷涂

图 6 – 17 双层金属闪光漆膜的局部修补涂装

③ 清除贴护。

④ 干燥。

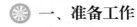

1. 考核设备、材料准备

在技能学习工位准备好车身板件（已完成中涂底漆的打磨）、遮盖材料、除尘与除油材料、已调好色的色浆（包括素色漆色浆和金属漆色浆）、涂料调制工具、压缩空气喷涂系统、喷枪、红外线烤灯、喷枪清洗工具、涂装安全工作服、橡胶手套、棉手套和防毒面罩。

2. 学员劳动保护

① 穿戴好喷漆工作服。
② 穿好安全鞋。
③ 必要时戴好防毒面罩和橡胶手套。

二、考核流程

1. 学员工作

两名学员为一小组，在充分学习本任务相关知识与技能的基础上，完成下列工作，并同时完成相应的工单（见本书配套教学资源"实训工单"中的"工单 6-2（1）和 6-2（2）"）。

① 准备板件。
② 准备涂料。
③ 局部过渡喷涂素色面漆。
④ 局部过渡喷涂金属面漆。
⑤ 面漆的干燥。
⑥ 喷枪清洗。
⑦ 5S 工作。
⑧ 自我评价。

2. 指导教师工作

学员在进行上述操作过程中，指导教师进行下列工作：
① 向学员讲解安全注意事项，要求学员在实训工单中做记录。
② 观察、指导学员进行相关操作，及时制止可能发生危险的操作。
③ 实操结束后审阅学员完成的工单，并结合其操作情况（工作成果）给出评价。

任务 6-3　面漆涂装后的修整

面漆的喷涂结束以后，涂装的工作已经大部分完成，但还需要进行最后的修整工作。漆膜的修整主要包括修理小范围内的缺陷和表面抛光等。

喷涂过程中常常会由于种种原因在面漆表面造成一些微小的缺陷，例如流挂、颗粒（脏点）、微小划擦痕迹和凹坑等，如图 6-18 所示。由于这些涂装缺陷的存在，会影响漆膜的装

图 6-18　面漆表面的灰点

饰性，因此必须进行修理。

在涂装最末道面漆后，由施工人员和专检人员，按该车型的质量标准对该车进行一次全面的检查，并将发现的各种缺陷填写在工艺质量卡上。由操作技术好的施工人员按质量卡上所列缺陷项目依次将缺陷修饰合格。

收尾操作人员要有熟练的操作技术，对各层涂料的涂装操作工艺和用料都非常了解。

常见缺陷有漏喷、露底、毛边、颗粒、针孔、流挂、麻眼、咬底、粗糙等。

1. 能够正确描述面漆喷涂后漆膜修整的目的。
2. 能够进行面漆喷涂常见缺陷的收尾修整。
3. 能够正确进行整车（整板）抛光。
4. 能够正确进行整车打蜡。
5. 培养良好的安全、卫生习惯，环保意识及团队协作素养。
6. 能够检查、评价、记录工作结果。

图 6 – 19 ~
图 6 – 21 彩图

一、抛光工具与材料

1. 抛光机

抛光机有立式和卧式两种，立式抛光机体积小巧，携带方便，可以作为打蜡工具使用。绝大多数的美容店都使用卧式抛光机，如图 6 – 19 所示。它操作方便，使用寿命长，抛光效果好。

（1）抛光机的使用

① 抛光盘背面与抛光轮上有尼龙搭扣，方便安装和拆卸，如图 6 – 20 所示。安装搭扣式的抛光盘时，一定要保证二者的中心线重合。如果安装位置偏了，抛光盘转动时，边缘的离心力分布不均，就会影响到抛光质量并加速设备的损坏。

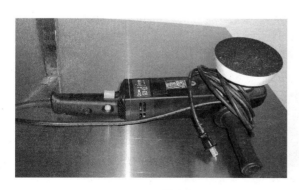

图 6 – 19　抛光机

图 6 – 20　安装抛光盘

② 普通抛光机有 1 ~ 6 个不同的速度档位（通过速度调节旋钮调节，如图 6 – 21 所示）。高档

的抛光机速度调节是无级的,可以在静止到最高转速之间随意调节,满足不同的抛光工艺要求。

③ 抛光操作时电源开关可以自锁,不用手指长时间按着开关,方便抛光操作。需要停机时只要再按一下开关,锁止自动解除,抛光机停止工作,如图 6-22 所示。

图 6-21　速度调节旋钮

图 6-22　解除锁止

注意:

a. 抛光机转速调整。粗抛时转速要低些,一般在 1~3 挡;精细抛光时转速要调高,一般在 1~5 挡之间。

b. 抛光时不要过分用力按压,保证抛光机不晃动就可以。

c. 抛光完毕,将抛光盘取下,清洗干净后单独放好。

d. 抛光机存放时要让抛光轮向上,防止抛光轮被压变形。

(2)抛光盘的选择

抛光盘的选择要根据漆膜损伤程度而定,具体选择标准见表 6-6。

表 6-6 彩图

表 6-6　抛光盘的选择

产品	技术特点	适用漆膜	实物
羊毛球	用于漆膜粗抛光,特殊结构使空气流通有助漆膜温度最佳,切削力次强	新修补、划痕严重的表面处理后	
粗海绵	用于严重受损的旧漆膜抛光,切削力次次强	新修补或划痕重的表面处理后	
细海绵	精细抛光,提升漆膜表面光泽	发丝划痕、粗抛光后	
蜂窝状海绵	精细抛光,它的蜂窝状的结构有助于消除抛光纹	细抛光、有光晕、保养	

2. 抛光蜡

抛光蜡属于美容修复蜡，主要是在蜡中含有不同磨削能力的磨料颗粒，根据磨料颗粒的不同将抛光蜡分为粗蜡、中蜡和细蜡。区分不同的抛光蜡，可以用手指取少量蜡，反复摩擦能明显感觉到粗蜡和细蜡的不同磨削能力。抛光蜡通常装于塑料瓶（桶）内，如图6-23所示。高品质的抛光蜡会有如下特性：

① 采用氧化铝磨料颗粒，抛光速度快且效果好。磨料颗粒在抛光过程中逐渐减少，纯机械抛光基本可以保证极高的耐久效果，而不会受到洗车、天气、阳光作用的影响。相比之下，含硅、蜡和其他添加剂产品的抛光蜡，耐久性差，化学作用达到的光泽效果短暂。

② 不含硅。含硅产品会在漆膜产生所谓的"硅穴"，甚至会对底材造成伤害。

③ 水基产品，使用方便，满足环保要求，没有健康危害。用水作为溶剂，抛光后很容易清洁，被飞溅的零件用湿布一擦就行。其他产品常含有高浓度碳水化合物或其他有害物质。

④ 产生极少的废尘。抛光结束后不再需要用水冲洗。

二、手工打蜡工具与材料

1. 车蜡

（1）车蜡的种类

车蜡按作用的不同可以分为保养蜡、修护蜡、综合蜡。

① 保养蜡。保养蜡通常装于盒内，如图6-24所示。保养蜡能均匀地渗透到涂层的细小空隙中，使漆膜上多了一层保护膜，可以隔绝紫外线、灰尘、油烟以及其他杂质，保持漆面的光泽和持久性。

图6-23 抛光蜡

图6-24 手工保养蜡

② 修护蜡。主要是在蜡中加入研磨成分，如氧化铝、碳化硅等。根据研磨剂的颗粒切削能力不同分为粗蜡、中蜡、细蜡。修护蜡能够修复涂层上的划痕，但是同时涂层也会变薄。

③ 综合蜡。是将修护蜡和保养蜡综合在一起，可以将抛光和保护一次完成。常用的三合一美容蜡即属于综合蜡。

（2）车蜡选择

市场上车蜡种类繁多，分类标准也是五花八门，由于各种车蜡的性能不同，其作用效果也不一样，所以在选用时必须要慎重，选择不当不仅不能保护车体，反而会损伤车漆，甚至使车漆变色。

一般情况下选择车蜡时，要根据车蜡的作用特点、车辆的新旧程度、车漆颜色及行驶环境等因素综合考虑。

① 对于高级轿车，可选用高档车蜡。
② 对普通车辆，用普通的珍珠色或金属漆系列车蜡即可。
③ 新车最好用彩涂上光蜡以保护车体的光泽和颜色。
④ 夏天宜用防紫外线车蜡。
⑤ 行驶环境较差时则用保护作用突出的树脂蜡比较合适。
⑥ 选用车蜡时还必须考虑与车漆颜色相适应，一般深色车漆选用黑色、红色、绿色系列的车蜡，浅色车漆选用银色、白色、珍珠色系列车蜡。

2. 褪蜡毛巾

手工打蜡时需要使用干净柔软的毛巾，市场还有一种称为"神奇百洁布"的褪蜡工具。它不同于普通毛巾，极少掉毛细纤维，柔软性好，不伤漆面。

一、劳动安全

按打磨、喷涂施工进行劳动保护准备。

图 6-26 彩图

二、常见面漆喷涂缺陷的修整

1. 漏喷、露底的修整（如图 6-25 所示）
① 先用 P500~P600 水砂纸将该部位轻磨（干磨）光滑并擦净杂质。
② 调制原色漆将打磨部位细致地补喷均匀。
注意：一定要遮盖好。

2. 毛边的修整
① 先用刀片将毛边清理干净，如图 6-26 所示。
② 用毛笔蘸少许色漆轻涂一次，如图 6-27 所示。
③ 干燥后补涂一次，至平滑均匀。

图 6-25 漏喷和露底

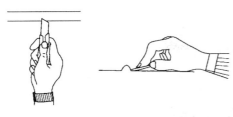
图 6-26 用刀片清理毛边

图 6-27 用毛笔补涂毛边

3. 颗粒的修整

（1）立面垂滴的修整（如图 6-28 所示）

① 颗粒小时，使用油石打磨平整；颗粒较大时，应用刀片削平。

② 用抛光机抛光（此项操作可在全部缺陷修整完成后，借助整板或整车抛光来完成）

a. 倒少量抛光剂于软布上。

b. 在补涂部位四周接口处，从补涂部位向旧漆面部位按同一方向抛光，抛光力度不宜过大，抛光程度不宜过深，防止产生补涂边缘线形痕迹，使漆面达到光泽柔和程度即可。

（2）平面上的突起颗粒或污点的修整

① 用刀片将凸起颗粒基本削平。

② 用粒度为 P1000～P1500 水砂纸磨平，如图 6-29 所示。

③ 最后用抛光机抛光（此项操作可在全部缺陷修整完成后，借助整板或整车抛光来完成）。

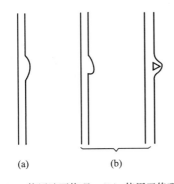

(a) 使用油石修理；(b) 使用刀修理

图 6-28 立面垂滴的修整

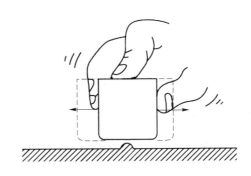

图 6-29 对平面凸起的打磨

4. 流挂的修整

（1）边缘流挂（流坠）的修整（如图 6-30 所示）

① 用小刀将流坠部分削平整。

② 用 P600 砂纸打磨平滑。

③ 视需要补喷一次清漆（对于素色漆，补喷素色面漆），进行必要的遮盖。

（2）板件中间面漆流挂（片状流淌，如图 6-31 所示）

图 6-31、图 6-32 彩图

流挂　　　　　　　贴胶带　　　　　　流挂消除

图 6-30　边缘流挂的修整

① 用 P500～P600 水砂纸将流痕水磨至平整。

② 用 P800～P1000 水砂纸将流淌部位水磨平滑，洗净擦干。

注意：打磨时为防止磨到周围不需打磨的部位，可以用贴护胶带对不需打磨的区域进行贴护。打磨的手法应使打磨垫块尽量平行于面漆漆面，手法要轻一些，用水先将水砂纸润湿，然后在打

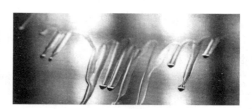

图 6-31　片状流淌

磨区域上洒一些肥皂水，这样可以充分润滑打磨表面，且不至于产生太大的砂纸痕迹。打磨时要非常仔细，经常用胶质刮水片刮除打磨区域的水渍来观察打磨的程度，只要流挂部位消除并与周围漆膜齐平即可。千万不要磨穿或使漆膜过薄，要给抛光留出余量，并保证抛光后仍有足够的膜厚。对于边角等漆膜比较薄且极易磨穿的地方尤其要小心。

③ 用抛光机抛光滑（此项操作可在全部缺陷修整完成后，借助整板或整车抛光来完成）。

5. 针孔的修整

（1）局部小面积针孔（如图 6-32 所示）

① 先用 P1000～P1200 水砂纸磨平滑。

② 用砂蜡和光蜡抛光（此项操作可在全部缺陷修整完成后，借助整板或整车抛光来完成）。

（2）较大面积针孔（如图 6-33 所示）

① 先用 P500～P600 水砂纸水磨平滑，彻底消除针孔，洗净吹干。

② 按面漆末道漆喷涂方法精心补喷均匀。

③ 在新喷面漆的过渡区域喷驳口水。

④ 抛光（此项操作可在全部缺陷修整完成后，借助整板或整车抛光来完成）。

6. 麻眼的修整

麻眼的外观与较大面积针孔相似，只是孔径大些。

① 用 P600 水砂纸进行磨光。

② 用麻眼灰（填眼灰）反复找平（根据目前的工艺建议补涂原子灰）。
③ 干后磨光擦净。
④ 用原色浆补喷均匀。
⑤ 用驳口水消除补漆雾痕。
⑥ 待漆膜干燥后抛光（此项操作可在全部缺陷修整完成后，借助整板或整车抛光来完成）。

图6-33、
图6-34 彩图

图6-32 局部小面积针孔

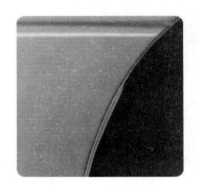
图6-33 较大面积针孔

7. 咬底的修整（如图6-34所示）

（1）轻度咬底
① 用P800砂纸水磨平整。
② 换用P1000砂纸打磨整个表面。
③ 整板抛光。

（2）重度咬底
① 将起皱的漆膜清除。
② 待该部位干燥后，用P240水砂纸打磨光滑。
③ 细刮原子灰至平整。
④ 干燥后磨光原子灰，清洁除油。
⑤ 用原色浆补喷均匀。
⑥ 喷驳口水以消除漆雾痕。
⑦ 抛光（此项操作可在全部缺陷修整完成后，借助整板或整车抛光来完成）。

8. 漆膜凹陷的修整

① 若面漆漆膜已经基本干燥，则需要用清洁剂对需要填补的区域进行清洁。如有必要可用P800以上的细砂纸进行简单打磨，但打磨区域切不可过大，只起提高附着能力的作用即可，然后用清洁剂清洁干净。

② 用牙签或小毛笔蘸上少许面漆（为保证没有色差，最好用剩余的面漆。若为双组分涂料，则必须添加固化剂），并迅速地滴到故障部位（鱼眼）或描绘在需要填补的部位（剥落露白），如图6-35所示。

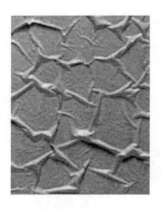
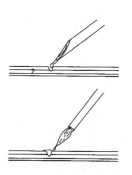

漆膜凹陷修理

图 6-34 咬底　　　图 6-35 用牙签或小毛笔进行表面修理

③ 用另一支小毛笔蘸取少许面漆稀释剂涂抹在修饰部位，以使修饰部位变得较为平整，并利用稀释剂的溶解作用使修补部位与其周围相融合。

④ 待完全干燥后可以稍稍进行打磨并进行抛光处理，方法同流挂及颗粒的修理。

注意：如果缺陷部位非常明显或所处位置是车辆极需要漆膜完美的地方，如小轿车的发动机罩或翼子板等，一般需要采用点修补的方法（使用小型修补喷枪进行局部喷涂）来修理。

9. 粗糙面修饰法

（1）轻度粗糙面

① 用 P1000 水砂纸配合橡胶磨块手工水磨平滑，擦净晾干。

② 用砂蜡和光蜡进行抛光修饰。

（2）严重粗糙面

① 用打磨机配合 P320 砂纸充分磨平，擦净。

② 用砂蜡和光蜡进行抛光修饰。

图 6-37~
图 6-43 彩图

常见涂料及漆膜缺陷的预防及处理方法

三、整车（整板）抛光

刚喷漆面应在漆膜实干后进行抛光，自干性涂料在喷涂后 8~16 h 进行，双组分涂料应在喷涂后，经过烘烤 35 min（车身金属温度为 65 ℃）或风干 36 h（但不建议风干），手指压表面而没有产生手指印后进行抛光。一般采用二次抛光处理法效果较好。在抛光前应用水将车身表面的泥沙冲洗干净，以防在抛光时损坏漆面。

1. 第一次抛光

① 用半弹性垫块配合 P1500 水砂纸将整车打磨一遍，如图 6-36 所示。对于个别小缺陷，可选用精磨砂碟进行，如图 6-37 所示。

图 6-36 对整车进行水磨

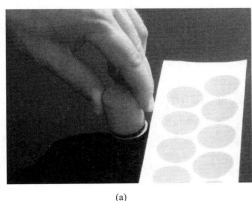

(a) 手工砂碟使用；(b) 机械砂碟使用

图 6-37　精磨砂碟的使用

② 用 P2000 海绵砂纸，轻轻地把流痕、凸点、粗粒、轻微划痕打磨平整。

③ 用 P4000 海绵砂纸再按顺序将整车打磨一遍，使漆面均匀无光。注意不要磨穿漆膜层。

④ 用水清洗漆面并擦净，如图 6-38 所示。

⑤ 待漆膜表面干燥后，用海绵块将全能抛光剂均匀地涂于漆面，如图 6-39 所示。

图 6-38　用水冲洗并擦净表面

图 6-39　将全能抛光剂涂于漆膜表面

⑥ 机械抛光应将抛光机的转速调至 1 000~1 500 r/min 为宜，将抛光机的羊毛平放在漆面上，然后均衡地向下施加压力进行抛光，如图 6-40 所示。整车抛光应从车顶开始，在漆面上有规律地沿水平方向来回研磨，研磨面积不宜过大，要一个块面一个块面地进行，每一块面长 60~80 cm，宽 40~50 cm，漆面逐渐呈现平滑与光泽。

⑦ 用干净的抹布把漆面上的多余抛光剂擦净。若发现某部位漆面还不能达到

图 6-40　用抛光机抛光

质量要求时，可重复研磨直至达到质量要求。研磨时要特别注意折边、棱角及高出底材的造型漆面，这些部位的漆膜相对较薄，研磨时触及机会较多，要特别注意不要磨穿漆膜，平面部位较圆弧面不易起光泽，应适当增加研磨次数。

2. 第二次抛光

当整车漆面用全能抛光剂完成粗抛光后，漆面的流挂、粗粒、划痕、砂纸磨痕迹会全部消除，但有时会有一些极其细小的丝痕或光环，为了确保漆面更平滑、光亮，则需进行第二次抛光。第二次抛光一般使用釉质抛光剂，经釉质抛光剂抛光后，漆面亮度高、丰满度好，保持时间可达1年。

① 用干净的软布擦净前道抛光残留物。

② 摇匀釉质抛光剂，用软布或海绵将其均匀涂于漆膜表面。

③ 停留 60 s 以上，使抛光剂变干、发白。

④ 用手工或机械方法抛光，机械抛光应将海绵盘转速保持在 1 000~1 500 r/min，抛光时应按一定方向有序进行。不要用羊毛盘进行第二次抛光。手工抛光时应水平直线运动进行抛光，达到漆面擦亮即可。

⑤ 用干净的软布擦净漆面。

四、打蜡

抛光与打蜡

1. 机械打蜡

① 将液体蜡摇匀后画圈似的倒在打蜡盘面上。

② 每次以 0.5 m² 的面积顺序打匀，直至打完全车。

③ 待蜡凝固后，将干净、无杂质的全棉抛蜡盘套装在打蜡机上，开机后调节转速并控制在 1 000 r/min 以下，然后将打蜡机抛光盘套轻轻平放在漆面上，进行横向与竖向覆盖式抛光，直至漆面靓丽为止。打蜡机抛光路线走向如图 6-41 所示。

 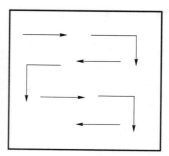

图 6-41　打蜡机抛光路线走向

2. 手工打蜡

① 若是乳状蜡应将其摇匀，然后倒少许于海绵或软布上。

② 涂蜡时以大拇指夹住海绵，以手掌和其他三个手指按住海绵，每次涂蜡以 0.5 m² 的面积为宜，力度均匀地按螺旋式顺序擦拭，如图 6-42 所示。

③ 从前到后、从左到右，蜡膜要涂得薄而均匀，根据每种车蜡的说明，稍候用干净的软布擦净即可。

面漆涂装后的抛光与打蜡

图 6-42 手工打蜡

3. 打上光蜡

① 清洁。在给车身涂蜡时，一定要先进行表面清洗，确保表面清洁。因为车身表面有灰尘的话，涂蜡后，在抛光时就会把灰尘挤进涂层去，或在车身表面起研磨作用，划伤或磨花表面漆膜。

② 打蜡。现在的车蜡多为液体蜡，使用前将其摇晃均匀，将少许倒入湿布或海绵上小面积旋转，在车身涂层表面擦拭。

③ 擦干。稍干后，再用软布反复擦干即可。

④ 抛光。用抛光机及海绵垫对整个打蜡表面进行仔细的抛光。

⑤ 擦净。用软布将表面的抛光粉末擦拭干净。

注意：上光蜡时应注意以下事项：

a. 必须采用质量优良、与表面涂层相适宜的车蜡。

b. 很多人给车身打蜡都习惯性地以圆圈方式进行，这是不正确的方法。正确的打蜡方式是以直线方式，横竖线交替进行，再按雨水流动的方向上最后一道，这样才能达到减少车身涂层表面产生同心圆状光环的效果。

c. 不要在阳光的直接照射下打蜡，操作时应在阴凉处为妥。否则，车蜡会在阳光下发生变化，使车身出现斑点。

d. 上蜡后，要等车蜡干燥一段时间后再进行抛光，不要刚打上蜡就抛光，要让车蜡能够在车身表面有一定的凝固时间，最少要 30 min 左右。但有人认为等蜡完全干燥后再擦净比较好，这也是错误的。上蜡后要在蜡半干不干、尚未干燥白化时擦净。因此，上蜡的操作必须顺着车身板块一片一片地进行，切不可先将车身全部上好后，再一次擦掉，这会使涂层表面的色泽深浅不一，非常难看。

e. 没有抛光前，不要开车上路，否则，空气中的灰尘就会依附在车蜡上，在抛光时划伤或磨花表面漆层。

f. 如果车身表面上的漆膜已经褪色或氧化，必须在清除掉旧的和氧化了的漆膜后，才能打蜡。

g. 涂蜡时尽量采用软质的、不起毛的绒布或棉絮进行均匀涂抹。

五、部件的安装与清扫作业

打蜡作业结束后，安装好拆卸下的部件。若部件有脏污，应仔细擦拭干净后再安装。对车主平常在进行扫除时难以涉及的地方，也能将其打扫干净，一定会受到客户的欢迎。事情虽小，但对维持与客户的关系会起很大作用。安装好拆卸下的部件之后，应全面检查电路是否正常，螺栓是否都已拧紧等。

交车之前应将车身整体彻底清洗干净。清洗过程中，若发现有细小伤痕，即使不是所修理部位，也要予以修整。

一、准备工作

1. 考核设备、材料准备

在技能学习工位准备好车身板件（已完成面漆喷涂与干燥）、压缩空气喷涂系统、喷枪、红外线烤灯、喷枪清洗工、刀片、毛笔、油石、抛光剂、砂纸、清漆、相关色浆、砂蜡、光蜡、驳口水、原子灰、原子灰打磨工具、抛光机、釉质抛光剂、软布、海绵盘、羊毛盘、涂装安全工作服、橡胶手套、棉手套和防毒面罩。

2. 学员劳动保护

① 穿戴好喷漆工作服。
② 穿好安全鞋。
③ 必要时戴好防毒面罩和胶手套。

二、考核流程

1. 学员工作

两名学员为一小组，在充分学习本任务相关知识与技能的基础上，完成下列工作，并同时完成相应的工单（见本书配套教学资源"实训工单"中的"工单6-3"）。

① 查找板件上的喷涂缺陷，记录并分析原因，提出修整方案。
② 准备漆膜缺陷修整用品。
③ 完成板件上各类漆膜缺陷的修整。
④ 整板抛光。
⑤ 整板打蜡。
⑥ 喷枪清洗。
⑦ 5S工作。

⑧ 自我评价。

2. 指导教师工作

学员在进行上述操作过程中，指导教师进行下列工作：

① 向学员讲解安全注意事项，要求学员在实训工单中做记录。

② 观察、指导学员进行相关操作，及时制止可能发生危险的操作。

③ 实操结束后审阅学员完成的工单，并结合其操作情况（工作成果）给出评价。

参考文献

[1] 袁杰. 车身结构及附属设备 [M]. 北京：人民交通出版社，2010.
[2] 宋年秀. 图解汽车车身构造与拆装 [M]. 北京：中国电力出版社，2012.
[3] 周林福. 汽车拆装 [M]. 北京：人民交通出版社，2011.
[4] 李东江，张大成. 东南得利卡汽车维修手册 [M]. 北京：北京理工大学出版社，2002.
[5] 邢彦锋. 汽车车身结构. [M]. 北京：清华大学出版社，2014.
[6] 林程，王文伟，陈潇凯. 汽车车身结构与设计 [M]. 北京：机械工业出版社，2014.
[7] 智淑亚. 汽车车身结构与设计 [M]. 北京：机械工业出版社，2014.
[8] 顾平林. 汽车碰撞钣金修复技巧与实例 [M]. 北京：机械工业出版社，2015.
[9] 郭宏伟. 汽车涂装 [M]. 北京：人民交通出版社，2013.
[10] 上官登仁，张启林. 汽车钣金技术 [M]. 北京：人民交通出版股份有限公司，2015.
[11] 李清民. 汽车钣金工 [M]. 北京：国防工业出版社，2016.
[12] 谢伟钢. 汽车钣金技术 [M]. 北京：人民交通出版社，2016.
[13] 冯培林，黄春华. 汽车钣金维修 [M]. 北京：化学工业出版社，2017.
[14] 周贺，陈明福. 汽车钣金与喷漆 [M]. 北京：北京理工大学出版社，2017.
[15] 张成利，宋孟辉. 汽车钣金修复技术 [M]. 北京：人民邮电出版社，2017.
[16] 刘宇哲. 汽车钣金喷漆技术 [M]. 北京：北京理工大学出版社，2017.
[17] 宋孟辉. 汽车车身维修技术 500 问 [M]. 北京：化学工业出版社，2015.
[18] 范家春，刘习成. 汽车涂装 [M]. 北京：机械工业出版社，2015.
[19] 蔡志勇，韩超. 汽车涂装 [M]. 合肥：中国科学技术大学出版社，2015.
[20] 韩星，燕寒. 汽车涂装技术 [M]. 北京：国防工业出版社，2016.
[21] 黄启敏. 汽车涂装基础 [M]. 北京：北京理工大学出版社，2016.